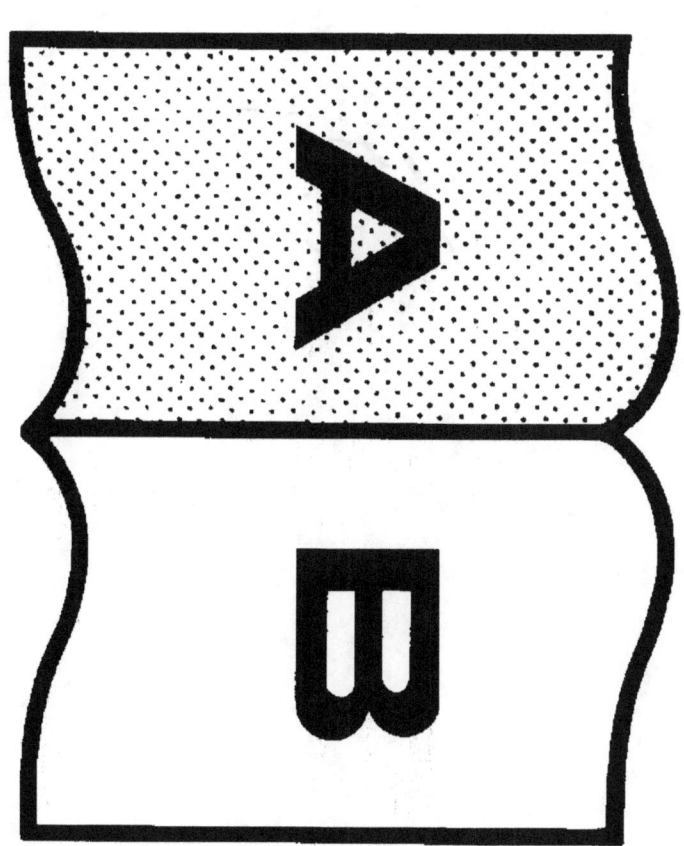

Contraste insuffisant
NF Z 43-120-14

$\overline{15}$
Gres — inté

RÉPERTOIRE

DE LA

LITTÉRATURE

ANCIENNE ET MODERNE.

IMPRIMERIE DE E. POCHARD,
RUE DU POT-DE-FER, N° 14, A PARIS.

RÉPERTOIRE
DE LA
LITTÉRATURE
ANCIENNE ET MODERNE,

CONTENANT :

1º LE LYCÉE DE LA HARPE, LES ÉLÉMENTS DE LITTÉRATURE DE MARMONTEL, UN CHOIX D'ARTICLES LITTÉRAIRES DE ROLLIN, VOLTAIRE, BATTEUX, etc. ;

2º DES NOTICES BIOGRAPHIQUES SUR LES PRINCIPAUX AUTEURS ANCIENS ET MODERNES, AVEC DES JUGEMENTS PAR NOS MEILLEURS CRITIQUES, TELS QUE :

D'Alembert, Batteux, Bernardin de Saint-Pierre, Blair, Boileau, Chénier, Delille, Diderot, Dussault, Fénelon, Fontanes, Ginguené, La Bruyère, La Fontaine, Marmontel, Maury, Montaigne, Montesquieu, Palissot, Rollin, J.-B. Rousseau, J.-J. Rousseau, Thomas, Vauvenargues, Voltaire, etc.;

Et MM. *Amar, Andrieux, Auger, Burnouf, Buttura, Chateaubriand, Duviquet, Feletz, Gaillard, Le Clerc, Lemercier, Patin, Villemain, etc.;*

3º DES MORCEAUX CHOISIS AVEC DES NOTES

TOME QUINZIÈME.

A PARIS,
CHEZ CASTEL DE COURVAL, LIBRAIRE-ÉDITEUR,

RUE DE RICHELIEU, Nº 87 ;

ET BOULLAND ET Cⁱᵉ, PALAIS ROYAL, GALERIES DE BOIS, Nº 254.

M DCCC XXV.

RÉPERTOIRE

DE LA

LITTÉRATURE

ANCIENNE ET MODERNE.

GRESSET (JEAN-BAPTISTE-LOUIS) naquit à Amiens, en 1709, d'une famille qui tenait un rang distingué dans cette ville : son père était conseiller du roi, et sa mère descendait du célèbre physicien Rohault.

Ce fut chez les jésuites d'Amiens que Gresset fit ses premières études. Les dispositions extraordinaires qu'il annonçait ayant, avec raison, fait espérer à ses maîtres qu'il pourrait devenir un des sujets les plus remarquables de leur ordre, ils le pressèrent d'y entrer; et le jeune élève, à peine âgé de seize ans, sans vocation comme sans répugnance, commença son noviciat, et fut, comme il le dit lui-même, *porté du berceau sur l'autel.* Il vint ensuite à Paris, au collège Louis-le-Grand, pour y achever ses études, à la fin desquelles on l'envoya professer successivement les humanités à Moulins, à Tours et à Rouen.

Gresset s'essaya d'abord à la versification latine; il composa une pièce en vers élégiaques, intitulée *Charites*, et débuta ensuite sur le parnasse français par son *Ode sur l'Amour de la Patrie*, composée à Tours en 1730. Cette ode fut suivie de deux autres; l'une qu'il adressa à sa mère, sur la mort de sa sœur, décédée en 1731 à l'Hôtel-Dieu d'Amiens, où elle était religieuse; l'autre est adressée à Louis XV, et fut imprimée à Rouen en 1733. Son discours sur l'Harmonie, en prose poétique latine, prononcé dans la même année, et qu'il traduisit en français en 1737, devint le sujet de quelques tracasseries qu'on lui fit essuyer dans l'ordre des jésuites, ce qui commença à le dégoûter d'un état qu'il avait embrassé sans la moindre vocation. Le poème de *Ver-Vert*, qui parut d'abord manuscrit, et qui fut imprimé sans l'aveu de l'auteur, en 1734, en fixant pour jamais son nom au temple de mémoire, lui attira aussi des désagréments plus sérieux. Gresset était dans sa vingt-quatrième année lorsqu'il composa ce charmant ouvrage que J.-B. Rousseau nomma avec raison *un phénomène littéraire*. Les éditions de *Ver-Vert* se multiplièrent; on le traduisit en vers latins : Raux, artiste habile, représenta en émail les aventures du fameux perroquet et M. Bertin, secrétaire d'état, qui eut pour Gresset beaucoup d'amitié, lui envoya un cabaret en porcelaine exécuté à la manufacture de Sèvres, et dont les différentes pièces retraçaient l'histoire du héros de Nevers.

Mais cette époque de la gloire du jeune poète fut aussi pour lui celle de la persécution; ses vers enchanteurs ne purent trouver grace devant la supérieure générale de la Visitation, qui ne pardonna pas à Gresset d'avoir fait rire le public aux dépens des religieuses. Sœur d'un ministre d'état, elle demanda et obtint la punition du chantre de *Ver-Vert*; et les jésuites, devant qui cette plainte fut portée par le ministre lui-même, furent obligés d'exiler le coupable malgré leur secrète admiration pour son talent.

Envoyé à la Flèche pour l'expiation d'un trop séduisant badinage, il s'essaya, sans beaucoup de succès, à traduire les *Églogues* de Virgile.

L'ennui l'ayant bientôt gagné dans son exil, il demanda sa sortie des jésuites, et rentra dans le monde en 1735, à l'âge de vingt-six ans. Ses regrets et sa reconnaissance pour ses maîtres sont consignés dans la pièce qui a pour titre : *Adieux aux Jésuites*.

Il était encore attaché à cette société, losqu'il fit paraître en 1734 *le Carême impromptu*, et *le Lutrin vivant*. Ces deux jolies pièces furent suivies en 1735 de *la Chartreuse*, production qui est considérée comme un des meilleurs ouvrages de Gresset. *Les Ombres*, qui rappellent en plusieurs endroits le badinage ingénieux de *la Chartreuse*, son *Épître au père Bougeant*, et celle qu'il adressa à sa sœur, occupèrent successivement le public, et ajoutèrent à la gloire du jeune poète qui s'annonçait avec tant d'éclat.

Accueilli à Paris dans le plus grand monde, Gresset voulut soutenir sa réputation en s'élevant jusqu'au style tragique; mais il n'avait pas suffisamment consulté ses forces et le caractère de son talent lorsqu'il fit sa tragédie d'*Édouard III*, représentée le 22 janvier 1740 : il l'envoya par la poste à Voltaire, qui *en trouva le port un peu coûteux, quoiqu'il y eût de très bons vers*. Cette pièce, que La Harpe qualifie de *roman sans vraisemblance, sans intérêt et sans aucune entente du théâtre*, fut cependant assez bien accueillie. Le style a trouvé et a mérité, peut-être, d'avoir des admirateurs. Quoi qu'il en soit, Gresset renonça sagement à Melpomène pour Thalie; il fit représenter *Sidnei* le 3 mai 1745. Cette comédie n'offre pas un sujet beaucoup plus heureux que celui de la tragédie d'Édouard ; c'est une espèce de drame philosophique qui excite plus de tristesse que d'intérêt, mais qui le fait lire avec plaisir par la beauté presque toujours soutenue du style.

Jusque-là, Gresset semblait encore inférieur à lui-même, comme poète dramatique ; mais sa comédie du *Méchant*, représentée le 15 avril 1747, mit le sceau à la réputation que ses premières productions lui avaient acquise. Cette pièce eut le plus grand succès, et le méritait sur-tout par le charme du style, le naturel, la finesse et la vivacité du dialogue. Comme peinture de mœurs, elle retrace très fidèlement le ton, le jargon et l'esprit des gens du grand monde avant et après la régence : c'est la pièce dont on sait le plus de vers et dont le plus de traits son devenus proverbes.

L'éclatant succès du *Méchant* fit un moment de

Gresset l'idole de Paris, et lui ouvrit les portes de l'Académie française en 1748. Le grand Frédéric, qui était au nombre de ses admirateurs *, lui fit faire les offres les plus brillantes pour l'engager à venir se fixer à Berlin. Voltaire, qui ne crut pas possible que Gresset refusât de telles offres, ne le nomma plus dans plusieurs de ses lettres que *le prussien Gresset ;* mais celui-ci, trop attaché à la France, ne put répondre aux bontés du monarque et se borna à entretenir avec lui une correspondance respectueuse.

Fatigué du tourbillon où ses succès l'avaient entraîné, et pressé du désir d'habiter son pays natal, vers lequel un sentiment profond le reportait sans cesse, Gresset se rendit à Amiens, et signala par un bienfait son retour au milieu de ses concitoyens. Aidé par le crédit du duc de Chaulnes, alors gouverneur de la province de Picardie, il obtint du roi la permission de fonder une académie, dont il fut nommé président perpétuel en 1750; mais il refusa cette distinction, la croyant incompatible avec la liberté qui est nécessaire aux gens de lettres. Établi dans une vallée charmante, très voisine de sa ville natale, il ne revenait à Paris que pour ses affaires, ou pour remplir ses devoirs de membre de l'académie. Appelé en 1754, comme directeur de ce corps, pour la réception de d'Alembert, qui remplaçait M. de Surian, évêque de Vence, Gresset,

---

* Voyez l'ode de ce prince, adressée à Gresset, t. I, p. 33 de la jolie édition des *OEuvres complètes de Gresset* donnée par Boulland et compagnie. Paris, 1824, 3 vol. in-32.

dans sa réponse au récipiendaire, s'éleva avec un noble courage contre les évêques qui manquaient au devoir de la résidence. Son discours, dont la fin sur-tout parut trop hardie, donna lieu à des plaintes. Louis XV, trompé sans doute par ceux que cette tirade attaquait, en témoigna hautement son mécontentement, et lorsque Gresset alla à Versailles pour présenter son discours, dont il s'était empressé de retrancher le passage reprouvé, le roi lui tourna le dos. Consterné de sa disgrace, désespéré qu'on pût le considérer à la cour comme un homme dangereux, Gresset abandonna tout-à-coup ses projets littéraires, et retourna chercher des consolations près de M. de La Motte, évêque d'Amiens, qui lui portait une véritable affection. Ce prélat profita de la circonstance pour engager son ami à renoncer au théâtre et à y renoncer par une espèce d'abjuration publique. Ce ne fut cependant qu'en 1759 que Gresset, après avoir jeté au feu des comédies et plusieurs autres ouvrages, fruit de ses veilles, abjura solennellement le culte de Thalie par une lettre qu'il fit insérer dans la plupart des journaux. Voltaire et Piron lui lancèrent à ce sujet des sarcasmes très piquants. On lit dans la correspondance du premier (1759) : « Et ce polisson de Gresset, qu'en dirons-« nous? Quel fat orgueilleux! quel plat fanatique! » Cependant l'auteur de *Ver-Vert* et de *la Chartreuse*, que Voltaire appelait des *ouvrages tombés*, loin de l'avoir jamais offensé en rien, s'était plu au contraire à rendre ouvertement hommage aux talents de cet homme célèbre : il avait même composé en 1736 de très jolis vers pour répondre aux détracteurs d'*Alzire*; mais le philosophe de Ferney, qui, peut-être, n'avait pas vu sans quelque mouvement de jalousie les succès de Gresset, ne put lui pardonner de s'être publiquement déclaré religieux; de là encore une tirade piquante et injuste qui se trouve dans *le Pauvre Diable*, où il refuse au *Méchant* le titre de comédie, quoiqu'il n'ait pu offrir lui-même à la muse comique une pièce qui valût celle de Gresset.

Pour Piron, qui, sans doute, n'avait pas vu sans quelque déplaisir *le Méchant* se placer presque au niveau de *la Métromanie*, et qui déjà, lors de la réception de Gresset à l'Académie, lui avait lancé une épigramme[*], il ne laissa pas échapper une si belle occasion de lui en décocher une seconde[**]. Ces traits piquants n'empêchèrent point Gresset d'accomplir

---

[*] En France on fait, par un plaisant moyen,
Taire un auteur quand d'écrits il assomme;
Dans un fauteuil d'académicien
Lui quarantième on fait asseoir mon homme;
Lors il s'endort, et ne fait plus qu'un somme;
Plus n'en avez phrase, ni madrigal.
Au bel esprit ce fauteuil est en somme
Ce qu'à l'amour est le lit conjugal.

[**] Gresset pleure sur ses ouvrages
En pénitent des plus touchés.
Apprenez à devenir sages,
Petits écrivains débauchés.
Pour nous qu'il a si bien prêchés,
Prions tous que dans l'autre vie
Dieu veuille oublier ses péchés
Comme en ce monde on les oublie.

le sacrifice que ses scrupules religieux lui commandaient. Les seuls enfants de sa muse qui aient eu pendant sa retraite une sorte de publicité, sont *le Gazetin*, poëme en quatre chants, lu a l'académie d'Amiens, en 1767, mais non imprimé, et *le Parrain magnifique*, poëme en dix chants, composé vers 1760 et qui fut imprimé pour la première fois en 1810. Cette production offre le plus souvent un badinage brillant, et parfois spirituel ; l'on y rencontre quelques vers dignes de l'auteur du *Méchant* : mais on y chercherait en vain la richesse d'imagination et la verve de gaieté qui font regarder *Ver-Vert* comme un chef-d'œuvre de plaisanterie. Gresset, d'après l'avis de l'évêque d'Amiens, refusa de publier deux nouveaux chants qu'il avait ajoutés à ce charmant poëme : l'un était intitulé *les Pensionnaires**, et devenait le troisième chant, dans le nouvel ordre qu'il avait adopté ; l'autre, qui avait pour

---

* On a retenu ce peu de vers du chant des *Pensionnaires* :

>Les petits noms sont nés dans les couvents.
>Un jour du monde efface un an de cloître.
>Le cœur s'éveille avec l'impatience :
>Le désir naît de l'inexpérience.
>On ne sait rien, on cherche à deviner.
>Car, comme on sait, qui dit religieuse
>Dit femme prude, et sur-tout curieuse.

Dans un morceau sur l'éducation le poète s'écrie :

>O jours heureux du cœur et du bon sens,
>Où chaque mère élevant ses enfants,
>Ne laissait point remplir à l'aventure
>Ce devoir saint qu'impose la nature !

titre *l'Ouvroir** ou *le Laboratoire de nos sœurs*, devait former le quatrième chant. On sait qu'il récita celui-ci en 1759, à une séance publique de l'académie d'Amiens, et à la cour en 1774, lorsqu'en qualité de directeur de l'Académie française, il complimenta Louis XVI sur son avènement au trône ; il ne le disait que de mémoire, et ce fut ainsi que l'entendit M. Philippon-la-Madelaine qui en parle dans son *Dictionnaire portatif des poètes français*.

Appelé de nouveau à Paris en 1774 pour répondre au discours de réception de Suard à l'Académie, Gresset voulut peindre encore une fois le ridicule des variations de notre langage ; mais il donna, en cette occasion, une preuve sensible de l'altération de son goût. Le public, nous dit d'Alembert, vit avec un silence respectueux, et avec une sorte de douleur, le coloris terne et suranné de ses tableaux.

* L'*Ouvroir* était l'histoire abrégée de toutes les occupations d'un couvent. En voici le début :

> Temple secret des petites sciences,
> Il est un lieu tapissé de sentences,
> D'emblèmes saints, de mystiques vertus,
> D'anges vainqueurs et de démons vaincus.

Après une description charmante des mystères qui se célèbrent dans ce temple, séjour de la candeur et de l'innocence, on trouvait ces vers sur les occupations des religieuses :

> L'une découpe un *agnus* en losange,
> Ou met du rouge à quelque bienheureux ;
> L'autre bichonne une vierge aux yeux bleus,
> Ou passe au fer le toupet d'un archange ;
> Tandis qu'ailleurs la mère Saint-Bruno
> Tout bonnement ourlait un lavabo.

Ayant eu l'honneur de s'approcher de Louis XVI, Gresset obtint de ce monarque un accueil et des faveurs qui pouvaient le consoler des rigueurs de Louis XV. Il reçut des lettres de noblesse, rédigées dans les termes les plus flatteurs; il est dit dans le préambule de ces lettres que l'auteur s'est acquis une célébrité d'autant mieux méritée, que la religion et la décence, toujours respectées dans ses écrits, n'y ont jamais reçu la moindre atteinte. Il fut de plus nommé, en 1777, chevalier de l'ordre de Saint-Michel; et Monsieur, depuis Louis XVIII, ajouta à cette faveur la place d'historiographe de l'ordre de Saint-Lazare. Mais Gresset, dont la santé était chancelante depuis plusieurs années, ne put jouir long-temps de ces titres; car dans les premiers jours de juin 1777, il fut surpris par quelques accès de fièvre; et le 16 du même mois il mourut, à l'âge de soixante huit ans, d'un abcès dans la poitrine.

Gresset ne laissa point d'enfants de son mariage, contracté en 1751 avec mademoiselle Charlotte Galland, fille du maire d'Amiens. Il trouva dans cette union, et au sein d'une famille dont il était tendrement chéri, toutes les jouissances de l'amour conjugal et celles de l'amitié. Parvenu dès sa jeunesse à une grande célébrité, ses talents n'excitèrent jamais l'envie, parce que personne ne se montra ni plus simple, ni plus modeste : Voltaire et Piron furent les seuls qui dirigèrent contre lui des traits satiriques.

On a dit, avec raison, que dans Gresset l'auteur

était charmant et l'homme encore plus estimable. Né bienfaisant, il avait consacré à des familles indigentes le produit d'une propriété qu'il possédait à une demi-lieue d'Amiens, et on découvrit encore un grand nombre d'aumônes secrètes qu'il se plaisait à répandre sur les malheureux. Sa mort fut regardée dans le pays comme une calamité publique, et tout le corps municipal voulut assister à ses obsèques.

W.

JUGEMENTS.

I.

Parmi les phénomènes littéraires que vous m'indiquez, mon R. P., vous n'avez point voulu m'en citer un qui a été élevé parmi vous, et que vous venez de rendre au monde : vous voyez bien que je veux parler du jeune auteur des poëmes du *Perroquet* et de la *Chartreuse*. Je n'ai vu de lui que ces deux ouvrages; mais en vérité je les aurais admirés, quand ils m'auraient été donnés comme le fruit d'une étude consommée du monde et de la langue française. Je ne crois pas qu'on puisse trouver nulle part plus de richesses, jointes à une plus libérale facilité à les prodiguer. Quel prodige dans un homme de vingt-six ans, et quel désespoir pour tous nos prétendus beaux-esprits modernes ! J'ai toujours trouvé Chapelle très estimable, mais beaucoup moins, à dire vrai, qu'il n'était estimé ; ici c'est le naturel de Chapelle, mais son naturel épuré, embelli, orné, et étalé enfin dans toute sa perfection. Si jamais il peut parvenir à faire des vers un peu plus difficilement, je prévois qu'il nous effacera tous tant que nous sommes.

J.-B. Rousseau, *Lettre au P. Brumoy.*

II.

La comédie du *Méchant*, qui, avec le *Ver-Vert*, *la Chartreuse*, et un petit nombre d'autres ouvrages, portera le nom de Gresset à la postérité, eut le plus grand succès, et le méritait sur-tout par le charme du style, le naturel, la finesse et la vivacité du dialogue.

Avant de tenter la carrière du théâtre, il avait prouvé par le *Ver-Vert* et par la *Chartreuse*, qu'il était né pour les graces : aussi c'est à ce genre facile et gracieux que nous croyons qu'il avait été appelé spécialement par la nature; c'est le genre dont véritablement il avait le génie, puisque c'est celui dans lequel il s'est annoncé avec le plus d'éclat, et que depuis il n'a pas eu de succès plus réel et plus brillant. En effet nous osons dire que le *Ver-Vert* lui appartient davantage, et qu'il est en lui-même un ouvrage plus original que la comédie du *Méchant*, quelque mérite que nous reconnaissions d'ailleurs dans cette pièce.

Il lui manquait cette vigueur de génie qui fait faire habituellement de grandes choses, quoiqu'il ne fût pas incapable de s'élever quelquefois jusqu'à elles; mais il avait cette heureuse facilité qui semble créer de rien, et qui répand des fleurs sur les sujets en apparence les plus stériles. C'est précisément ce qui caractérise le *Ver-Vert* et *la Chartreuse*, qui sont ses meilleurs ouvrages. On peut y ajouter encore, mais sans les mettre au même rang, son *Carême impromptu* et son *Lutrin vivant*, productions badines, auxquelles on ne saurait refuser le mérite d'une narration vive et piquante, et l'art de lutter avec grace contre des difficultés qui semblaient insurmontables.

N'oublions pour sa gloire, ni l'*Épitre à sa sœur*, pleine d'une sensibilité douce et tendre, ni celle au P. Bougeant, dont le début est si gracieux, ni *les Ombres*, qui rappellent en plusieurs endroits, le badinage ingénieux de *la Chartreuse*; mais avouons qu'on ne retrouve son talent ni dans l'ode qui exigeait un pinceau plus vigoureux que le sien, ni dans sa traduction des *Églogues* de Virgile. Personne n'a porté plus loin que lui, dans ses bons ouvrages, l'art d'enchaîner harmonieusement ses vers, mais il y sacrifia souvent la précision; et si la poésie en est toujours élégante et facile, il faut convenir qu'elle est quelquefois un peu traînante, négligée et verbeuse : c'est l'abondance, ou plutôt la surabondance d'Ovide.

PALISSOT, *Mémoires sur la Littérature*.

III.

Piron et Gresset furent les seuls qui rivalisèrent une fois en style naturel et en pureté de langage, avec la plume du père de la comédie..... C'est par l'élégance et la clarté du langage que le caractère du *Méchant* a réusssi dans une pièce sans intrigue et sans combinaison dramatique. Mais un dialogue facile et correct, des portraits bien dessinés, des tableaux de mœurs encadrés avec art, ont soutenu le vide de cinq actes, ou, pour mieux dire, les ont rempli agréablement de détails précieux qui en ont caché le défaut d'action. On jugera, d'après les suffrages que s'acquit la plume de Gresset, de quelle importance est la condition du style dans le genre comique. A l'inspection d'un seul passage, on reconnaîtra dans le *Méchant*, la pureté, la précision, le choix des mots, les liaisons fines, et les transitions adroites qu'on retrouve en tous les bons écrivains, et qui établissent une sorte de ressemblance entre eux. Molière, Piron, ni Jean-Baptiste Rousseau, qui sut écrire la comédie aussi bien qu'il sut mal la composer, ces maîtres en bon style, n'eussent pu tracer une image de Paris plus nette et plus vive d'expression, que la satire faite par le Cléon de Gresset.

Lemercier, *Cours analytique de Littérature*.

IV.

Ce n'est assurément pas à Gresset, qui a si supérieurement manié le vers hexamètre dans *le Méchant*, que peut s'appliquer ce que j'ai dit de cette facilité du vers à cinq pieds, qui a été quelquefois une ressource pour la médiocrité. Ce rhythme est celui de *Ver-Vert*, et *Ver-Vert* est plutôt un conte qu'un poème. Mais il a paru sous ce dernier titre, et, quoi qu'il en soit du titre, il n'est pas possible de passer ici sous silence ce qui n'est, si l'on veut, qu'un badinage, mais un badinage si supérieur et si original, qu'il n'a pas eu d'imitateurs, comme il n'avait point de modèle. Il produisit, à son apparition dans le monde, l'effet d'un phénomène littéraire : ce sont les expressions de Rousseau dans ses Lettres, et il n'y a pas d'exagération. Tout devait paraître ici également extraordinaire : tant de perfection dans un auteur de vingt-quatre ans, un modèle de délicatesse, de grace, de finesse dans un ouvrage sorti d'un collège, et ce ton de la meilleure plaisanterie, ce sel et cette urbanité qu'on croyait n'appartenir qu'à la connaissance du monde, et qui se trouvaient dans un jeune religieux; enfin la broderie la plus riche et la plus brillante sur le plus chétif canevas : il y avait de quoi être confondu d'étonnement, et les juges de l'art devaient être encore plus étonnés que les autres. Si quelque chose peut étonner davantage, c'est ce que Voltaire a imprimé de nos jours, que *Ver-Vert* et *la Chartreuse étaient des ouvrages tombés*. Est-il possible que l'on consente à déshonorer ainsi son jugement pour satisfaire son animosité? Et encore sur quoi pouvait-elle être fondée? Jamais Gresset ne l'avait offensé en rien; au contraire il avait fait de très jolis vers en réponse aux détracteurs d'*Alzire*, en 1736, à l'époque même où le succès de *Ver-Vert* et de *la Chartreuse* lui donnait sur l'opinion une influence proportionnée à sa célébrité. Mais en 1760 il annonça qu'il avait renoncé au théâtre par des motifs de religion, et c'en était assez pour que Voltaire ne lui pardonnât pas. Telle est *la tolérance philosophique* : elle n'a jamais eu un autre caractère. Dès lors Gresset se vit affublé, dans *le pauvre Diable*, d'un couplet fort piquant, mais très injuste, où l'on refuse au *Méchant* le titre de comédie, quoique Voltaire lui-même n'ait assurément rien fait en ce genre qui en approche même, de loin. Il reproche à cette pièce de n'être pas

Des mœurs du temps un portrait véritable ;

et c'est précisément, après le mérite du style, celui qui est le plus éminent dans cette comédie, la seule où l'on ait saisi le vrai caractère de notre siècle. Qui est-ce qui ne sait pas une foule de vers du *Méchant?* On en peut dire autant de *Ver-Vert* et de *la Chartreuse*; et je ne sais s'il existe des ouvrages en vers qui soient plus que ceux-là dans la mémoire des amateurs. Ce serait une raison pour n'en rien dire ici de plus ; mais je m'arrêterai un moment sur *la Chartreuse*, qui est susceptible de quelques observations, au lieu qu'il n'y a que des éloges à donner à *Ver-Vert*, qui, à quelques négligences près, est un morceau achevé.

Il y a beaucoup plus de fautes dans *la Chartreuse*, et cependant Rousseau la préférait à *Ver-Vert*, comme étant d'un ordre de poésie et de talent au-dessus des aventures d'un perroquet: je suis de l'avis de Rousseau. Les défauts de *la Chartreuse* sont d'abord l'abus de ce qui en fait en soi-même le principal attrait : l'aisance et l'abandon vont quelquefois jusqu'à la négligence marquée, et l'abondance jusqu'à la diffusion. Les phrases sont souvent longues et un peu traînantes, et l'auteur procède trop volontiers par l'énumération. Ainsi, par exemple, lorsqu'il a dit :

> Calme heureux, loisir solitaire,
> Quand on jouit de ta douceur,
> Quel antre n'a pas de quoi plaire ?
> Quelle caverne est étrangère
> Lorsqu'on y trouve le bonheur,
> Lorsqu'on y vit sans spectateur,
> Dans le silence littéraire,
> Loin de tout importun jaseur,
> Loin des froids discours du vulgaire
> Et des hauts tons de la grandeur ?

Il continue toutes ses phrases l'espace de cent cinquante vers, en les commençant par ces mêmes mots *loin de;* ce qui amène une foule de portraits tous différents et tous finis; mais cette marche trop prolongée fait sentir la monotonie. De même quand il s'interroge sur les divers états qu'il pourrait embrasser s'il quittait le sien (que pourtant il quitta peu de temps après), il dit :

> Irais-je, adulateur sordide,
> Encenser un sot dans l'éclat,
> Amuser un Crésus stupide,
> Et monseigneuriser un fat ?

Il continue encore à parcourir toutes les professions, commençant toujours par la même formule interrogative; et de là encore l'uniformité de tournure. Mais ce n'est pas du moins celle d'où *naquit un jour l'ennui.* Ici le défaut tient tellement à la manière naturelle de l'auteur, qui semble se laisser aller mais qui vous mène toujours avec lui, ses vers s'enchaînent si bien les uns avec les autres, ils roulent avec une harmonie si flatteuse, que vous n'en sentez plus que le charme, et que le défaut disparaît. C'est l'avantage d'un heureux naturel de faire passer avec lui ce qu'il peut avoir de défectueux. D'ailleurs il faut songer que la longueur des phrases est infiniment moins sensible dans les vers à quatre pieds que dans l'hexamètre; et ce qu'il y a de remarquable, c'est que Gresset, si périodique dans ce genre de rhythme, est aussi rapide, aussi léger, aussi précis qu'il soit possible, dans les grands vers du *Méchant.* Sa *Chartreuse* est une sorte d'épanchement poétique d'un caractère tout particulier, et qu'il n'a eu que cette fois. *Les Ombres* et l'*Épître au père Bougeant* s'en rapprochent un peu; elles sont plus soignées, les phrases y sont plus circonscrites; mais elles n'ont pas, à beaucoup près, l'entraînement et la séduction de *la Chartreuse* : le piquant des idées et l'éclat des figures sont loin d'y être les mêmes, quoiqu'on les y retrouve de temps en temps, comme dans ce début de l'épître que je viens de nommer.

> De la paisible solitude
> Où, loin de toute servitude,
> La liberté file mes jours,
> Ramené par un goût futile
> Sur les délires de la ville,
> Si j'en voulais suivre le cours,

Et savoir l'histoire nouvelle
Du domaine et des favoris
De la brillante Bagatelle,
La divinité de Paris;
Le dédale des aventures,
Les affiches et les brochures,
Les colifichets des auteurs,
Et la gazette des coulisses,
Avec le roman des actrices,
Et les querelles des rimeurs;
Je n'adresserais cette épître
Qu'à l'un de ces oisifs errants,
Qui chaque soir sur leur pupître
Rapportent tous les vers courants,
Et qui, dans le changeant empire
Des amours et de la satire,
Acteurs, spectateurs tour à tour,
Possèdent toujours à merveille
L'historiette de la veille,
Avec l'étiquette du jour.

Si toute la pièce était écrite de même, elle aurait le mérite de *la Chartreuse* sans en avoir les défauts; car il n'y a pas ici un mot de trop, et la période procède dans sa longueur par des formes toujours diversifiées, et ne se traîne ni ne languit nulle part. En général personne en ce genre de poésie n'a manié la période mieux que Gresset : *la Chartreuse* en offre à tout moment des modèles.

Parmi la foule trop habile
Des beaux diseurs du nouveau style,
Qui par de bizarres détours,

> Quittant le ton de la nature,
> Répandent sur tous leurs discours
> L'académique enluminure
> Et le vernis des nouveaux tours,
> Je regrette la bonhomie,
> L'air loyal, l'esprit non pointu
> Et le patois tout ingénu
> Du curé de la seigneurie,
> Qui, n'usant point sa belle vie
> Sur des écrits laborieux,
> Parle comme nos bons aieux,
> Et donnerait, je le parie,
> L'histoire, les héros, les dieux
> Et toute la mythologie
> Pour un quartaut de Condrieux.

Je le répète : il faudrait bien se garder de procéder ainsi en grands vers. C'est là que la période est beaucoup plus difficile, qu'elle doit être plus sobrement ménagée, et variée plus artistement. Mais dans les vers à quatre pieds, elle a généralement de la grace, pourvu qu'il n'y ait, comme ici, ni embarras ni obscurité dans la construction. Gresset n'en a jamais; mais ses périodes pèchent quelquefois par des queues traînantes et ralachées à la phrase, de façon à la rendre longue et lâche. En voici un exemple :

> Une lucarne mal vitrée,
> Près d'une gouttière livrée
> A d'interminables sabbats;
> Où l'université des chats,
> A minuit, en robe fourrée,

> Vient tenir ses bruyants états ;
> Une table mi-démembrée,
> Près du plus humble des grabats ;
> Six brins de paille délabrée,
> Tressés sur de vieux échalats :
> Voilà les meubles délicats
> Dont ma chartreuse est décorée...

Il n'y a jusqu'ici qu'à louer : la marche est soutenue ; et que de ressources poétiques pour peindre agréablement une fenêtre près d'une gouttière, un mauvais lit, une table estropiée, et de mauvaises chaises de paille ! Mais il ajoute :

> *Et que* les frères de Borée
> Bouleversent avec fracas,
> Lorsque sur ma niche éthérée
> Ils préludent aux fiers combats
> Qu'ils vont livrer sur vos climats,
> *Ou quand* leur troupe conjurée
> Y vient préparer ces frimas
> Qui versent sur chaque contrée
> Les catarrhes et le trépas.

Voilà le trop : il fallait s'arrêter à ces vers qui terminent si bien la phrase :

> Voilà les meubles délicats
> Dont ma chartreuse est décorée.

On sent tout de suite la langueur à cette espèce d'apposition *et que les frères de Borée*, et encore plus à celle qui vient après, *ou quand leur troupe conjurée*; et de plus, c'est finir par des vers faibles ce qui a commencé par des vers excellents. Mais c'est peut-être le seul endroit où la langueur soit sensible : ailleurs on s'aperçoit bien que les phrases pourraient être moins prolongées; mais la facilité empêche de regretter la précision. Ce n'est pas qu'il ne possède celle-ci même, et qu'il n'ait des morceaux où elle est très bien marquée, tels que celui-ci :

> Des mortels j'ai vu les chimères :
> Sur leurs fortunes mensongères
> J'ai vu régner la folle erreur;
> J'ai vu mille peines cruelles
> Sous un vain masque de bonheur;
> Mille petitesses réelles
> Sous une écorce de grandeur;
> Mille lâchetés infidèles
> Sous un coloris de candeur;
> Et j'ai dit au fond de mon cœur :
> Heureux qui dans la paix secrète
> D'une libre et sûre retraite
> Vit ignoré, content de peu,
> Et qui ne se voit pas sans cesse
> Jouet de l'aveugle déesse,
> Ou dupe de l'aveugle dieu!

Il y a ici autant d'idées que de vers; et quoique la phrase soit pleine de choses, les tournures n'en sont pas moins faciles; c'est un des mérites de l'auteur.

Il y en a un qui est fort rare chez lui, et qui heureusement n'appartient guère à ce genre de poésie : c'est la force, c'est le ton mâle et ferme, soit des pensées, soit des expressions. Il s'en trouve pourtant un exemple remarquable sous plus d'un rapport :

> Égaré dans le noir dédale
> Où le fantôme de Thémis,
> Couché sur la pourpre et les lis,
> Penche la balance inégale,
> Et tire d'une urne vénale
> Des arrêts dictés par Cypris,
> Irais-je, orateur mercenaire
> Du faux et de la vérité,
> Chargé d'une haine étrangère,
> Vendre aux querelles du vulgaire,
> Ma voix et ma tranquillité;
> Et dans l'antre de la Chicane
> Aux lois d'un tribunal profane
> Pliant la loi de l'Immortel,
> Par une éloquence anglicane
> Saper et le trône et l'autel?

Cela est vigoureux et d'une manière qui est fort loin du ton général de l'ouvrage; c'est une violente satire de l'esprit parlementaire, et je ne doute pas qu'on n'ait dit alors : Voilà du jésuite; mais, jésuite ou non, la leçon n'était pas mauvaise, et on n'aurait pas mal fait d'en profiter.

On pourrait aussi relever quelques fautes de goût : je n'en citerai que deux qui m'ont paru les plus graves :

> ..... Telle est en *somme*
> La demeure où je vis en paix,

> Concitoyen du peuple *Gnôme*,
> Des Sylphides et des Follets.

Passons-lui la très mauvaise rime de *somme* et *Gnôme* : il est ridicule de mettre avec *les Sylphes*, qui habitent l'air, *les Gnômes*, qui habitent sous terre : c'est pécher contre toutes les règles de la cabale. Il ne l'est pas moins d'appeler *Caucase* un galetas de collège au cinquième étage :

> De ce *Caucase* inhabitable,
> Je me fais l'Olympe des dieux.

Mais si quelque chose doit obtenir grace, c'est une mauvaise dénomination de ce galetas, parmi vingt autres toutes très gaiement originales. Je laisse aussi de côté quelques autres taches légères et clair-semées parmi une foule de traits charmants qui prouvent l'étonnante fécondité d'expression qui caractérise Gresset. J'aime mieux citer encore, pour finir, cette intéressante allégorie de la vie humaine, qui respire, comme le reste de la pièce, une philosophie douce et aimable :

> En promenant vos rêveries
> Dans le silence des prairies,
> Vous voyez un faible rameau
> Qui, par les jeux du *vague* Éole
> Détaché de quelque arbrisseau,
> Quitte sa tige, tombe et vole
> Sur la surface d'un ruisseau.
> Là, par une invincible pente
> Forcé d'errer et de changer,

Il flotte au gré de l'onde errante,
Et d'un mouvement étranger.
Souvent il paraît, il surnage;
Souvent il est au fond des eaux.
Il rencontre sur son passage
Tous les jours des pays nouveaux;
Tantôt un fertile rivage,
Bordé de coteaux fortunés,
Tantôt une rive sauvage,
Et des déserts abandonnés.
Parmi ces erreurs continues
Il fuit, il vogue jusqu'au jour
Qui l'ensevelit à son tour
Au sein de ces mers inconnues
Où tout s'abîme sans retour.

Le Lutrin vivant et *le Carême impromptu* sont deux bagatelles, mais toujours distinguées par le talent de narrer et d'écrire. Parmi ses autres poésies, il n'y a plus que l'*Épitre à ma Sœur*, qui soit digne de lui. L'*Épitre à ma Muse* est d'une extrême inégalité, et généralement médiocre de pensées et de style. La traduction des *Églogues de Virgile* n'est proprement que l'étude d'un commençant qui annonçait de la facilité et de l'oreille. C'est une paraphrase souvent négligée et languissante, où l'on rencontre quelques vers bien faits, ceux-ci entre autres :

Ah! ne comptez point tant sur vos belles couleurs!
Un jour les peut flétrir : un jour flétrit les fleurs.

Ses odes ne méritent pas qu'on en fasse mention,

et le *Discours sur l'harmonie* est une très mauvaise déclamation d'écolier, qu'on est bien étonné de trouver dans les œuvres de Gresset; ce qui pourtant ne justifie nullement le sarcasme très déplacé de Voltaire :

> Gresset, doué du double privilège
> D'être au collège un bel esprit mondain,
> Et dans le monde un homme de collège.

Le Méchant, qui est bien un ouvrage du *monde*, ne sent pas trop l'homme de *collège*, et Gresset était alors répandu depuis longtemps dans la bonne compagnie de la cour; ce qui ne veut pas dire qu'il n'y en eût pas aussi une très bonne, même au *collège*, et d'ailleurs les jésuites passaient pour n'être que trop *hommes du monde*. On aperçoit cette prétention dans Bouhours : on ne la voit point dans l'auteur de *Ver-Vert*. Il vivait dans une société si renommée par les agréments de l'esprit, celle qu'on appelait *la société du cabinet vert* (chez madame de Forcalquier), qu'on a prétendu qu'il en avait emprunté les traits les plus saillants de son *Méchant*; ce qui, même étant prouvé, ne prouverait rien contre l'auteur, car un poète comique a droit de prendre partout.

Mais Gresset méconnut entièrement le caractère de son talent et la mesure de ses forces, quand ses succès le conduisirent au point de lui faire entreprendre une tragédie : il n'y a veine en lui qui tende au tragique. *Édouard III* est un roman sans vraisemblance, sans intérêt, sans aucune entente du théâtre. On ne sait ce que c'est qu'une Alzonde, reine d'Écosse, cachée et inconnue à la cour du roi d'Angleterre, où elle conspire contre lui : cela pourrait se supposer dans une ancienne cour d'Asie : à Londres, cela n'est qu'absurde. Rien n'est plus froid que l'amour d'Édouard pour la fille de son ministre Vorcestre, qui s'obstine à la lui refuser, sans qu'on sache trop pourquoi; et ce Vorcestre, le principal personnage de la pièce, puisque son danger en fait tout l'intérêt, est un philosophe anglais, un moraliste dissertateur, c'est-à-dire ce qu'il y a de moins théâtral. Édouard, grand dans l'histoire, joue pendant cinq actes le rôle le plus plat, celui d'un roi dupe de tout ce qui l'entoure. Un traité sur le suicide, qui remplit la principale scène du quatrième acte, n'est pas plus tragique que le reste. C'est pourtant là qu'on trouve quelques endroits assez bien écrits, et qui ont une certaine force d'idées et d'expression, mais qui est celle d'une épître philosophique, et nullement celle de la tragédie. Le dénouement, où Eugénie est empoisonnée par Alzonde, n'est qu'une très maladroite copie du beau dénouement d'*Inès*, attendu que personne n'a pu s'intéresser aux amours d'Édouard et d'Eugénie, au lieu qu'on s'intéresse beaucoup à ceux d'Inès et de D. Pèdre. Le style ne manque pas d'une sorte de noblesse; mais il est sec et glacé, coupé et sentencieux, souvent incorrect et vague. Ce roman dramatique, où tout est forcé, eut pourtant du succès dans sa nouveauté. Il en fut redevable à une espèce d'engouement qui commençait à naître pour tout ce qui avait la couleur anglaise, et, qui fit réussir dans le même temps *Venise sauvée*, aussi oubliée aujourd'hui qu'*Édouard III*, mais sur-tout à la nouveauté d'un coup de théâtre, le premier en ce genre qu'on eût hasardé, et qui fut très applaudi : c'est le coup de poignard dont Arondel frappe sur la scène un scélérat nommé Volfax, le complice de cette Alzonde, et l'ennemi de Vorcestre. Il y avait de la hardiesse dans ce moyen; et si les ressorts de l'intrigue eussent été meilleurs, un homme qui, dans une cour où il est encore inconnu, poignarde un coupable, et se remet tranquillement entre les mains des gardes, prêt à rendre compte de ce qu'il vient de faire, pourrait produire un grand effet. Mais de la manière dont tout est disposé, il n'en résulte rien qu'un éclaircissement facile que tout le monde a prévu; et au lieu que ce coup de théâtre, placé dans un troisième acte et dans un bon plan, pourrait nouer très fortement l'intrigue, il n'a lieu ici à la fin du quatrième, que pour la dénouer tout de suite, comme Alexandre coupa le nœud gordien, et ce n'est pas ainsi qu'il faut couper le nœud d'un drame.

Vers la fin de sa vie, Gresset, qui vivait depuis trente ans dans l'oubli des muses, dans l'exercice des devoirs de la religion et dans les jouissances tranquilles de l'amitié et de la société, se laissa tirer du fond de sa retraite d'Amiens pour venir à Paris sur le brillant théâtre de l'Académie française, qui attirait alors tous les yeux. Il venait répondre, comme directeur choisi par le sort, à un nouveau membre de la compagnie : il aurait pu s'en dispenser, et céda mal à propos à une tentation dangereuse, celle de rajeunir une vieille réputation, dont lui-même semblait depuis si long-temps fort peu occupé. Il ne la soutint point du tout, et son discours parut d'autant plus mauvais, que le sujet promettait davantage : c'était l'*Influence des mœurs sur le langage*, qui pouvait fournir un excellent discours, et même plus qu'un discours. Non seulement Gresset ne saisit point son sujet, mais il manqua même aux convenances locales, qui ne permettaient pas de prendre dans une assemblée respectable le ton badin d'une scène de comédie, ni de descendre à des détails qui passeraient à peine dans une satire. On peut en juger par ce seul morceau :

« Quel étrange idiome est associé à nos mœurs par « les délires du luxe et par les variations des fan- « taisies dans les meubles, les habits, les coiffures, « les *ragoûts*, les voitures! Quelle foule de termes « *essentiels* depuis l'*ottomane* jusqu'à la *chiffonnière*, « depuis le *frac* jusqu'au *caraco*, depuis les *bai-* « *gneuses* jusqu'aux *iphigénies*, depuis le *cabriolet* « jusqu'à la *désobligeante*, etc. ! »

On peut imaginer les murmures qui éclatèrent dans un public tel que celui qui se rassemblait aux séances académiques, et dans un temps où les bienséances de tout genre étaient encore un objet d'attention. Il était trop visible que l'orateur provincial se méprenait sur tout, et n'était plus au fait de rien. Qu'y a-t-il de commun entre le génie d'une langue et ces dénominations arbitraires de quelques objets d'un usage journalier? Qui peut ignorer que ce sont les ouvriers de luxe qui donnent des noms aux inventions successives de leur art? Est-ce chez les selliers et les marchandes de modes qu'il faut chercher les variations de notre idiome? Et qu'importe qu'on appelle aujourd'hui *caraco* ce qu'on appelait hier *pet-en-l'air?* l'un vaut bien l'autre. Les noms de modes en tout genre tiennent souvent à des évènements du jour, et passent comme eux : c'est un artifice des marchands pour attirer et renouveler l'attention. Voltaire n'a pas dédaigné de rappeler dans son *Siècle de Louis XIV*, l'origine de cette parure qu'on appelait *steinkerke*, parce qu'à cette journée fameuse les princes de Conti et de Vendôme avaient leur mouchoir passé autour de leur cou. Aujourd'hui un opéra, un *factum*, un charlatan, tout ce qui fait du bruit, crée des noms de tabatières et de bonnets. C'est une branche de l'industrie française, et nullement un objet de littérature ou de morale.

Quant aux expressions exagérées et précieuses dont Gresset parlait aussi, elles ne sont pas plus d'un temps que d'un autre : toujours elles ont été à l'usage de la multitude, et toujours on s'en est moqué, depuis Molière jusqu'à Vadé. Il y a d'ailleurs dans le langage journalier un genre d'exagération convenu, dont personne n'est dupe, et qui date de loin. Il y avait long-temps qu'on était *désolé de ne pas dîner avec vous*, quand Gresset s'avisa de s'en formaliser, et il aurait pu de même s'inscrire en faux contre *le très humble serviteur*, quand on n'est ni *humble* ni *serviteur*, et sur-tout qu'on n'a point *l'honneur de l'être*.

Il eût été plus important et plus instructif d'examiner l'origine du style précieux, affecté, entortillé, si commun dans les écrivains de nos jours; de cette foule de termes abstraits, prodigués hors de propos, même dans les ouvrages de mérite, et qui ne servent qu'à hérisser et obscurcir le style; de cette profusion de mouvements oratoires et de figures outrées dans les plus petits sujets. Il convenait à un académicien de rechercher les causes de ces différents travers, et il n'était pas difficile de faire voir que le premier tenait à l'ambition d'avoir de l'esprit, devenue une épidémie universelle; le second, à l'affectation de l'esprit philosophique, devenu l'esprit dominant; le troisième, aux prétentions à la sensibilité en paroles, prétentions toujours plus prononcées à à mesure que la chose devient plus rare; et c'est ainsi qu'il aurait pu rapprocher les mœurs et le langage, et embrasser leurs rapports.

J'ai cru devoir m'arrêter un peu sur les ouvrages de Gresset, et d'autant plus que cette même secte philosophique dont je viens de parler, a mis la réputation de cet écrivain au rang de celles qu'elle voulait rabaisser; mais ce n'est pas une de ces réputations qui dépendent du caprice, et ne résistent pas au temps. Ce n'est pas le nombre de ses écrits qui fait sa force, puisque, sur deux petits volumes, il y en a un qui est encore de trop; mais il a eu le cachet de l'originalité dans tout ce qui restera de lui. C'était un véritable talent né; et, n'en déplaise à Voltaire, dont les boutades ne sont pas une autorité, *le Méchant*, *Ver-Vert*, et *la Chartreuse*, vivront autant que la langue française.

Ce sera toujours un avantage précieux que de joindre l'intérêt aux effets comiques.

C'est là sur-tout ce qui manque au *Méchant* de Gresset. L'intrigue en est froide, et copiée à peu près du *Flatteur* de Rousseau. Le Méchant comme le Flatteur, veut rompre le mariage d'un de ses amis pour se substituer à sa place : le Flatteur, parce que ce mariage peut lui faire une fortune dont il a besoin ; le Méchant, pour avoir le plaisir de brouiller ; et dans les deux comédies, c'est un valet gagné par une soubrette, qui démasque le traître et fournit contre lui les pièces de conviction. Mais celle de Gresset est mieux conduite que celle de Rousseau : dans celle-ci, le jeu des ressorts est un peu forcé ; il est, dans l'autre, plus aisé et plus naturel. *Le Flatteur* est presque entièrement dénué de comique, si ce n'est dans quelques endroits de la scène du dédit, dont le fond est d'ailleurs peu vraisemblable. Il y en a davantage dans *le Méchant*, particulièrement dans la scène où Valère joue la fatuité et l'impertinence pour dégoûter de lui le bonhomme Géronte : cette scène est excellente ; mais c'est aussi la seule qui soit vraiment en situation. Il s'offrait là un fond d'intérêt dont il est bien surprenant que le poète n'ait tiré aucun parti, puisqu'il paraît l'avoir aperçu. Valère, gâté par le séjour de la capitale, et encore plus par les leçons de Cléon qui est son oracle et son modèle, cherche à faire échouer son mariage avec la jeune Chloé, qui a été élevée avec lui en province, et qui a eu ses premières inclinations. Il y a six ans qu'il ne l'a vue, et quelques intrigues qu'il a eues à Paris et qu'à son âge on prend si volontiers pour des bonnes fortunes, lui font regarder avec dégoût un mariage que ses parents désirent, et qui peut faire son bonheur. Mais à peine a-t-il donné la ridicule scène projetée entre lui et Cléon pour rebuter Géronte, qu'il revoit Chloé, et la revoit charmante. Il s'écrie :

Ah! qu'un premier amour a d'empire sur nous!
J'allais braver Chloé par mon étourderie;
La braver! j'aurais fait le malheur de ma vie.
Ses regards ont changé mon âme en un moment.
Je n'ai pu lui parler qu'avec saisissement.
Que j'étais pénétré! que je la trouve belle!
Que cet air de douceur, et noble, et naturelle,
A bien renouvelé cet instinct enchanteur,
Ce sentiment si pur, le premier de mon cœur!

Non seulement ce retour est dans la nature, mais il fait voir dans Valère un fond de sensibilité et d'honnêteté que de faux airs et de mauvais exemples n'ont pu détruire; c'était un germe d'intérêt : l'auteur le fait avorter sur-le-champ. Le rôle de Chloé est nul : pas une scène entre elle et son amant, dont la faute et le repentir pouvaient en amener de charmantes. Gresset, au lieu de mener de front l'amour de Chloé et de Valère et les incidents qu'il devait produire par les artifices de Cléon, a tout sacrifié au rôle du Méchant, qui est en effet très bien vu et très bien développé; mais il a étouffé l'intérêt qu'il pouvait faire naître. On apprend par quelques vers le raccommodement de Valère et de Chloé : il semble qu'il n'ait eu qu'à se présenter pour disposer du cœur de cette jeune personne, qui pourtant doit avoir assez de cette fierté qui sied à son sexe pour être très blessée de la conduite injurieuse que Valère a tenue d'abord. Le retour de l'amant devait être prompt; mais celui de sa maitresse devait être plus acheté, et il n'est pas adroit de mettre derrière la scène ces sortes de situations, dont l'effet est toujours sûr, pour peu qu'on sache les traiter. Molière pensait bien différemment, lui qui a employé cinq fois dans son théâtre les scènes de réconciliation. Ce n'est pas là qu'il faut craindre les ressemblances; c'est un moyen qui appartient à tout le monde, parce qu'il est si fécond, qu'il y a cent manières d'en varier l'emploi; et en particulier, la situation respective de Valère et de Chloé ne ressemblait à aucune autre; elle était susceptible des plus heureux développements. Enfin, Gresset est bien moins excusable que Piron, car il est fort douteux que le plan de *la Métromanie* comportât plus d'intérêt, et peut-être à l'examen trouverait-on que l'auteur a été obligé de faire le sacrifice de cette partie à l'ensemble et à la supériorité de toutes les autres; Gresset, au contraire, a négligé ou repoussé ce que son plan lui offrait. Ce qui distingue son ouvrage, ce qui le fera vivre, c'est la perfection du style. De celui de *la Métromanie* au sien, il y a cette différence, que l'un appartient plus particulièrement au sujet, et que l'autre est le meilleur modèle de la manière dont il faut écrire la comédie, dans un siècle où le grand usage de la société a épuré le langage de ce qu'on appelle la bonne compagnie, et même de tout ce qui n'est pas peuple. L'esprit poétique domine plus dans *la Métromanie*, et le ton du monde dans *le Méchant*. Une aisance gracieuse, une précision élégante, des aperçus rapides devenus plus faciles depuis que l'esprit de chacun peut sans peine s'augmenter de celui de tous ; beaucoup d'idées légèrement effleurées, parce qu'il n'est pas de bon air de rien approfondir; des traits au lieu de raisons, des riens tournés d'une façon piquante : tel est en général le caractère de la conversation; tel est le tour d'esprit dont on prend l'habitude dans des cercles nombreux où l'on se rassemble sans se choisir, et où l'on parle de tout sans s'intéresser à rien. C'est ce ton-là que Gresset a parfaitement saisi dans le rôle du Méchant, qui est plus homme du monde que tous les autres personnages de la pièce. Comme il a de l'esprit, sa conversation est le modèle de ce persiflage qui commençait alors à être de mode, et qui a pris depuis toutes les formes, suivant la portée de ceux qui l'affectaient : il consiste principalement à traiter avec légèreté les choses sérieuses. En voici un exemple dans la réponse de Cléon, lorsque Ariste lui a dit :

Tout serait expliqué, si l'on cessait de nuire,
Si la méchanceté ne cherchait à détruire.

Un honnête homme se fâcherait, et demanderait

l'explication d'une pareille phrase; mais que dit Cléon?

> Oh! bon, quelle folie! êtes-vous de ces gens
> Soupçonneux, ombrageux? Croyez-vous aux méchants;
> Et réalisez-vous cet être imaginaire,
> Ce petit préjugé qui ne va qu'au vulgaire?
> Pour moi, je n'y crois pas : soit dit sans intérêt :
> Tout le monde est méchant, et personne ne l'est.
> On reçoit et l'on rend, on est à peu près quitte.
> Parlez-vous des propos? Comme il n'est ni mérite,
> Ni goût, ni jugement qui ne soit contredit,
> Que rien n'est vrai sur rien, qu'importe ce qu'on dit?
> Tel sera mon héros, et tel sera le vôtre;
> L'aigle d'une maison n'est qu'un sot dans une autre.
> Je dis ici qu'Éraste est un mauvais plaisant;
> Eh bien! on dit ailleurs qu'Éraste est amusant.
> Si vous parlez des faits et des tracasseries,
> Je n'y vois dans le fond que des plaisanteries;
> Et si vous attachez du crime à tout cela,
> Beaucoup d'honnêtes gens sont de ces fripons-là.
> L'agrément couvre tout, il rend tout légitime.
> Aujourd'hui dans le monde on ne connaît qu'un crime,
> C'est l'ennui : pour le fuir, tous les moyens sont bons.
> Il gagnerait bientôt les meilleures maisons,
> Si l'on s'aimait si fort; l'amusement circule
> Par les préventions, les torts, le ridicule.
> Au reste, chacun parle et fait comme il l'entend;
> Tout est mal, tout est bien, tout le monde est content.

Non seulement ces vers sont de la tournure la plus facile et la plus agréable, mais c'est là ce que j'appelle, dans une comédie, des peintures de mœurs. On s'aperçoit bien, il est vrai, que le Méchant charge un peu le tableau, pour plaider sa cause, et généralise le plus qu'il peut pour se confondre dans la foule; mais on sent en même temps qu'il y a un fond de vérité dans ce qu'il dit; que ce grand air d'insouciance sur-tout, dernier terme de l'esprit de société qui accoutume à tout, tient nécessairement à une extrême immoralité, dont les causes ne seraient pas difficiles à trouver dans ce même esprit de société qui, à force de perfectionner les formes, a corrompu les choses, et, en devenant la première des lois, a trop affaibli toutes les autres. Ce mot si remarquable, *rien n'est vrai sur rien*, est d'une grande et funeste étendue; il a tout détérioré, depuis la morale jusqu'aux arts; c'est le refrain des fripons et des esprits faux, et il faut bien qu'ils y trouvent leur compte : avec ce mot les uns s'excusent de tout, les autres se dispensent de raisonner sur rien.

Le rôle du Méchant est encore un exemple de ces nuances mobiles et passagères que peut saisir successivement le pinceau des poètes comiques. Le ton que Gresset lui donne est celui qu'avaient mis à la mode, depuis l'époque de la régence, des sociétés d'un haut rang, des femmes malheureusement trop célèbres, des hommes qui devaient leurs succès à leurs vices, et qui faisant profession d'une perversité hardie, regardaient la probité et la vertu comme une chimère ou un ridicule. Le charlatanisme philosophique aurait fourni depuis d'autres nuances au rôle du Méchant: il faudrait qu'en agissant comme celui de Gresset, il s'exprimât tout autrement; que les mots d'*honnêteté* et de *sensibilité*, et la jactance des grands sentiments * fussent à tout moment dans sa bouche comme ils reviennent sans cesse dans celle des fripons de nos jours, et à chaque phrase des libelles de toute espèce, devenus les armes les plus familières de l'impudence et de la lâcheté. Il est de règle aujourd'hui, toutes les fois qu'on veut dire du mal ou en faire, de commencer par dire beaucoup de bien de soi, et cela ne laisse pas de réussir auprès du plus grand nombre, qui semble croire qu'on ne peut pas faire des phrases sur la vertu sans en avoir.

Gresset n'a pas moins bien imité le frivole babil de la médisance étourdie, le jargon plaisamment sérieux de la fatuité, et tout ce que la corruption a mis au rang des bons principes et des bons airs :

J'avais tout arrangé pour qu'il eût Cidalise :
Elle a, pour la plupart, formé nos jeunes gens :
J'ai demandé pour lui quelques mois de son temps, etc.
. . . .
Ayez-la : c'est d'abord ce que vous lui devez,
Et vous l'estimerez après si vous pouvez.
Du reste, affichez tout : quelle erreur est la vôtre?
Ce n'est qu'en se vantant de l'une qu'on a l'autre.

et une foule d'autres endroits semblables : c'est là proprement le vers de la comédie de mœurs, et personne dans ce siècle ne l'a mieux attrapé que Gresset.

Il était tout simple d'opposer au code de la mé-

* On s'apercevra aisément que tout cet article était écrit avant 1789.

chanceté le langage du bon sens et la morale d'un bon cœur; mais ce contraste, supérieurement exécuté dans le rôle d'Ariste, distingue la comédie du *Méchant*. Ce rôle est le modèle de ceux où il faut soutenir le ton sérieux et moral, qui est entre deux excès, la froideur et la déclamation. C'est là d'ordinaire le double inconvénient de ces personnages que dans la comédie on appelle des *raisonneurs*. Depuis le Cléante du *Tartufe*, qui a si bien différencié la véritable et la fausse dévotion, l'Ariste du *Méchant* est celui qui a le mieux fait parler la raison. Le style de la pièce, dans cette partie, n'est ni moins piquant ni moins parfait que dans les autres, et peut-être était encore plus difficile; car dans un ouvrage où il ne faut jamais perdre de vue l'agrément, rien n'est si voisin de l'ennui que de prêcher a raison. Mais Gresset a su tour-à-tour l'assaisonner ou l'animer, la rendre agréable ou intéressante, au point que rien ne contribua plus à son succès que le rôle d'Ariste, sur-tout dans la grande scène du quatrième acte, entre Valère et lui. L'avantage qu'il a sur un jeune homme qui ne fait que répéter les leçons de son maître Cléon, n'était pas ce qu'il y avait de plus malaisé dans ce rôle; mais devant Cléon lui-même, qui est tout brillant d'esprit, il fallait plus d'art pour maintenir Ariste dans la supériorité qui convient à la bonne cause, sans subordonner le personnage principal. C'est une loi bien remarquable dans le genre dramatique, que cette nécessité si essentielle de ne jamais abaisser le premier personnage, celui sur qui l'auteur appelle principalement l'attention. Quoi qu'il puisse avoir de vicieux, il ne doit jamais descendre du rang où l'ont placé les convenances théatrâles. Il peut, il doit être confondu dans ses projets, puni par ses propres fautes; mais en général il doit être tel qu'il n'y ait en lui de méprisable que le vice dont la censure est l'objet de la pièce. Cette théorie est très déliée et demande quelque explication, parce que, si elle n'est pas bien entendue, elle semble, au premier coup d'œil, contraire à la moralité, reconnue pour une des premières lois dramatiques, et c'est la méprise où sont tombés les détracteurs outrés du théâtre. Pourquoi, ont-ils dit, faire admirer la présence d'esprit d'un scélérat comme Tartufe? Pourquoi rendre la méchanceté de Cléon si séduisante à force d'esprit? Pour mieux remplir l'objet que l'art se propose. En effet, il ne serait pas bien merveilleux que l'on détestât le crime sans talent, ou que l'on méprisât le vice sans esprit; mais donner à l'un et à l'autre tout ce qu'il y a de plus capable d'éblouir, et pourtant amener le spectateur en dernier résultat à les condamner et à les flétrir, voilà ce qui est digne du plus beau de tous les arts. Si Tartufe était un maladroit sur la scène, l'hypocrite du parterre serait rassuré, et dirait : J'en sais davantage. Mais il ne commet pas une faute; il est le plus fin et le plus avisé de tous les hommes, et pourtant il échoue; la conséquence est frappante : c'est que l'hypocrisie, malgré toutes ses ruses, est tôt ou tard confondue. De même, si l'auteur du *Méchant* veut faire tomber ce faux air de supériorité que donne si aisément la méchanceté, et qui fait que tant de sots s'efforcent d'être méchants, y réussira-t-il en ne donnant à son personnage ni agrément ni séduction ? Vraiment dira chacun à part soi, ce n'est pas ainsi que la méchanceté peut réussir : un tel homme n'est qu'odieux et dégoûtant ; et le dégoût et l'indignation ne tomberaient que sur le personnage, et non pas sur son vice. Mais que fait l'artiste qui sait son métier, et qui a bien compris la loi que j'explique ? Il sépare habilement le vice et le personnage vicieux ; il donne à celui-ci tous les avantages naturels qu'il peut avoir, et qui lui laissent dans le cadre dramatique la place distinguée qu'il doit occuper ; et comme tous ces avantages ne le garantissent pas de l'opprobre qui l'accable à la fin de la pièce, quand il est reconnu pour ce qu'il est, il résulte que plus il a montré de qualités estimables et de dehors heureux, plus le vice qui ternit tout inspire de mépris et d'aversion *.

* Je n'aime pas beaucoup toute cette argumentation de La Harpe. Je comprends très bien qu'il y a pour le poète comique, un besoin d'idéal, qui lui défend de produire le vice et le ridicule sous des traits vulgaires. Mais s'il s'impose cette loi, c'est pour rendre son œuvre plus attachante et non dans l'intérêt d'une moralité qui ne peut être l'objet principal de l'art. C'était le vice de la critique du temps et qu'on retrouve à chaque instant dans La Harpe et dans Marmontel, d'exagérer l'importance morale de la poésie et particulièrement du théâtre. La comédie n'est point du tout l'école des mœurs, comme on le disait avec quelque emphase ; elle n'en est que le tableau ; on y peut prendre quelque expérience des vices d'autrui, tout en s'en amusant ; mais on ne s'y corrige guère des siens. Tartufe et le Méchant nous inspirent bien de l'indignation contre l'hypocrisie et de l'aversion pour la médisance et la tracasserie, mais ils ne ramèneront guères ceux qui ont servi ou qui pourraient servir de modèle à ces tableaux. Ce seraient d'ailleurs des hommes bien corrompus, et qui ne mériteraient guères que le génie se

L'ouvrage de Gresset a donc un mérite précieux dans la comédie, celui d'être d'autant plus moral que le caractère de son méchant a toute la séduction dont il est susceptible. Les autres caractères principaux sont aussi très judicieusement conçus : celui de Géronte est mêlé d'entêtement et de bonhomie; et ce que l'auteur appelle en lui *le démon de la propriété* est une nuance particulière qui a fourni des traits fort comiques. Celui de Florise est tel qu'il le fallait pour en faire une dupe de Cléon, et développer devant elle la fertile malignité du Méchant; c'est une femme qui n'a, comme tant d'autres, que l'esprit de l'amant qui la gouverne. Lisette la peint ainsi :

..... Tour-à-tour je l'ai vue,
Ou folle ou de bon sens, sauvage ou répandue,
Six mois dans la morale et six dans les romans,
Selon l'amant du jour et la couleur du temps,

donnât la peine de les instruire, que ceux qui, comme le dit presque La Harpe, renonceraient à l'hypocrisie et à la méchanceté, par cette seule raison qu'avec tout l'esprit et toute l'adresse possibles, on n'y échappe pas à quelque catastrophe funeste, et qu'en résultat on finit par être mis à la porte ou jeté en prison. Ceux qui auraient besoin d'une leçon pareille feraient dans leur propre cœur de tristes découvertes. C'est dénaturer la comédie que de la rapporter à un but moral qui n'est chez elle qu'accessoire. Elle peint, nous dit Aristote, le *mauvais* comme la tragédie peint le *bon*. C'est-à-dire qu'au lieu de présenter la nature humaine sous de nobles couleurs elle en trace des images qui excitent le rire, des tableaux animés par la peinture du ridicule et quelquefois du vice, voilà son essence. La moralité vient ensuite, elle vient inévitablement, elle ajoute un grand prix à l'ouvrage; mais elle ne le constitue pas, elle ne lui impose pas des règles, comme paraît le penser La Harpe dans ce passage qui demanderait des explications plus longues que ne le comporte une simple note.   H PATIN.

Ne pensant, ne voulant, n'étant rien d'elle-même,
Et n'ayant d'âme enfin que par celui qu'elle aime.

Elle s'est donc mise à être méchante, parce que la méchanceté de Cléon, pour qui elle a du goût, lui a paru le bon ton; mais le poète a eu soin de marquer la différence entre la méchanceté qui n'est que d'imitation et celle qui est d'instinct. Lorsque Cléon parle à Florise du projet qu'il a d'imprimer des mémoires qui seront la chronique scandaleuse de la société, elle lui recommande une madame Orphise, à qui elle *en doit*, et qui sans doute lui a enlevé quelque amant; mais quand il lui conseille de se séparer de son frère et de plaider contre lui, elle répond :

Contre les préjugés dont votre âme est exempte,
La mienne, par malheur, n'est pas aussi *puissante**,
Et je vous avoûrai mon imbécillité :
Je n'irai pas sans peine à cette extrémité.
Il m'a toujours aimée, et j'aimais à lui plaire;
Et soit cette habitude ou quelque autre chimère,
Je ne puis me résoudre à le désespérer.

On voit qu'elle est faible et étourdie, mais que le fond n'est pas gâté. L'ascendant de Cléon va jusqu'à la faire rougir de la bonté comme d'une sorte de bêtise, mais non pas à détruire cette bonté qui lui est naturelle; et l'un et l'autre aperçu est juste et instructif; la force de l'exemple agit et s'arrête jusqu'où elle doit agir et s'arrêter, et le Méchant reste toujours seul à sa place.

* Terme impropre : rien n'est plus âme dans cette pièce.

L'auteur a observé la même nuance dans le rôle de Valère, qui n'en est qu'à son apprentissage. Il dit à Cléon, lorsqu'il est question de contrarier et d'impatienter Géronte :

     Mais n'aurais-je point tort ?
J'ai de la répugnance à le choquer si fort.

Malgré toute l'envie qu'il a de rompre son mariage, il ne peut se résoudre à faire de la peine à ce bonhomme. Aux premières caresses qu'il en reçoit, il dit à part :
     Comment faire ?
Son amitié me touche.

Enfin, si Cléon n'arrivait pas à son secours, on sent qu'il n'aurait jamais la force de soutenir le rôle d'impertinence qu'on lui a tracé. Aussi cette idée d'amener Cléon est excellente : il fallait la présence du maître pour affermir l'écolier, et l'on ne pardonnerait pas à celui-ci, si l'on ne voyait l'autre à ses côtés, qui ne cesse de l'animer tout bas, et pour ainsi dire lui souffle son rôle.

Toutes ces conceptions, pleines de sens et de moralité, et la foule des vers excellents devenus d'excellents proverbes, ont racheté ce qui manque à cette comédie du côté de l'intrigue et de l'intérêt, et l'ont mise au rang des premières du siècle. Elle fut très sévèrement critiquée dans sa nouveauté. Quelqu'un dit à ces censeurs si difficiles : *Vous serez peut-être vingt ans sans avoir le pendant de cette pièce.* Cet homme a prophétisé mieux qu'il ne croyait : il y a aujourd'hui plus de cinquante ans que l'on attend une comédie en cinq actes, qui puisse être comparée au *Méchant*.

Sydnei, joué quelques années auparavant, n'avait pas eu le même succès. Le sujet est triste sans être intéressant : le dégoût de la vie n'est pas un sentiment théâtral, à moins qu'il ne tienne à un caractère, à une passion, à des circonstances qui puissent attacher. Il ne tient ici qu'au regret d'avoir été infidèle à une Rosalie qui n'est que nommée, et que pendant deux actes personne ne connaît. Sydnei ne veut mourir que parce qu'il s'ennuie de tout depuis qu'il fait des recherches inutiles pour retrouver cette Rosalie. On sait à la fin du second acte qu'elle est dans son voisinage, et le dénouement est vu de trop loin. Il consiste en partie dans l'escamotage d'un valet qui substitue un verre d'eau à un verre de poison : tout cela forme une intrigue très petite et un roman très commun.

Sydnei, repris de nos jours, n'a eu aucun succès ; mais cette pièce, si faible au théâtre, s'est gravée dans la mémoire des amateurs par la beauté soutenue d'un style qui, à la vérité, appartient plus souvent au drame sérieux qu'à la comédie : on y trouve les seuls vraiment beaux vers que l'auteur ait faits dans le genre noble, qui n'était pas le sien. On a cité souvent ce monologue :

C'en est donc fait enfin : tout est fini pour moi.
Ce breuvage fatal que j'ai pris sans effroi,
Enchaînant tous mes sens dans une mort tranquille,
Va du dernier sommeil assoupir cette argile ;

Nul regret, nul remords, ne trouble ma raison ;
L'esclave est-il coupable en brisant sa prison ?
Le juge qui m'attend, dans cette nuit obscure,
Est le père et l'ami de toute la nature.
Rempli de sa bonté, mon esprit immortel
Va tomber sans frémir dans son sein paternel.

Il est vrai que ce monologue est d'une fort mauvaise philosophie : il y a une inconséquence marquée à s'appeler d'abord *un esclave qui brise sa prison*, et à se regarder comme un enfant qui *va tomber dans le sein de son père.* Cette contradiction suffirait seule pour faire sentir tout le vice de la doctrine du suicide, qui ne peut être conséquente que dans l'athéisme. Mais je ne considère ici que les vers qui sont excellents.

La Harpe, *Cours de Littérature.*

MORCEAUX CHOISIS.

I. Paris.

Paris ! il m'ennuie à la mort ;
Et je ne vous fais pas un fort grand sacrifice.
En m'éloignant d'un monde à qui je rends justice.
Tout ce qu'on est forcé d'y voir et d'endurer
Passe bien l'agrément qu'on y peut rencontrer.
Trouver à chaque pas des gens insupportables,
Des flatteurs, des valets, des plaisants détestables,
Des jeunes gens d'un ton, d'une stupidité !
Des femmes d'un caprice et d'une fausseté !
Des prétendus esprits souffrir la suffisance,
Et la grosse gaîté de l'épaisse opulence ;
Tant de petits talents où je n'ai pas de foi ;

Des réputations, on ne sait pas pourquoi;
Des protégés si bas! des protecteurs si bêtes!...
Des ouvrages vantés qui n'ont ni pieds ni têtes;
Faire des soupers fins où l'on périt d'ennui;
Veiller par air; enfin, se tuer pour autrui!
Franchement des plaisirs, des biens de cette sorte
Ne sont pas, quand on pense, une chaîne bien forte;
Et, pour vous parler vrai, je trouve plus sensé
Un homme sans projet, dans sa terre fixé,
Qui n'est ni complaisant, ni valet de personne,
Que tous ces gens brillants qu'on mange, qu'on friponne,
Qui, pour vivre à Paris avec l'air d'être heureux,
Au fond n'y sont pas moins ennuyés qu'ennuyeux.
Le Méchant, act. II, sc. 3.

II. Le Méchant.

Que dans ses procédés l'homme est inconséquent!
On recherche un esprit dont on hait le talent;
On applaudit aux traits du méchant qu'on abhorre;
Et, loin de le proscrire, on l'encourage encore.
Mais convenez aussi qu'avec ce mauvais ton,
Tous ces gens dont il est l'oracle ou le bouffon
Craignent pour eux le sort des absents qu'il leur livre,
Et que tous avec lui seraient fâchés de vivre :
On le voit une fois, il peut être applaudi;
Mais quelqu'un voudrait-il en faire son ami?
— On le craint, c'est beaucoup. — Mérite pitoyable!
Pour les esprits sensés est-il donc redoutable?
C'est ordinairement à de faibles rivaux
Qu'il adresse les traits de ses mauvais propos.
Quel honneur trouvez-vous à poursuivre, à confondre,
A désoler quelqu'un qui ne peut vous répondre?
Ce triomphe honteux de la méchanceté

Réunit la bassesse et l'inhumanité.
Quand sur l'esprit d'un autre on a quelque avantage,
N'est-il pas plus flatteur d'en mériter l'hommage,
De voiler, d'enhardir la faiblesse d'autrui,
Et d'en être à la fois et l'amour et l'appui?

Vous le croyez heureux? Quelle âme méprisable!
Si c'est là son bonheur, c'est être misérable.
Étranger au milieu de la société,
Et partout fugitif, et partout rejeté,
Vous connaîtrez bientôt, par votre expérience,
Que le bonheur du cœur est dans la confiance.
Un commerce de suite avec les mêmes gens,
L'union des plaisirs, des goûts, des sentiments,
Une société peu nombreuse, et qui s'aime,
Où vous pensez tout haut, où vous êtes vous-même,
Sans lendemain, sans crainte et sans malignité,
Dans le sein de la paix et de la sûreté :
Voilà le seul bonheur honorable et paisible
D'un esprit raisonnable et d'un cœur né sensible.
Sans ami, sans repos, suspect et dangereux,
L'homme frivole et vague est déjà malheureux.
Mais jugez avec moi combien l'est davantage
Un méchant affiché, dont on craint le passage;
Qui, traînant après lui les rapports, les horreurs,
L'esprit de fausseté, l'art affreux des noirceurs,
Abhorré, méprisé, couvert d'ignominie,
Chez les honnêtes gens demeure sans patrie :
Voilà le vrai proscrit, et vous le connaissez...
S'amuser, dites-vous? Quelle erreur est la vôtre!
Quoi! vendre tour à tour, immoler l'une à l'autre
Chaque société, diviser les esprits,
Aigrir les gens brouillés, ou brouiller des amis,
Calomnier, flétrir les femmes estimables,

Faire du mal d'autrui ses plaisirs détestables :
Ce germe d'infamie et de perversité
Est-il dans la même âme avec la probité?
Tout le monde est méchant! Oui, ces cœurs haïssables,
Ce peuple d'hommes faux, de femmes, d'agréables,
Sans principes, sans mœurs; esprits bas et jaloux,
Qui se rendent justice en se méprisant tous :
En vain ce peuple affreux, sans frein et scrupule,
De la bonté du cœur veut faire un ridicule.
Pour chasser ce nuage et voir avec clarté
Que l'homme n'est point fait pour la méchanceté,
Consultez, écoutez pour juges, pour oracles,
Les hommes rassemblés; voyez à nos spectacles,
Quand on peint quelques traits de candeur, de bonté,
Où brille en tout son jour la tendre humanité :
Tous les cœurs sont remplis d'une volupté pure,
Et c'est là qu'on entend le cri de la nature.
Le Méchant, act. IV, sc. 4.

III. Ver-Vert.

A Madame l'Abbesse de ***.

CHANT PREMIER.

Vous près de qui les graces solitaires
Brillent sans fard, et règnent sans fierté;
Vous, dont l'esprit, né pour la vérité,
Sait allier à des vertus austères
Le goût, les ris, l'aimable liberté;
Puisqu'à vos yeux vous voulez que je trace
D'un noble oiseau la touchante disgrace,
Soyez ma muse, échauffez mes accents;
Et prêtez-moi ces sons intéressants,
Ces tendres sons que forma votre lyre,

Lorsque Sultane*, au printemps de ses jours,
Fut enlevée à vos tristes amours,
Et descendit au ténébreux empire :
De mon héros les illustres malheurs
Peuvent aussi se promettre vos pleurs.
Sur sa vertu par le sort traversée,
Sur son voyage et ses longues erreurs,
On aurait pu faire une autre Odyssée,
Et par vingt chants endormir les lecteurs ;
On aurait pu des fables surannées
Ressusciter les diables et les dieux,
Des faits d'un mois occuper des années ;
Et, sur des tons d'un sublime ennuyeux,
Psalmodier la cause infortunée
D'un perroquet non moins brillant qu'Énée,
Non moins dévot, plus malheureux que lui :
Mais trop de vers entraînent trop d'ennui.
Les muses sont des abeilles volages ;
Leur goût voltige, il fuit les longs ouvrages,
Et, ne prenant que la fleur d'un sujet,
Vole bientôt sur un nouvel objet.
Dans vos leçons j'ai puisé ces maximes :
Puissent vos lois se lire dans mes rimes !
Si, trop sincère, en traçant ces portraits
J'ai dévoilé les mystères secrets,
L'art des parloirs, la science des grilles,
Les graves riens, les mystiques vétilles,
Votre enjoûment me passera ces traits.
Votre raison, exempte de faiblesses,
Sait vous sauver ces fades petitesses :
Sur votre esprit, soumis au seul devoir,
L'illusion n'eut jamais de pouvoir ;

---

* Épagneule.

Vous savez trop qu'un front que l'art déguise
Plaît moins au ciel qu'une aimable franchise.
Si la vertu se montrait aux mortels,
Ce ne serait ni par l'art des grimaces,
Ni sous des traits farouches et cruels,
Mais sous votre air, ou sous celui des Graces,
Qu'elle viendrait mériter nos autels.

   Dans maint auteur de science profonde
J'ai lu qu'on perd à trop courir le monde;
Très rarement en devient-on meilleur :
Un sort errant ne conduit qu'à l'erreur.
Il nous vaut mieux vivre au sein de nos Lares,
Et conserver, paisibles casaniers,
Notre vertu dans nos propres foyers,
Que parcourir bords lointains et barbares :
Sans quoi le cœur, victime des dangers,
Revient chargé de vices étrangers.
L'affreux destin du héros que je chante
En éternise une preuve touchante :
Tous les échos des parloirs de Nevers,
Si l'on en doute attesteront mes vers.

   A Nevers donc, chez les Visitandines,
Vivait naguère un perroquet fameux,
A qui son art et son cœur généreux,
Ses vertus même, et ses graces badines,
Auraient dû faire un sort moins rigoureux,
Si les bons cœurs étaient toujours heureux.
Ver-Vert (c'était le nom du personnage),
Transplanté là de l'indien rivage,
Fut, jeune encor, ne sachant rien de rien,
Au susdit cloître enfermé pour son bien.
Il était beau, brillant, leste et volage,
Aimable et franc, comme on l'est au bel âge,

Né tendre et vif, mais encore innocent;
Bref, digne oiseau d'une si sainte cage,
Par son caquet digne d'être au couvent.

Pas n'est besoin, je pense de décrire
Les soins des sœurs, des nonnes, c'est tout dire;
Et chaque mère, après son directeur,
N'aimait rien tant : même dans plus d'un cœur,
Ainsi l'écrit un chroniqueur sincère,
Souvent l'oiseau l'emporta sur le père.
Il partageait, dans ce paisible lieu,
Tous les sirops dont le cher père en Dieu,
Grace aux bienfaits des nonnettes sucrées,
Réconfortait ses entrailles sacrées;
Objet permis à leur oisif amour,
Ver-Vert était l'âme de ce séjour;
Exceptez-en quelques vieilles dolentes,
Des jeunes cœurs jalouses surveillantes,
Il était cher à toute la maison.
N'étant encor dans l'âge de raison,
Libre, il pouvait et tout dire et tout faire;
Il était sûr de charmer et de plaire.
Des bonnes sœurs égayant les travaux,
Il béquetait et guimpes et bandeaux;
Il n'était point d'agréable partie,
S'il n'y venait briller, caracoler,
Papillonner, siffler, rossignoler;
Il badinait, mais avec modestie,
Avec cet air timide et tout prudent
Qu'une novice a même en badinant.
Par plusieurs voix interrogé sans cesse,
Il répondait à tout avec justesse :
Tel autrefois César, en même temps,
Dictait à quatre, en styles différents.

Admis partout, si l'on en croit l'histoire,
L'amant chéri mangeait au réfectoire :
Là, tout s'offrait à ses friands désirs ;
Outre qu'encor pour ses menus plaisirs,
Pour occuper son ventre infatigable,
Pendant le temps qu'il passait hors de table,
Mille bonbons, mille exquises douceurs,
Chargeaient toujours les poches de nos sœurs.
Les petits soins, les attentions fines,
Sont nés, dit-on, chez les Visitandines ;
L'heureux Ver-Vert l'éprouvait chaque jour.
Plus mitonné qu'un perroquet de cour,
Tout s'occupait du beau pensionnaire ;
Ses jours coulaient dans un noble loisir.

Au grand dortoir il couchait d'ordinaire :
Là, de cellule il avait à choisir ;
Heureuse encor, trop heureuse la mère
Dont il daignait, au retour de la nuit,
Par sa présence honorer le réduit !
Très rarement les antiques discrètes
Logeaient l'oiseau ; des novices proprettes
L'alcove simple était plus de son goût :
Car remarquez qu'il était propre en tout.
Quand chaque soir le jeune anachorète
Avait fixé sa nocturne retraite,
Jusqu'au lever de l'astre de Vénus
Il reposait sur la boîte aux agnus.
A son réveil, de la fraîche nonnette,
Libre témoin, il voyait la toilette ;
Je dis toilette, et je le dis tout bas,
Oui, quelque part j'ai lu qu'il ne faut pas
Aux fronts voilés des miroirs moins fidèles
Qu'aux fronts ornés de pompons et dentelles.

Ainsi qu'il est pour le monde et les cours
Un art, un goût de modes et d'atours,
Il est aussi des modes pour le voile;
Il est un art de donner d'heureux tours
A l'étamine, à la plus simple toile.
Souvent l'essaim des folâtres Amours,
Essaim qui sait franchir grilles et tours,
Donne aux bandeaux une grace piquante,
Un air galant à la guimpe flottante;
Enfin, avant de paraître au parloir,
On doit au moins deux coups-d'œil au miroir.
Ceci soit dit entre nous, en silence:
Sans autre écart revenons au héros.
Dans ce séjour de l'oisive indolence,
Ver-Vert vivait sans ennui, sans travaux:
Dans tous les cœurs il règnait sans partage.
Pour lui sœur Thècle oubliait les moineaux;
Quatre serins en étaient morts de rage,
Et deux matous, autrefois en faveur,
Dépérissaient d'envie et de langueur.

Qui l'aurait dit, en ces jours pleins de charmes,
Qu'en pure perte on cultivait ses mœurs;
Qu'un temps viendrait, temps de crimes et d'alarmes,
Où ce Ver-Vert, tendre idole des cœurs,
Ne serait plus qu'un triste objet d'horreurs?
Arrête, muse, et retarde les larmes
Que doit coûter l'aspect de ses malheurs,
Fruit trop amer des égards de nos sœurs.

CHANT SECOND.

On juge bien qu'étant a telle école
Point ne manquait du don de la parole

L'oiseau discret; hormis dans les repas,
Telle qu'une nonne, il ne déparlait pas :
Bien est-il vrai qu'il parlait comme un livre,
Toujours d'un ton confit en savoir vivre.
Il n'était point de ces fiers perroquets
Que l'air du siècle a rendus trop coquets,
Et qui, sifflés par des bouches mondaines,
N'ignorent rien des vanités humaines
Ver-Vert était un perroquet dévot,
Une belle âme innocemment guidée;
Jamais du mal il n'avait eu l'idée,
Ne disait onc un immodeste mot :
Mais en revanche il savait des cantiques,
Des orémus, des colloques mystiques;
Ils disait bien son *Bénédicité*,
Et *notre mère*, et *votre charité*;
Il savait même un peu du soliloque,
Et des traits fins de Marie Alacoque :
Il avait eu, dans ce docte manoir,
Tous les secours qui mènent au savoir.
Il était là maintes filles savantes
Qui mot pour mot portaient dans leurs cerveaux
Tous les noels anciens et nouveaux.
Instruit, formé par leur leçons fréquentes,
Bientôt l'élève égala ses régentes :
De leur ton même adroit imitateur,
Il exprimait la pieuse lenteur,
Les saints soupirs, les notes languissantes
Du chant des sœurs, colombes gémissantes :
Finalement, Ver-Vert savait par cœur
Tout ce que sait une mère de chœur.

 Trop resserré dans les bornes d'un cloître,
Un tel mérite au loin se fit connaître;

Dans tout Nevers, du matin jusqu'au soir,
Il n'était bruit que des scènes mignonnes
Du perroquet des bienheureuses nonnes;
De Moulins même on venait pour le voir.
Le beau Ver-Vert ne bougeait du parloir :
Sœur Mélanie, en guimpe toujours fine,
Portait l'oiseau : d'abord aux spectateurs
Elle en faisait admirer les couleurs,
Les agréments, la douceur enfantine;
Son air heureux ne manquait point les cœurs.
Mais la beauté du tendre néophyte
N'était encor que le moindre mérite;
On oubliait ces attraits enchanteurs,
Dès que sa voix frappait les auditeurs.
Orné, rempli de saintes gentillesses,
Que lui dictaient les plus jeunes professes,
L'illustre oiseau commençait son récit;
A chaque instant de nouvelles finesses,
Des charmes neufs, variaient son débit :
Éloge unique et difficile à croire
Pour tout parleur qui dit publiquement,
Nul ne dormait dans tout son auditoire;
Quel orateur en pourrait dire autant?
On l'écoutait, on vantait sa mémoire :
Lui cependant, stylé parfaitement,
Bien convaincu du néant de la gloire,
Se rengorgeait toujours dévotement,
Et triomphait toujours modestement.
Quand il avait débité sa science,
Serrant le bec, et parlant en cadence,
Il s'inclinait d'un air sanctifié,
Et laissait là son monde édifié.
Il n'avait dit que des phrases gentilles,

Que des douceurs, excepté quelques mots
De médisance, et tels propos de filles
Que par hasard il apprenait aux grilles,
Ou que nos sœurs traitaient dans leur enclos.

Ainsi vivait dans ce nid délectable,
En maître, en saint, en sage véritable,
Père Ver-Vert, cher à plus d'une Hébé,
Gras comme un moine et non moins vénérable,
Beau comme un cœur, savant comme un abbé,
Toujours aimé, comme toujours aimable,
Civilisé, musqué, pincé, rangé,
Heureux enfin s'il n'eût pas voyagé.

Mais vint ce temps d'affligeante mémoire,
Ce temps critique où s'éclipse sa gloire.
O crime ! ô honte ! ô cruel souvenir !
Fatal voyage ! aux yeux de l'avenir
Que ne peut-on en dérober l'histoire !
Ah ! qu'un grand nom est un bien dangereux !
Un sort caché fut toujours plus heureux.
Sur cet exemple on peut ici m'en croire,
Trop de talents, trop de succès flatteurs,
Traînent souvent la ruine des mœurs.

Ton nom, Ver-Vert, tes prouesses brillantes,
Ne furent point bornés à ces climats;
La renommée annonça tes appas,
Et vint porter ta gloire jusqu'à Nantes.
Là, comme on sait, la visitation
A son bercail de révérendes mères,
Qui, comme ailleurs, dans cette nation,
A tout savoir ne sont pas les dernières ;
Par quoi bientôt, apprenant des premières
Ce qu'on disait du perroquet vanté,

Désir leur vint d'en voir la vérité.
Désir de fille est un feu qui dévore,
Désir de nonne est cent fois pis encore.

Déjà les cœurs s'envolent à Nevers;
Voilà d'abord vingt têtes à l'envers
Pour un oiseau. L'on écrit tout-à-l'heure
En Nivernais à la supérieure,
Pour la prier que l'oiseau plein d'attraits
Soit, pour un temps, amené par la Loire;
Et que, conduit au rivage nantais,
Lui-même il puisse y jouir de sa gloire,
Et se prêter à de tendres souhaits.

La lettre part. Quand viendra la réponse?
Dans douze jours : quel siècle jusque-là!
Lettre sur lettre, et nouvelle semonce :
On ne dort plus; sœur Cécile en mourra.

Or, à Nevers arrive enfin l'épître.
Grave sujet; on tient le grand chapître.
Telle requête effarouche d'abord.
Perdre Ver-Vert! O ciel! plutôt la mort!
Dans ces tombeaux, sous ces tours isolées,
Que ferons-nous si ce cher oiseau sort?
Ainsi parlaient les plus jeunes voilées,
Dont le cœur vif, et las de son loisir,
S'ouvrait encore à l'innocent plaisir :
Et, dans le vrai, c'était la moindre chose
Que cette troupe étroitement enclose,
A qui d'ailleurs tout autre oiseau manquait,
Eût pour le moins un pauvre perroquet.
L'avis pourtant des mères assistantes,
De ce sénat antiques présidentes,
Dont le vieux cœur aimait moins vivement,

Fut d'envoyer le pupille charmant
Pour quinze jours; car, en têtes prudentes,
Elles craignaient qu'un refus obstiné
Ne les brouillât avec nos sœurs de Nantes :
Ainsi jugea l'état embéguiné.

Après ce bill des miladys de l'ordre,
Dans la commune arrive grand désordre :
Quel sacrifice! y peut-on consentir?
Est-il donc vrai? dit la sœur Séraphine :
Quoi! nous vivons, et Ver-Vert va partir!
D'une autre part, la mère sacristine
Trois fois pâlit, soupire quatre fois,
Pleure, frémit, se pâme, perd la voix.
Tout est en deuil. Je ne sais quel présage
D'un noir crayon leur trace ce voyage;
Pendant la nuit, des songes pleins d'horreur
Du jour encor redoublent la terreur.
Trop vains regrets! l'instant funeste arrive :
Jà tout est prêt sur la fatale rive;
Il faut enfin se résoudre aux adieux,
Et commencer une absence cruelle :
Jà chaque sœur gémit en tourterelle,
Et plaint d'avance un veuvage ennuyeux.
Que de baisers au sortir de ces lieux
Reçut Ver-Vert! Quelles tendres alarmes!
On se l'arrache, on le baigne de larmes :
Plus il est près de quitter ce séjour,
Plus on lui trouve et d'esprit et de charmes.
Enfin pourtant il a passé le tour :
Du monastère, avec lui, fuit l'Amour.
« Pars, va, mon fils, vole où l'honneur t'appelle;
« Reviens charmant, reviens toujours fidèle;
« Que les zéphyrs te portent sur les flots,

« Tandis qu'ici dans un triste repos
« Je languirai forcément exilée,
« Sombre, inconnue, et jamais consolée ;
« Pars, cher Ver-Vert, et, dans ton heureux cours,
« Sois pris partout pour l'aîné des Amours ! »
Tel fut l'adieu d'une nonnain poupine,
Qui, pour distraire et charmer sa langueur,
Entre deux draps avait à la sourdine
Très souvent fait l'oraison dans Racine,
Et qui, sans doute, aurait, de très grand cœur,
Loin du couvent suivi l'oiseau parleur.

Mais c'en est fait, on embarque le drôle,
Jusqu'à présent vertueux, ingénu,
Jusqu'à présent modeste en sa parole :
Puisse son cœur, constamment défendu,
Au cloître un jour rapporter sa vertu !
Quoi qu'il en soit, déjà la rame vole,
Du bruit des eaux les airs ont retenti ;
Un bon vent souffle, on part, on est parti.

CHANT TROISIÈME.

La même nef, légère et vagabonde,
Qui voiturait le saint oiseau sur l'onde,
Portait aussi deux nymphes, trois dragons,
Une nourrice, un moine, deux Gascons :
Pour un enfant qui sort du monastère,
C'était échoir en dignes compagnons !
Aussi Ver-Vert, ignorant leurs façons,
Se trouva là comme en terre étrangère ;
Nouvelle langue, et nouvelles leçons.
L'oiseau surpris n'entendait point leur style.
Ce n'étaient plus paroles d'évangile,
Ce n'étaient plus ces pieux entretiens,

Ces traits de Bible et d'oraisons mentales,
Qu'il entendait chez nos douces vestales,
Mais de gros mots, et non des plus chrétiens :
Car les dragons, race assez peu dévote,
Ne parlaient là que langue de gargotte;
Charmant au mieux les ennuis du chemin,
Ils ne fêtaient que le patron du vin :
Puis les Gascons et les trois péronnelles
Y concertaient sur des tons de ruelles :
De leur côté les bateliers juraient,
Rimaient en dieu, blasphémaient et sacraient;
Leur voix, stylée aux tons mâles et fermes,
Articulait sans rien perdre des termes.
Dans le fracas, confus, embarrassé,
Ver-Vert gardait un silence forcé;
Triste, timide, il n'osait se produire,
Et ne savait que penser et que dire.

 Pendant la route on voulut par faveur
Faire causer le perroquet rêveur.
Frère Lubin, d'un ton peu monastique,
Interrogea le beau mélancolique :
L'oiseau bénin prend son air de douceur,
Et, vous poussant un soupir méthodique,
D'un ton pédant répond : *Ave ma sœur.*
A cet *ave*, jugez si l'on dut rire;
Tous en chorus bernent le pauvre sire;
Ainsi berné, le novice interdit
Comprit en soi qu'il n'avait pas bien dit,
Et qu'il serait malmené des commères,
S'il ne parlait la langue des confrères :
Son cœur, né fier, et qui, jusqu'à ce temps,
Avait été nourri d'un doux encens,
Ne put garder sa modeste constance

Dans cet assaut de mépris flétrissants :
A cet instant, en perdant patience,
Ver-Vert perdit sa première innocence.
Dès-lors ingrat, en soi-même il maudit
Les chères sœurs, ses premières maîtresses,
Qui n'avaient pas su mettre en son esprit
Du beau français les brillantes finesses,
Les sons nerveux et les délicatesses.
A les apprendre il met donc tous ses soins,
Parlant très peu, mais n'en pensant pas moins.
D'abord l'oiseau, comme il n'était pas bête,
Pour faire place à de nouveaux discours,
Vit qu'il devait oublier pour toujours
Tous les gaudés qui farcissaient sa tête;
Ils furent tous oubliés en deux jours,
Tant il trouva la langue à la dragonne
Plus du bel air que les termes de nonne.
En moins de rien, l'éloquent animal,
(Hélas! jeunesse apprend trop bien le mal!)
L'animal, dis-je, éloquent et docile,
En moins de rien fut rudement habile.
Bien vite il sut jurer et maugréer
Mieux qu'un vieux diable au fond d'un bénitier.
Il démentit les célèbres maximes
Où nous lisons qu'on ne vient aux grands crimes
Que par degrés : il fut un scélérat
Profès d'abord, et sans noviciat.
Trop bien sut-il graver en sa mémoire
Tout l'alphabet des bateliers de Loire ;
Dès qu'un d'iceux, dans quelque vertigo,
Lâchait un mor!... Ver-Vert faisait l'écho :
Lors applaudi par la bande susdite,
Fier et content de son petit mérite,

Il n'aima plus que le honteux honneur
De savoir plaire au monde suborneur,
Et, dégradant son généreux organe,
Il ne fut plus qu'un orateur profane :
Faut-il qu'ainsi l'exemple séducteur
Du ciel au diable emporte un jeune cœur !

 Pendant ces jours, durant ces tristes scènes,
Que faisiez-vous dans vos cloîtres déserts,
Chastes Iris du couvent de Nevers ?
Sans doute, hélas ! vous faisiez des neuvaines
Pour le retour du plus grand des ingrats,
Pour un volage indigne de vos peines,
Et qui, soumis à de nouvelles chaînes,
De vos amours ne faisait plus de cas.
Sans doute alors l'accès du monastère
Était d'ennuis tristement obsédé ;
La grille était dans un deuil solitaire,
Et le silence était presque gardé.
Cessez vos vœux, Ver-Vert n'en est plus digne ;
Ver-Vert n'est plus cet oiseau révérend,
Ce perroquet d'une humeur si bénigne,
Ce cœur si pur, cet esprit si fervent ;
Vous le dirai-je ? il n'est plus qu'un brigand,
Lâche apostat, blasphémateur insigne :
Les vents légers et les nymphes des eaux
Ont moissonné le fruit de vos travaux.
Ne vantez point sa science infinie :
Sans la vertu, que vaut un grand génie ?
N'y pensez plus : l'infâme a, sans pudeur,
Prostitué ses talents et son cœur.

 Déjà pourtant on approche de Nantes,
Où languissaient nos sœurs impatientes :

Pour leurs désirs le jour trop tard naissait,
Des cieux trop tard le jour disparaissait.
Dans ces ennuis, l'espérance flatteuse,
A nous tromper toujours ingénieuse,
Leur promettait un esprit cultivé,
Un perroquet noblement élevé,
Une voix tendre, honnête, édifiante,
Des sentiments, un mérite achevé :
Mais ô douleur! ô vaine et fausse attente!

La nef arrive, et l'équipage en sort.
Une tourière était assise au port,
Dès le départ de la première lettre
Là chaque jour elle venait se mettre ;
Ses yeux, errant sur le lointain des flots,
Semblaient hâter le vaisseau du héros.
En débarquant auprès de la béguine,
L'oiseau madré la connut à sa mine,
A son œil prude ouvert en tapinois,
A sa grand'coiffe, à sa fine étamine,
A ses gants blancs, à sa mourante voix,
Et, mieux encore, à sa petite croix :
Il en frémit, et même il est croyable
Qu'en militaire il la donnait au diable ;
Trop mieux aimant suivre quelque dragon,
Dont il savait le bachique jargon,
Qu'aller apprendre encor les litanies,
La révérence et les cérémonies ;
Mais force fut au grivois dépité
D'être conduit au gîte détesté.
Malgré ses cris, la tourière l'emporte :
Il la mordait, dit-on, de bonne sorte,
Chemin faisant; les uns disent au cou,
D'autres au bras; on ne sait pas bien où:

D'ailleurs, qu'importe ? A la fin, non sans peine,
Dans le couvent la béate l'emmène ;
Elle l'annonce. Avec grande rumeur
Le bruit en court. Aux premières nouvelles
La cloche sonne. On était lors au chœur ;
On quitte tout, on court, on a des ailes :
« C'est lui, ma sœur ! il est au grand parloir ! »
On vole en foule, on grille de le voir ;
Les vieilles même, au marcher symétrique,
Des ans tardifs ont oublié le poids :
Tout rajeunit ; et la mère Angélique
Courut alors pour la première fois.

CHANT QUATRIÈME.

On voit enfin, on ne peut se repaître
Assez les yeux des beautés de l'oiseau :
C'était raison, car le fripon pour être
Moins bon garçon n'en était pas moins beau ;
Cet œil guerrier et cet air petit-maître
Lui prêtaient même un agrément nouveau.
Faut-il, grand Dieu ! que sur le front d'un traître
Brillent ainsi les plus tendres attraits !
Que ne peut-on distinguer et connaître
Les cœurs pervers à de difformes traits !
Pour admirer les charmes qu'il rassemble,
Toutes les sœurs parlent toutes ensemble :
En entendant cet essaim bourdonner,
On eût à peine entendu Dieu tonner.
Lui cependant, parmi tout ce vacarme,
Sans daigner dire un mot de piété,
Roulait les yeux d'un air de jeune carme.
Premier grief. Cet air trop effronté
Fut un scandale à la communauté,

En second lieu, quand la mère prieure,
D'un air auguste, en fille intérieure,
Voulut parler à l'oiseau libertin;
Pour premiers mots et pour toute réponse,
Nonchalamment, et d'un air de dédain,
Sans bien songer aux horreurs qu'il prononce,
Mon gars répond, avec un ton faquin :
« Par la corbleu! que les nonnes sont folles! »
L'histoire dit qu'il avait, en chemin,
D'un de la troupe entendu ces paroles.
A ce début, la sœur Saint-Augustin,
D'un air sucré, voulant le faire taire,
En lui disant, Fi donc, mon très cher frère!
Le très cher frère, indocile et mutin,
Vous la rima très richement en tain.
Vive Jésus! il est sorcier, ma mère!
Reprend la sœur. Juste Dieu! quel coquin!
Quoi! c'est donc là ce perroquet divin?
Ici Ver-Vert, en vrai gibier de Grève,
L'apostropha d'un *la peste te crève!*
Chacune vint pour brider le caquet
Du grenadier, chacune eut son paquet :
Turlupinant les jeunes précieuses,
Il imitait leur courroux babillard;
Plus déchaîné sur les vieilles grondeuses,
Il bafouait leur sermon nasillard.

Ce fut bien pis, quand, d'un ton de corsaire,
Las, excédé de leurs fades propos,
Bouffi de rage, écumant de colère,
Il entonna tous les horribles mots
Qu'il avait su rapporter des bateaux;
Jurant, sacrant d'une voix dissolue,
Faisant passer tout l'enfer en revue,

Les B. les F. voltigeaient sur son bec.
Les jeunes sœurs crurent qu'il parlait grec.
« Jour de Dieu! mor...! mille pipes de diables! »
Toute la grille, à ces mots effroyables,
Tremble d'horreur; les nonnettes sans voix
Font, en fuyant, mille signes de croix :
Toutes, pensant être à la fin du monde,
Courent en poste aux caves du couvent;
Et sur son nez la mère Cunégonde
Se laissant choir perd sa dernière dent.
Ouvrant à peine un sépulcral organe :
« Père éternel! dit la sœur Bibiane,
« Miséricorde! Ah! qui nous a donné
« Cet antechrist, ce démon incarné?
« Mon doux sauveur! en quelle conscience
« Peut-il ainsi jurer comme un damné?
« Est-ce donc là l'esprit et la science
« De ce Ver-Vert si chéri, si prôné?
« Qu'il soit banni, qu'il soit remis en route.
« O Dieu d'amour! reprend la sœur Écoute,
« Quelles horreurs! Chez nos sœurs de Nevers,
« Quoi! parle-t-on ce langage pervers?
« Quoi c'est ainsi qu'on forme la jeunesse!
« Quel hérétique, ô divine sagesse!
« Qu'il n'entre point : avec ce Lucifer,
« En garnison nous aurions tout l'enfer. »
Conclusion : Ver-Vert est mis en cage;
On se résout, sans tarder davantage,
A renvoyer le parleur scandaleux.
Le pèlerin ne demandait pas mieux.
Il est proscrit, déclaré détestable,
Abominable, atteint et convaincu
D'avoir tenté d'entamer la vertu

Des saintes sœurs. Toutes de l'exécrable
Signent l'arrêt, en pleurant le coupable;
Car quel malheur qu'il fût si dépravé,
N'étant encor qu'à la fleur de son âge,
Et qu'il portât, sous un si beau plumage,
La fière humeur d'un escroc achevé,
L'air d'un païen, le cœur d'un réprouvé!

 Il part enfin, porté par la tourière,
Mais sans la mordre en retournant au port;
Une cabane emporte le compère,
Et, sans regret, il fuit ce triste bord.

 De ses malheurs telle fut l'Iliade.
Quel désespoir, lorsqu'enfin de retour
Il vint donner pareille sérénade,
Pareil scandale en son premier séjour!
Que résoudront nos sœurs inconsolables?
Les yeux en pleurs, les sens d'horreur troublés,
En manteaux longs, en voiles redoublés,
Au discrétoire entrent neuf vénérables:
Figurez-vous neuf siècles assemblés.
Là, sans espoir d'aucun heureux suffrage,
Privé des sœurs qui plaideraient pour lui,
En plein parquet enchaîné dans sa cage,
Ver-Vert paraît sans gloire et sans appui.
On est aux voix : déjà deux des sibylles,
En billets noirs ont crayonné sa mort;
Deux autres sœurs, un peu moins imbécilles,
Veulent qu'en proie à son malheureux sort
On le renvoie au rivage profane
Qui le vit naître avec le noir brachmane:
Mais, de concert, les cinq dernières voix
Du châtiment déterminent le choix.

On le condamne à deux mois d'abstinence,
Trois de retraite, et quatre de silence;
Jardins, toilette, alcoves et biscuits,
Pendant ce temps lui seront interdits.
Ce n'est point tout; pour comble de misère,
On lui choisit pour garde, pour geolière,
Pour entretien, l'Alecton du couvent,
Une converse, infante douairière,
Singe voilé, squelette octogénaire,
Spectacle fait pour l'œil d'un pénitent.
Malgré les soins de l'Argus inflexible,
Dans leurs loisirs souvent d'aimables sœurs,
Venant le plaindre avec un air sensible,
De son exil suspendaient les rigueurs.
Sœur Rosalie, au retour de matines,
Plus d'une fois lui porta des pralines :
Mais, dans les fers, loin d'un libre destin,
Tous les bonbons ne sont que chicotin.

Couvert de honte, instruit par l'infortune,
Ou las de voir sa compagne importune,
L'oiseau contrit se reconnut enfin :
Il oublia les dragons et le moine,
Et, pleinement remis à l'unisson
Avec nos sœurs pour l'air et pour le ton,
Il redevint plus dévot qu'un chanoine.
Quand on fut sûr de sa conversion,
Le vieux divan, désarmant sa vengeance,
De l'exilé borna la pénitence.

De son rappel, sans doute, l'heureux jour
Va, pour ces lieux, être un jour d'allégresse:
Tous ses instants, donnés à la tendresse,
Seront filés par la main de l'Amour

Que dis-je? hélas! ô plaisirs infidèles!
O vains attraits de délices mortelles!
Tous les dortoirs étaient jonchés de fleurs;
Café parfait, chansons, course légère,
Tumulte aimable et liberté plénière,
Tout exprimait de charmantes ardeurs,
Rien n'annonçait de prochaines douleurs:
Mais, de nos sœurs, ô largesse indiscrète!
Du sein des maux d'une longue diète
Passant trop tôt dans des flots de douceurs,
Bourré de sucre et brûlé de liqueurs,
Ver-Vert, tombant sur un tas de dragées,
En noirs cyprès vit ses roses changées.
En vain les sœurs tâchaient de retenir
Son âme errante et son dernier soupir;
Ce doux excès hâtant sa destinée,
Du tendre Amour victime fortunée,
Il expira dans le sein du plaisir.
On admirait ses paroles dernières.
Vénus enfin, lui fermant les paupières,
Dans l'Élysée et les sacrés bosquets
Le mène au rang des héros perroquets,
Près de celui dont l'amant de Corine
A pleuré l'ombre et chanté la doctrine.

 Qui peut narrer combien l'illustre mort
Fut regretté? La sœur dépositaire
En composa la lettre circulaire
D'où j'ai tiré l'histoire de son sort.
Pour le garder à la race future,
Son portrait fut tiré d'après nature:
Plus d'une main, conduite par l'Amour,
Sut lui donner une seconde vie
Par les couleurs et par la broderie;

Et la Douleur, travaillant à son tour,
Peignit, broda des larmes alentour.
On lui rendit tous les honneurs funèbres
Que l'Hélicon rend aux oiseaux célèbres.
Au pied d'un myrte on plaça le tombeau
Qui couvre encor le Mausole nouveau.
Là, par la main des tendres Artémises,
En lettres d'or ces rimes furent mises
Sur un porphyre environné de fleurs;
En les lisant on sent naître ses pleurs :

« Novices qui venez causer dans ces bocages
   « A l'insu de nos graves sœurs,
« Un instant, s'il se peut, suspendez vos ramages,
   « Apprenez nos malheurs.
« Vous vous taisez! si c'est trop vous contraindre,
   « Parlez, mais parlez pour nous plaindre;
« Un mot vous instruira de nos tendres douleurs :
   « Ci-gît Ver-Vert; ci-gissent tous les cœurs. »

On dit pourtant (pour terminer ma glose
En peu de mots) que l'ombre de l'oiseau
Ne loge plus dans le susdit tombeau;
Que son esprit dans les nonnes repose,
Et qu'en tout temps, par la métempsycose,
De sœur en sœur l'immortel perroquet
Transportera son âme et son caquet.

GRIMM (Frédéric-Melchior), l'un des philosophes dont le nom a figuré parmi ceux des convives du baron d'Holbach, et dans les cercles littéraires du XVIIIe siècle, n'est pas moins connu par le portrait peu flatteur que nous a laissé J.-J. Rousseau, que par ses écrits. Il naquit à Ratisbonne, le 26 décembre 1723. Ses parents étaient pauvres et ne parvinrent qu'à l'aide de grands sacrifices à donner à leur fils une éducation soignée. Le succès répondit à leurs efforts : Grimm annonça de bonne heure des dispositions remarquables, et composa, très jeune encore, une tragédie intitulée *Banise*. Cette pièce quoique sans mérite, semblait annoncer dans un âge aussi tendre une imagination vive et un talent précoce que le travail et la réflexion pouvaient élever et placer plus tard dans un rang honorable. Le jeune auteur ne fut pas découragé par le mauvais succès de son premier ouvrage; il vint en France, séjour qui renfermait alors les écrivains, les savants, les littérateurs les plus distingués du XVIIIe siècle. Fixé à Paris en qualité de gouverneur des enfants du comte de Schomberg, puis comme lecteur du duc de Saxe-Gotha, sa fortune n'avait cependant encore aucune stabilité. Un goût passionné pour la musique, goût qui lui était commun avec J.-J. Rousseau, établit entre ces deux hommes, d'ailleurs si peu faits l'un pour l'autre, une amitié qui dura peu. Grimm méconnut son ancien protecteur lorsqu'il cessa d'en avoir besoin; ce ne fut toutefois qu'après avoir été introduit par Rousseau dans les sociétés philosophiques et mis en relation avec des hommes que l'opinion publique et une renommée européenne mettaient alors à la tête de la littérature. C'était une puissante protection dans un temps où la cour et tous les souverains traitaient, pour ainsi dire, d'égal à égal, et correspondaient avec les gens de lettres. Grimm, plus adroit que reconnaissant, sut profiter habilement pour sa fortune de ses liaisons nouvelles. Le comte de Frise, neveu du maréchal de Saxe, se l'attacha en qualité de secrétaire, et lui donna des appointements considérables sans l'obliger a beaucoup d'assiduité. Les lettres et le monde occupèrent ses moments, on peut voir dans les confessions de J.-J. Rousseau quelle était la situation de Grimm dans la société, et le récit de ses liaisons avec madame d'Épinay. Il est permis sans doute de ne pas adopter entièrement tout ce que publie sur son compte le philosophe de Genève; la susceptibilité extrême de Rousseau, sa confiance trahie, son amitié méconnue lui firent peut-être envisager trop défavorablement la conduite de son ancien ami. On ne peut toutefois se refuser à croire que Grimm fût loin d'être sans reproches. Les querelles sur la musique contribuèrent encore à augmenter la réputation de Grimm. *Le petit prophète de Boemischbroda* mérite d'être distingué dans la foule d'écrits auxquels ces débats donnèrent naissance. Après la mort du comte de Frise, mort à l'occasion de laquelle Grimm étala une douleur que bien des gens jugèrent plus fastueuse que vraie, le duc d'Orléans lui donna la place de secrétaire de ses commandements. A cette époque Grimm n'avait encore rien fait qui put, après sa mort, lui assurer un rang parmi les écrivains au milieu desquels il avait vécu; la duchesse de Saxe-Gotha lui offrit l'occasion de consolider sa réputation en le nommant son correspondant littéraire.

L'adresse de Grimm ne l'abandonna pas dans cette circonstance; la même correspondance fut également transmise à plusieurs autres princes qui devinrent pour le littérateur politique un appui dont il sut se prévaloir. En 1776, le duc de Saxe-Gotha l'accrédita en qualité d'envoyé auprès de la cour de France. Le titre de baron et plusieurs décorations furent le prix des services qu'il rendit au prince. Une existence honorable au sein de cette capitale où l'attachaient tous ses goûts, tous ses souvenirs, étaient pour Grimm un sort assez brillant, une récompense assez flatteuse de ses talents pour satisfaire son ambition et l'orgueil même qu'on lui a reproché, lorsque les approches de la révolution, lui firent chercher loin de Paris un asyle où sa tranquillité fût à l'abri des secousses qui se préparaient. Il se retira à la cour de Gotha où la bienveillance du prince l'accueillit avec distinction. En 1795, il fut nommé ministre plénipotentiaire de Russie près des états du cercle de Basse-Saxe; il remplit ces fonctions jusqu'à ce qu'une maladie cruelle, à la suite de laquelle il perdit un œil, le forçât de se retirer des affaires. Grimm mourut à Gotha, où il avait fixé son séjour, le 19 décembre 1807, avec la réputation d'un homme doué d'une chaleur et d'une vivacité d'esprit que la raison et le goût ne dirigèrent pas assez. Si l'on en croit Rousseau, son cœur ne valait pas son esprit, et il faut avouer qu'après avoir lu les *Confessions* on est porté à se ranger de l'avis de Rousseau. La *Correspondance littéraire*, faite en société par Grimm et Diderot, est le principal titre du premier de ces deux personnages. Il est curieux de rapprocher les jugements de Grimm et ceux de La Harpe. Celui-ci, avec un goût plus sûr, n'est pas aussi impartial que Grimm, dont le style est moins correct. La *Correspondance littéraire philosophique, critique, adressée à un souverain d'Allemagne, depuis* 1756 *jusqu'en* 1790, forme 16 vol. in-8°, Paris, 1812. En tête de la seconde partie, M. Salgues a mis une notice sur Grimm. En 1814, M. Barbier, l'un de nos plus célèbres bibliographes, a publié un *Supplément* in-8°, Paris, contenant : 1° *Opuscules de Grimm*; 2° *treize Lettres, de Grimm à Frédéric II;* 3° plusieurs morceaux de la *Correspondance* qui manquent aux 16 volumes; 4° des *Remarques sur la Correspondance*.

DE BROTONNE.

GUARINI (JEAN-BAPTISTE), célèbre poète italien, naquit à Ferrare, le 10 décembre 1537. Ses aïeux s'étaient illustrés en contribuant à la renaissance des lettres en Italie, et il ne tarda pas à se montrer leur digne successeur à l'université de Ferrare où il enseigna les belles-lettres dès l'âge de vingt ans. Plusieurs compositions lyriques le firent admettre dans l'Académie des *Éterei* de Padoue, et lui valurent les bonnes graces du duc de Ferrare, qui le décora du titre de chevalier, et le chargea ensuite de plusieurs missions importantes auprès de différentes cours de l'Europe. La première dont Guarini fut chargé, fut celle d'aller complimenter, au nom du duc Alphonse, le nouveau doge Pierre Loredano. Le discours qu'il prononça en cette occasion fut imprimé et donna une idée très avantageuse de ses talents.

Après diverses autres missions, Guarini fut nommé conseiller et secrétaire d'état; mais ses ennemis, qui se servaient de ses talents même, et de la confiance que le prince avait en lui pour le tenir éloigné de la cour, ne l'y laissèrent pas longtemps en repos; on l'envoya pour la seconde fois en Pologne, où le duc Alphonse II, songeait à remplacer sur le trône Henri de Valois. Le voyage fit éprouver tant de fatigues à Guarini qu'il en tomba malade, et se crut bientôt près de sa fin. Ce fut alors qu'il sentit tous les désagréments attachés à ces missions lointaines auxquelles on l'obligeait depuis quatorze ans, sans avoir obtenu aucune récompense de ses services, et qu'il forma le projet de se retirer de la cour. Cette résolution cependant ne refroidit point son zèle pour la négociation dont il était chargé. Quoiqu'il fut accablé de souffrance, il se rendit à la diète et tâcha d'y faire prévaloir les intérêts de son maître; mais son habileté échoua en cette occasion. Il revint à Ferrare et se retira peu après avec sa femme et ses enfants à *la Guarina*, maison de campagne qu'il possédait dans la Polésine de Rovigo.

Ce fut dans cette solitude que son goût pour les muses se réveilla. Le bruit que faisait dans le monde l'*Aminta* du Tasse, qui venait d'être imprimée, fut sans doute ce qui ramena l'attention de Guarini

sur son *Pastor fido*, tragi-comédie, en cinq actes et en vers, qu'il avait commencé depuis plusieurs années et auquel il ne manquait plus alors que la dernière main. Lié dès sa jeunesse avec le Tasse dont il fut toujours le plus zélé défenseur, et le plus ardent panégyriste, Guarini ne voulut cependant jamais reconnaître sa supériorité, et, incapable de l'égaler dans les grandes compositions, il crut pouvoir le surpasser dans la pastorale. Avant que d'exposer sa pièce au grand jour de la représentation, il la soumit au jugement des gens de goût, et ce ne fut qu'après l'avoir retouchée plusieurs fois qu'il la fit paraître en 1590. Cette production dont le succès fut prodigieux a rendu à jamais célèbre le nom de l'auteur. « Le genre en est très
« irrégulier sans doute, et, pour ainsi dire, mons-
« trueux, dit M. Ginguené; mais dans les arts, la
« première de toutes les règles est de plaire, et il
« est certainement peu d'ouvrages où elle ait été
« mieux observée..... On y admire avec raison les
« récits, qui sont en général d'une clarté et d'une
« élégance rares; les descriptions de la vie pasto-
« rale et de la nature champêtre, quelquefois alté-
« rées par trop d'affectation et de recherche d'esprit,
« mais aimables, douces et riantes, comme la nature
« même l'est au printemps. On y admire des scènes
« où les sentiments sont vrais, touchants et même
« pathétiques; où le dialogue est vif et les tirades
« éloquentes; où l'on aperçoit trop de luxe et de
« surabondance peut-être, mais jamais de séche-
« resse, de disette, de pauvreté. Il y a beaucoup

« de spectacle, et ce spectacle est naturellement lié
« à l'action. »

Guarini dédia sa pièce au duc de Savoie, et se rendit à Turin pour la lui offrir. Le succès qu'elle obtint à la simple lecture, et les honneurs dont l'auteur fut comblé, firent assez de sensation à Ferrare pour réveiller l'attention du duc Alphonse. Il craignit qu'un poète qui venait de prendre un tel essor ne lui échappât et ne se fixât auprès d'un autre prince. En conséquence, Guarini fut rappelé à Ferrare, et obligé de reprendre, avec le titre de secrétaire d'état, les occupations assujettissantes qui y étaient attachées.

Envoyé, comme auparavant, dans différentes missions, il ne tarda pas à se dégoûter de ce service, et passa presque aussitôt à celui du duc de Savoie, là, comme à Ferrare, il ne recueillit que des éloges pour tout salaire, et prétextant un procès qui l'appelait à Venise, il partit précipitamment et se rendit d'abord à sa campagne où il demeura environ une année. Il avait fait une perte dont rien ne pouvait le consoler. Sa femme étant morte presque subitement à Padoue, ce malheur avait paru changer toutes ses idées et tout le plan de sa vie. Quelques autres chagrins domestiques ayant encore ajouté à sa mélancolie, il eut le dessein d'embrasser l'état ecclésiastique, et se rendit à Rome à cet effet; mais trop habitué à l'éclat des cours pour goûter toutes les douceurs de la retraite, il renonça bientôt à ce projet, et s'attacha successivement au duc de Mantoue, qui le rechercha; au jaloux Alphonse II, qui voulut le ravoir à Ferrare ; au grand-duc de Toscane, qui le combla d'honneurs et de présents; enfin à la petite et galante cour d'Urbain. On peut, dit Ginguené, lui appliquer avec justice ce que Le Brun a dit de Voltaire :

Long-temps de rois en rois son orgueil a rampé.

Revenu simple citoyen de Ferrare, cette ville le députa à Rome, en 1605, pour complimenter Paul V, sur son avènement à la tiare, et cette mission fut la dernière affaire publique où Guarini fut employé.

Appelé, en 1608, aux fêtes du mariage de François de Gonzague avec Marguerite de Savoie, il donna une comédie intitulée l'*Idropica*, qui fut représentée avec une grande magnificence de décors. Le célèbre poète lyrique Chiabrera en fit les intermèdes, et l'architecte Vianini, les décorations et les machines.

Guarini passa de ces fêtes à des procès qui remplirent le reste de sa vie, et mourut à Venise le 6 octobre 1612, à l'âge de soixante-quinze ans. Il jouit de son vivant de toute sa renommée. Les premières académies de Ferrare, de Florence, et plusieurs autres s'honorèrent de le compter parmi leurs membres. C'est sur-tout au *Pastor fido* qu'il dut son illustration littéraire. Cette pièce eut quarante éditions du vivant de l'auteur, et a été traduite dans presque toutes les langues. On doit encore à Guarini un traité politique intitulé *Secretario, dialogo*, Venise, 1594—1600, in-8°, et des poésies lyriques justement estimées.

GUÉNARD (Antoine), né en 1730, dans un village près de Nancy, mourut en Lorraine au commencement de l'année 1795. Dès l'âge de 16 ans, il était entré chez les Jésuites, après avoir fait son cours d'études avec le succès le plus brillant dans le collège de Pont-à-Mousson. Il était d'une faible complexion, et il eut toujours une mauvaise santé. Durant les orages de la révolution, ce vertueux écrivain se crut malheureusement obligé, pour conserver sa vie, de brûler l'unique manuscrit d'un grand ouvrage sur la religion, auquel il travaillait depuis vingt-cinq ans : c'est une perte irréparable. On peut l'assurer sur la foi d'un aussi beau talent, que celui qu'il développa dans son éloquent discours sur cette question : *En quoi consiste l'esprit philosophique ? Les caractères qui le distinguent et les bornes qu'il ne doit jamais franchir*; conformément à ces paroles de saint Paul : *Non plus sapere quàm oportet sapere.* Cet écrit dont le succès eut le plus grand éclat, remporta le prix au jugement de l'Académie française en 1755. Il précéda par conséquent de quatre années l'éloge du maréchal de Saxe, premier essai de ce genre publié par Thomas.

Le P. Guénard avait incomparablement plus de talent pour l'éloquence que tous ses émules. On admira en lisant son unique ouvrage imprimé une grande étendue et une égale justesse d'esprit, réunies à une métaphysique neuve et profonde, qui n'attiédit jamais la chaleur dont sa composition est susceptible. Mais on eut lieu de regretter que l'écrivain beaucoup trop resserré par l'inexcusable programme de l'Académie, dans les bornes d'une demi-heure de lecture sur une si vaste matière, ne les eût pas franchies, au lieu de sacrifier son sujet à cette loi du concours. L'auteur lui-même se plaint avec raison et à plusieurs reprises, de ne pouvoir, dit-il, qu'indiquer en courant une foule de choses qu'il faudrait approfondir, et de jeter à l'écart la plus grande partie de son sujet; cet écrit a donc le singulier défaut, ou, si l'on veut, le rare mérite d'être évidemment trop court.

Essayons d'en extraire quatre ou cinq passages, de quelque étendue et d'une différente couleur, soit pour mettre le lecteur à portée de juger lui-même du mérite de l'écrivain, soit pour justifier la haute estime avec laquelle on en parle.

Voici d'abord sous quelles couleurs le père Guénard a su peindre Descartes :

« L'esprit humain, dit-il, après s'être traîné deux
« mille ans sur les vestiges d'Aristote, se trouvait en-
« core aussi loin de la vérité. Enfin parut en France
« un génie puissant et hardi qui entreprit de secouer
« le joug du prince de l'école. Cet homme nouveau
« vint dire aux autres hommes, que pour être phi-
« losophe il ne suffisait pas de croire, mais qu'il fal-
« lait penser. A cette parole toutes les écoles se trou-
« blèrent. Une vieille maxime régnait encore : Le
« maître l'a dit, *ipse dixit*. Cette maxime d'esclave
« irrita tous les esprits faibles contre le père de la
« philosophie pensante; elle le persécuta comme
« novateur et comme impie, le chassa de royaume en

« royaume; et l'on vit Descartes s'enfuir, emportant
« avec lui la vérité, qui malheureusement ne pouvait
« pas être ancienne tout en naissant. Cependant
« malgré les cris et la fureur de l'ignorance, il refusa
« toujours de jurer que les anciens fussent la raison
« souveraine. Il prouva même que ses persécuteurs
« ne savaient rien et qu'ils devaient désapprendre
« tout ce qu'ils croyaient savoir. Disciple de la lu-
« mière, au lieu d'interroger les morts et les dieux
« de l'école, il ne consulta que les idées claires et dis-
« tinctes, la nature et l'évidence. Par ses médita-
« tions profondes, il tira presque toutes les sciences
« du cahos; *et par un coup de génie plus grand en-*
« *core, il montra le secours mutuel qu'elles devaient*
« *se prêter, les enchaîna toutes ensemble, les éleva*
« *les unes sur les autres, et se plaçant ensuite sur cette*
« *hauteur, il marchait avec toutes les forces de l'es-*
« *prit humain ainsi rassemblées à la découverte de ces*
« *grandes vérités que des génies plus heureux sont*
« *venus enlever après lui, mais en suivant les sentiers*
« *de lumière que Descartes avait tracés.* Ce fut donc le
« courage et la fierté d'esprit d'un seul homme qui
« causèrent dans les sciences cette heureuse et mé-
« morable révolution dont nous goûtons aujourd'hui
« les avantages avec une superbe ingratitude. Il
« fallait aux sciences un homme de ce caractère, un
« homme qui osât conjurer tout seul avec son gé-
« nie contre les anciens tyrans de la raison, qui osât
« fouler aux pieds ces idoles que tant de siècles
« avaient adorées. Descartes se trouvait enfermé dans
« le labyrinthe avec tous les autres philosophes; *mais*

« *il se fit lui-même des ailes et s'envola, frayant ainsi*
« *de nouvelles routes à la raison captive.* »

On a souligné entre tant de beautés du premier ordre qui font ressortir dans ce mémorable portrait le génie créateur et en action de Descartes, quelques aperçus plus frappants par la nouveauté, la profondeur des pensées, et en même temps les plus remarquables par la sublimité du style.

Voici le superbe aspect sous lequel l'auteur présente l'alliance de l'esprit philosophique avec le génie des lettres et des arts dans les productions du goût.

« Par rapport aux ouvrages de goût, poursuit
« le P. Guénard, si j'osais dire que le génie des
« beaux-arts est tellement ennemi de l'esprit philoso-
« phique, qu'il ne peut jamais se réconcilier avec lui;
« combien d'ouvrages immortels où brille une sa-
« vante raison, parée de mille attraits enchanteurs,
« élèveraient ici la voix de concert, et pousseraient
« un cri contre moi! Je l'avouerai donc : les grâces
« accompagnent quelquefois la philosophie, et ré-
« pandent sur ses traces les fleurs à pleines mains.
« Mais qu'il me soit permis de répéter une parole
« de la sagesse au philosophe sublime qui possède
« l'un et l'autre talent : Craignez d'être trop sage;
« craignez que l'esprit philosophique n'éteigne, ou
« du moins n'amortisse en vous le feu sacré du gé-
« nie. Sans cesse il vient accuser de témérité, et
« lier par de timides conseils la noble hardiesse du
« pinceau créateur ; naturellement scrupuleux, il
« pèse et mesure toutes ses pensées, et les attache
« les unes aux autres par un fil grossier qu'il veut

« toujours avoir à la main. Il voudrait ne vivre que
« de réflexions, ne se nourrir que d'évidence; il
« abattrait, comme ce tyran de Rome, la tête des
« fleurs qui s'élèvent au dessus des autres; obser-
« vateur éternel, il vous montrera tout autour de
« lui des vérités, mais des vérités sans corps, pour
« ainsi dire, qui sont uniquement pour la raison, et
« qui n'intéresseraient ni les sens, ni le cœur hu-
« main. Rejetez donc ces idées ou changez-les en
« images; donnez-leur une teinte plus vive : libre
« des opinions vulgaires, et pensant d'une manière
« qui n'appartient qu'à lui seul, il parle un langage,
« vrai dans le fond, mais nouveau et singulier, qui
« blesserait l'oreille des autres hommes; vaste et
« profond dans ses vues, et s'élevant toujours par ses
« notions abstraites et générales qui sont pour lui
« comme des livres abrégés, il échappe à tout mo-
« ment aux regards de la foule, et s'envole fièrement
« dans les régions supérieures. Profitez de ces idées
« originales et hardies, c'est la source du grand et
« du sublime; mais donnez du corps à ces pensées
« trop subtiles; adoucissez par le sentiment la fierté
« de ces traits; abaissez tout cela jusqu'à la portée
« de nos sens. Nous voulons que les objets viennent
« se mettre sous nos yeux; nous voulons un vrai
« qui nous saisisse d'abord, et qui remplisse notre
« âme de lumière et de chaleur. Il faut que la phi-
« losophie, quand elle veut nous plaire dans un
« ouvrage de goût, emprunte le coloris de l'imagi-
« nation, la voix de l'harmonie, la vivacité de la
« passion. Les beaux-arts, enfants et pères du

« plaisir, ne demandent que la fleur, et la plus
« douce substance de votre sagesse. »

Ne reconnaît-on pas le langage et l'inspiration d'un talent du premier ordre, sous le pinceau d'un écrivain qui sait exalter avec tant de raison, d'enthousiasme et de goût, les triomphes du génie et de la vérité ?

Ecoutons-le, quand il développe la funeste influence de l'esprit philosophique, si naturellement enclin à la sécheresse et aux abstractions métaphysiques, sur le style des écrivains et même des prédicateurs qui avaient alors le plus de vogue et de célébrité.

« Je pourrais, dit-il, en parcourant tous les genres,
« montrer partout les beaux-arts en proie à l'esprit
« philosophique; mais il faut se borner. Plaignons
« cependant ici la triste destinée de l'éloquence, qui
« dégénère et périt tous les jours, à mesure que la
« philosophie s'avance à la perfection. Il est vrai que
« la passion des faux brillants et de la vaine pa-
« rure, a flétri sa beauté naturelle à force de la
« farder. Il est vrai que le bel esprit a ravagé pres-
« que toutes les parties de l'empire littéraire; mais
« voici un autre fléau bien plus terrible encore,
« c'est la raison elle-même; je dis cette raison géo-
« métrique qui dessèche, qui brûle, pour ainsi dire,
« tout ce qu'elle ose toucher. Elle renouvelle au-
« jourd'hui la tyrannie de ce faux atticisme, qui ca-
« lomniait autrefois l'orateur romain, et dont la lime
« sévère persécutait l'éloquence, déchirait tous ses
« ornements, et ne lui laissait qu'un corps déchar-
« né, sans coloris, sans graces, et presque sans vie.

« Une justesse superstitieuse qui s'examine sans
« cesse et compose toutes ses démarches; une fière
« précision qui se hâte d'exposer froidement les vé-
« rités et ne laisse sortir de l'âme aucun sentiment,
« parce que les sentiments ne sont pas des raisons :
« l'art de poser des principes et d'en exprimer une
« longue suite de conséquences également claires et
« glaçantes : des idées neuves et profondes qui n'ont
« rien de sensible et de vivant, mais qu'on emporte
« avec soi pour les méditer à loisir. Voilà l'éloquence
« de nos orateurs formés à l'école de la philosophie.
« D'où vient encore cette métaphysique distillée, que
« la multitude dévore, sans pouvoir se nourrir d'une
« substance si déliée, et qui devient pour les lec-
« teurs les plus intelligents eux-mêmes, un exercice
« laborieux, où l'esprit se fatigue à courir après des
« pensées qui ne laissent aucune prise à l'imagina-
« tion? Tous ces discours pleins, si l'on veut, d'une
« sublime raison, mais où l'on ne trouve point
« cette chaleur et ce mouvement qui viennent de
« l'âme, ne sortent-ils point manifestement de ce
« génie de discussion et d'analyse accoutumé à tout
« décomposer et à tout réduire en abstractions idéa-
« les, à dépouiller les objets de leurs qualités par-
« ticulières, pour ne leur laisser que des qualités
« vagues et générales qui ne sont rien pour le cœur
« humain? Je le dirai : ce n'est pas corrompre l'élo-
« quence, comme a fait le bel-esprit, c'est lui arra-
« cher le principe même de sa force et de sa beauté.
« Ne sait-on pas qu'elle est presque tout entière
« dans le cœur et l'imagination, et que c'est là qu'elle

« va prendre ses charmes, sa foudre même et son
« tonnerre? Lisons les anciens, nous y trouverons
« des peintures vives et frappantes qui semblent
« faire entrer les objets eux-mêmes dans l'esprit;
« des tours hardis et véhéments qui donnent aux
« pensées des ailes de feu, et les jettent comme des
« traits brûlants dans l'âme du lecteur; une expres-
« sion touchante des sentiments et des mœurs, qui
« se répand dans tous les discours comme le sang
« dans les veines et lui communique avec une cha-
« leur douce et continue, un air naturel et toujours
« animé, une variété charmante de couleurs et de
« tons, qui représentent les nuances et les divers
« changements du sujet. Or, tous ces grands carac-
« tères de l'antique éloquence, pourrait-on les re-
« trouver aujourd'hui dans les discours si pensés,
« si méthodiques, si bien raisonnés, dont l'esprit
« philosophique est le père et l'admirateur? Défen-
« dons-lui donc de sortir de la sphère des sciences,
« de porter dans les arts de goût sa tristesse et son
« austérité naturelle, son style aride et *affamé*. »
Bossuet aurait estimé un tableau ainsi tracé et colorié ; il aurait sur-tout applaudi à la magnificence
de style que fait briller l'apologiste des vrais principes littéraires, dans ce morceau plein de raison et
d'intérêt.

Après avoir analysé l'esprit philosophique, et en
avoir exposé le caractère et les propriétés, savoir,
l'esprit de réflexion, et le génie d'observation qu'il
appelle « les racines du talent de penser librement
« et en grand, en remontant aux principes les plus

« généraux et les plus féconds de la vérité » le P. Guénard dévoile les abus et assigne les limites de ces puissantes facultés de la pensée dans les ouvrages de goût, ainsi que dans les matières de religion. Rien peut-être, en fait d'éloquence de raisonnement, n'est supérieur au tableau dans lequel il expose la témérité et les écarts de la raison, sur les objets sacrés de la foi. « C'est dans la religion sur-
« tout, dit-il, que cette parole de saint Paul, *non
« plus sapere quàm oportet*, doit servir de frein
« à la raison, et tracer autour d'elle un cercle étroit
« d'où le philosophe ne s'échappe jamais. Il est vrai
« que la sagesse incarnée n'est pas venue défendre
« à l'homme de penser, et qu'elle n'ordonne point à
« ses disciples de s'aveugler eux-mêmes. Aussi ré-
« prouvons-nous ce zèle amer et ignorant qui crie
« d'abord à l'impiété, et qui se hâte toujours d'ap-
« peler la foudre et l'anathême, quand un esprit
« éclairé, séparant les opinions humaines des vérités
« sacrées de la religion, refuse de se prosterner de-
« vant les fantômes sortis d'une imagination faible
» et timide à l'excès, qui veut tout adorer, et, comme
« dit un ancien, mettre Dieu dans les moindres ba-
« gatelles. Croire tout sans discernement, c'est donc
« stupidité, je l'avoue ; mais un autre excès plus
« dangereux encore, c'est l'audace effréné de la rai-
« son ; c'est cette curiosité inquiète et hardie, qui
« n'attend pas comme la crédulité stupide, que l'er-
« reur vienne la saisir, mais qui s'empresse d'aller
« au-devant des périls, qui se plaît à rassembler
« des nuages, à courir sur le bord des précipices,

« à se jeter dans les filets que la justice divine a
« tendus, pour ainsi dire, de toutes parts aux es-
« prits téméraires. Là vient ordinairement se perdre
« l'esprit philosophique.

« Libre et hardi dans les choses naturelles, et
« pensant toujours d'après lui-même, flatté depuis
« long-temps par le plaisir délicat de goûter des
« vérités claires et lumineuses, qu'il voyait sortir
« comme autant de rayons de sa propre substance,
« ce roi des sciences humaines se révolte aisément
« contre cette autorité, qui veut captiver toute in-
« telligence sous le joug de la foi, et qui ordonne
« aux philosophes même, à bien des égards, de re-
« devenir enfants. Il voudrait porter dans un nouvel
« ordre d'objets, sa manière de penser ordinaire ; il
« voudrait encore ici marcher de principe en prin-
« cipe, et former de toute la religion, une chaîne
« d'idées générales et précises que l'on pût saisir d'un
« coup-d'œil; il voudrait trouver en réfléchissant,
« en creusant en lui-même, en interrogeant la na-
« ture, des vérités que la raison ne saurait révéler,
« et que Dieu a cachées dans les abîmes de sa sa-
« gesse; il voudrait même ôter, pour ainsi dire,
« aux évènements leur propre nature; et que des
« choses dont l'histoire seule et la tradition peuvent
« être des garants fussent revêtues d'une espèce
« d'évidence dont elles ne sont point susceptibles,
« de cette évidence toute rayonnante de lumière
« qui brille à l'aspect d'une idée, pénètre tout
« d'un coup l'esprit et l'enlève rapidement. Quelle
« absurdité! quel délire! Mais c'est une raison ivre

« d'orgueil, qui s'évanouit dans ses pensées, et que
« Dieu livre à ses illusions. Craignons une intempé-
« rance si funeste, et retenons dans une exacte so-
« briété cette raison qui ne connaît plus de retour,
« quand une fois elle a franchi les bornes.

« Quelles sont donc, en matière de religion, les
« bornes où doit se renfermer l'esprit philoso-
« phique? Il est aisé de le dire : la nature elle-
« même l'avertit à tout moment de sa faiblesse, et
« lui marque en ce genre les étroites limites de
« son intelligence. Ne sent-il pas à chaque instant,
« quand il veut avancer trop avant, ses yeux s'ob-
« curcir et son flambeau s'éteindre? C'est là qu'il
« faut s'arrêter. La foi lui laisse tout ce qu'il peut
« comprendre : elle ne lui ôte que les mystères et
« les objets impénétrables. Ce partage doit-il irriter
« la raison? Les chaînes qu'on lui donne ici sont
« aisées à porter, et ne doivent paraître trop pe-
« santes qu'aux esprits vains et légers. Je dirai donc
« aux philosophes : Ne vous agitez point contre
« ces mystères que la raison ne saurait percer; atta-
« chez-vous à l'examen de ces vérités qui se lais-
« sent approcher, qui se laissent en quelque sorte
« toucher et manier, et qui vous répondent de toutes
« les autres. Ces vérités sont des faits éclatants et
« sensibles dont la religion s'est comme enveloppée
« tout entière, afin de frapper également les es-
« prits grossiers et subtils. On livre ces faits à votre
« curiosité; voilà les fondements de la religion.
« Creusez donc autour de ces fondements, essayez
« de les ébranler; descendez avec le flambeau de la

« philosophie jusqu'à cette pierre antique, tant de
« fois rejetée par les incrédules, et qui les a tous
« écrasés; mais lorsque, arrivés à une certaine profon-
« deur, vous aurez trouvé la main du Tout-Puissant,
« qui soutient depuis l'origine du monde ce grand
« et majestueux édifice toujours affermi par les ora-
« ges même et le torrent des années; arrêtez-vous
« enfin, et ne creusez pas jusqu'aux enfers! La phi-
« losophie ne saurait vous mener plus loin sans vous
« égarer : vous entrez dans les abîmes de l'infini :
« elle doit ici se voiler les yeux comme le peuple,
« adorer sans voir, et remettre l'homme avec con-
« fiance entre les mains de la foi. La religion res-
« semble à cette nuée miraculeuse qui servait de
« guide aux enfants d'Israël dans le désert : le jour
« est d'un côté, et la nuit de l'autre. Si tout était té-
« nèbres, la raison qui ne verrait rien, s'enfuirait
« avec horreur loin de cet affreux objet; mais on
« vous donne assez de lumière pour satisfaire un
« œil qui n'est pas curieux à l'excès. Laissez donc à
« Dieu cette nuit profonde où il lui plaît de se re-
« tirer avec sa foudre et ses mystères. »

Le beau morceau qu'on vient de lire aurait obtenu le plus grand succès, je dis trop peu, un véritable triomphe en chaire : il produisit aussi beaucoup d'effet dans la séance publique de l'Académie.
La plupart des juges du concours eux-mêmes ne
s'attendaient probablement point à la doctrine fière
et courageuse de ce discours. Un sujet si philosophique, et qu'on aurait pu croire avec quelque
raison étranger au sentiment qui est l'âme de l'élo-

quence, était suffisant sans doute pour manifester le talent du P. Guénard dans l'art d'écrire; mais son éloquence alliée à une matière plus analogue au sublime et au pathétique de la morale eût probablement été plus heureusement encore inspirée.

BOCHARD, *Extraits à l'usage des classes d'Éloquence sacrée.*

GUÉNÉE (ANTOINE), chanoine d'Amiens et abbé commendataire de l'Oroy, au diocèse de Bourges, naquit à Étampes le 23 novembre 1717. Il fit ses études avec succès à Paris, et mérita d'être agrégé à l'université de cette ville, et obtint bientôt après la chaire de rhétorique du collège du Plessis, chaire qui avait été occupée par le célèbre Rollin. L'abbé Guénée, marchant sur ses traces, s'efforça comme lui d'inspirer à ses élèves le respect et l'amour de la religion, en même temps qui leur donnait le goût des lettres. Après avoir rempli avec zèle et distinction cette charge pendant vingt ans, il obtint le titre d'émérite, et tourna toutes ses études vers la religion. Il possédait le grec et l'hébreu; il voulut aussi apprendre plusieurs langues modernes, afin de mieux connaître les ouvrages qui avaient attaqué ou défendu la religion; il s'appliqua à l'anglais, l'allemand et l'italien, fit plusieurs voyages dans les pays où se parlent ces langues, et traduisit en français plusieurs ouvrages. Ses travaux lui attirèrent bientôt la considération qu'il méritait. L'évêque d'Amiens, le vertueux de la Motte, lui donna un canonicat dans sa cathédrale, et le grand aumônier de France, le cardinal de la Roche-Aimon, l'attacha à la chapelle de Versailles. Il fut honorablement mentionné par les assemblées du clergé de 1775 et de 1780, et admis en 1778 à l'académie des inscriptions et belles-lettres. Nommé bientôt après, avec l'abbé Marie, sous-précepteur des enfants de M. le comte d'Artois, il vécut à la cour, mais il y vécut comme dans la retraite, partageant tout son temps entre les devoirs de sa place et ses études. Lorsque la révolution vint étendre la persécution sur toute la France, l'abbé Guénée se retira près Fontainebleau où il essaya d'exploiter un bien qu'il y avait acheté; mais son entreprise n'ayant pas réussi, il se retira à Fontainebleau, où il aurait pu jouir d'une assez grande tranquillité sans le chagrin que lui causa la mort déplorable de son ami l'abbé Marie. Toute sa consolation fut placée désormais dans la résignation religieuse et dans les pratiques de piété. L'abbé Guénée mourut le 27 novembre 1803. Les ouvrages de ce laborieux ecclésiastique sont : 1° *la Religion chrétienne démontrée par la conversion et l'apostolat de saint Paul*, Paris, 1754, in-12; 2° *Observations sur l'histoire et sur les preuves de la résurrection de Jésus-Christ*, ibidem, 1757, in-12 (Ces deux ouvrages sont traduits de l'anglais, le premier de Seed, et le second du chevalier West); 3° Une édition de l'écrit de Sherlock contre Woohton, traduit par Lemoine, sous ce titre : *Les témoins de la résurrection de J.-C., examinés suivant les règles du barreau*, 1756 (Ces trois écrits ont été réunis et publiés de nouveau en 1821); 4° *Lettres de quelques Juifs portugais, allemands et polonais à M. de Voltaire*, 1769, 1 vol., in-8°; l'ouvrage a été porté depuis à 4 vol. et a eu un grand nombre d'éditions. Ces lettres obtinrent un succès complet et n'ont pas cessé depuis d'être regardées comme un des meilleurs ouvrages dirigés contre la philosophie de Voltaire. L'auteur y déploie beaucoup d'érudition; ses preuves sont solides et faciles, et la critique fine. Il se sert contre Voltaire de l'arme de la plaisanterie, si redoutable entre les mains du philosophe de Ferney, et il s'en sert avec avantage. Il lui prodigue des éloges flatteurs dont l'ironie est tellement ménagée, qu'il est impossible de s'en fâcher. Aussi Voltaire, vaincu dans un genre d'escrime où il n'avait pas encore trouvé d'égal, ne put s'empêcher de rendre justice au mérite et au talent de son adversaire. « Le secrétaire juif, écrivait-il à « d'Alembert, n'est pas sans esprit et sans connais- « sances ; mais il est malin comme un singe, il « mord jusqu'au sang en faisant semblant de baiser « la main. » Il lut à l'Académie, le 4 mai 1779, un *Mémoire* sur la Judée, dans le but de réfuter ce que Voltaire et plusieurs autres écrivains ont avancé sur la stérilité de la Judée, pour infirmer la véracité des livres saints; ce Mémoire fut bientôt suivi de trois autres, où l'abbé Guénée prouve que la Judée a été jusqu'à Adrien telle que Dieu l'avait promise aux Hébreux, une terre fertile, et que si elle a changé aujourd'hui, on ne peut attribuer sa stérilité actuelle qu'à la conquête d'Omar et au gouvernement insouciant des Turcs. Ces mémoires ont été imprimés dans les dernières éditions des *Lettres de quelques juifs*. Ainsi tout le temps, tous les talents de l'abbé Guénée, furent consacrés à défendre la religion, et il eut le bonheur de le faire avec non moins de succès que de zèle.

FELLER, *Dictionnaire historique*.

GUIMOND DE LA TOUCHE (CLAUDE), né à Châteauroux en Berri, le 17 octobre 1723, était fils du procureur du roi au bailliage de cette ville. Il entra dans la société des jésuites dès l'âge de seize ans, et se montra d'abord plein de ferveur pour l'état qu'il avait embrassé; mais ayant adopté ensuite les opinions dominantes du XVIIIe siècle, la vie religieuse ne lui offrit bientôt plus que des dégoûts, et après avoir passé quatorze ans dans le cloître, il entra dans le monde, dont il n'avait alors aucune idée.

On l'engagea d'abord à suivre l'étude du barreau ; mais son goût le fit pencher vers la carrière dramatique, et, inspiré par sa passion pour la tragédie, il composa, son *Iphigénie en Tauride*, que les comédiens reçurent sans exiger de corrections. Cependant le jour même que cette pièce devait être représentée (le 4 juin 1757), ils trouvèrent tant de défauts dans le cinquième acte, qu'ils prièrent l'auteur de le refondre et de changer la catastrophe. « Il était près d'une heure, dit mademoiselle Clai-
« ron ; cet acte fut refait en entier, appris, répété,

« On leva la toile à cinq heures et demie..... » (*Mémoires et Réflexions sur la déclamation théâtrale.*) Il est difficile de croire à ce tour de force; ce qui est certain, c'est que Guimond était dans une telle perplexité au commencement de la représentation, qu'on fut obligé de lui faire respirer des eaux spiritueuses. Bientôt les applaudissements le rassurèrent, et, quoique l'usage ne fut point alors d'appeler l'auteur, après la représentation, Guimond fut demandé à grands cris pendant plusieurs minutes. Amené sur la scène, il remercia le public par un salut des plus gauches; les acclamations redoublèrent, et, suffoqué par la joie, il s'évanouit en se retirant.

L'enthousiasme excité par ce coup d'essai importunait Voltaire dans sa retraite de Ferney. Il en témoigne son humeur dans quelques-unes de ses lettres. « Il faut, mande-t-il à d'Argental, le 9 fé« vrier 1758, laisser dégorger *Iphigénie en Crimée.* « Par ma foi, vous autres Parisiens, vous n'avez pas « le sens commun. »

Plusieurs critiques se sont exercés sur cette tragédie : Fréron s'est souvent montré injuste dans l'analyse qu'il en fit. Grimm, dans sa *Correspondance,* en parle en termes plus méprisants que réfléchis, et Geoffroi la regarde comme une *mauvaise parade,* une *farce burlesque,* un *fatras extravagant,* un *cahos d'invraisemblances* (*Journal des débats* du 11 janvier 1803). Quoiqu'il en soit, le succès que cette pièce a obtenu ne s'est point encore démenti. Elle renferme des beautés qui font passer le spectateur sur ses défauts, et elle est généralement considérée comme une de nos meilleures tragédies du second ordre.

Plus que jamais enthousiaste de son art, Guimond de La Touche s'occupait d'une nouvelle tragédie, lorsqu'il tomba malade, le 10 février 1760, et mourut le 14, d'une fluxion de poitrine, accompagnée d'un crachement de sang que l'on ne put arrêter. On prétend que les dernières paroles qu'il prononça sont ces deux vers de Voltaire : (*Premier discours en vers.*)

Et le riche et le pauvre, et le faible et le fort,
Vont tous également des douleurs à la mort.

Guimond de La Touche est encore auteur de deux pièces de vers, l'une intitulée : *Les Soupirs du cloître*, etc., l'autre, *Épître à l'Amitié*. L'éditeur anonyme de ces deux épîtres prétend que Guimond a laissé beaucoup de pièces fugitives, en vers et en prose, plusieurs discours latins et français, et les quatre premiers actes d'une tragédie de *Régulus*.

JUGEMENT.

Le succès d'*Iphigénie en Tauride* fut très grand, et ne s'est point démenti. Il y a moins de création que dans *Mahomet II*; mais le fond en est plus heureux et bien plus touchant. L'auteur a trouvé de grands secours chez les anciens et les modernes, mais il en a profité habilement; et, ce qui lui fait le plus d'honneur, c'est que les beautés les plus frappantes, celles qui ont fait la fortune de son drame, sont entièrement à lui. Les auteurs du nouveau *Dictionnaire historique*, dont j'ai relevé déjà d'autres erreurs du même genre, disent très étourdiment et très injustement que ni Lagrange ni Guimond de La Touche *n'ont su tirer parti de leur sujet*. Rien n'est plus faux, et il est ridicule de confondre ainsi deux ouvrages, dont l'un est si supérieur à l'autre. L'auteur d'*Iphigénie en Tauride* a le mérite rare d'avoir rempli son sujet sans la ressource triviale d'un épisode d'amour, sans s'écarter, en imitant les anciens, de la simplicité des modèles, ce qui n'était encore arrivé de nos jours qu'à l'auteur de *Mérope* et d'*Oreste*; enfin, il a surpassé cette simplicité d'Euripide, en y joignant un plus grand intérêt. Il est vrai que la scène de la reconnaissance est empruntée tout entière de l'opéra d'*Iphigénie*, de Duché ; c'est le même dialogue, et quelquefois ce sont presque les mêmes vers. Il a imité aussi de Lagrange la scène où Iphigénie interroge Oreste sur le sort de la famille des Atrides, scène dont le fond est dans Euripide; mais autant celle de Lagrange finit mal, autant celle de Guimond de La Touche est remarquable par la manière adroite dont il l'a terminée. Dans Lagrange, Oreste, inconnu à sa sœur, avoue qu'il a tué Clytemnestre et vengé Agamemnon; et Iphigénie ne s'avise seulement pas de lui demander ce qui l'a pu porter à ce meurtre, et quel intérêt si grand il pouvait prendre à la mort d'Agamemnon; elle se contente de le charger d'imprécations, et se dispose à l'immoler comme un monstre qu'elle doit punir. Cette faute ridicule n'est point dans Euripide : chez lui, l'étranger dit seulement à la prêtresse qu'Oreste a vengé son père et a suivi l'ordre des dieux en faisant périr Clytemnestre. La Touche a mieux fait encore; il a trouvé le moyen de faire croire à Iphigénie que son frère est mort, sans que l'on puisse pour cela reprocher à Oreste d'avoir songé à la tromper. Après avoir appris la fin déplorable de ses parents, elle veut savoir aussi le sort d'Oreste, depuis le meurtre de sa mère.

.... Qu'est devenu ce fils?

ORESTE.

L'horreur du monde.

IPHIGÉNIE.

Grands dieux!

ORESTE.

Las de traîner sa misère profonde,
Il a cherché la mort... qu'il a trouvée enfin.

IPHIGÉNIE.

O déplorable sang! *implacable* destin!
Il ne reste donc plus du grand vainqueur de Troie...

ORESTE.

Que la plaintive Électre à sa douleur en proie.

IPHIGÉNIE.

Prêtresses, conduisez ces deux infortunés
Aux lieux où, *pour l'autel*, ils doivent être ornés.
(*Ils sortent.*)
Je ne puis plus long-temps devant eux me contraindre.
Oreste est mort.........
Il est mort! c'en est fait : tout est fini pour moi.

7.

Oreste est depuis le commencement de la pièce le dernier espoir d'Iphigénie, le seul appui qu'elle invoque sans cesse dans ses malheurs; c'est donc dans sa situation un progrès vraiment dramatique, de lui faire croire qu'elle a perdu ce frère, et de la livrer au désespoir par l'idée de cette perte irréparable. Il en résulte encore un autre avantage, c'est qu'il se fera dans son sort une révolution plus frappante et plus sensible, lorsqu'au quatrième acte ce frère lui sera rendu. Et à quoi le poète est-il redevable de ces différents avantages que n'ont point su se procurer ceux qui ont traité avant lui le même sujet? A ces mots si naturels et si simples :

Il a cherché la mort.... qu'il a trouvée enfin.

Ce langage d'Oreste est l'exacte vérité, puisque, dans les circonstances où il est, prêt à être sacrifié, il doit regarder sa mort comme infaillible. Ce n'est point là une équivoque trouvée par l'esprit : c'est une découverte du talent, qui a senti le besoin de semblables ressources dans un sujet qui n'avait point celles des incidents et de l'intrigue. C'est en l'approfondissant qu'il a fondé sur un moyen, qui est de la même simplicité et de la même adresse, ce beau combat de l'amitié, à peine indiqué dans Euripide, dont il n'y a nulle trace dans les autres *Iphigénies*, et qui porta le succès de la sienne à un degré d'enthousiasme dont j'ai vu peu d'exemples. En effet, à quoi tient ce combat d'Oreste et de Pylade, à qui mourra l'un après l'autre? A un ressort qui est de l'invention de l'auteur. La prêtresse, touchée de pitié pour ces deux étrangers, se flatte d'abord de pouvoir en sauver un par le secours d'Isménie, sa confidente, et de quelques amis fidèles qui pourront favoriser l'évasion de la victime. Un autre motif très plausible se joint à cette juste compassion : cet étranger est un Grec, et il peut se charger d'une lettre pour Électre, qui, informée de la malheureuse destinée de sa sœur, pourra la tirer peut-être des climats barbares où elle est reléguée. Ce projet arrêté, un nouveau mouvement de sensibilité, qui ne peut que nous faire aimer davantage Iphigénie, la porte à dire à cette Isménie :

>   Écoute, et que ton amitié
> Se prête encore aux soins d'une juste pitié.
> Ces deux infortunés qu'un même sort rassemble,
> Pourquoi les séparer? Délivrons-les ensemble.
> Un sentiment secret me rend plus cher l'un d'eux.
> Mais l'autre également est homme et malheureux.

Elle quitte la scène au second acte, dans cette douce espérance; elle la communique même dans le troisième aux deux étrangers; mais Isménie revient tremblante, et lui fait signe de les éloigner.

IPHIGÉNIE.

Ciel! que viens-tu m'apprendre?

ISMÉNIE.

Qu'à sauver les deux Grecs vous ne pouvez prétendre,
Alors qu'un seul suffit au succès de vos vœux.
Tous nos amis tremblants, pour vous comme pour eux,
Disent que c'est se rendre inutile victime :

Que c'est peut-être en vain commettre un double crime.
Ils ajoutent encor que Thoas veut du sang,
Dût-il l'aller chercher jusque dans votre flanc;
Qu'il faut ainsi qu'aux dieux, qui peut-être l'exigent,
Céder une victime aux terreurs qui l'affligent;
Qu'avec plus de succès vous pourrez imposer
A son zèle sanglant qu'il vous faut abuser;
Et que son cœur enfin, s'il voit un sacrifice,
Alors de vos discours verra moins l'artifice.
D'un invincible effroi tous, en un mot, surpris,
Ne veulent seconder mon père qu'à ce prix.
Aux prières en vain son zèle a joint les larmes;
Madame, il a fallu céder à leurs alarmes.

Il y a bien quelque chose à dire à la tournure de ces vers, qui pourrait être plus précise et plus élégante; mais ces raisons sont très bien déduites, et Iphigénie doit s'y rendre. Elle ne s'y rend qu'à regret; elle s'écrie, avant de rappeler les deux Grecs:

       Sort cruel,
Quelles sont tes rigueurs! Ah! d'où vient que le ciel
Ote presque toujours aux cœurs qu'il a fait naître
Humains et bienfaisants, l'heureux pouvoir de l'être?
   (*Aux deux Grecs.*)
Approchez... je frémis... Par mon trouble, apprenez
L'excès de vos malheurs, et me les pardonnez.
De mes faibles efforts oubliant l'impuissance,
N'ayant le cœur rempli que de votre innocence,
J'ai cru que je pouvais (douce et cruelle erreur!)
De vos destins communs diminuer l'horreur.
Je vous en ai flattés, je m'en flattais moi-même:
Trop aisément le cœur se livre à ce qu'il aime,
Ma pitié m'aveuglait; ses efforts hasardeux

Ne peuvent tout au plus sauver qu'un de vous deux ;
Et telle est la rigueur de mon sort et du vôtre ,
Qu'il faut que l'un, hélas ! meure pour sauver l'autre.
Vous partagez mon cœur, et vous le déchirez...
(*A Oreste.*)
Mais puisqu'il faut choisir... c'est vous qui partirez.

Il y a là du naturel et de la vérité, une simplicité touchante. On voit que l'auteur n'était point étranger à cet art de tourner la maxime en sentiment, en un mot, à cet intérêt de style, partie si essentielle et si rare du talent dramatique, et qui règne en général dans cette pièce, malgré les défauts de la versification.

Ce ressort si heureusement ménagé amène cette scène si vive et si pathétique qui excita des transports et des acclamations; et sans doute ils seraient encore les mêmes, s'il se trouvait un acteur capable de la rendre comme celui qui la joua d'original. Elle fait toujours un grand plaisir; mais il fallait un talent supérieur pour bien exprimer cette fureur sombre et frénétique, cette haine de la vie, cette rage de mourir, qui est le caractère particulier que le poète a su donner à Oreste, et qui contraste si bien avec le noble dévouement de Pylade, inspiré seulement par l'amitié. Un des plus grands mérites de cette scène, c'est qu'elle force le spectateur à suivre, sans pouvoir respirer, depuis le commencement jusqu'à la fin, une progression rapide et entraînante, un torrent d'éloquence tragique et de passion forcenée. Tous les motifs d'Oreste vont enchérissant les uns sur les autres; et les derniers sont tels, qu'il faut absolument que l'amitié cède à la fureur. Il va jusqu'à faire le serment de se déclarer un monstre souillé du sang de sa mère; et si la prêtresse persiste encore dans la funeste préférence qu'elle lui a donnée, il jure de se poignarder aux yeux de son ami. Cette préférence, qui parle au cœur d'Iphigénie, en faveur de son frère qu'elle ne connaît pas, est bien dans les convenances dramatiques, ainsi que la résolution que prennent d'abord les deux amis de ne point se faire connaître à la prêtresse, et leur obstination à y persister, malgré les instances qu'elle leur fait. Elle-même n'en est ensuite que mieux fondée à dire à Pylade, lorsqu'en recevant sa lettre pour Électre, il demande quel rapport elle peut avoir avec cette princesse :

Laissez-moi mon secret : j'ai respecté le vôtre.

Ainsi le silence qu'ils ont eu raison de garder sert aussi à éloigner la reconnaissance, qui sans cela devait avoir lieu quand Iphigénie donne sa lettre à Pylade. Tout concourt à prouver l'étude de l'art et la connaissance du théâtre, mais plus que tout le reste ce que dit à la prêtresse l'ami de Pylade, lorsqu'elle paraît s'étonner que celui-ci consente à laisser mourir son ami. A peine Oreste lui donne-t-il le temps de dire un mot :

Comment !

ORESTE.

Ah ! n'allez pas d'une indigne faiblesse

Soupçonner de son cœur l'héroïque noblesse :
C'en est un digne effort s'il me laisse périr.

Ce mouvement est admirable, et d'autant plus qu'il ne s'adresse pas seulement à Iphigénie, mais en même temps au spectateur, près de qui Pylade est complètement justifié par ce cri sublime de l'amitié qui rend témoignage à l'amitié.

Les beautés vont s'accumulant dans ce troisième acte, qui, malgré des vers durs ou mal tournés, doit être regardé comme un des plus beaux qu'il y ait au théâtre. L'intérêt se soutient, après le grand effet de cette scène des deux amis, par l'attendrissement qu'inspirent leurs adieux. Iphigénie est obligée de se rendre, malgré toute sa répugnance, aux prières de cet infortuné, qui lui dit avec une douleur si profonde et si vraie :

Hélas ! pour vous servir je suis trop malheureux.
Tournez vers mon ami vos regards généreux...
Ne me refusez pas : mon cœur vous en conjure.

Elle finit par lui dire :

Étranger malheureux, encor moins qu'admirable,
Embrassez votre ami que vous ne verrez plus.

ORESTE.

Adieu : retiens, ami, tes sanglots superflus.
Ne vois point mon trépas ; n'en vois que l'avantage.
L'opprobre et les malheurs étaient tout mon partage.
Adieu, conserve en toi, fidèle à l'amitié,
De ton ami mourant la plus digne moitié.
Prends soin, à ton retour, d'une sœur qui m'est chère ;
Daigne essuyer ses pleurs et lui rendre son frère.

Le rôle d'Iphigénie est en général bien conçu. Le poète a eu raison de balancer en elle les mouvements de la pitié et de la nature par les scrupules de la religion, qui lui ont fait jusque-là un devoir d'un ministère inhumain qu'elle abhorre. Sans les sentiments religieux qu'elle montre, le rôle qu'elle joue n'aurait pas été tolérable; mais elle n'en est que plus intéressante, lorsque, malgré son respect pour les dieux et les oracles, elle fait entendre à Thoas la voix de l'humanité combattant la superstition; et cet état de doute et de perplexité se termine avec la pièce, par ce vers heureux qui en est la morale et le résultat :

La loi de la nature est donc la loi des cieux.

Cependant on a dit de ce rôle, et je crois avec raison, que l'auteur aurait du supposer qu'Iphigénie avait été assez heureuse jusqu'à ce moment pour que le sort ne lui amenât aucune victime à sacrifier. Ses combats entre la religion et la nature n'en auraient pas moins eu lieu lorsqu'il se serait agi de remplir son cruel ministère, et en même temps elle eût épargné au spectateur l'idée, toujours odieuse dans nos mœurs, d'une femme qui trempe ses mains dans le sang; et il est vrai aussi que dans ce rôle la morale dégénère quelquefois en déclamation. La pièce a deux défauts plus grands : l'un est celui du dénouement, qui n'étant ni assez préparé ni assez motivé, ne satisfait le spectateur que parce qu'il est bien aise de voir Oreste sauvé, n'importe comment; l'autre, c'est la stupide férocité de Thoas, qu'il eût fallu caractériser avec plus d'art, et lier davantage à l'action. Joignez à ces fautes, de la pesanteur et de l'aspérité dans la versification, de la monotonie dans les sentences, des fautes de langue, quelquefois grossières : voilà ce qu'on peut reprocher à cette tragédie. Mais observons qu'ici, malgré les vices de la diction, l'énergie, la véhémence et la vraie chaleur animent le style et que si les personnages ne s'expriment pas toujours bien, ils disent ordinairement ce qu'ils doivent dire. Enfin, les beautés vraiment théâtrales que je viens de détailler sont de nature à placer cette pièce parmi les premières du second ordre, et font regretter qu'une maladie aiguë ait emporté, à l'âge de quarante-trois ans, par une mort prématurée, cet écrivain, qui avait commencé tard à composer, mais qui avait montré un vrai talent, dont le tempérament robuste annonçait une plus longue vie, et dont un coup d'essai si distingué promettait d'autres productions.

LA HARPE, *Cours de Littérature*.

GUIRAUD (ALEXANDRE), est né à Limoux, département de l'Aude, le 25 décembre 1788. Le soin de ses études fut confié à M. Gary, auteur d'*Eudore et Cymodocée*, qui développa en son jeune élève le talent poétique dont la nature l'avait doué, en l'appliquant durant trois années à des traductions en vers français des meilleurs auteurs grecs et latins. Dès l'âge de seize ans, M. Guiraud fut retiré des mains de son habile professeur, et livré bientôt après à des soins de fortune que lui imposa la mort prématurée de son père. Il ne vint à Paris que fort tard, aimant toujours la poésie, mais ne la cultivant qu'en secret ou dans l'intimité de ses relations. Il acheva durant son séjour à Paris une tragédie de *Pélage*, qui fut reçue en 1820 au Théâtre français, et qui offre, dit-on, des situations neuves et intéressantes. Deux ans après il donna à l'Odéon le premier ouvrage qui l'a fait connaître d'une manière si remarquable, sa tragédie des *Machabées*. Cette production, fortement empreinte de la couleur religieuse que le sujet demandait, avait à lutter contre l'opinion du moment, qui semblait ne lui être nullement favorable. Mais la simplicité du plan, le pathétique des situations, l'énergie des sentiments, la pureté et l'éclat de la poésie, triomphèrent de toutes les préventions, et la placèrent d'une opinion unanime, au premier rang des compositions dramatiques de notre époque.

Peu de temps après, M. Guiraud publia, au profit des petits Savoyards, trois *Élégies savoyardes*, qui procurèrent dit-on, plus de 3,000 fr., à l'*OEuvre* consacrée à secourir ces malheureux enfants. Le naturel des sentiments et la simplicité de l'expression distinguent particulièrement cette production qui a déjà fourni le sujet d'une foule de jolis tableaux.

La tragédie du *Comte Julien* ou l'*Expiation*, fut jouée à l'Odéon, un an après les *Machabées*, mais avec moins de succès que celle-ci. On reprocha à l'auteur un peu d'obscurité dans l'exposition, qui empêchait de bien sentir tous les effets qu'il avait voulu produire dans le reste de l'ouvrage. Mais on s'accorda généralement à reconnaître que sa conception ne manquait pas de grandeur, et que le caractère de la *Folle de Murcie* était fortement tracé. La préface que l'auteur publia en tête de son ouvrage parût sur-tout très remarquable, tant par les idées morales qu'il y développait, que par le mérite du style. Le *Comte Julien* eut douze représentations; et M. Guiraud ne l'a pas fait reprendre depuis, parce qu'il se propose, dit-on, d'y faire quelques changements.

M. Guiraud a publié, au commencement de 1824, un recueil de poésies intitulé *Poèmes et Chants élégiaques*. Ce recueil a eu le plus grand succès. Les *Élégies savoyardes*, la *Sœur grise*, la *jeune Catalane*, l'*Ode aux Grecs*, qu'on y a retrouvées, étaient admirées depuis long-temps dans les salons de Paris. Il y a aussi dans ce recueil des chœurs d'une tragédie inédite de *Myrrha*, qui se distinguent par beaucoup de pureté et d'harmonie. Outre cette tragédie de *Myrrha*, les journaux ont parlé souvent d'une *Virginie* à laquelle le comité du Théâtre français a accordé unanimement un tour de faveur, et qu'on espère voir représenter bientôt. On parle aussi d'un ouvrage en prose, fort important, auquel M. Guiraud consacre maintenant ses loisirs. Il est dans toute la maturité de son talent, et ce qu'il a déjà donné à la littérature française est un garant certain de ce qu'il peut lui donner encore.

GUIRAUD.

MORCEAUX CHOISIS.

I. ANTIOCHUS, SALOMÉ, MIZAEL.

MIZAEL, *se dégageant des bras de sa mère et se jetant aux pieds d'Antiochus.*

C'est le roi... par tes pieds que j'embrasse,
Par ses pleurs, par les miens, sauve-moi. Grace ! grace !

SALOMÉ, *tendant ses bras.*

Antiochus...

MIZAEL *à Antiochus et lui montrant sa mère.*

Tu vois son trouble, son effroi....
Dis-lui que je vivrai.

ANTIOCHUS.

Mizaël, lève-toi.
Reprenez votre fils.

SALOMÉ.

Tu vivras !

MIZAEL.

Il l'atteste.

SALOMÉ, *tirant son fils à elle.*

Que je m'assure bien qu'un de mes fils me reste !...
C'est lui ; c'est Mizaël qu'ils allaient égorger.
Rejeton tout sanglant, que Dieu veut protéger,
Loin de ces lieux maudits où gronde la tempête,
Viens au fond des déserts cacher ta jeune tête ;
Galaath nous attend ; fuyons-y pour toujours.

ANTIOCHUS.

C'est pour d'autres destins que je sauve ses jours.
Nos Dieux n'exigent rien de son obéissance ;
Mais du nom d'Onias je connais la puissance,
Et ne veux pas qu'un jour les conseils maternels

Préparent au désert ses complots criminels.
Vous avez de son âme égaré la faiblesse;
Ici d'autres leçons instruiront sa jeunesse.
Le fils de tant de rois doit vivre dans ma cour.
Oui, crois-en mes conseils... libre dans ce séjour,
Ne crains plus, et deviens sous les yeux de ton maître
Digne de ses faveurs, qui t'attendent peut-être.

MIZAEL.

Ma mère!

SALOMÉ.

    Antiochus qui nous tient sous sa loi,
Laisse comprendre assez ce qu'il attend de toi.
J'ai des conseils aussi que mon fils doit entendre.
Eh! quelle autre eut jamais une mère plus tendre!
Dieu sait que tous mes fils m'occupaient nuit et jour;
Mais mon cœur, en secret, te donnait plus d'amour,
Car tu m'avais aussi coûté plus de souffrance;
En toi sur-tout vivait ma plus douce espérance;
Aussi, lorsqu'Onias, terminant son destin,
Me laissa veuve, et toi, mon cher fils, orphelin,
Je vouai devant Dieu mes jours à ta défense;
Mes yeux incessamment veillaient sur ton enfance.
Les périls, les déserts, la colère du roi,
Excepté le Seigneur, j'ai tout bravé pour toi.
Oh! si de tant de soins la mémoire t'est chère,
Mon fils, mon dernier fils, prends pitié de ta mère.
Viens mourir...

ANTIOCHUS.

    Puis-je, ô ciel! en croire vos discours!
Vous repoussez la main qui protège vos jours!

SALOMÉ.

Et d'où naît dans ton cœur cet orgueil sacrilège?
Qui? toi nous protéger!... l'échafaud nous protège...

ANTIOCHUS.

Frémissez, imprudente, et pour vous et pour lui...

MIZAEL.

Il nous perdra. Fuyons.

SALOMÉ.

Tes frères ont-ils fui ?

ANTIOCHUS.

Enfant, sépare toi d'une mère cruelle.

SALOMÉ.

Fils d'Onias, regarde où le Seigneur t'appelle.

ANTIOCHUS.

Je t'ouvre mon palais.

SALOMÉ.

Les cieux s'ouvrent aussi.

ANTIOCHUS.

Ton roi parle.

SALOMÉ.

Et ton Dieu.

MAZAEL, *se jetant dans les bras de sa mère.*

Ma mère, me voici.

ANTIOCHUS.

Que fais-tu malheureux ?

MIZAEL.

Tous mes frères m'attendent.
Ma mère, voyez-vous les palmes qu'ils nous tendent ?
Leurs tuniques d'azur... Je suis digne de vous ;
Je maudis les faux dieux !

ANTIOCHUS.

Tombez donc sous leurs coups.

GUIRAUD.

SALOMÉ.

Tu tomberas aussi, tu tomberas sans gloire,
Précipité tremblant de ton char de victoire.
Dieu signale à mes yeux tes horribles destins,
Et j'en frémis moi-même... Écoute, ils sont certains.
Aux cris de mes enfants, sa justice éternelle
Montre à l'ange de mort ta tête criminelle.
C'en est fait de ton règne, et tes jours sont passés;
Et les vers du cercueil sous ta pourpre amassés,
Y réclament déjà leur pâture vivante.
Tu pâlis, roi timide, et ton cœur s'épouvante!
Écoute jusqu'au bout : je n'ai plus qu'un moment :
Mais toi, tu dois mourir long-temps et lentement...
Ta puissance finit et la mienne commence...
Entends-tu la révolte armer un peuple immense?
Le lion de Juda pousse des cris vainqueurs;
Éphraim expiré revit dans tous les cœurs.
Ce peuple a recueilli notre exemple suprême;
Il se lève, il saisit ton sanglant diadème...
Tremble; je te maudis, et mon dernier adieu
Te laisse palpitant entre les mains de Dieu.

II. Le petit Savoyard.

CHANT PREMIER. — *Le Départ.*

Pauvre petit, pars pour la France.
Que te sert mon amour? Je ne possède rien.
On vit heureux ailleurs; ici, dans la souffrance.
    Pars, mon enfant, c'est pour ton bien.

    Tant que mon lait put te suffire,
Tant qu'un travail utile à mes bras fut permis,
Heureuse et délassée en te voyant sourire,
    Jamais on n'eût osé me dire :
    Renonce aux baisers de ton fils.

Mais je suis veuve; on perd sa force avec la joie.
    Triste et malade, où recourir ici?
Où mendier pour toi? Chez des pauvres aussi!
Laisse ta pauvre mère, enfant de la Savoie;
    Va, mon enfant, où Dieu t'envoie.

Mais, si loin que tu sois, pense au foyer absent;
Avant de le quitter, viens, qu'il nous réunisse.
Une mère bénit son fils en l'embrassant :
    Mon fils, qu'un baiser te bénisse.

    Vois-tu ce grand chêne, là-bas?
Je pourrai jusque-là t'accompagner, j'espère.
Quatre ans déjà passés, j'y conduisis ton père;
    Mais lui, mon fils, ne revint pas.

Encor, s'il était là pour guider ton enfance,
Il m'en coûterait moins de t'éloigner de moi;
Mais tu n'as pas dix ans, et tu pars sans défense....
    Que je vais prier Dieu pour toi!...

Que feras-tu, mon fils, si Dieu ne te seconde?
Seul, parmi les méchants (car il en est au monde),
Sans ta mère, du moins, pour t'apprendre à souffrir...
Oh! que n'ai-je du pain, mon fils, pour te nourrir!

Mais Dieu le veut ainsi : nous devons nous soumettre :
    Ne pleure pas en me quittant;
Porte au seuil des palais un visage content.
Parfois mon souvenir t'affligera peut-être...
Pour distraire le riche, il faut chanter pourtant.

Chante tant que la vie est pour toi moins amère;
Enfant, prends ta marmotte et ton léger trousseau;
Répète, en cheminant, les chansons de ta mère,
Quand ta mère chantait autour de ton berceau.

Si ma force première encor m'était donnée,
J'irais, te conduisant moi-même par la main;
Mais je n'atteindrais pas la troisième journée;
Il faudrait me laisser bientôt sur ton chemin :
Et moi je veux mourir aux lieux où je suis née.

Maintenant de ta mère entends le dernier vœu :
Souviens-toi, si tu veux que Dieu ne t'abandonne,
Que le seul bien du pauvre est le peu qu'on lui donne.
Prie, et demande au riche : il donne au nom de Dieu.
Ton père le disait; sois plus heureux : adieu.

Mais le soleil tombait des montagnes prochaines,
Et la mère avait dit : Il faut nous séparer;
Et l'enfant s'en allait à travers les grands chênes,
Se tournant quelquefois et n'osant pas pleurer.

CHANT SECOND. — *Paris.*

J'ai faim : vous qui passez daignez me secourir.
Voyez : la neige tombe, et la terre est glacée.
J'ai froid : le vent se lève et l'heure est avancée,
  Et je n'ai rien pour me couvrir.

Tandis qu'en vos palais tout flatte votre envie,
A genoux sur le seuil, j'y pleure bien souvent.
Donnez : peu me suffit; je ne suis qu'un enfant,
  Un petit sou me rend la vie.

On m'a dit qu'à Paris je trouverais du pain;
Plusieurs ont raconté dans nos forêts lointaines
Qu'ici le riche aidait le pauvre dans ses peines;
Eh bien, moi, je suis pauvre et je vous tends la main.

  Faites-moi gagner mon salaire :
Où me faut-il courir? Dites, j'y volerai.
Ma voix tremble de froid; eh bien, je chanterai,
  Si mes chansons peuvent vous plaire.

Il ne m'écoute pas, il fuit;
Il court dans une fête (et j'en entends le bruit),
Finir son heureuse journée.
Et moi, je vais chercher, pour y passer la nuit,
Cette guérite abandonnée.

Au foyer paternel quand pourrai-je m'asseoir?
Rendez-moi ma pauvre chaumière,
Le laitage durci qu'on partageait le soir,
Et, quand la nuit tombait, l'heure de la prière
Qui ne s'achevait pas sans laisser quelque espoir.

Ma mère, tu m'as dit, quand j'ai fui ta demeure:
Pars; grandis et prospère, et reviens près de moi...
Hélas! et tout petit, faudra-t-il que je meure
Sans avoir rien gagné pour toi.

Non, l'on ne meurt point à mon âge;
Quelque chose me dit de reprendre courage...
Eh! que sert d'espérer?.. que puis-je attendre enfin?...
J'avais une marmotte; elle est morte de faim.

Et, faible, sur la terre il reposait sa tête;
Et la neige, en tombant, le couvrait à demi;
Lorsqu'une douce voix, à travers la tempête,
Vint réveiller l'enfant par le froid endormi.

Qu'il vienne à nous celui qui pleure,
Disait la voix mêlée au murmure des vents;
L'heure du péril est notre heure :
Les orphelins sont nos enfants.

Et deux femmes en deuil recueillaient sa misère.
Lui, docile et confus, se levait à leur voix;
Il s'étonnait d'abord; mais il vit dans leurs doigts
Briller la croix d'argent au bout du long rosaire;
Et l'enfant les suivit en se signant deux fois.

GUIRAUD.

CHANT TROISIÈME. — *Le Retour.*

Avec leurs grands sommets, leurs glaces éternelles,
Par un soleil d'été, que les Alpes sont belles!
Tout dans leurs frais vallons sert à nous enchanter,
La verdure, les eaux, les bois, les fleurs nouvelles.
Heureux qui sur ces bords peut long-temps s'arrêter!
Heureux qui les revoit, s'il a pu les quitter!

Seul, loin dans la vallée, un bâton à la main,
  Qui va de France à la Savoie?
Quel est ce voyageur que l'été leur renvoie?
C'est un enfant; il marche, il suit le long chemin.

Bientôt de la colline il prend l'étroit sentier :
Il a mis, ce matin, la bure du dimanche,
  Et dans son sac de toile blanche
Est un pain de froment qu'il garde tout entier.

Pourquoi tant se hâter, à sa course dernière?
C'est que le pauvre enfant veut gravir le côteau,
Et ne point s'arrêter qu'il n'ait vu son hameau
  Et n'ait reconnu sa chaumière.

Les voilà!... tels encor qu'il les a vu toujours,
Ces grands bois, ce ruisseau qui fuit sous le feuillage!
Il ne se souvient plus qu'il a marché dix jours;
  Il est si près de son village!

Tout joyeux il arrive, et regarde... Mais quoi!
Personne ne l'attend! sa chaumière est fermée!
Pourtant du toit aigu sort un peu de fumée.
Et l'enfant plein de trouble : Ouvrez, dit-il, c'est moi.

La porte cède; il entre; et sa mère attendrie,
Sa mère, qu'un long mal près du foyer retient,
Se relève à moitié, tend les bras et s'écrie :
  N'est-ce pas mon fils qui revient?

Son fils est dans ses bras, qui pleure et qui l'appelle :
Je suis infirme, hélas! Dieu m'afflige, dit-elle ;
Et depuis quelques jours je te l'ai fait savoir,
Car je ne voulais pas mourir sans te revoir.

Mais lui : De votre enfant vous étiez éloignée,
Le voilà qui revient ; ayez des jours contents ;
Vivez : je suis grandi, vous serez bien soignée ;
   Nous sommes riches pour long-temps.

Et les mains de l'enfant, des siennes détachées,
Jetaient sur ses genoux tout ce qu'il possédait,
Les trois pièces d'argent dans sa veste cachées,
Et le pain de froment que pour elle il gardait.

Sa mère l'embrassait et respirait à peine ;
Et son œil se fixait, de larmes obscurci,
   Sur un grand crucifix de chêne,
Suspendu devant elle et par le temps noirci.

C'est lui, je le savais, le Dieu des pauvres mères
Et des petits enfants, qui du mien a pris soin ;
Lui, qui me consolait quand mes plaintes amères
   Appelaient mon fils de si loin.

C'est le Christ du foyer, que les mères implorent,
Qui sauve nos enfants du froid et de la faim.
Nous gardons nos agneaux et les loups les dévorent ;
Nos fils s'en vont tout seuls et reviennent enfin.

Toi, mon fils, maintenant me seras-tu fidèle?
Ta pauvre mère infirme a besoin de secours ;
Elle mourrait sans toi. L'enfant, à ce discours,
Grave, et joignant ses mains, tombe à genoux près d'elle,
Disant : que le bon Dieu vous fasse de longs jours !

III. La Sœur Grise.

J'ai laissé pour toujours la maison paternelle;
Mes jeunes sœurs pleuraient; ma pauvre mère aussi.
Oh! qu'un regret tardif me rendrait criminelle!
    Ne suis-je pas heureuse ici!...

Ne m'abandonne pas, toi qui m'as appelée:
Dieu qui mourus pour nous, mon Dieu, je t'appartiens!
    Et moi qui console et soutiens,
    J'ai besoin d'être consolée.

Ignorante du monde avant de le quitter,
    Je ne le hais point: et peut-être
(Un mourant me l'a dit), j'aurais dû le connaître
    Pour ne jamais le regretter.

Quand je me sens reprendre à sa joie éphémère,
    Faible encor du dernier adieu,
    J'embrasse ta croix, ô mon Dieu!...
    Je n'embrasserai plus ma mère.

Souvenirs de bonheur, que voulez-vous de moi?
Que vous sert de troubler ma retraite profonde?
    Et qu'ai-je à faire avec le monde,
Dont le nom seul, ici, doit me glacer d'effroi?

Ici la charité remplit mes chastes heures.
Le malheureux bénit ma main qui le défend:
Je nourris l'orphelin d'espérances meilleures;
Ta servante, ô mon Dieu, dans ces tristes demeures
Est l'enfant du vieillard, la mère de l'enfant.

Et tandis que mes sœurs à de nouvelles fêtes
    Vont peut-être se préparer;
Que, de fleurs dont ma mère aimait à me parer,
    Elles ont couronné leurs têtes,
Moi, je veille et je prie... et ne dois point pleurer.

O de mes premiers jours images trop fidèles !
Mes songes quelquefois me rendent vos douceurs.
Ma bouche presse encor les lèvres maternelles,
Et même au bal joyeux je suis mes jeunes sœurs,
   Le front ceint de roses, comme elles.

   Vaine illusion d'un instant,
Dont le charme confus m'agite, et me réveille !...
Mais la cloche plaintive a frappé mon oreille :
A son lit de douleur le malade m'attend.

   Là, naguère, une pauvre fille
Me disait en pleurant : Dieu finit mes malheurs.
   J'étais orpheline et je meurs
   Sans avoir connu ma famille.
Moi j'ai quitté la mienne... et nous mêlions nos pleurs...

J'avais une famille; et pourtant je l'oublie;
   Et mon cœur bat d'un noble orgueil
Quand le pauvre a pressé de sa main affaiblie
Ma main qui doucement l'accompagne au cercueil.

Consolé par ma voix à son heure suprême,
Bien souvent le pécheur s'endort moins agité :
Que dis-je le mourant me console lui-même
De ce monde si vain qu'avant lui j'ai quitté.

Et lorsque dans ses yeux une dernière flamme,
Révèle un saint espoir, né d'une ardente foi,
Je recommande à Dieu de recevoir son âme,
   Au mourant, de prier pour moi.

HAMILTON (ANTOINE), naquit en Irlande vers
1646, d'une ancienne et illustre famille d'Écosse,

distiguée sur-tout par son attachement à la cause de Charles Ier. Après la mort tragique de ce prince, Hamilton, encore au berceau, fut amené en France par ses parents. Il y fit ses études, et repassa en Angleterre, en 1660, lorsque Charles II, eut été rétabli sur le trône de son père.

Environ deux ans après cet évènement, le fameux chevalier de Grammont, alors exilé de la cour de France, parut à Saint-James, y vit la sœur d'Hamilton à laquelle il s'attacha si sérieusement qu'il ne balança point à lui promettre de l'épouser. Mais son inconstance naturelle prévalut sur ses sentimens, et dès qu'il eut appris que le roi son maître le rappelait en France, il quitta Londres sans avoir rempli sa promesse. Antoine Hamilton et Georges son frère, sensibles à cet outrage, se mirent aussitôt sur ses traces, résolus de lui en demander raison. Ils l'atteignirent à Douvres, et lui crièrent, d'aussi loin qu'ils l'apperçurent : « Chevalier de « Grammont, n'avez-vous rien oublié à Londres ? « Pardonnez-moi, Messieurs, dit le chevalier, « j'ai oublié d'épouser votre sœur. » Et au même instant il reprit le chemin de Londres où le mariage fut conclu.

Hamilton, demeuré en Angleterre, passait souvent en France pour y voir sa sœur et son beau-frère. En sa qualité de catholique, il resta sans emploi sous le règne de Charles II, mais Jacques II, zélé catholique lui-même, lui donna un régiment d'infanterie en Irlande et le gouvernement de Limerick, l'une des principales villes de ce royaume.

Jacques II ayant été chassé de ses états après un règne de trois ans, Hamilton fut un de ceux qui le suivirent en France et s'établirent avec lui à Saint-Germain. C'est dans cette cour si triste qu'il composa tous ses charmants ouvrages. Il était fort recherché par un grand nombre de personnages distingués des deux nations, mais sa société la plus habituelle était celle du maréchal de Berwick, fils naturel de Jacques II, et de la sœur de Marlborough. Il fut appelé aussi quelquefois à la cour de Sceaux, et fit des vers pour la duchesse du Maine.

Il mourut à Saint-Germain, en 1720, âgé d'environ soixante-quatorze ans, dans des sentiments religieux qu'il n'avait pas toujours professés, s'il en faut croire ces vers de Voltaire dans le *Temple du Goût* :

> Auprès d'eux le vif Hamilton,
> Toujours armé d'un trait qui blesse,
> Médisait de l'humaine espèce,
> Et même d'un peu mieux, dit-on.

On prétend qu'Hamilton, si gai dans ses écrits ne l'était pas du tout en société, et ne s'y faisait remarquer que par son humeur chagrine et caustique. On le croirait difficilement en lisant les *Mémoires de Grammont*. Il est probable que le fond de cet ouvrage lui a été fourni par celui qui en est le héros, mais, qu'il y a ajouté beaucoup d'ornements de son invention. Chamfort raconte que ce fut le comte de Grammont lui-même qui vendit quinze cents francs le manuscrit de ces *Mémoires*, où il est si clairement traité de fripon. Fontenelle, censeur de l'ouvrage, refusait de l'approuver, par égard pour le comte. Celui-ci s'en plaignit au chancelier, à qui Fontenelle dit les raisons de son refus; mais le comte ne voulant pas perdre les 1,500 fr., insista pour que Fontenelle donnât son approbation.

Les *Contes* d'Hamilton, qui sont *le Bélier*, *Fleur-d'Épine*, *les Quatre Facardins* et *Zénéide*, ne sont pas si généralement goûtés que ses *Mémoires* : beaucoup de personnes y trouvent trop d'extravagance; c'est qu'apparemment elles ignorent que l'auteur les composa par défi, et pour prouver aux femmes de la cour, qui raffolaient alors des *Mille et une Nuits*, qu'il était assez aisé d'imaginer des aventures incroyables et absurdes. *Le Bélier* est le seul qui eut une autre origine : il fut composé pour donner une sorte de fondement fabuleux au nom de *Pontalie*, dont la comtesse de Grammont avait décoré le Moulineau, terrain que le roi avait donné au comte. Le début du *Bélier* et celui des *Quatre Facardins* sont en vers; Voltaire citait souvent le premier comme un morceau charmant : le conte des *Quatre Facardins* n'est guère moins joli; mais il est plus négligé. On ne peut rien reprendre dans l'*Épître au comte de Grammont*, mêlée de prose et de vers.

Voltaire a dit en général, des vers d'Hamilton, qu'ils étaient pleins de feu et de légèreté. On retrouve en partie ces qualités dans ses nombreuses poésies de société : mais trop de négligences les déparent; et d'ailleurs elles ont perdu pour nous le mérite de l'à-propos et des allusions.

Horace Walpole avait imprimé les *Mémoires du*

comte de Grammont, avec trois portraits, Strawberry-Hill, 1772, in-4°, et cette édition, augmentée de notes et d'éclaircissements, est recherchée pour sa rareté. Les libraires de Londres en donnèrent en 1783, une réimpression, mal exécutée et de nul mérite. Celle de Londres (Edwards, 1792), grand in-4°, avec soixante-dix-huit portraits, et enrichie de notes fort exactes, est très estimée. Cette édition a été donnée tout à la fois en anglais et en français. Les dernières éditions des *OEuvres complètes d'Antoine Hamilton*, sont, celle que j'ai publiée en 1805, 3 vol. in-8°, celle de M. Renouard, 4, vol. in-8°, 1812, ou 5 vol. in-18, 1813, (l'éditeur y a joint la suite des *Quatre Facardins* et de *Zénéide*, par M. le duc de Lévis), celle de Belin, 1 vol. in-8° (compacte), et celle que vient de faire paraître le libraire Salmon, Paris, 1825, 2 forts volumes in-8°, contenant une *Notice sur la vie et les ouvrages de l'auteur*, par J. B. J. Champagnac, et une nouvelle suite des *Quatre Facardins* et de *Zénéide*. Il existe, en manuscrit une traduction en vers de l'*Essai sur la Critique*, de Pope, par Hamilton. L'extrait qu'on a trouvé dans l'édition de 1812, fait regretter qu'on ne l'ait pas encore publiée tout entière.

AUGER.

JUGEMENT.

Hamilton, esprit original, pressé par des dames de la cour de faire des contes dans le goût des *Mille et une Nuits*, qui étaient en grande faveur, prit le parti d'en faire, comme Cervantes avait fait un livre de chevalerie, mais pour s'en moquer. Il affecta d'enchérir sur la bizarrerie des fictions, et de la pousser jusqu'à la folie; mais cette folie est si gaie, si piquante, si bien assaisonnée de plaisanteries relevées par des saillies si heureuses et si imprévues, que l'on y reconnaît à tout moment un homme très supérieur aux bagatelles dont il s'amuse. Il va plus loin dans *Fleur-d'Épine* : il y a des traits d'une vérité charmante, et de l'intérêt dans les caractères et les situations. L'objet en est moral, et très agréablement rempli ; c'est de faire voir qu'avec beaucoup d'esprit, de courage et d'amour, un homme sans figure et sans fortune peut vaincre les plus grands obstacles, et que, dans les femmes, la grace l'emporte sur la beauté. Hamilton devait en effet vanter la grace : son style en est plein. Il suffirait, pour le prouver, de se rappeler le tableau de Tarare emmenant avec lui, sur la jument Sonnante, la jeune Fleur-d'Épine, qu'il a tirée des mains de la fée Dentue, et qui ne le connaît encore que pour son libérateur, mais qui à ce titre commence déjà à sentir de l'inclination pour lui. On ne trouve point ici de ces conversations de roman, mille fois répétées dans des situations pareilles. Hamilton sait s'y prendre autrement pour nous faire lire dans le cœur de Fleur-d'Épine. Tarare lui raconte, chemin faisant, comme il a été choisi pour peindre la belle Luisante, dont les yeux faisaient mourir tant de monde. « Vous l'avez donc « souvent regardée ! dit Fleur-d'Épine. Oui, dit-il, « tout autant que j'ai voulu, et sans aucun danger, « comme je viens de vous le dire. — L'avez-vous « trouvée si merveilleusement belle qu'on vous l'avait

« dit? Plus belle mille fois, répondit-il. On n'a
« que faire de vous demander, ajouta-t-elle, si vous
« en êtes d'abord devenu passionnément amoureux ;
« mais dites-m'en la vérité. Tarare ne lui cacha rien
« de ce qui s'était passé entre lui et la princesse,
« pas même l'assurance qu'elle lui avait donnée de
« l'épouser en cas qu'il réussît dans son entreprise.
« Fleur-d'Épine ne l'eut pas plus tôt appris que, re-
« poussant les mains dont il la tenait embrassée,
« elle se redressa, au lieu d'être penchée sur lui
« comme auparavant. Tarare crut entendre ce que
« cela voulait dire ; et continuant son discours sans
« faire semblant de rien : Je ne sais, dit-il, quelle
« heureuse influence avait disposé le premier pen-
« chant de la princesse en ma faveur, mais je sentis
« bientôt que je n'en étais pas digne par les agré-
« ments de ma personne, et que je le méritais en-
« core moins par les sentiments de mon cœur ; car
« je ne me suis que trop aperçu depuis que l'amour
« que je croyais avoir pour elle n'était tout au plus
« que de l'admiration. Chaque instant qui m'en
« éloignait effaçait insensiblement son idée de mon
« souvenir; et dès les premiers moments que je vous
« ai vue, je ne m'en suis plus souvenu du tout. Il se
« tut; et la belle Fleur-d'Épine, au lieu de parler,
« se laissa doucement aller vers lui comme aupara-
« vant, et appuya ses mains sur celles qu'il remit
« autour d'elle pour la soutenir.»

Dans la foule des peintures que l'amour a four-
nies (et il en fournira jusqu'à la fin du monde), je
ne crois pas qu'il y en ait une plus vraie, plus douce

et plus gracieuse. Elle remplit le cœur de l'idée d'un de ces moments délicieux qui sont faits pour lui, et qui sont d'un prix d'autant plus grand, qu'il semble que tout ce que l'amour promet soit encore au-dessus de tout ce qu'il peut donner.

Il n'y a personne qui n'ait lu et relu les *Mémoires de Grammont* : c'est de tous les livres frivoles le plus agréable et le plus ingénieux ; c'est l'ouvrage d'un esprit léger et fin, accoutumé dans la corruption des cours à ne connaître d'autre vice que le ridicule, à couvrir les plus mauvaises mœurs d'un vernis d'élégance, à rapporter tout au plaisir et à la gaieté. Il y a quelque chose du ton de Voiture, mais infiniment perfectionné. L'art de raconter les petites choses de manière à les faire valoir beaucoup y est dans sa perfection. L'histoire de l'habit volé par Termes est en ce genre un modèle unique. Ce livre est le premier où l'on ait montré souvent cette sorte d'esprit qu'on a depuis appelé *persifflage*, que Voiture avait mis quelquefois en usage avant qu'il fût connu sous ce nom, et qui consiste à dire plaisamment les choses sérieuses, et sérieusement les choses frivoles. Lorsque le comte de Grammont dit, en parlant de son valet-de-chambre Termes, *je l'aurais infailliblement tué, si je n'avais craint de faire attendre mademoiselle d'Hamilton*, il dit une chose très folle du ton le plus sérieux, et n'en est que plus gai. Mais cet esprit demande beaucoup de mesure et de choix, et n'a rien de commun avec ce langage décousu, néologique, vague et burlesque, que de nos jours on a qualifié du nom de *persifflage*, et qui n'est qu'une absence totale de sens et de goût, une espèce de baladinage d'autant plus éloigné du bon ton, qu'il semble plus y prétendre.

Un autre mérite d'Hamilton, et qui n'est pas commun, c'est que, dans la partie de ses contes qu'il a versifiée, il a particulièrement saisi la manière de narrer en vers. Voltaire citait surtout le commencement du *Bélier* comme un morceau charmant en ce genre. Celui des *Quatre Facardins* ne l'est guère moins, mais il est plus négligé. Rien n'est plus connu que sa jolie lettre au comte de Grammont, mêlée de prose et de vers,

Honneur des rives éloignées, etc.

Mais voilà aussi tout ce qu'il a fait de bon en poésie. Ses pièces de société, ses chansons, dont on a fait un volume, ne sont pas au-dessus de celles de Voiture.

La Harpe, *Cours de Littérature.*

HARANGUE HISTORIQUE. Est-il permis à l'historien de céder la parole à ses personnages, ou ne doit-il rapporter qu'indirectement ce qu'ils ont dit, sans les faire parler eux-mêmes?

Cela dépend de l'idée qu'on attache à la sincérité de l'histoire, et de savoir si on exige d'elle la lettre, ou l'esprit de la vérité. Si on exige d'elle la lettre, il est certain que presque toutes les harangues directes sont interdites à l'histoire; et, à l'exception de celles qui ont été réellement prononcées dans les conseils, dans les assemblées, dans les cérémonies publiques, et de quelques mots que les rois ou que les capitaines ont réellement adressés à leur peuple ou à leur armée, et que la tradition a conservés, il est rare que l'historien ait des harangues à transcrire.

Celles dont l'histoire ancienne est remplie sont elles-mêmes supposées. Ce n'est pas que l'esprit et le caractère de ceux qui parlent n'y soient fidèlement gardés : dans celle de Thucydide, par exemple, on distingue très bien le génie des Athéniens et celui des Spartiates ; on y reconnaît Périclès, Nicias, Alcibiade, au langage que l'historien leur fait tenir : quant au fond même, il est vraisemblable qu'il en était instruit ; mais quant au style, les bons critiques s'aperçoivent qu'il est factice, parce qu'il est toujours le même.

On peut prendre à la lettre les harangues de Xénophon, quand c'est lui-même qui parle à ses compagnons et les encourage dans leur retraite ; mais lorsqu'il fait prendre la parole à Cambyse, à Cyrus, à Ciaxare, croira-t-on de même qu'il rende fidèlement ce qu'ils ont dit ?

Polybe, en faisant parler Scipion et Annibal dans leur entrevue, a-t-il répété leurs discours ? Tite-Live les a-t-il transcrits ? Et les belles harangues qu'il met dans la bouche d'Horace le père, de Valérius-Publicola, de Camille, de Manlius, de Fabius, d'Hannon, de Scipion etc., ne sont-elles pas aussi visiblement artificielles que celles de Marius et de Catilina dans Salluste ?

Il est plus vraisemblable que Tacite ait recueilli

les propres discours de Germanicus, de Tibère, de Néron, de Sénèque, de Thraséas, d'Othon, sur-tout d'Agricola; mais si on y reconnaît leur esprit, on n'y reconnaît pas moins la plume de Tacite. Ainsi, dans toute l'histoire ancienne, à l'exception de quelques mots conservés par tradition, tout paraît composé.

Ceux donc qui veulent que l'histoire soit un exposé littéral de la vérité, et qui lui interdisent tout ornement qui ressemble à de l'artifice, doivent rejeter ces harangues.

Mais il y a pour l'historien une autre façon d'être vrai : c'est de garder fidèlement le fond des choses et des faits, et de préférer pour la forme le tour le plus propre à donner au récit de la chaleur et de l'énergie. S'il est donc vrai, par exemple, que, dans les assemblées de la Grèce, tel fut l'objet des délibérations, des négociations, des harangues, tels furent les motifs des résolutions; Thucydide n'a pas été un historien moins fidèle en faisant parler les députés des villes, que s'il avait indirectement résumé ce qu'ils avaient dit.

Il n'est pas vrai que Gracchus et que Marius aient tenu précisément le langage que leur font tenir Tite-Live et Salluste : mais il est vrai que tout cela était dans leur âme; et il est plus vraisemblable, qu'ayant de pareils moyens d'émouvoir les esprits et de les soulever, ils étaient trop habiles pour ne pas les faire valoir. S'ils n'ont pas dit les mêmes choses dans les mêmes termes et dans une seule harangue, ce sont des propos détachés qu'ils ont tenus et fait répandre, et que l'historien n'a fait que rassembler, pour leur donner en même temps plus de chaleur, de force et de lumière.

De quoi s'agit-il après tout ? Il s'agit de paraître, en écrivant l'histoire, un peu plus ou un peu moins artificiellement arrangé. Car si l'historien prend ce tour usité : « Gracchus représenta au peuple que sa « situation était pire que celle des esclaves, qu'on « le frustrait du prix de ses travaux, que le sénat « avait tout envahi : Marius dit à ses concitoyens que, « si les nobles le méprisaient, ils n'avaient qu'à « mépriser aussi leurs propres aïeux, dont la vertu « avait fait la noblesse ; que s'ils lui enviaient son « élévation, ils n'avaient qu'à lui envier aussi ses « travaux, son innocence, les dangers qu'il avait « courus, dont sa grandeur était le prix : » ce récit aura, je l'avoue, l'air plus simple, plus naturel, plus sincère qu'une harangue ; mais cela même encore n'est pas la vérité littérale, et chaque article du discours, même indirect, ne sera qu'une conjecture fondée sur les caractères, ou autorisée par les circonstances des choses, des lieux et des temps. Il n'y a donc presque jamais, dans l'une et dans l'autre manière de faire parler ses personnages, qu'une vraisemblance plus ou moins approchante de la réalité.

Ainsi la difficulté se réduit à savoir si l'apparence de la vérité est assez détruite par le discours direct, pour que l'on s'interdise, en écrivant l'histoire, ce moyen d'être dans son récit plus vif, plus véhément, plus clair et plus rapide. Or voici, ce me semble, un milieu à prendre pour éviter les deux excès.

Que le discours qui n'est qu'un exposé de faits, une accumulation de motifs raisonnés, sensibles par eux-mêmes, et qui n'avaient besoin pour frapper les esprits d'aucun des mouvements de l'éloquence pathétique, soit rappelé indirectement et en simple récit; sa précision fera sa force. Mais s'agit-il de développer les sentiments d'une âme passionnée, et de faire passer dans d'autres âmes la chaleur de ses mouvements, on peut, je crois, sans balancer, employer la manière directe : la vérité meme serait trop affaiblie et perdrait trop de son effet, si elle était froidement réduite à la simple narration. Le lecteur s'apercevra bien qu'on aura mis de l'art à la lui présenter; mais il sentira bien aussi que cet art n'est pas celui qui la déguise, et qu'en la rendant plus sensible il n'a pas voulu l'altérer*.

* Les arguments de Marmontel en faveur *de l'emploi des harangues dans l'histoire*, ont été reproduits avec de nouveaux développements par notre collaborateur, M. H. Patin, dans une thèse de littérature, soutenue en 1814 à la faculté des lettres, et que son étendue ne nous permet pas d'insérer ici. Nous en citerons à l'article HISTOIRE un morceau où l'auteur retrace les changements qui se sont introduits à diverses époques dans ce genre de littérature, et qui lui ont donné des formes très variées qu'on peut rapporter aux trois suivantes, l'histoire des annalistes et des chroniqueurs, l'histoire dramatique, et l'histoire philosophique; de ces trois genres, le second seul paraît à M. H. Patin, admettre les *harangues* qu'on a nommées *historiques*. Il fait voir, fort en détail, qu'elles ne nuisent pas à l'instruction qu'on en peut retirer, et qu'elles y répandent beaucoup d'agrément. Seulement il recommande d'user de cet ornement avec discrétion, et finit par ces règles qui sont la conclusion de sa dissertation littéraire.

« 1° Toute *harangue* doit être *vraie*, c'est-à-dire qu'il doit en avoir été prononcé une dans le même temps, dans les mêmes circonstances, pour le même objet, et dans le même sens que le suppose l'historien.

2° Elle doit être *nécessaire*, c'est-à-dire produire un effet important, ou du moins avoir un résultat quelconque.

A l'égard des orateurs, le mot harangue, en parlant des Grecs, s'emploie également pour tous les genres d'éloquence : éloge, invective, accusation, défense, délibération, plaidoyer, oraison funèbre, tout s'appelle harangue. On dit les harangues d'Isocrate, de Périclès, de Démosthène, de Démétrius de Phalère, etc. En parlant des Latins, on appelle aussi quelquefois harangues les discours oratoires, mais plus communément oraisons; et l'on ne croirait pas s'exprimer assez bien en donnant indifféremment le nom de harangues à toutes les oraisons de Cicéron : par exemple, on appellera *plaidoyers* les oraisons *pour Célius, pour Muréna* et *pour Milon;* et *harangues* celles *pour Marcellus* ou *pour la loi Manilia.*

Parmi nous le nom de harangue est devenu propre au genre d'éloquence le plus frivole et le plus oiseux. La harangue n'est plus qu'une formule de compliment, de félicitation ou de condoléance, qu'un hommage rendu à la majesté ou à la dignité des grandes places.

« 3° Le genre d'éloquence qu'on y emploie doit être conforme au caractère du personnage qui la prononce ; à celui de ses auditeurs, au génie du siècle où il parle.

« 4° Les harangues historiques doivent être assez concluantes et assez persuasives pour avoir pu produire les effets qu'on leur attribue.

« 5° Elles doivent être proportionnées au récit, c'est-à-dire n'être ni trop longues ni trop fréquentes, par la raison même qu'elles doivent donner au récit de la vivacité et de la variété. »

On peut lire encore sur cette question ce qu'en dit Mably dans son *Traité de la manière de lire l'histoire,* où il approuve comme Marmontel, et à peu près par les mêmes raisons, l'usage des harangues historiques.

F.

On fait des harangues aux rois, aux princes, aux personnes principales dans les provinces ou dans les villes. Mais une singularité de cet usage, c'est que les harangues n'ont presque jamais lieu que dans des circonstances où le mérite personnel n'a aucune part à l'évènement. Si un gouverneur de province va prendre possession de son gouvernement, on lui fait des harangues : s'il vient de commander les armées et de gagner des batailles, on ne le harangue point. L'usage semble vouloir que la harangue soit une cérémonie gratuite et commandée, et non pas un hommage libre. Il serait pourtant bien à désirer que lorsqu'un roi vient de signaler son règne par quelque grande institution, ou par quelque trait de vertu mémorable, les corps les plus distingués de l'état fussent admis à l'en féliciter. Ce privilège serait alors aussi précieux qu'il est honorable. Les États-Unis de l'Amérique septentrionale en ont joui au retour du vénérable et vertueux Franklin dans sa patrie : il est à souhaiter que cet exemple soit suivi. Un recueil de harangues faites ainsi marquerait mieux que des médailles les belles époques d'un règne; et ce seraient les matériaux de l'oraison funèbre du souverain qu'elles auraient loué, au lieu que des harangues de pure cérémonie il ne résulte presque rien. La seule induction raisonnable qu'on en puisse tirer, c'est que le roi qu'on a loué modérément et délicatement était modeste et ennemi de la flatterie; et que celui auquel on a prodigué l'encens avait beaucoup d'orgueil. Mais il faudrait en avoir à l'excès pour soutenir en face l'embarras et l'ennui d'entendre un long éloge de soi-même. Après le mérite essentiel et rare d'être juste et mesurée dans les louanges qu'elle donne, la qualité la plus indispensable d'une harangue est d'être courte.

Un seigneur, dont le père s'était signalé à la tête des armées, et qui n'avait pas suivi ses traces, venait d'essuyer dans son gouvernement, la fastidieuse longueur d'un tas de louanges non méritées. Il ne lui restait plus à entendre que la harangue des capucins. « Mon père, dit-il au gardien, soyez court : « je suis fatigué. Monseigneur, lui répondit le ca- « pucin, nous ne serons pas longs : nous venons « seulement souhaiter à votre grandeur autant de « gloire dans l'autre vie que feu monsieur le maré- « chal son père en a obtenu dans celle-ci. »

Les meilleures harangues sont celles que le cœur a dictées. C'est à lui seul qu'il est réservé d'être éloquent en peu de mots.

Parmi les anciens il y a peu de harangues de simple félicitation. Mais l'oraison de Cicéron *pour Marcellus* en est un modèle inimitable : car en même temps qu'elle est pour César l'éloge le plus magnifique et le plus juste, elle est aussi pour lui la plus adroite, la plus courageuse, la plus importante leçon. *Voyez* DÉMONSTRATIF.

Dans les collèges et les académies on appelle harangues de vaines déclamations dont Isocrate le premier a donné le mauvais exemple. Une thèse paradoxale, un sujet vague, frivole et vide, mal aperçu, mal énoncé, a été trop souvent la matière de ces harangues. La chose la plus inutile pour l'orateur dans ces discours serait d'avoir raison : c'est de l'esprit qu'on lui demande. Des sophismes bien colorés, des paralogismes hardis et poussés avec véhémence, des antithèses, des hyperboles, des idées fausses, enveloppées dans des phrases harmonieuses, ou revêtues d'images éblouissantes, et çà et là des mouvements factices, de feints élans de sensibilité, une chaleur de tête que l'on prend pour celle de l'âme, font passer pour de l'éloquence cet art qui n'en est que le singe, et qui consiste à donner au mensonge le masque de la vérité.

L'Académie française a pris un parti sage en proposant pour le prix d'éloquence des éloges d'hommes illustres; et après avoir commencé par ceux que la France a produits, il y a lieu de croire qu'elle continuera par ceux qui ont honoré les autres pays de l'Europe. Les deux Gustave, le prince Eugène, Bacon, Locke, Leibnitz, les deux Nassau, libérateurs de la Hollande, le fameux duc de Lorraine Léopold, le Czar Pierre, sont de tous les pays.

MARMONTEL, *Eléments de Littérature.*

HARMONIE DU STYLE. Elle comprend le choix et le mélange des sons, leurs intonations, leur durée, le discernement et l'emploi du nombre, la texture des périodes, leur coupe, leur enchaînement, enfin toute l'économie du discours relativement à l'oreille, et l'art de disposer les mots, soit dans la prose, soit dans les vers, de la manière la plus convenable au caractère des idées, des images, des sentiments que l'on veut exprimer.

Les recherches que je propose sur cette partie mécanique du style, et les essais que l'on fera pour y exercer son oreille et sa plume, doivent être, comme les études du peintre, destinées à ne pas voir le jour. Dès qu'on travaille sérieusement, c'est de la pensée qu'on doit s'occuper, et des moyens de la rendre avec le plus de force, de clarté, de précision qu'il est possible. *Fiat quasi structura quædam, nec tamen fiat operose : nam esset, cùm infinitus, tum puerilis labor.* Cic.

C'est par l'analyse des éléments physiques d'une langue qu'on peut voir à quel point elle est susceptible d'harmonie; mais ce travail est celui du grammairien. Le devoir du poète, de l'historien, de l'orateur, est de se livrer aux mouvements de son âme. S'il possède sa langue, s'il a exercé son oreille au sentiment de l'harmonie, son style peindra sans qu'il s'en aperçoive; et l'expression y viendra d'elle-même s'accorder avec la pensée.

Une oreille excellente peut suppléer à la réflexion; mais avant la réflexion, personne n'est sûr d'avoir l'oreille délicate et juste. Le détail où je m'engage peut donc avoir son utilité.

Duæ sunt res quæ permulcent aures, dit Cicéron; *sonus et numerus.*

On peut considérer dans les voyelles le son pur, l'articulation, l'intonation.

Les voyelles ne sont pas toutes également pleines et brillantes : le son de l'*a* est le plus éclatant de tous, et la voix, comme pour complaire à l'oreille, le choisit naturellement : la preuve en est dans les accents indélibérés d'une voix qui prélude, dans les cris de surprise, de douleur, et de joie. Virgile connaissait bien la prédilection de l'oreille pour le son de l'*a*, lorsqu'il l'a répété tant de fois dans ce vers si mélodieux :

    Mollia luteola pingit vaccinia caltha;

et dans ceux-ci, plus doux encore :

    .... Vel mixta rubent ubi lilia multa
    Alba rosa, tales virgo dabat ore colores.

Ces vers prouvent que Vossius a tort de reprocher au son de l'*a* de manquer de douceur (*suavitate fere destituitur*); mais il a raison quand il ajoute : *magnificentia aures propemodum percellit.*

Le son de l'*o* est plein, mais grave : pour le rendre plus clair dans le chant, on y mêle du son de l'*a*, comme lorsqu'on veut éclater sur *vole*, l'*é*, plus faible et moins volumineux, s'éclaircit de même dans l'*è* ouvert, en approchant du son de l'*a*; l'*i* est plus grêle, plus délicat que l'*é*; l'*eu* est vague, mais sonore; l'*ou* est plus grave, mais moins faible que l'*u*; l'*e* muet ou féminin est à peine un son.

« *O*, sonum quidem habet vastum et aliquâ ra-
« tione magnificum; longè tamen minùs quàm *A* :
« nulla hac aptior litterâ ad significandum magno-
« rum animalium et ingentium corporum, seu vo-
« cem, seu sonum.

« *E*, non quidem gravem, sed tamen clarum sa-

« tis et elegantem habet sonum : *E*, vocalis magis
« sonora et magnifica quàm *O*, minùs quàm *A* ; cùm
« et sonum habeat obscuriorem, et propemodum
« in ipsis faucibus sepultum.

« *I*, nullâ est clarior voce illâ : in levibus et ar-
« gutis usum habet præcipuum.

« Infimum dignitatis gradum tenet *U* vocalis.
(Isaac Vossius.)

Dans les voyelles doubles, le premier son n'étant que passager, l'oreille n'est sensiblement affectée que du son final, sur lequel la voix se déploie.

L'effet de la nasale est de terminer le son fondamental par un son fugitif et harmonique, qui résonne dans le nez : ce son fugitif donne plus d'éclat à la voyelle; il la soutient, il l'élève, et caractérise l'*harmonie* bruyante.

Luctantes ventos tempestatesque sonoras.
(Virgile.)

J'entends l'airain tonnant de ce peuple barbare.
(Voltaire.)

On voit dans le premier exemple combien Virgile a déféré au choix de l'oreille en employant l'épithète *sonoras*, qui n'est point analogue à l'image *imperio premit*, en l'employant, dis-je, préférablement à *rebelles, frementes, minaces*, que l'image semblait demander. C'est la même raison du volume de l'*o*, qui le lui a fait employer tant de fois dans ce vers :

Vox quoque per lucos vulgo exaudita silentes
Ingens.

L'abbé d'Olivet décide brève la voyelle nasale à la fin des mots, comme dans *turban*, *destin*, *Caton*. Il me semble au contraire que le retentissement de la nasale en doit prolonger le son, du moins dans la déclamation soutenue, et par-tout où la voix a besoin d'un appui.

La résonnance de la nasale est interrompue par la succession immédiate d'une voyelle, à moins que l'on n'aspire celle-ci pour laisser retentir celle-là : *tyran-inflexible*, *destin-ennemi* ; mais cet hiatus, que l'on a permis en poésie, est peut-être le plus dur à l'oreille, et celui de tous qu'on doit éviter avec le plus de soin.

Observons cependant que moins la nasale est sonore, plus il est aisé de l'éteindre, et par conséquent moins l'aspiration de la voyelle suivante est dure à l'oreille : aussi se permet-on plus souvent la liaison d'une voyelle avec les nasales *on* et *un*, qu'avec les nasales *an* et *en* : *leçon utile*, *commun à tous*, sont moins durs que *main habile*, *océan irrité*. Boileau lui-même a dit.

Le chardon importun hérissa nos guérets.

Racine s'est permis, dans Andromaque :

Pourquoi d'*un an entier* l'avons-nous différée ?

C'est une négligence.

Dans les monosyllabes *en*, *on*, *un*, le son de la nasale, pour éviter l'aspiration, se réduit à une voyelle pure, suivie de l'*n* consonne, qui s'en détache pour se lier avec la voyelle suivante : *l'u'n-et l'autre, l'o'n-aime, e'n-est-il?* (Dans ce dernier exemple l'*e* qui précède l'*n* a pris le son de l'*a* bref.) Toutefois, il est mieux de conserver à la nasale la liberté de retentir, en ne la plaçant devant une voyelle que dans les repos et les sens suspendus. Il n'y a que La Motte qui n'ait pas senti la dureté de ce vers :

    Et le mien incertain encore.

C'est peu de consulter, pour le choix, la beauté des sons en eux-mêmes ; il faut encore y observer un mélange, une variété qui nous flatte. La monotonie est fatigante, même dans les passages, à plus forte raison dans les repos. Ce n'est pas que le même son répété ne plaise quelquefois. Quelle douceur, quelle grace, dit Cicéron, ne sent-on pas dans ces composés : *insipientem, iniquum, tricipitem!* au lieu qu'il trouve de la rudesse dans *insapientem, inæquum, tricapitem?* mais cette exception ne détruit pas la règle qui oblige à varier les sons.

Dans nos vers on a fait une loi d'éviter la consonnance de deux hémistiches ; la même règle doit s'observer dans les repos des périodes : plus ces repos sont variés, plus la prose est harmonieuse. Il y a une espèce de consonnance symétrique dont les latins faisaient une grace de style, *similiter cadens, similiter desinens*. Cette symétrie peut avoir lieu quelquefois dans la prose française, mais l'affectation en serait puérile.

Il y a dans la prose, comme dans les vers, des mesures qu'on appelle *nombres*, composées de deux ou trois sons; il faut éviter que les nombres voisins l'un de l'autre s'appuient sur les mêmes finales, comme dans ce vers de Boileau :

Du destin des Latins prononcer les oracles.

Les consonnes ne sont pas des sons, mais des articulations de sons.

La parole a des sons doux et des forts, des sons piqués, des sons appuyés, des sons flûtés, comme la musique. Il n'est donc point de consonne qui mise à sa place ne contribue à l'*harmonie* du discours; mais la dureté blesse par-tout l'oreille. Or la dureté consiste, non pas dans la rudesse ou l'âpreté de l'articulation qui souvent est imitative :

Tum ferri rigor atque argutæ lamina serræ.
(VIRGILE.)

mais dans la difficulté qu'elle oppose à l'organe qui l'exécute. Le sentiment réfléchi de la peine que doit avoir celui qui parle nous fatigue nous-mêmes; et voilà, dans sa cause et dans son effet, ce que nous appelons *dureté de style*.

Ce vers raboteux, que Boileau a fait dans le style de Chapelain :

Droite et raide est la côte, et le sentier étroit,

ressemble assez à ce qu'il exprime ; mais la prononciation en est un travail, et l'organe y est à la gêne. En pareil cas, c'est par le mouvement qu'il faut peindre, et non par le froissement des syllabes.

Dans un chemin montant, sablonneux, malaisé,
Et de tous les côtés au soleil exposé,
  Six forts chevaux trainaient un coche.
  L'équipage suait, soufflait, etc.

La langue la plus douce serait celle où la syllabe d'usage n'aurait jamais qu'une consonne, comme la syllabe physique; car dans une syllabe composée de plusieurs consonnes qui semblent se presser autour d'une voyelle, *sphynx*, *trop*, *Grecs*, *Cécrops*, la réunion précipitée de toutes ces articulations en un temps syllabique, rend l'action de l'organe pénible et confuse; et quoique chaque consonne ait naturellement son *e* muet pour voyelle, l'intervalle insensible que laisse entre elles ce faible son ne suffit pas pour les articuler distinctement l'une après l'autre. Cependant ce n'est pas assez qu'une langue soit douce : elle doit avoir de quoi marquer le caractère de chaque idée; et cela dépend sur-tout des articulations molles ou fermes, rudes ou liantes, qu'elle nous présente au besoin. Par exemple, la réunion de deux consonnes en une syllabe lui donne quelquefois plus de vigueur et d'énergie, comme de l'*f* et de l'*r* dans *frémir*, *frisonner*, *frapper*; *frendere*, *frangere*, *fragor*; et du *t* avec l'*r*, comme dans ces vers du Tasse tant de fois cités,

  Chiama gli abitator dell'ombre eterne
  Il rauco suon de la tartarea tromba.
  Treman le spaziose atre caverne.

et comme dans ce vers de Virgile, que le Tasse admirait lui-même

  Convulsum remis, rostrisque stridentibus æquor,

Ce n'est point là de la dureté, mais de cette âpreté que le même auteur estimait dans le Dante : *Questa asprezza sente un non so che di magnifico e di grande.*

Ce n'est jamais, comme je l'ai dit, que le travail des organes de la parole qui gêne et fatigue l'oreille; et c'est dans les mouvements combinés de ces organes que se trouve la raison physique de l'espèce de sympathie ou d'antipathie que l'on remarque entre les syllabes. *Voyez* ARTICULATION.

Si l'oreille est offensée de la consonnance des voyelles, par la même raison elle doit l'être du retour subit et répété de la même articulation. Les latins avaient préféré pour cette raison *meridiem* à *medidiem*. Qu'en français l'on traduisit ainsi le début des *Paradoxes* de Cicéron : « Brutus, j'ai sou-« vent remarqué que quand Caton, ton oncle, opi-« nait dans le sénat, » cela serait choquant et risible. La fréquente répétition de l'*r* et de l'*s* est dure à l'oreille, sur-tout dans des syllabes compliquées, où l'*s* siffle, où l'*r* frémit à la suite d'une autre consonne. La Motte a corrigé, dans une de ses odes, *censeur sage et sincère*. Il aurait bien dû corriger aussi :

   Avide des affronts d'autrui...
   Travail toujours trop peu vanté...
   Les rois qu'après leur mort on loue...
   L'homme contre son propre vice...
   Ton amour-propre trop crédule...

et une infinité de vers aussi durs, sur lesquels il avait le malheureux talent de se faire illusion.

Le *z*, qui blessait l'oreille de Pindare, adouci dans notre langue, a quelquefois beaucoup de grace; mais dans une foule d'écrits modernes on l'a ridiculement affecté.

Les latins retranchaient l'*x* des mots composés, où il devait être selon l'étymologie; et nous avons suivi cet exemple.

La répétition des dentales mouillées, *che* et *ge*, est désagréable à l'oreille.

> Mais écoutons : ce berger joue
> Les plus amoureuses chansons.

Les consonnes les plus favorables à l'harmonie sont celles qui détachent le plus distinctement les sons, et que l'organe exécute avec le plus d'aisance et de volubilité : telles sont les articulations simples de la langue avec le palais, de la langue avec les dents, de la lèvre inférieure avec les dents, et des deux lèvres ensemble.

L'*l*, la plus douce des articulations, semble communiquer sa mollesse aux syllabes dures qu'elle sépare. Fénelon en a fait un usage merveilleux dans son style. « On fit couler, dit Télémaque, des flots « d'huile douce et luisante sur tous les membres de « mon corps. » L'*l*, si j'ose le dire, est elle-même comme une huile onctueuse, qui, répandue dans le style, en adoucit le frottement; et le retour fréquent de l'article *le*, *la*, *les*, qu'on reproche à notre langue, est peut-être ce qui contribue le plus à lui donner de la mélodie. Voyez quelle douceur l'*l* communique à ce demi-vers de Virgile :

> Quæque lacus late liquidos.

Le gazouillement de l'*l* mouillée peut servir quelquefois à l'harmonie imitative, mais on en doit réserver le fréquent usage pour les peintures qui le demandent. L'articulation mouillée qui termine le mot *règne* serait insoutenable si elle revenait fréquemment.

Le mouillé faible de l'*l* exprimé par ce caractère *y*, et dont nous avons fait une voyelle, parce qu'il est consonne vocale, est la plus délicate de toutes les articulations; mais cette consonne si douce est trop faible pour soutenir l'*e* muet, comme dans ces mots, *paye*, *essaye*; au lieu que jointe au son de l'*a* comme dans *paya*, *déploya*, ou à telle autre voyelle sonore, comme dans *foyer*, *citoyen*, *rayon*, elle est sensible et marque assez le nombre.

Par cette analyse des articulations de la langue, on doit voir quelles sont les liaisons qui flattent ou blessent l'oreille.

La prononciation est une suite des mouvements variés que l'organe exécute; et du passage pénible ou facile de l'un à l'autre, dépend le sentiment de dureté ou de douceur dont l'oreille est affectée : « Collabantur verba ut inter se quàm aptissimè co- « hæreant extrema cum primis (Cicéron). Il faut donc examiner avec soin quelles sont les articulations sympathiques ou antipathiques dans les mots déjà composés, afin d'en rechercher ou d'en éviter la rencontre dans le passage d'un mot à un autre. On sait, par exemple, qu'il est plus facile à l'organe de doubler une consonne en l'appuyant, que de changer d'articulation. Si l'on est libre de choisir, on préférera donc pour initiale d'un mot la finale du mot qui précède : *Les Grecs-sont nos modèles; le soc-qui fend la terre* :

L'hymen-n'est pas toujours entouré de flambeaux.
(Racine.)

Il avait de plan vif-fermé cette avenue.
(La Fontaine.)

Si La Fontaine avait mis *bordé* au lieu de *fermé*, l'articulation serait plus pénible. Ainsi Virgile, ayant à faire entrer le mot *Tmolus* dans un vers, l'a fait précéder d'un mot qui finit par un *t* :

Nonne vides, croceos ut Tmolus odores.

On sait que deux différentes labiales de suite sont pénibles à articuler; on ne dira donc point, *Alep-fait le commerce, Jacob-vivait, cep-verdoyant.* Il en est ainsi de toutes les articulations fatigantes pour l'organe, et qu'avec la plus légère attention il est facile de reconnaître, en lisant soi-même à haute voix ce que l'on écrit.

L'étude que je propose paraît d'abord puérile : mais on m'avouera que les opérations de la nature ne sont pas moins curieuses dans l'homme que celles de l'industrie dans le flûteur du célèbre Vaucanson; et qui de nous a rougi d'aller examiner les ressorts de cette machine?

Au choix, au mélange des sons, au soin de rendre les articulations faciles et de les placer au gré de l'oreille, les anciens joignaient les accents et les nombres.

L'accent prosodique est peu de chose dans les langues modernes (*Voyez* ACCENT); mais elles ont leur accent expressif, leur modulation naturelle : par exemple, chaque langue interroge, admire, se plaint, menace, commande, supplie avec des intonations, des inflexions différentes. Une langue, qui dans ce sens-là n'aurait point d'accent, serait monotone, froide, inanimée; et plus l'accent est varié, sensible, mélodieux dans une langue, plus elle est favorable à l'éloquence et à la poésie.

L'accent français est peu marqué dans le langage ordinaire, la politesse en est la cause. Il n'est pas respectueux d'élever le ton, d'animer le langage; et l'accent dans l'usage du monde n'est pas plus permis que le geste : mais, comme le geste, il est admis dans la prononciation oratoire, plus encore dans la déclamation poétique, et de plus en plus, selon le degré de chaleur et de véhémence du style, de manière que dans le pathétique de la tragédie et dans l'enthousiasme de l'ode, il est au plus haut point où le génie de la langue lui permette de s'élever. Mais c'est toujours l'âme elle-même qui imprime ce caractere à l'expression de ses mouvements. De là vient, par exemple, que notre poésie, assez vive dans le drame, est un peu froide dans l'épopée. Elle a une mélodie pour les sentiments, elle n'en a point pour les images; et si mon observation est juste, c'est une nouvelle raison pour nous de rendre l'épopée aussi dramatique qu'il est possible.

L'harmonie du style dans notre langue ne dépend

pas, autant que dans les langues anciennes, du mélange des sons plus lents ou plus rapides, liés et soutenus par des articulations faciles et distinctes, qui marquent le nombre sans dureté; mais notre langue même, à une oreille délicate, offre encore sensiblement cette harmonie élémentaire.

Commençons par avoir une idée nette et précise du rhythme, du nombre et du mètre.

Le rhythme est dans la langue ce que dans la musique on appelle mesure. Le nombre en est communément le synonyme; mais pour plus de clarté, on en fait l'espèce du rhythme. Ainsi, par exemple, on dit que le vers ïambique et le vers trochaïque ont le même rhythme, et qu'ils sont composés de nombres différents.

Dans le système prosodique des anciens, la mesure avait plusieurs temps, et la syllabe un temps ou deux, selon qu'elle était brève ou longue. On est convenu de donner à la brève ce caractère ◡, et à la longue celui-ci -. Ces éléments prosodiques se combinaient diversement, et ces combinaisons faisaient tel ou tel nombre; en sorte que les nombres se variaient sans altérer la mesure : la valeur des notes était inégale, la somme des temps ne l'était pas, et chacun des pieds, ou nombres du vers, était l'équivalent des autres. Ainsi, dans le vers hexamètre, le rhythme était constant, et le mouvement varié.

Le mètre était une suite de certains nombres déterminés : il distinguait les espèces de vers.

La mesure ou rhythme à trois temps n'a que trois

combinaisons, et ne produit que trois pieds ou nombres ; le tribrache, ᴗᴗᴗ ; le chorée ou trochée, -ᴗ ; et l'iambe, ᴗ-. La mesure à quatre temps se combine de cinq manières, en dactyle, -ᴗᴗ ; spondée, -- ; anapeste, ᴗᴗ- ; amphibrache, ᴗ-ᴗ ; et dypyrriche, ᴗᴗᴗᴗ.

Les anciens avaient bien d'autres nombres, dont il serait superflu de parler ici. Or ces nombres, employés dans la prose, lui donnaient une marche grave ou légère, lente ou rapide, au gré de l'oreille ; et sans avoir, comme les vers, un rhythme précis et régulier, elle avait des mouvements analogues à ceux de l'âme.

« La prose, dit Cicéron, n'admet aucun battement « de mesure, comme fait la musique ; mais toute « son action est réglée par le jugement de l'oreille, « qui allonge ou abrège les périodes (il pouvait « dire encore : qui les retarde ou les précipite), « selon qu'elle y est déterminée par le sentiment « du plaisir : c'est là ce qu'on appelle *nombre*. » Or le même nombre tantôt satisfait pleinement l'oreille, tantôt lui laisse désirer un nombre plus ou moins rapide, plus ou moins soutenu : Cicéron en donne des exemples ; et cette diversité dans les sentiments dont l'oreille est affectée, a le plus souvent pour principe l'analogie des nombres avec les mouvements de l'âme, et le rapport des sons avec les images qu'ils rappellent à l'esprit.

Il y a donc ici deux sortes de plaisirs, comme dans la musique. L'un, s'il est permis de le dire, n'affecte que l'oreille; c'est celui qu'on éprouve à la lecture des vers d'Homère et de Virgile, même sans entendre leur langue : il faut avouer que ce plaisir est faible. L'autre est celui de l'expression; il intéresse l'imagination et le sentiment, et il est souvent très sensible.

Cicéron divise le discours en périodes et en incises; il borne la période à vingt-quatre mesures, et l'incise à deux ou trois. D'abord, sans avoir égard à la valeur des syllabes, il attribue la lenteur aux incises et la rapidité aux périodes; et en effet, plus les repos sont fréquents, plus le style semble devoir être lent dans sa marche. Mais bientôt il considère la valeur des syllabes dont la mesure est composée comme faisant l'essence du nombre; et avec raison : car si les repos, plus ou moins fréquents, donnent au style plus ou moins de lenteur ou de rapidité, la valeur des sons qu'on y emploie ne contribue pas moins à le précipiter ou à le ralentir; et il est évident qu'un même nombre de syllabes arrivera plus vite au repos, s'il se précipite en dactyles, que s'il se traînait en graves spondées. On ne doit donc perdre de vue, dans la théorie des nombres, ni la coupe des périodes, ni la valeur relative des sons.

Tous les genres de littérature n'exigent pas un style nombreux; mais tous demandent, comme je l'ai dit, un style satisfaisant pour l'oreille.

« Quamvis enim suaves gravesque sententiæ, ta-
« men si inconditis verbis efferuntur, offendunt
« aures, quarum est judicium superbissimum. Cic. »

La diction philosophique est affranchie de la servitude des nombres : Cicéron la compare à une vierge modeste et naïve qui néglige de se parer. « Cependant rien de plus harmonieux, dit-il, que « la prose de Démocrite et de Platon. » C'est un avantage que la raison, la vérité même ne doit pas dédaigner. Il est incontestable que dans un genre d'écrire où le terme qui rend l'idée avec précision est quelquefois unique, où la vérité n'a qu'un point qui souvent même est indivisible, il n'y a pas à balancer entre l'harmonie et le sens; mais il est rare qu'on en soit réduit à sacrifier l'un à l'autre; et celui qui sait manier sa langue trouve bien l'art de les concilier.

Cicéron demande pour le style de l'histoire des périodes nombreuses, semblables, dit-il, à celles d'Isocrate; mais il ajoute que ces nombres fatigueraient bientôt l'oreille, s'ils n'étaient pas interrompus par des incises. Ce mélange a de plus l'avantage de donner au récit plus d'aisance et de naturel : or, quand on est obligé, comme l'historien, de dire la vérité, et de ne dire que la vérité, l'on doit éviter avec soin tout ce qui ressemble à l'artifice. Quintilien donne pour modèle à l'histoire la douceur du style de Xénophon, « si éloignée, dit-« il, de toute affectation, et à laquelle aucune affec-« tation ne pourra jamais atteindre. »

Il en est du style oratoire comme de la narration historique : la prose n'en doit être ni tout-à-fait dénuée de nombres, ni tout-à-fait nombreuse; mais dans les morceaux pathétiques ou de dignité, Cicéron veut qu'on emploie la période. « On sent bien,

« dit-il en parlant de ses péroraisons, que si je n'y
« ai pas attrapé le nombre, j'ai fait ce que j'ai pu
« pour en approcher. » Cependant il conseille à
l'orateur d'éviter la gêne : elle éteindrait le feu de
son action et la vivacité des sentiments qui doivent
l'animer; elle ôterait au discours ce naturel précieux,
cet air de candeur, qui gagne la confiance, et qui
seul a droit de persuader.

Quant aux incises, il recommande qu'on les travaille avec soin. « Moins elles ont d'étendue et d'ap-
« parence, plus l'harmonie s'y doit faire sentir; c'est
« même dans ces occasions qu'elle a le plus de force
« et de charme. » Or il entend par harmonie la
mesure et le mouvement qui plaisent le plus à
l'oreille.

On voit combien ces préceptes sont vagues; et il
faut avouer qu'il est difficile de donner des règles
au sentiment. Toutefois les principes de l'harmonie
du style doivent être dans la nature : chaque pensée
a son étendue, chaque image son caractère, chaque
mouvement de l'âme son degré de force et de rapidité. Tantôt la pensée est comme un arbre touffu
dont les branches s'entrelacent, elle demande le développement de la période, tantôt les traits de
lumière dont l'esprit est frappé sont comme autant
d'éclairs qui se succèdent rapidement; l'incise en
est l'image naturelle. Le style coupé convient encore
mieux aux mouvements tumultueux de l'âme : c'est
le langage du pathétique véhément et passionné; et
quoique le style périodique ait plus d'impulsion, à
raison de sa masse, le style coupé ne laisse pas d'a-

voir quelquefois autant et plus de vitesse : cela dépend des nombres qu'on y emploie.

Il est reconnu que dans toutes les langues le style coupé, le style périodique, sont au choix de l'écrivain, quant aux suspensions et aux repos; mais toutes les langues, et en particulier la nôtre, ont-elles des temps appréciables, des quantités relatives, des nombres enfin déterminés? *Voyez* prosodie.

Il est du moins bien décidé qu'elles ont toutes des syllabes plus ou moins susceptibles de lenteur ou de vitesse; et cette variété suffit à l'harmonie de la prose.

La gêne de notre syntaxe est effrayante pour qui ne connaît pas encore les souplesses et les ressources de la langue : l'inversion, qui donnait aux anciens l'heureuse liberté de placer les mots dans l'ordre le plus harmonieux, nous est presque absolument interdite. Mais cette difficulté même n'a pas rebuté les écrivains doués d'une oreille sensible; et ils ont su trouver au besoin des nombres analogues au sentiment, à la pensée, au mouvement de l'âme qu'ils voulaient exprimer.

Il serait peut-être impossible de rendre l'harmonie continue dans notre prose : les bons écrivains ne se sont attachés à peindre la pensée que dans les mots dont l'esprit et l'oreille devaient être vivement frappés. C'est aussi à quoi se bornait l'ambition des anciens; et l'on va voir quel effet produisent dans le style des nombres placés à propos.

Fléchier, dans l'oraison funèbre de M. de Turenne, termine ainsi la première période : « Pour louer la

vie et pour déplorer la mort dŭ sāge ĕt vāillānt Mācchăbēĕ. » S'il eût dit, *du vaillant et sage Macchabée ;* s'il eût dit, *pour louer la vie du sage et vaillant Macchabée, et pour déplorer sa mort*, la période n'avait plus cette majesté sombre qui en fait le caractère : la cause physique en est dans la succession de l'iambe, de l'anapeste et du dychorée, qui n'est plus la même dès que les mots sont transposés. On doit sentir en effet que de ces nombres les deux premiers se soutiennent, et que les deux derniers, en s'écoulant, semblent laisser tomber la période avec la négligence et l'abandon de la douleur. « Cet
« homme, ajoute l'orateur, cet homme que Dieu
« avait mis autour d'Israël, comme un mur d'airain,
« où se brisèrent tant de fois toutes les forces de
« l'Asie...., venait tous les ans, comme les moindres
« Israélites, réparer, avec ses mains triomphantes ,
« les ruines du sanctuaire. » Il est aisé de voir avec quel soin l'analogie des nombres, relativement aux images, est observée dans tous ces repos : pour fonder un mur d'airain, il a choisi le grave spondée ; et pour réparer les ruines du sanctuaire, quels nombres majestueux il a pris ! Si vous voulez en mieux sentir l'effet, substituez à ces mots des synonymes qui n'aient pas la même cadence ; supposez *victorieuses* à la place de *triomphantes ; temple*, au lieu de *sanctuaire :* « Il venait tous les ans, comme
« les moindres Israélites, réparer avec ses mains
« victorieuses les ruines du temple ; » vous ne retrouverez plus cette harmonie qui vous a frappé. « Ce vaillant homme, repoussant enfin avec un

« courage invincible les ennemis qu'il avait réduits
« à une fuite honteuse, reçut le coup mortel, et
« demeura comme enseveli dans son triomphe. »
Que ce soit par sentiment ou par choix que l'orateur a peint cette mort imprévue par deux ïambes et un spondée,

« rĕçūt lĕ coūp mōrtĕl ; »

et qu'il a opposé la rapidité de cette chute,

« cōmme ēnsĕvĕlĭ, »

à la lenteur de cette image,

« dāns sōn trïōmphĕ, »

où deux nasales sourdes retentissent lugubrement, il n'est pas possible d'y méconnaître l'analogie des nombres avec les idées. Elle n'est pas moins sensible dans la peinture suivante : « Au premier bruit de ce
« funeste accident, toutes les villes de la Judée furent
« émues, des ruisseaux de larmes coulèrent des yeux
« des habitants ; ils furent quelque temps saisis,
« muets, immobiles : un effort de douleur rompant
« enfin ce long et morne silence, d'une voix entre-
« coupée de sanglots, que formaient dans leurs cœurs
« la tristesse, la piété, la crainte, ils s'écrièrent :
« *Comment est mort cet homme puissant qui sauvait*
« *le peuple d'Israël ?* A ces cris, Jérusalem redoubla
« ses pleurs, les voûtes du temple s'ébranlèrent, le
« Jourdain se troubla, et tous ses rivages retentirent
« du son de ces lugubres paroles : *Comment est mort*
« *cet homme puissant*, etc. » Avec quel soin l'orateur a coupé, comme par des soupirs, ces mots, *saisis*,

muets, immobiles! Comme les deux dactyles renversés expriment bien l'impétuosité de la douleur, et les deux spondées qui les suivent l'effort qu'elle fait pour éclater! Comme la lenteur et la résonnance des sons rendent bien l'image de *ce long et morne silence!* Comme le dypyrriche et le dactyle, suivis d'un spondée, peignent vivement les pleurs de Jérusalem! Comme le mouvement renversé de l'iambe et du chorée, dans

« s'ĕbrānlērĕnt, »

est analogue à l'action qu'il exprime! Combien plus frappante encore est l'harmonie imitative dans ces mots : *Le Jourdain se troubla, et ses rivages retentirent du son de ces lugubres paroles!*

Bossuet n'a pas donné une attention aussi sérieuse au choix des nombres : son harmonie est plutôt dans la coupe des périodes, brisées ou suspendues à propos, que dans la lenteur ou la rapidité des syllabes ; mais ce qu'il n'a presque jamais négligé, dans les peintures majestueuses, c'est de donner des appuis à la voix sur des syllabes sonores et sur des nombres imposants.

« Celui qui règne dans les cieux, de qui relèvent
« tous les empires, à qui seul appartient la gloire,
« la majesté, l'indépendance, etc. » Qu'il eût placé *l'indépendance* avant *la gloire* et *la majesté*, que devenait l'harmonie ? « Il leur apprend, dit-il en
« parlant des rois, il leur apprend leurs devoirs d'une
« manière souveraine et digne de lui. » Qu'il eût dit seulement *d'une manière digne de lui*, ou *d'une*

manière absolue et digne de lui, l'expression perdait sa gravité : c'est le son déployé sur la pénultième de *souveraine* qui en fait la pompe.

« Si elle eut de la joie de régner sur une grande
« nation, dit-il de la reine d'Angleterre, c'est
« parce qu'elle pouvait contenter le désir immense
« qui sans cesse la sollicitait à faire du bien. » Retranchez l'épithète *immense*, substituez-y celle d'*extrême*, ou telle autre qui n'aura pas cette nasale volumineuse, l'expression ne peindra plus rien.

Examinons, du même orateur, le tableau qui termine l'oraison funèbre du grand Condé.

« Nobles rejetons de tant de rois, lumières de la
« France, mais aujourd'hui obscurcies et couvertes
« de votre douleur comme d'un nuage, venez voir
« le peu qui vous reste d'une si auguste naissance,
« de tant de grandeur, de tant de gloire. Jetez les
« yeux de toutes parts. Voilà tout ce qu'a pu faire la
« magnificence et la piété pour honorer un héros.
« Des titres, des inscriptions, vaines marques de
« ce qui n'est plus ; des figures qui semblent pleu-
« rer autour d'un tombeau, et de fragiles images
« d'une douleur que le temps emporte avec tout le
« reste ; des colonnes qui semblent vouloir porter
« jusqu'au ciel le magnifique témoignage de notre
« néant. » Quel exemple du style harmonieux ! *Obscurcies et couvertes de votre douleur* n'aurait peint qu'à l'imagination ; *comme d'un nuage* rend le tableau sensible à l'oreille. Bossuet pouvait dire : *les déplorables restes d'une si auguste naissance ;* mais pour exprimer son idée, il ne lui fallait pas de

grands sons ; il a préféré *le peu qui reste*, et a réservé la pompe de l'harmonie pour *la naissance, la grandeur et la gloire*, qu'il a fait contraster avec ces faibles sons. La même opposition se fait sentir dans ces mots : *vaines marques de ce qui n'est plus*. Quoi de plus expressif à l'oreille que ces figures, qui semblent pleurer

« āutōur d'ŭn tōmbeāu !

C'est la lenteur d'une pompe funèbre. Et qu'on ne dise pas que le hasard produit ces effets : on découvre partout, dans les bons écrivains, les traces du sentiment ou de la réflexion : si ce n'est point l'art c'est le génie ; car le génie est l'instinct des grands hommes. Il suffit de lire ces paroles de Fléchier dans la péroraison de Turenne : « Ce grand
« homme, étendu sur ses propres trophées ; ce corps
« pâle et sanglant, auprès duquel fume encore la
« foudre qui l'a frappé. » Il suffit de les lire à haute voix, pour sentir l'harmonie qui résulte de cette longue suite de syllabes tristement sonores, terminée tout à coup par ce dypyrriche :

» quĭ l'ă frăppĕ.

Dans le même endroit, au lieu de :

de la religion et de la patrie ēplŏrēĕ,

que l'on dise :

de la religion et de la patrie en pleurs,

il n'y a plus aucune harmonie ; et cette différence, si sensible pour l'oreille, dépend d'un dychorée sur lequel tombe la période : effet singulier de ce nombre, dont on peut voir l'influence dans presque tous les exemples que je viens de citer, et qui dans notre langue comme dans celle des Latins, conserve sur l'oreille le même empire qu'il exerçait du temps de Cicéron.

Je n'ai fait sentir que les effets d'une harmonie majestueuse et sombre, parce que j'en ai pris les modèles dans des discours où tout respire la douleur. Mais dans les moments tranquilles, dans la peinture des émotions de l'âme, dans les tableaux naïfs et touchants, l'éloquence française a mille exemples du pouvoir et du charme de l'harmonie. Lisez ces descriptions si douces que la plume de Fénelon a répandues dans le *Télémaque;* lisez les discours enchanteurs que le touchant Massillon adressait à un jeune roi, vous verrez combien la mélodie des paroles ajoute à l'éloquence de la vertu.

Le poème épique exigerait tous les charmes de l'harmonie; mais, par malheur, nous avons peu de poèmes en prose que l'on puisse citer comme des modèles du style harmonieux. Il semble que les traducteurs n'aient pas même eu la pensée de substituer à l'harmonie des poètes anciens, les nombres et les mouvements dont notre langue est susceptible; cependant on en trouve plus d'un exemple dans la traduction du *Paradis perdu* et dans celle de l'*Iliade;* et quoi qu'en disent les partisans trop zélés de nos vers, lorsque dans *Homère* la terre est ébranlée d'un coup du trident de Neptune, l'effroi de Pluton, qui *s'élance de son trône*, est mieux peint par ces mots de madame Dacier, que par l'hémistiche de Boileau : *Pluton sort de son trône*. Et lorsqu'elle dit des enfers: « Cet affreux séjour, *demeure « éternelle des ténèbres et de la mort*, abhorré des « hommes et craint même des dieux, » sa prose me semble, même du côté de l'harmonie, au-dessus des vers :

           Cet empire odieux
Abhorré des mortels et craint même des dieux,

où l'on ne trouve rien de semblable à ces nombres : *demeure éternelle des ténèbres et de la mort.* *

L'auteur du *Télémaque* excelle dans les situations paisibles : sa prose mélodieuse et tendre exprime le caractère de son âme, la douceur et l'égalité : mais, dans les moments où l'expression demanderait des mouvements brusques et rapides, son style n'y répond pas assez.

C'est sur-tout dans le récit que le poète doit rechercher les nombres : ils ajoutent au coloris des peintures un degré de vérité qui les rend mobiles et vivantes. Par là les plus petits objets deviennent intéressants : une paille, une feuille qui voltige, dans un vers, nous étonne et nous charme l'oreille.

Sæpe levem paleam et frondes volitare caducas.

Mais dans le style passionné, c'est à la coupe des périodes qu'il faut s'attacher; c'est de là que dépend

---

* Sans rien ôter au mérite de ce passage de Mme Dacier, on peut dire qu'il est assez commun, et que Marmontel aurait pu trouver mieux pour rabaisser Boileau, ce qui d'ailleurs n'était pas ici plus utile ni mieux placé qu'en beaucoup d'autres endroits de ses *Élements*. Voyez t. I, p. 395: IX, 421; XII, 382, 384, 403; XIII, 145 de notre *Répertoire*.   H. P.

essentiellement l'imitation des mouvements de l'âme.

Me me, adsum qui feci : in me convertite ferrum,
O Rutili! mea fraus omnis; nihil iste nec ausus,
Nec potuit.
(VIRGILE.)

L'impatience, la crainte de Nisus pouvait-elle être mieux exprimée? Quoi de plus vif, de plus pressant que cet ordre de Jupiter?

Vade, age, Nate, voca zephyros, et labere pennis.

Voyez au contraire, dans le monologue d'Armide, l'effet des mouvements interrompus :

Frappons... Ciel qui peut m'arrêter?
Achevons... Je frémis. Vengeons-nous... Je soupire.

Est-ce ainsi que je dois me venger aujourd'hui?
Ma colère s'éteint quand j'approche de lui.
    Plus je le vois, plus ma vengeance est vaine.
    Mon bras tremblant se refuse à ma haine.

Ah! quelle cruauté de lui ravir le jour!
A ce jeune héros tout cède sur la terre.
Qui croirait qu'il fût né seulement pour la guerre?
    Il semble être fait pour l'amour.

Dans tout ce que je viens de dire en faveur de notre langue, pour encourager les poëtes à y chercher la double harmonie des sons et des mouvements, je n'ai proposé que la simple analogie des nombres avec le caractère de la pensée. La ressemblance réelle et sensible des sons et des mouvements de la langue avec ceux de la nature, cette harmonie imitative qu'on appelle *onomatopée*, et dont nous voyons des exemples dans les anciens, n'est presque pas permise à nos poètes. La raison en est que, dans la formation des langues grecque et latine, l'oreille avait été consultée, au lieu que les langues modernes ont pris naissance dans des temps de barbarie, où l'on parlait pour le besoin et nullement pour le plaisir. En général, plus les peuples ont eu l'oreille sensible et juste, plus le rapport des sons avec les choses a été observé dans l'invention des termes. La dureté de l'organe a produit les langues âpres et rudes; l'excessive délicatesse a produit les langues faibles, sans énergie, sans couleur. Or une langue qui n'a que des syllabes âpres et fermes, ou que des syllabes molles et liantes, a le défaut d'un monocorde. C'est de la variété des voyelles et des articulations que dépend la fécondité d'une belle harmonie. Dire d'une langue qu'elle est douce ou qu'elle est forte, c'est dire qu'elle n'a qu'un mode; une langue riche les a tous. Mais si les divers caractères de fermeté et de mollesse, de douceur et d'âpreté, de vitesse et de lenteur, y sont répandus au hasard, elle exige de l'écrivain une attention continuelle et une adresse prodigieuse pour suppléer au peu d'intelligence et de soin qu'on a mis dans la formation de ses éléments; et ce qu'il en coûtait aux Démosthène et aux Platon, avec la plus belle des langues, doit nous consoler de ce qu'il nous en coûte.

Il n'est facile dans aucune langue de concilier

l'harmonie avec les autres qualités du style ; et si l'on veut imaginer une langue qui peigne naturellement, il faut la supposer non pas formée successivement et au gré du peuple, mais composée ensemble et de concert par un métaphysicien comme Locke, un poète comme Racine, et un grammairien comme Du Marsais. Alors on voit éclore une langue à la fois philosophique et poétique, où l'analogie des termes avec les choses est sensible et constante, non seulement dans les couleurs primitives, mais dans les nuances les plus délicates ; de manière que les synonymes en sont gradués du rapide au lent, du fort au faible, du grave au léger, etc. Au système naturel et fécond de la génération des termes, depuis la racine jusqu'aux derniers rameaux, se joint une richesse prodigieuse de figures et de tours, une variété infinie dans les mouvements, dans les tons, dans le mélange des sons articulés et des quantités prosodiques, par conséquent une extrême facilité à tout exprimer, à tout peindre. Ce grand ouvrage, une fois achevé, je suppose que les inventeurs donnassent pour essais quelques morceaux traduits d'Homère, d'Anacréon, de Virgile, de Tibulle, de Milton, de l'Arioste, de Corneille, de La Fontaine : d'abord ce seraient autant de griffes qu'on s'amuserait à expliquer à l'aide des livres élémentaires ; peu à peu on se familiariserait avec la langue nouvelle, on en sentirait tout le prix : on aurait même, par la simplicité de sa méthode, une extrême facilité à l'apprendre ; et bientôt, pour la première fois, on goûterait le plaisir de parler un langage qui n'aurait eu ni le peuple pour inventeur, ni l'usage pour arbitre, et qui ne se ressentirait ni de l'ignorance de l'un ni des caprices de l'autre. Voilà un beau songe, me dira-t-on : je l'avoue; mais ce songe m'a semblé propre à donner l'idée de ce que j'entends par l'harmonie d'une langue; et tout l'art du style harmonieux consiste à rapprocher, autant qu'il est possible, de ce modèle imaginaire, la langue dans laquelle on écrit.

MARMONTEL, *Élements de Littérature.*

HELE (THOMAS) D'ou DHELL, né dans le comté de Glocester en 1740, mourut en 1780.

L'anglais d'Hèle est sans contredit celui qui, dans l'opéra comique, a eu le plus d'esprit comique : c'est là son attribut distinctif, d'autant plus honorable en lui, qu'il est plus difficile de saisir le ton de la bonne plaisanterie et du dialogue familier dans une langue étrangère. Son talent n'est pas aussi gracieux ni aussi poétique que celui de Favart : on ne peut savoir s'il eût été aussi fertile; une mort prématurée enleva l'auteur dans l'âge de la force. Son ami et son compagnon de travail et de succès, Grétry, qui, dans les *Essais sur la musique*, a parlé de d'Hèle avec intérêt, et de ses ouvrages avec goût, nous l'a peint original et paresseux : cette originalité n'est point marquée dans ses ouvrages, dont aucun ne lui appartient, quant à l'invention. *Midas* est emprunté d'une pièce anglaise; l'*Amant jaloux* des *Contre-*

*temps** de La Grange; et *les Évènements*, des canevas espagnols et italiens, qui faisaient le fond de notre ancienne comédie; mais sa tournure d'esprit n'est pas d'emprunt, et par-tout elle est comique. Tous ses personnages ont un caractère et une physionomie; aucun de ses concurrents au même théâtre n'a dialogué aussi bien que lui : son dialogue est toujours vif, piquant et gai, ne languit jamais, et je ne crois pas qu'on y trouvât un seul trait faux : c'est la pierre de touche du véritable esprit, qui ne se sépare jamais d'un jugement sain, si essentiel en tout genre de drame. La seule objection à faire contre ses pièces (et nous sommes déjà convenus que dans le mélodrame ** elle n'était pas grave), c'est que la vraisemblance n'y est pas assez ménagée. Mais je dirai plus : dans le genre que d'Hèle avait choisi, celui des pièces d'intrigue, que je crois le plus approprié à l'opéra comique, parce que c'est là qu'il est plus aisé qu'ailleurs d'en couvrir l'abus à l'aide de la musique, il se peut que le sacrifice d'une vraisemblance plus exacte soit volontaire et bien entendu. C'est là le cas de ce calcul admis et justifié quelquefois, comme nous l'avons vu, même dans les drames de l'ordre le plus élevé, et qui consiste à mesurer ce qu'on peut risquer en moyens sur ce qu'on peut obtenir en effets; et d'Hèle avait assez

---

* Pièce assez bien intriguée, mais qui n'ayant qu'un intérêt de curiosité, et étant d'ailleurs très platement versifiée, a disparu bientôt de la scène et de la mémoire des hommes.

** Le mot *mélodrame*, comme on le voit, ne signifiait alors qu'un drame mêlé de musique. H. P

de talent pour faire entrer ce calcul dans son art, et ne l'outre-passer en rien. Sans doute il est assez difficile que dans la scène principale des *Évènements*, la comtesse de Belmont, voyant son infidèle dans le marquis, ne le désigne pas du doigt assez positivement pour qu'on ne puisse prendre l'innocent Philinte pour ce marquis, et que de son côté la jeune Émilie, si intéressée à connaître le coupable, et encore plus à ce que ce ne soit pas Philinte, ne dise pas à la comtesse : Est-ce bien celui-là ? J'avoue que de pareilles méprises ne sont pas communes : mais d'abord elles ne sont pas non plus impossibles dans des moments où le trouble et le désordre intérieur ne dictent pas toujours ce qu'il y a de mieux à dire et à faire ; et sur-tout on pardonne plus volontiers ces erreurs peu probables, dans des intrigues où elles sont de peu de conséquence, telles que celles de la comédie ; et encore plus de l'opéra comique : on sait de reste que tout s'éclaircira pour le mariage, qui est le dénouement d'usage et de règle. Il n'en est pas de même de la tragédie, où les méprises ne présentent que des résultats funestes ; là le spectateur est fondé à exiger qu'elles soient naturelles et vraisemblables : il ne peut souffrir qu'on prétende lui faire partager des douleurs gratuites et des désastres arrangés à plaisir. Voilà le principe de sa sévérité sur les machines tragiques, et de sa condescendance sur les machines comiques, et vous voyez qu'il est pris dans la nature. C'est encore une preuve de plus à joindre à toutes celles qui mettent du côté de la tragédie un bien plus haut degré de difficulté que dans la comédie : combien on passe aisément à celle-ci ce qu'on ne passe pas à l'autre! C'est aussi ce qui confirme l'apologie de *Zaïre* contre des critiques très vainement répétées, puisqu'on ne les prouve jamais : l'expérience les a démontrées fausses, puisque, d'après la connaissance réfléchie et de l'art de la scène, la chute de *Zaïre* et de *Tancrède* était infaillible, si, dans les deux pièces, l'erreur des deux amants n'eût été invinciblement justifiée. Et pourquoi? C'est que plus les conséquences en sont affreuses, moins on les supporterait, si les moyens n'étaient pas tout au moins suffisants*; et c'est le contraire de la comédie, où tout ce qu'on permet n'aboutit qu'à un embarras qui amuse. On se prête assez volontiers à ce qui divertit et fait rire; mais quand il faut pleurer et se désoler, on veut au moins savoir pourquoi.

La pièce des *Évènements* est d'ailleurs fort bien menée, et le dénouement est d'autant mieux conçu, qu'il est tiré d'un personnage corrigé, et dont l'amendement est suffisamment préparé. Rien de brusqué ni de subit dans la conversion du marquis petit-maître; et ce mérite doit être distingué, parce qu'il est depuis long-temps devenu plus rare. Ce que le marquis a conservé de goût pour son ancienne maîtresse dont il se reproche l'abandon, et ce qu'il garde de respect pour les principes de l'honneur et de la morale (car s'il est fat, il n'est pas *philosophe*) nous

---

* Voyez sur ce reproche d'invraisemblance fait aux tragédies de Voltaire, ce qui en sera dit anx t. XXIX et XXX de notre *Répertoire* H. P.

dispose à voir sans étonnement le parti qu'il prend à la fin.

Midas est le moins heureux des sujets que d'Hèle a traités : c'est un désavantage attaché d'ordinaire aux comédies mythologiques; et pourtant, hors le dénouement, qui est de peu d'effet, toutes les scènes sont agréables, et tous les personnages caractérisés. Il n'était peut-être pas possible de remplir tout ce qu'on attend d'un chant divin, tel que celui d'Apollon; mais ce rôle d'un dieu petit-maître est très-spirituellement tracé. La petite intrigue filée entre les deux jeunes filles de Palémon est la copie de celle de don Juan entre deux paysannes, dans *le Festin de Pierre* : et le contraste de la femme impérieuse et du mari complaisant est partout, mais l'exécution n'en est pas vulgaire. Si l'on faisait pour d'Hèle les vers de ses pièces, je présume qu'il en fournissait la pensée, et chez lui le trait est toujours fin sans être trop aiguisé; ses duos sont de jolies scènes. Apollon répugne d'abord au travail du labourage, mais Palémon ajoute :

> Et tu feras danser mes filles.
> — Eh! quoi! vous avez donc des filles?
> — Oui, j'en ai deux, et très gentilles.
> — Ce sont sans doute des enfants?
> — Des enfans de quinze à seize ans.
> . . . .
> Allons, allons, j'ai du courage, etc.

Et ce refrain, si ingénieux :

> C'en est fait, je suis à Lise...

> Si je ne suis à Chloé.
> . . . .
> C'en est fait, Chloé m'engage.....
> Si Lise me laisse à moi.

C'est de la gaieté de bon goût. Les ariettes ne brillent pas par le nombre et l'élégance des vers; mais il n'y en a qu'une qui tombe dans la platitude; toutes les autres ont l'agrément de la pensée ou un effet de situation. Quel qu'en soit l'auteur, elles sont généralement versifiées avec facilité, sans trop de négligence. Il y en a une que tout le monde a remarquée pour son heureuse naïveté, celle que chante Lisette dans *les Évènements* :

> Ah ! dans le siècle où nous sommes,
> Comment se fier aux hommes ?
> Il n'est plus de loyauté,
> De bonne foi, de probité ;
> Tout est ruse et fausseté ;
> Et toujours les plus coupables
> Sont, hélas ! les plus aimables.....
> C'est dommage, en vérité.

Il faudrait bien des ariettes où il n'y aurait que de l'esprit pour valoir ce dernier trait-là. Le duo, *Serviteur à M. de Lafleur*, n'est-il pas aussi une jolie scène, qui prouve que l'auteur ne manque pas de tirer tout le parti possible de ses moindres personnages ? Je relevai autrefois cette mauvaise ariette dont je viens de parler, et qu'en effet on aurait dû corriger :

Une voix inconnue

Réveille mon âme éperdue.
. . . .
Il renverse, il terrasse ;
Mon tyran perd l'audace, etc.

Mais j'aurais dû ajouter ce que j'aime à répéter ici, que c'est la seule de cette espèce, et il faut avouer encore que c'est un récit, beaucoup plus difficile à mettre en vers de toutes sortes de mesures qu'on ne le croit communément. L'auteur a bien pris sa revanche, et a vaincu la difficulté dans un autre récit, celui qui fait partie d'une des scènes qui terminent le premier acte et qui attestent ce que j'ai annoncé plus haut, que l'*Amant jaloux* offrait des situations crées et caractérisées par la musique. Ce n'est pas que je veuille dire que l'auteur des paroles n'y est pour rien : il a fallu entre le musicien et lui un accord très bien raisonné, qui est un mérite commun à tous les deux. Mais je ne crois pas que jamais la musique ait parcouru si rapidement une succession d'objets divers en situation et en dialogue, et dont elle a si bien marqué les effets par le chant, qu'ils ne peuvent appartenir qu'à elle seule. Songez qu'ici la musique occupe cinq scènes de suite, depuis la douzième jusqu'à la seizième ; que c'est elle qui est chargée d'une explication très difficile entre cinq personnages, qui doit être moitié mensonge, moitié vérité, le tout impromptu ; que l'explication doit être appuyée et terminée par une action, la sortie d'Isabelle hors du cabinet de Léonore : rappelez-vous alors tout ce que produit ce mot, *la voilà*, que chacun des acteurs prononce avec un sentiment différent, et que le musicien différencie dans tous par un accent décidé; et jugez si le coup de théâtre (c'en est bien un) n'appartient pas à la musique. Ce n'est pas tout : la scène change sur-le-champ, et les *hélas!* de Carlos, répétés et prolongés, sont bien encore la partie dominante, la vraie situation dont le contraste se trouve dans ce chant à demi-voix, et ces accompagnements en sourdine :

>Il ne sait plus que dire;
>Il ne s'emporte plus;
>Il gémit, il soupire :
>Ah! qu'il a l'air confus!

Il est de toute impossibilité qu'une pareille scène existe sans la musique; et ajoutez qu'au milieu des plaintes de Carlos, qui ont de l'intérêt, sur-tout par le chant, le comique retrouve toujours sa place dans le rôle de Lopès, quand il dit :

>Qu'elle a de pouvoir sur mon âme!
>Elle n'est pas encore sa femme,
>On le voit bien.

Enfin, ce qui couronne tout, c'est le passage si prompt, et sans secousse ni disparate, d'un morceau tel que celui, *il gémit, il soupire*, à celui-ci, qui est aussi gai que l'autre est triste : *La plaisante aventure!* contrasté encore dans le rôle de Léonore, qui trouve fort *cruel* ce que Lopès et Jacinthe trouvent si plaisant. Encore une fois, sans la musique, vous n'auriez rien de tout cela; et quel chemin vous faites avec elle en si peu de temps, sans qu'il y ait rien

qui vous déroute jamais par la moindre discordance!
Je ne m'érige point du tout en juge de la perfection d'un art dont je n'ai que le sentiment sans en avoir la théorie; mais j'avoue que, dans ce genre de drame, qui admet un mélange de tons aussi convenable ici qu'il est ridicule dans *Tarare*, s'il fallait donner le prix à l'ensemble le plus parfait et le plus étonnant, conçu entre l'auteur et le compositeur, et le plus long-temps soutenu avec autant de variété que de justesse, je me rangerais à l'avis de ceux qui ont assigné cette palme à *l'Amant jaloux*. Je préfère assurément le talent de Favart à celui de d'Hèle, et celui-ci, comme écrivain, le cède à son devancier; mais Favart n'a point eu un Grétry, et graces à tout l'esprit que ce grand artiste a réuni à celui de d'Hèle, *l'Amant jaloux* me paraît jusqu'ici le chef-d'œuvre de l'opéra comique.

Il sera bon de dire un mot du genre de cet ouvrage et de l'espèce de mérite qui en fait le succès. C'est un de ces anciens canevas du théâtre espagnol et italien, de ces imbroglio fondés sur des méprises et des déguisements et qui ont fourni des sujets à nos poètes dramatiques du dernier siècle, lorsque notre littérature naissante prenait encore ses modèles en Espagne et en Italie, avant d'en produire elle-même de meilleurs. Molière lui-même fit ses premières pièces dans ce goût, qui est celui de l'*Étourdi*, du *Dépit amoureux*, de l'*École des maris*, mais fort perfectionné dans cette dernière, où la vraisemblance est mieux observée, et où le comique commence à être fondé sur des caractères. La bonne comédie, quand elle a été connue, a fait tomber dans le discrédit ces sortes de canevas, relégués depuis ce temps sur le théâtre italien. La dernière pièce de ce genre qui eut quelque succès fut celle des *Contre-temps*, de La Grange, jouée en 1736; et c'est de là que M. d'Hèle semble avoir emprunté la sienne, qui a paru nouvelle, parce que celle de La Grange est oubliée, et qu'il a réussi, comme d'anciennes modes reprennent quelquefois faveur. Sans détailler ici toute l'intrigue des *Contre-temps*, qui, en général, est beaucoup plus ingénieuse et plus approfondie que celle des *Fausses apparences*, nous marquerons seulement le point principal par lequel ces deux drames se rapprochent. Dans *les Contre-temps*, Angélique donne un rendez-vous à Valère, son amant, dans l'appartement de Constance, son amie, qui lui en a donné la permission, et qui lui a promis le secret le plus inviolable. Avant qu'on ait pu faire sortir Valère, arrive Damis, amant de Constance, qui vient à bout de se convaincre qu'il y a un homme caché dans le cabinet de sa maîtresse. Constance, forcée de l'avouer, et résolue à ne pas trahir le secret de son amie, imagine plusieurs prétextes plus adroits les uns que les autres, et enfin trouve moyen de faire une histoire si plausible, que Damis revient de ses soupçons, lorsqu'une servante vient dire étourdiment à Constance : *Madame, enfin notre amant est parti*. Ce mot équivoque rallume toute la fureur de Damis, qui ne veut plus rien entendre, et qui même ne croit pas à la vérité lorsqu'on la lui dit, et ne se rend qu'à la vue d'Angélique et de Valère, qui lui expliquent tout se qui s'est passé. On sent qu'il y a de l'intérêt dans la situation de Constance, obligée de tromper son amant pour garder le secret à son amie. M. d'Hèle, en empruntant cette intrigue, l'a fort affaiblie. Chez lui, c'est une Isabelle qui, élevée par un tuteur amoureux, et tirée de ses mains par un officier français nommé Florival se réfugie chez Léonore, son amie et sa voisine, qui la cache dans son cabinet au moment même où Alonze, amant de Léonore, et amant jaloux, vient pour visiter sa maîtresse. Il a entendu du bruit dans ce cabinet, et veut se le faire ouvrir par force, lorsqu'on en voit sortir une femme voilée. Il demande pardon de sa violence, et vient à peine de l'obtenir, et de promettre qu'il ne sera plus jaloux, qu'on entend une guitare sous les fenêtres, et une voix d'homme qui chante Léonore. C'est Florival, devenu amoureux d'Isabelle, à qui une suivante de la maison a fait croire, par méprise, qu'Isabelle se nomme Léonore. Alonze devient plus jaloux que jamais, mais avec beaucoup moins de fondement qu'auparavant. Ici l'imitateur est très au-dessous de l'original : dans les *Contre-temps*, la situation devient plus forte à tout moment, parce que les efforts même que fait Constance pour se justifier n'aboutissent qu'à la faire paraître plus coupable, quand un seul mot d'une suivante vient détruire tous les mensonges qu'elle avait su persuader à son amant ; et c'est avec raison que cet amant devient alors incrédule, même à la vérité. Voilà du comique de situation, et une marche dramatique : ici, au contraire, l'incident de la guitare est infiniment plus faible que celui du cabinet, et l'intérêt diminue au lieu de croître; car n'est-il pas très possible qu'on joue de la guitare sous les fenêtres de Léonore, et même qu'on la chante, sans qu'elle soit coupable? Cependant, sur cet indice si faible, la brouillerie recommence plus forte que jamais : mais pourquoi cet incident produit-il de l'effet au théâtre? Cet effet appartient tout entier à la musique; c'est qu'immédiatement après le duo de raccommodement,

> Léonore est toujours constante ;
> Son Alonze n'est plus jaloux,

ce simple accompagnement de guitare produit un moment de surprise et de silence, suivi d'une reprise très heureuse des dernières mesures de ce même duo, que les deux personnages répètent ironiquement. Rien ne prouve mieux combien, dans le même drame, le chant soutient l'action, quand il est bien placé. Cette scène, dans une comédie, paraîtrait froide et le moyen petit : l'un et l'autre ont réussi dans un opéra comique.

C'est encore la musique qui a servi à excuser une faute de vraisemblance dans le troisième acte. Florival et Alonze, qui se rencontrent tous deux dans le jardin à la même heure, s'apostrophent dans les mêmes termes, et se répondent par le même mot :

ALONZE.

Seigneur, sans trop être indiscret,

> Ne pourrait-on s'instruire
> Du sujet
> Qui vous attire
> En ce séjour ?

FLORIVAL.

> L'amour.

Alonze répète avec surprise ce mot, *l'amour!* et Florival lui fait la même question :

> Seigneur, sans trop être indiscret,
> Ne puis-je aussi m'instruire
> Du sujet
> Qui vous attire
> En ce séjour ?

Et Alonze, à son tour, répond aussi :

> L'amour.

Jusque-là tout va bien; mais un moment après, Lopez, le père de Léonore, arrive au bruit, et dit aussi les mêmes paroles :

> Messieurs, sans trop être indiscret, etc.

Et après lui, la suivante Jacinthe répète, pour la quatrième fois, la même question :

> Messieurs, serait-il indiscret
> De chercher à s'instruire, etc.

Pour le coup, le spectateur peut croire que c'est une gageure, et qu'on s'est donné le mot pour parler dans les mêmes termes, ce qui n'est nullement vraisemblable de personnes qui arrivent successivement, et qui ne se sont pas entendues; mais la musique vient encore au secours de l'auteur. Cette quadruple répétition, cette espèce de rondeau produit un effet plaisant, et la scène fait rire; ôtez le chant, et l'on n'y verra qu'une farce, une charge qu'on ne tolérerait pas à la lecture. Aussi des ouvrages de cette espèce ne sont-ils pas faits pour être vus hors de leur cadre, et de semblables paroles ne peuvent pas être séparées de la musique. Essayez de lire *les Fausses Apparences*, et vous trouverez tous les vers dans le goût de ceux-ci :

>Il renverse, il terrasse :
>Mon tyran perd l'audace,
>Et saisi de terreur
>>Prend la fuite;
>Et moi, sous la conduite
>Du Français généreux,
>Je vole vers ces lieux.

Ce n'est pas qu'on veuille rien ôter à l'auteur du succès d'une pièce dont la représentation est très agréable, ni juger un étranger, quelque naturalisé qu'il soit parmi nous, comme un poète français, lorsque lui-même, sans doute, ne prétend pas à l'être; mais nous devions faire sentir le ridicule de certains journalistes qui, voués jusqu'à l'excès à l'esprit de parti, en répétant jusqu'au dégoût le mot d'*impartialité*, ont affecté de louer ce petit ouvrage avec une exagération offensante pour tous ceux qui ont travaillé dans le même genre, et sur-tout pour ceux qui l'ont perfectionné. On a osé imprimer que *les Fausses Apparences* étaient ce qu'on avait vu de meilleur au Théâtre Italien depuis vingt ans. Sans vouloir parler des autres, il n'est pas difficile de deviner quel est l'écrivain que l'on cherchait sur-tout à rabaisser; et jamais cette assertion n'aurait eu lieu, si l'auteur de *Lucile*, de *Silvain*, de *l'Ami de la Maison*, de *Zémire et Azor*, n'eût été l'objet de l'infatigable haine des admirateurs de M. d'Hèle, accoutumés à ne rien louer et à ne rien blâmer que par de semblables motifs; mais le public, vraiment impartial, et les vrais connaisseurs, n'en regarderont pas moins M. Marmontel comme celui qui a enrichi le Théâtre Italien des productions qu'on aime à y revoir le plus souvent, et qui a donné les meilleurs modèles du style qui convient à ce genre d'ouvrages.

La Harpe, *Cours de Littérature.*

HÉLIODORE, né à Émèse dans la Phénicie, florissait sous le règne de l'empereur Théodose:

Les *Amours de Théagène et de Chariclée* forment le plus ancien monument complet qui nous soit parvenu d'un récit d'aventures supposées, mais vraisemblables, écrites en prose avec art pour le plaisir et l'instruction du lecteur. C'est le premier type du roman d'amour. On sait qu'Héliodore fut évêque de Tricca (aujourd'hui Triccala), ville de Thessalie. Un ancien historien a même raconté que le synode de la province, mécontent de l'ouvrage d'Héliodore, lui enjoignit de le supprimer ou de quitter l'épiscopat, et que l'auteur préféra son livre à son évêché. Le sévère Boileau plaisante sur cette anecdote, dont il fait une application peu généreuse à l'archevêque de Cambrai et à son immortel *Télémaque*. Mais Bayle, et il faut lui en savoir gré, a fort bien réfuté cet ancien conte d'un évêché sacrifié pour un roman. Il a montré que le refus n'avait pas eu lieu, parce que la proposition était impossible, Héliodore n'ayant aucun moyen de supprimer son livre, dont les copies étaient, dès long-temps, répandues dans la Grèce.

Cette apologie s'accorde avec le récit de Socrate, historien ecclésiastique, qui place la composition des *Amours de Théagène et de Chariclée* dans la première jeunesse d'Héliodore.

Au reste, le roman d'Héliodore, bien qu'il soit rempli d'allusions aux croyances mythologiques, est écrit sous l'influence des mœurs nouvelles ; et l'on ne peut douter qu'Héliodore, évêque ou non lorsqu'il le composa, ne fût au moins initié dès-lors dans les idées chrétiennes. On le sent à une sorte de pureté morale qui contraste avec la licence habituelle des fables grecques ; et le style même, suivant la remarque du savant Coray, est empreint des formes de l'éloquence chrétienne, et renferme beaucoup d'expressions familières aux écrivains ecclésiastiques. Ce style est d'ailleurs pur, poli, symétrique ; le langage de l'amour y prend un caractère de délicatesse et de réserve fort rare dans les écrivains de l'antiquité. On conçoit la vive impression que cette lecture avait faite sur l'imagination du plus tendre de nos poètes; de Racine, dans sa première jeunesse, étudiant la langue grecque à Port-Royal. L'élégance des tours avait dû lui plaire; le sujet encore davantage, en lui offrant de nouveaux sentiments qui répondaient à son instinct poétique, et dont les graves lectures qu'il faisait avec ses maîtres ne lui avaient point donné l'idée. Telle était la respectable sollicitude de ces pieux solitaires, que dans les éditions toutes grecques qu'ils confiaient à leurs élèves, ils avaient eu soin d'effacer les moindres passages qui pouvaient blesser la plus parfaite innocence de mœurs : ils étendaient ce soin même aux textes grecs des historiens les plus sévères. Le roman d'Héliodore, surpris dans les mains du jeune Racine, devait être un grand scandale : un premier, un second exemplaire furent jetés au feu; et Racine, pour se mettre à l'abri de ces confiscations, prit le parti d'apprendre par cœur le livre proscrit; sorte de désobéissance qui n'était pas d'un usage facile, et que le sévère Lancelot dut presque lui pardonner *.

Quoiqu'il en soit, il paraît certain que cette première passion tant traversée alla jusqu'à lui inspirer une tragédie, dont le roman d'Héliodore avait fourni le plan, les caractères, et probablement les principales situations. Racine choisit bientôt de meilleurs modèles et des sujets plus dignes du théâtre; mais l'erreur du jeune poète s'explique

---

* *Voyez*, à l'article RACINE, la note de M Le Clerc sur le passage d'*Iphigénie* imité de *Théagène et Chariclée*.   F.

par le fond d'intérêt qui règne dans *Théagène et Chariclée*. « Il avait conçu dès l'enfance, nous dit « Racine le fils, une passion extraordinaire pour « Héliodore; il admirait son style et l'artifice mer- « veilleux avec lequel sa fable est conduite. » Ce dernier éloge doit nous paraître sans doute fort exagéré. La fable d'Héliodore est bien éloignée de la savante intrigue de nos bons romans; des pirates, des combats, des enlèvements, des captivités, des reconnaissances; voilà tous les ressorts de l'ouvrage. Mais ce que l'on doit le plus regretter dans le roman d'Héliodore, c'est qu'il ne fait point connaître un état de la société; et qu'à l'exception de cette lueur d'humanité chrétienne que l'on y voit percer, il n'offre que des mœurs fictives, et ne présente ni un siècle ni un peuple. On ne pourrait indiquer, d'après l'ouvrage, à quelle époque les personnages sont placés. Sous ce rapport, ce roman ressemble beaucoup à nos prolixes romans du dix-septième siècle, où l'on faisait consister l'imagination à ne rien peindre suivant la nature : aussi Héliodore promène long-temps ses personnages dans l'Égypte; mais cette Égypte n'est ni l'ancienne Égypte, ni l'Égypte des Perses, ni celle des Ptolémée, ni celle des Romains. Il met sous nos yeux les fêtes et les assemblées publiques d'Athènes; mais il n'emploie que des traits vagues qui ne montrent ni Athènes libre, ni Athènes conquise. Le roi d'Éthiopie, qui figure dans son ouvrage, ressemble tout-à-fait à ces rois de Perse et d'Arménie, dont mademoiselle Scudery faisait grand usage, et qui n'étaient d'aucun temps ni d'aucun pays. Cette manière d'écrire est une grande perte pour la curiosité du lecteur. De quel prix seraient des ouvrages antiques, où les aventures fictives s'uniraient à la peinture vraie des mœurs de l'état social! Mais la littérature sophistique du Bas-Empire ne s'est point élevée si haut. Héliodore n'est point un Walter-Scott; son livre doit paraître toutefois un monument précieux, je dirai même respectable, comme étant la source la plus ancienne de cet art du roman qui a tant amusé notre Europe moderne.

On ne saurait le lire que dans l'original ou dans la traduction d'Amyot, dont le style un peu diffus est toujours naturel, ingénieux et élégant à sa manière.

Villemain, Essai littéraires sur les Romans grecs.

HELVÉTIUS (Claude-Adrien), né à Paris en 1715; mort dans la même ville, le 26 décembre 1771, à l'âge de cinquante-six ans.

On n'a pu ranger Helvétius parmi les écrivains qui appartiennent à la philosophie, que dans un siècle où l'on a tout confondu, les hommes, les choses, les idées et les mots. Si Condillac est un philosophe, il est impossible qu'Helvétius en soit un. La philosophie n'est que la recherche du vrai, et la méthode nécessaire pour cette recherche est reconnue et avouée depuis qu'Aristote a fait du raisonnement un art, que nous appelons *la logique*. Celui qui en évite ou en néglige les procédés dans les matières spéculatives, où ils sont d'une indispensable nécessité, montre dès lors ou l'ignorance ou la mauvaise foi : il est en métaphysique et en morale ce que serait en physique un homme qui ne tiendrait aucun compte des faits, et substituerait partout les hypothèses à l'expérience. Voyez de quelle manière procèdent Clarke et Fénelon, quand ils démontrent l'existence de Dieu et la spiritualité de l'âme ; Malebranche lui-même, quand, malgré ses erreurs sur la *vision en Dieu*, il explique d'ailleurs si bien les erreurs des sens et de l'imagination ; Du Marsais, quand il développe la métaphysique du langage : tous alors ont écrit en logiciens. Mais si je vois un écrivain qui commence par tout brouiller et tout dénaturer dans un sujet où la précision des termes, l'enchaînement des propositions, l'exactitude des définitions et la rigueur des conséquences sont l'unique moyen, non seulement de se faire entendre aux autres, mais de s'entendre soi-même : si je le vois poser, pour premières bases, des définitions nouvelles de choses depuis long-temps définies, sans jamais prendre la peine de prouver qu'elles l'aient été mal ; établir pour première théorie une suite d'assertions gratuites, qui toutes contredisent des vérités démontrées, sans s'occuper le moins du monde, ni de réfuter ce qu'il rejette, ni de prouver ce qu'il met à la place : alors je reconnais sur-le-champ le sophiste qui a besoin de glisser légèrement sur les principes de peur d'être gêné dans les conséquences, et qui à coup sûr a dans sa tête un système de mensonge ou d'erreur. C'est ce qu'a fait

Helvétius. Il ne lui faut que quelques pages de très mauvaise métaphysique, où il matérialise l'esprit sans prononcer le mot, il est vrai, mais aussi sans prouver la chose, et il part de là pour faire un gros livre dont le seul résultat possible est d'anéantir toute moralité dans les actions humaines. Il convient de s'arrêter sur cet ouvrage, d'autant plus que parmi ceux qui ont marqué en ce genre dans notre littérature de ce siècle, c'est le premier où l'on ait attaqué systématiquement tous les fondements de la morale. Le grossier matérialisme de Lamétrie, éruption d'une perversité folle et brutale, n'avait valu à l'auteur que le mépris public dans sa patrie, et une place de valet bouffon chez un prince étranger, qui trouvait bon d'avoir à ses ordres des valets de toute espèce *. Le livre de l'*Esprit* était autrement écrit : il y avait plus d'art et de réserve. L'immoralité, beaucoup moins prononcée, s'y cachait, tantôt sous l'appareil des formes philosophiques, tantôt sous l'agrément des détails. Les mots de *vertu*, de *probité*, de *remords*, y étaient répétés, mais dénaturés de manière à n'être plus que des mots sans idée. L'ouvrage entier avait un air de singularité piquante, qui excita d'abord plus de curiosité que de scandale, dans un monde plus occupé de s'amuser que de ré-

* On l'appelait *l'athée du roi de Prusse*, qu'il divertissait par ses saillies et par sa gourmandise. Il mourut à Berlin d'indigestion. Voyez les lettres de Voltaire, qui racontent les détails de sa mort, et où il parle de lui avec un mépris fort gai. Diderot, dont le mépris pour Lamétrie n'est pas moindre, mais beaucoup plus sérieux, s'indigne contre lui comme s'il avait compromis la philosophie; et comme il ne pouvait compromettre que celle de Diderot et des athées ses consorts, ce n'est pas là qu'il pouvait y avoir grand mal.

fléchir. Il y obtint une grande vogue, malgré le sérieux du sujet et le poids du format. Déjà dans ce monde frivole le nom de *philosophie*, qui commençait à être de mode, avait introduit les gros livres, qu'on lisait comme des brochures; et les femmes qui avaient sur un pupitre les in-folio de l'*Encyclopédie*, eurent sur leur toilette l'in-4° d'Helvétius. L'auteur avait d'ailleurs tout ce qui pouvait contribuer à faire valoir un ouvrage dont la composition n'était pas sans mérite, une grande fortune, une place à la cour, une considération personnelle et méritée. C'était un homme de mœurs douces, d'une société aimable et d'un caractère bienfaisant; il semblait faire une sorte de contraste avec son livre; et ce contraste, dont tout le monde fut frappé, fait encore demander ce qui a pu engager un homme honnête, un homme d'esprit et de talent, à débiter, avec tant de confiance, une foule de paradoxes où le faux des raisonnements est aussi marqué que l'odieux des conséquences. Il est impossible d'en assigner d'autre cause que cette vaine et malheureuse ambition de célébrité qui s'accorde parfaitement avec ce qu'on nous raconte des premières circonstances qui engagèrent Helvétius dans la carrière des lettres. La vérité des faits ne saurait être suspecte: ils se trouvent dans une préface en forme de mémoires historiques, à la tête d'un ouvrage posthume d'Helvétius, et de la main d'un de ses plus intimes amis, qui n'a écrit que pour célébrer sa mémoire, et dont l'honnêteté est aussi reconnue que ses talents sont recommandables, l'auteur du beau poëme des *Saisons*. C'est lui qui rapporte qu'Helvétius, jeune encore, et amoureux de toutes les jouissances que pouvaient lui procurer son âge, sa figure et ses richesses, remarqua dans un jardin public un homme qui ne paraissait avoir aucun de ces avantages, et qu'un cercle de femmes entourait avec honneur. C'était Maupertuis, qui, revenant d'un voyage au pôle, et s'étant fait quelque nom dans les sciences, avait alors, comme tant d'autres, un moment de faveur publique, et de cette réputation qu'on acquiert et qu'on perd avec la même facilité, quand les moyens ne sont pas au-dessus du médiocre. Helvétius fut frappé de l'éclat et des agréments qu'un savant, un homme de lettres pouvait devoir à sa seule renommée, et dès ce moment il résolut de les obtenir. Il avait jusque-là montré de la facilité pour tout ce qu'il avait voulu entreprendre, et une telle avidité de toutes sortes de succès, qu'il avait dansé une fois au théâtre de l'Opéra sous le masque de Juvilliers, l'un des premiers danseurs de son temps. Cette fantaisie suffisait seule pour caractériser un homme épris des applaudissements plus qu'on ne doit l'être, et plus curieux de gloire que fait pour la choisir ou l'apprécier. Il avait déjà fait quelques vers, qu'il confiait à Voltaire; et celui-ci lui faisait entrevoir, à travers les politesses d'usage, qu'en poésie il n'était pas de force à soutenir les regards du public. Ce jugement, consigné dans les Lettres de Voltaire, a été depuis pleinement confirmé par le public, après l'impression posthume des poésies d'Helvétius. Il se tourna donc vers la philosophie, qui depuis quelques années devenait une mode, et qui bientôt après, à la naissance de l'*Encyclopédie*, devint une secte et un parti. Il fut lié avec les chefs, et particulièrement avec Diderot. On en a inféré très légèrement, sur-tout au moment de la publication de l'*Esprit*, qu'il était en grande partie l'ouvrage de Diderot : ce bruit était sans fondement et sans vraisemblance. Il est très possible sans doute (et même je le croirais volontiers) que l'auteur ait emprunté sa *philosophie* des conversations de Diderot. Comme elle aboutit de tous côtés au matérialisme, il est très probable que le fond en a été fourni à un homme du monde, naturellement peu exercé sur ces matières, par un savant de profession, un maître d'athéisme, qui ne demandait pas mieux que de faire des élèves. Mais d'ailleurs on voit très clairement que l'auteur du livre de l'*Esprit* a conçu et écrit son système, dont toutes les parties se tiennent, quoique le tout ne tienne à rien. Sa composition n'a aucun rapport avec la manière de Diderot, manière très reconnaissable, beaucoup plus à ses défauts qu'à son mérite, quoiqu'il y ait de l'un et de l'autre. La diction d'Helvétius est en général correcte et pure; mais son style n'a point de caractère marqué. Il a quelquefois de l'éclat, jamais de force ni de chaleur, et en cela son style s'accorde avec sa doctrine, qui n'admet de sensibilité que celle qui est purement matérielle. On s'aperçoit en le lisant, que son imagination ne se passionne que pour les idées brillantes et voluptueuses, et rien n'est moins analogue à l'esprit philosophique.

Cette imagination a colorié plusieurs morceaux de ses ouvrages, et y répand de temps en temps une teinte orientale qui tient beaucoup plus à son goût particulier qu'aux convenances du sujet. Aussi son élégance n'est-elle pas toujours celle qui convient aux objets qu'il traite. Souvent elle devient trop poétiquement figurée, et forme une disparate tranchante avec la simplicité didactique. Il ne connait point cette insensible gradation de lumière et de couleurs dont parle si bien Condillac, et d'où naît cette harmonie de tons qui doit régner dans le style comme dans un tableau. On sent trop que l'auteur, qui toute sa vie avait fait des vers, et n'avait jamais réussi à en faire bien, cède à la tentation facile d'être poète en prose, sorte de prétention qui commençait à devenir aussi une mode et un système ; car, dans les choses d'esprit, toute espèce de travers a été érigée en doctrine, et c'est ce qui doit arriver chez un peuple vain qui veut être philosophe. Quelquefois aussi, vous voyez Helvétius prendre le ton d'un orateur ; et il est vrai que, dans les matières philosophiques, qui embrassent tout, un génie heureux peut emprunter quelque chose du genre oratoire, et même de la poésie : de grands exemples l'ont prouvé ; mais le succès dépend du choix, du discernement et de la mesure. Tous les genres se touchent par quelque endroit : tous peuvent s'enrichir les uns des autres ; mais autant il est difficile et beau de démêler le point où ils s'avoisinent et de les rapprocher sans affectation et sans effort, autant il est aisé de les confondre et de les amalgamer de manière que tout soit hors de sa place, et par conséquent de peu d'effet.

. . . .
. . . .

Il est plus aisé de faire comprendre l'espèce de fortune qu'a pu faire un aussi mauvais ouvrage que le sien, et la réputation qu'il lui a value : c'est par où je dois finir. Premièrement, l'auteur avait beaucoup de titres à l'indulgence, et même à la faveur : c'était un homme du monde; ce qui signifiait beaucoup alors, et le séparait de la classe des gens de lettres, pour qui seuls la sévérité était plus ou moins de règle et d'usage. Son nom, son état, et ses entours lui assuraient beaucoup de lecteurs, particulièrement de ceux qui se connaissaient le moins aux matières qu'il avait traitées*. Ensuite la partie purement philosophique, celle qui tient le moins de place dans son livre, avait là fort peu de juges, quoique tout le monde en parlât; et généralement fort peu de lecteurs se souciaient qu'il eût tort ou raison dans sa métaphysique, ou s'occupaient beaucoup de la comprendre. Ce qui était attrayant pour tout le monde,

---

* C'était en 1758 : j'étais alors en philosophie, et pourtant déjà un peu répandu dans le monde, où j'avais toute liberté d'aller tous les jours. Je me rappelle mon étonnement de ce gros *in-quarto* broché en bleu, que je crois voir encore au milieu de la poudre des toilettes, sous la main des jeunes femmes qui en étaient d'autant plus enchantées, qu'il n'y avait peut-être pas un seul mot dans tout ce fatras métaphysique qu'elles fussent à portée d'entendre, excepté celui de *sensibilité physique*, qui faisait passer tout le reste. On ne parlait pas d'autre chose, car c'était la chose du jour : et comme ce n'était pas trop celle de mon âge ni de mon goût, je ne me faisais pas à retrouver dans ce monde-là précisément les matières que nous traitions en classe, et encore moins à la manière dont ce monde-là les traitait.

c'était la nouveauté des paradoxes, genre de séduction très puissant sur les esprit français; et comme il appliquait ces paradoxes à tous les objets d'une morale usuelle et d'une pratique de tous les jours, la plupart des lecteurs, sans s'embarrasser des principes, intelligibles ou non, étaient frappés des conséquences, qui n'étaient que trop claires, et d'autant plus avidement saisies, qu'elles flattaient toutes les passions, dépréciaient toutes les vertus, et fournissaient des excuses à tous les vices. Aussi puis-je affirmer dès ce moment ce que l'examen de tous les *philosophes* de la même espèce mettra dans le plus grand jour, qu'à dater d'Helvétius, le premier moyen et le plus puissant qu'ils aient employé pour avoir beaucoup de lecteurs et faire beaucoup de prosélytes, a été de mettre toutes les passions de l'homme dans les intérêts de leur doctrine. Telle est la base de tous leurs systèmes, l'esprit général de leur secte, et le principe de leur succès. Il n'est pas fort honorable; mais avec un peu d'art il est à peu près infaillible, au moins pour un temps, et rien n'est plus facile que de consacrer en théorie une corruption déjà passée en mode.

D'autres circonstances augmentèrent la vogue du livre de l'*Esprit*; et empêchèrent même qu'on ne la traversât. La magistrature et l'Église prirent l'alarme; l'auteur fut dénoncé juridiquement, censuré par toutes les autorités civiles et ecclésiastiques, et, pour le sauver des poursuites, qui devenaient sérieuses, les amis de l'auteur obtinrent, par le crédit du ministère, que l'on se contenterait d'une rétractation solennelle : l'auteur la donna. J'oserais blâmer également, et les magistrats qui l'exigèrent, et l'auteur qui s'y soumit. Je n'examine pas ici quelle espèce d'animadversion le gouvernement, quel qu'il soit, peut et doit exercer contre les auteurs dont les écrits attaquent les fondements de l'ordre social et propagent des doctrines perverses*; mais, si le châtiment est nécessaire pour l'exemple, une rétractation qui en exempte le coupable est de nulle valeur, précisément parce qu'elle est nécessitée, et qu'aucun pouvoir temporel ne peut agir sur l'opinion intérieure. On sent bien que je ne raisonne ici qu'en politique humaine ; et la rétractation ordonnée par la puissance apostolique, et si édifiante dans un Fénelon qui s'y soumet, n'a rien de commun avec celle que le parlement de Paris imposait à Helvétius. L'Église, pour tout chrétien, parle au nom du Dieu qui l'a fondée et qui l'inspire, et sa juridiction toute spirituelle ne s'exerce que sur le dogme et la discipline, elle ne s'adresse qu'à ceux qui la reconnaissent, elle peut donc défendre à ses ministres, à ses enfants, de professer une autre doctrine que la sienne, sous peine d'être rejetés de son sein : rien n'est plus légitime ni plus conséquent. Mais aucun tribunal séculier ne peut rien gagner à dire à un écrivain : Avouez que votre philosophie ne vaut rien ; et retractez-la, si vous ne voulez pas être puni. Il est trop clair qu'un pareil désaveu n'est rien, s'il n'est pas pleinement volontaire : ce doit être celui de la raison convaincue

---

* *Voyez* sur ce point l'*Apologie*, liv. III.

et de la conscience éclairée. Tout au contraire, on ne vit dans celui d'Helvétius que la contrainte et la violence; et les philosophes ne manquèrent pas, dans leur langage accoutumé, d'appeler *persécution* ce qui n'était réellement qu'une condescendance fort mal entendue. Dès lors on fut plus porté à le justifier, et l'on se fit un scrupule de le combattre. Rousseau, entre autres, refusa d'écrire contre lui; et ce refus, délicat dans ses motifs, lui fait d'autant plus d'honneur *, qu'il laisse voir assez dans ses ouvrages son aversion pour ce qu'il appelle ces *désolantes doctrines*, qui en effet ne pouvaient que *désoler* l'homme de bien, plein de la dignité de sa nature et de ses devoirs, et qui, bientôt devenues le catéchisme de l'ignorance armée, ont fini par *désoler* la terre.

Le matérialisme et l'athéisme n'entraient nullement dans les erreurs de Rousseau : les siennes ont été d'un autre genre, et non pas moins pernicieuses. Il semble que la philosophie moderne ait pris à tâche de réunir toutes les extravagances dont l'esprit humain était capable : aussi, par une conséquence nécessaire, la révolution qu'elle a opérée de nos jours a réuni tous les crimes et tous les maux dont la nature humaine était susceptible.

Rousseau, dans ses lettres, parle d'ailleurs avec de grands éloges du style d'Helvétius; il lui trouve

* Observez que je n'approuve ici la conduite de Rousseau que comme de philosophe à philosophe : s'il eût été chrétien, je dis vraiment chrétien en réalité, et non pas seulement de nom, c'eût été pour lui un devoir de combattre l'erreur sans attaquer l'homme, car la défense de la vérité n'a rien de contraire à la charité.

une plume d'or. C'est beaucoup, et de semblables exagérations ne prouvent pas le goût de Rousseau. Celui de Voltaire était beaucoup plus éclairé et plus sévère, mais quelquefois trop, et il n'estimait pas plus dans Helvétius l'écrivain que le philosophe : il y a pourtant quelque différence. Cette opinion de Voltaire perce même dans ses écrits, malgré les ménagements qu'il accordait à ses anciennes liaisons avec l'auteur de l'*Esprit*. Il se gênait beaucoup moins dans la société, et j'ai vu sur les marges du livre la censure exprimée souvent avec le ton du plus grand mépris. Il dut sentir mieux que personne les défauts de l'écrivain; mais il entrait aussi dans son jugement un peu de cette humeur qui ferme les yeux sur le mérite. Il était blessé qu'Helvétius l'eût mis sur la même ligne avec Crébillon : juger ainsi, montrait trop peu de tact dans Helvétius; et s'en souvenir ainsi, trop de petitesse dans Voltaire. On a vu, dans le commencement de cet article, que l'auteur de l'*Esprit* ne me paraissait point méprisable comme écrivain; mais je ne suis pas moins éloigné de ceux qui ont voulu en faire un écrivain supérieur. Un esprit généralement superficiel et faux ne peut être supérieur en aucun genre; et si le sophiste Helvétius ne peut avoir aucun rang dans la classe des vrais philosophes, il n'a rien non plus qui lui en donne un particulier parmi les écrivains de la seconde classe, qui sera toujours la sienne.

 « Son livre ne laissa pas de trouver, dans sa nouveauté, des contradicteurs, qui réfutèrent sa métaphysique erronée et sa morale illusoire; mais leurs écrits ne furent que des brochures éphémères, que le seul mérite d'avoir raison dans des matières abstraites ne pouvait pas soutenir comme le livre se soutenait par l'agrément des détails et le piquant des paradoxes. Les censures passèrent, et il resta comme ouvrage agréable, bien plus que comme ouvrage philosophique, et plus lu en France qu'estimé des étrangers, qui ont toujours fait plus de cas du bon sens que les Français. A la mort de l'auteur, la secte des athées, qui se renforçait tous les jours, affecta de lui prodiguer tous les honneurs d'usage, et d'en faire un des saints de la philosophie. Mais ce fut à l'époque où la révolution légalisa l'impiété que l'on se servit avec plus d'éclat du nom d'Helvétius, qui devint alors *un sage révolutionnaire*, au même moment où tous les grands hommes de la France furent déclarés *fanatiques*.

LA HARPE, *Cours de Littérature*.

HÉNAULT (CHARLES-JEAN-FRANÇOIS), membre de l'Académie française, de celle des inscriptions et belles-lettres, président aux enquêtes du parlement et surintendant des finances de la maison de la reine, naquit à Paris, le 8 février 1685, et mourut dans cette ville en 1770.

Il débuta dans la carrière littéraire par un poème intitulé *l'Homme inutile*, qui lui valut le prix de l'Académie française en 1707, et publia ensuite *François II*, tragédie historique en prose; *Le Réveil d'Épiménide*, comédie, et d'autres pièces qui ob-

tinrent quelque succès ; mais son plus beau titre de gloire est sans contredit son *Abrégé Chronologique de l'Histoire de France*, qui parut en 1768 2 vol. in-4°, et en 2 et 3 vol. in-8°. « Resserrer dans
« l'espace d'un ou de deux volumes les sommaires de
« notre histoire, puisés dans les monuments ori-
« ginaux, dit M. Walckenaër ; présenter en quel-
« ques mots, les résultats de longues recherches et
« de discussions approfondies sur les points im-
« portants du droit public; éclairer, souvent par
« une seule phrase, des doutes historiques qui on
« demandé un long examen ; surprendre agréable-
« ment son lecteur par des réflexions courtes et
« justes, qui le forcent à s'arrêter et à réfléchir ; faire
« ressortir, par un trait rapide ou par une remar-
« que ingénieuse, les mœurs particulières de cha-
« que siècle, et les caractères des principaux per-
« sonnages ; offrir, des plus illustres d'entre eux,
« des portraits quelquefois dessinés avec vigueur,
« et toujours avec élégance et précision; choisir
« avec un jugement exquis, parmi cette multitude
« de faits dont se compose l'histoire, les plus im-
« portants à connaître et à retenir; les ranger dans
« un ordre chronologique, disposer avec clarté, en
« tableaux synchroniques, les noms et les dates,
« de manière à les rendre plus faciles à consulter et
« à rappeler ; tels sont les divers genres de mérite
« de cet abrégé. Ils suffisent sans doute pour en
« justifier le succès : mais on doit dire aussi que ce
« livre aujourd'hui trop peu lu, trop déprécié, a
« été d'abord beaucoup trop loué. »

L'*Abrégé Chronologique* eut huit éditions du vivant de l'auteur, et a été souvent réimprimé depuis sa mort. L'abbé Fantin-des-Odoarts en a donné une continuation, où l'on ne trouve ni les connaissances, ni le jugement, ni le goût de son modèle.

Le président Hénault est connu encore par quelques *poésies fugitives* qui respirent les graces. On peut en juger par le quatrain que nous allons citer. Un jour la reine entra chez une duchesse au moment où celle-ci écrivait au président et mit au bas du billet : « Devinez la main qui vous souhaite ce « petit bon jour ». Le président ajouta à sa réponse les vers suivants :

>   Ces mots tracés par une main divine
>   Ne m'ont causé que trouble et qu'embarras;
>   C'est trop oser si mon cœur les devine;
>   C'est être ingrat s'il ne devine pas.

On trouve une notice sur la vie du président Hénault à la tête du recueil de ses *OEuvres inédites*, Paris, 1806, in-8°.

MORCEAUX CHOISIS.

I. Le Siècle d'Auguste et le siècle de Louis XIV.

On a remarqué, avec raison, que les règnes d'Auguste et de Louis XIV se ressemblaient par le concours des grands hommes de tous les genres qui ont illustré leurs règnes. Mais on ne doit pas croire que ce soit l'effet seul du hasard; et si ces deux règnes ont de grands rapports, c'est qu'ils ont été accompagnés à peu près des mêmes circonstances. Ces deux princes sortaient des guerres civiles, de ce temps où les peuples toujours armés, nourris sans cesse au milieu des périls, entêtés des plus hardis desseins, ne voient rien où ils ne puissent atteindre, de ce temps où les évènements heureux et malheureux mille fois répétés, étendent les idées, fortifient l'âme à force d'épreuves, augmentent son ressort, et lui donnent ce désir de gloire qui ne manque jamais de produire de grandes choses.

Voilà comme Auguste et Louis XIV trouvèrent le monde. César s'en était rendu le maître, et avait devancé Auguste; Henri IV avait conquis son propre royaume, et fut l'aïeul de Louis XIV. Même fermentation dans les esprits; les peuples, de part et d'autre, n'avaient été pour la plupart que des soldats, et les capitaines, des héros. A tant d'agitation, à tant de troubles intestins, succède le calme que produit l'autorité réunie. Les prétentions des républicains et les folles entreprises des séditieux détruites laissent le pouvoir entre les mains d'un seul; et ces deux princes, devenus les maîtres (quoiqu'à des titres bien différents), n'ont plus à s'occuper qu'à rendre utile à leurs États cette même chaleur qui jusqu'alors n'avait servi qu'au malheur public. Leur génie et leur caractère particulier se ressemblaient encore par là, ainsi que leurs siècles.

L'ambition et l'ardeur de la gloire avaient été égales entre eux : héros sans être téméraires, entreprenants sans être aventuriers, tous deux avaient été exposés aux orages de la guerre civile; tous deux avaient commandé leurs armées en personne; l'un et l'autre avaient su vaincre et pardonner. La paix les trouva encore semblables par un certain air de grandeur, par leur magnificence et leur libéralité. Chacun d'eux possédait ce goût naturel, cet instinct heureux qui sert à démêler les hommes. Leurs ministres pensaient comme eux, et Mécène protégeait auprès d'Auguste, ainsi que Colbert auprès de Louis XIV, tout ce que Rome et la France avaient de génies distingués. Enfin, le hasard les ayant fait naître l'un et l'autre dans le même mois, tous deux moururent presque au même âge; et ce qui contribue à rendre ces règnes célèbres, aucuns princes ne régnèrent si long-temps.

Par combien de moyens il fallait que la nature préparât deux siècles si beaux! Le même fonds qui avait produit des hommes illustres dans la guerre, produisit des génies sublimes dans les lettres, dans les arts et dans les sciences : l'émulation prit la place de la révolte; les esprits, accoutumés à l'indépendance, ne la cherchèrent plus que dans les vues saines de la philosophie. Il n'était plus question d'entreprendre sur ses pareils, il fallut s'en faire admirer; la supériorité acquise par les armes fut remplacée par celle que donnent les talents de l'esprit; en un mot, les mêmes circonstances réunies donnèrent à l'univers les règnes d'Auguste et de Louis XIV.

II. Portrait du cardinal de Retz.

Voyez RETZ.

HERDER (JEAN-GODEFROI DE), l'un des écrivains les plus distingués de l'Allemagne, naquit à Mohrungen, petite ville de la Prusse orientale, le 25 août 1744, d'une famille pauvre et obscure, qui, loin de favoriser ses heureuses dispositions à l'étude, fit au contraire tous ses efforts pour le laisser dans l'ignorance ; mais l'instinct du génie le fit triompher de tous les obstacles. Dès sa plus tendre jeunesse, il allait se cacher sur le haut d'un arbre pour dévorer les livres qu'il pouvait se procurer à l'insu de son père, et c'était dans ces lectures furtives qu'il faisait consister tous ses plaisirs. Bientôt il eut le bonheur de rencontrer dans un prédicateur, auquel il fut d'abord attaché en qualité de copiste, un instituteur éclairé qui lui fit faire des progrès rapides dans l'étude des langues grecque et latine, et le mit en état de paraître dans le monde avec distinction.

Au sortir des mains de son généreux maître, Herder se rendit à Kœnigsberg, embrassa l'état ecclésiastique, et s'attacha avec une inconcevable ardeur à toutes les branches des connaissances humaines. Il avait à peine dix-neuf ans lorsqu'il commença à se faire connaître par son *Chant à Cyrus*, composé à l'occasion du rappel de quelques illustres exilés de Sibérie. Les succès qu'il obtint ensuite comme prédicateur, et divers fragments qu'il publia, achevèrent d'établir sa réputation.

En 1770, il fut nommé, par le comte Guillaume de Schaumbourg-Lippe, prédicateur de la cour, surintendant et conseiller consistorial à Buckebourg. Ce fut alors que son génie prit un nouvel essor, et

qu'il se plaça au premier rang des écrivains de l'Allemagne par ses travaux sur la théologie, l'histoire et la littérature. Il s'était beaucoup occupé de l'antiquité en général et des langues orientales en particulier. « Son livre intitulé *la Philosophie de l'his-*
« *toire* est peut-être, dit madame de Staël, le livre
« allemand écrit avec le plus de charme. On n'y
« trouve pas la même profondeur d'observations
« politiques que dans l'ouvrage de Montesquieu
« *sur les Causes de la Grandeur et de la Décadence*
« *des Romains;* mais comme Herder s'attachait à
« pénétrer le génie des temps les plus reculés,
« peut-être que la qualité qu'il possédait au su-
« prême degré, l'imagination, servait mieux que
« tout autre à les faire connaître. Il faut ce flam-
« beau pour marcher dans les ténèbres : c'est une
« lecture délicieuse que les divers chapitres de
« Herder sur Persépolis et Babylone, sur les Hé-
« breux et sur les Égyptiens; il semble qu'on se pro-
« mène au milieu de l'ancien monde avec un poète
« historien qui touche les ruines de sa baguette, et
« reconstruit à nos yeux les édifices abattus.

« On exige en Allemagne, même des hommes du
« plus grand talent, une instruction si étendue, que
« des critiques ont accusé Herder de n'avoir pas
« une érudition assez approfondie. Mais ce qui
« nous frapperait, au contraire, c'est la variété de
« ses connaissances; toutes les langues lui étaient
« connues, et celui de tous ses ouvrages où l'on re-
« connaît le plus jusqu'à quel point il portait le tact
« des nations étrangères, c'est son *Essai sur la poésie*

« *hébraïque*. Jamais on n'a mieux exprimé le génie
« d'un peuple prophète, pour qui l'inspiration poé-
« tique était un rapport intime avec la Divinité. La
« vie errante de ce peuple, ses mœurs, les pensées
« dont il était capable, les images qui lui étaient
« habituelles sont indiquées par Herder avec une
« étonnante sagacité. »

Nommé en 1775, surintendant général et conseiller consistorial, en même temps que prédicateur de la cour du duc de Saxe-Weimar, Herder
manifesta son zèle pour l'instruction publique,
non seulement en formant divers établissements
utiles, mais encore en s'occupant avec un soin extrême de toutes les parties de l'enseignement. Il fut
nommé vice-président du consistoire et supérieur
ecclésiastique en 1789, et, l'année suivante, l'élec-
teur de Bavière lui envoya des lettres de noblesse
pour lui et sa postérité.

Herder mourut le 18 décembre 1803, environné
de toute la considération due à ses vertus et à ses
talents. Au moment de sa mort, il traçait une hymne
à Dieu : il ne put l'achever, et l'on trouva sa plume
à côté du vers où elle était interrompue. Cette
pièce a été insérée avec la traduction française dans
les *Archives littéraires*, Paris, 1804, t. II, p. 28.

La plupart des ouvrages de Herder eurent plusieurs éditions de son vivant. Heyne, Jean et George
de Müller ont donné la collection choisie de ses
œuvres, Tubingue, 1805, et années suivantes.
Cette collection, formant 28 vol. in-8°, est divisée
en trois parties principales; la première comprend

celles de ses productions, qui sont relatives à la littérature et aux beaux-arts; la seconde, contient ses œuvres de philosophie et d'histoire, et la troisième, ses écrits sur la religion et la théologie.

HÉRODIEN, historien grec, vécut au IIIe siècle de notre ère. On ne sait de la vie d'Hérodien autre chose, sinon qu'il était d'Alexandrie, fils d'un rhéteur nommé Apollonius le *Dyscole* ou le difficile, et qu'il suivit la profession de son père. Il est fort connu par les huit livres qu'il nous a donnés de l'*Histoire des empereurs*, depuis la mort de Marc-Aurèle jusqu'à celle de Maxime et de Balbin. Il nous assure lui-même que l'histoire de ces soixante années est celle de son temps et de ce qu'il a vu. Il avait été employé en divers ministères de la cour et de la police, ce qui lui avait donné moyen de prendre part à plusieurs des évènements qu'il rapporte.

Pour son histoire, Photius en fait un jugement fort avantageux; car il dit que son style est clair, élevé, agréable; que sa diction est sage et tempérée, tenant le milieu entre l'élégance affectée de ceux qui dédaignent les beautés simples et naturelles, et le discours bas, sans vigueur, de ceux qui se font honneur d'ignorer ou de mépriser toutes les délicatesses de l'art; qu'il ne recherche point un faux agrément par des discours inutiles, et qu'il n'omet rien de nécessaire; qu'en un mot il le cède à peu d'auteurs dans toutes les beautés de l'histoire.

ROLLIN, *Histoire ancienne*.

HÉRODOTE était d'Halicarnasse, ville de Carie. Il naquit selon Suidas l'an du monde 3520, (484 avant J.-C.) l'année même que mourut Artémise, reine de Carie, et quatre ans avant la descente de Xercès dans la Grèce. Voyant sa patrie opprimée sous la tyrannie de Lygdamis, petit-fils d'Artémise, il la quitta pour se retirer dans l'île de Samos, où il apprit à fond le dialecte ionique.

C'est dans ce dialecte qu'il a composé son histoire renfermée en neuf livres. Il la commence à Cyrus, selon lui, premier roi des Perses, et la conduit jusqu'à la bataille de Mycale, qui se donna la huitième année de Xercès; ce qui comprend l'espace de six-vingt ans, sous quatre rois de Perse, Cyrus, Cambyse, Darius, Xercès, depuis l'année du monde 3405, jusqu'en 3514. Outre l'histoire des Grecs et des Perses, qui est son principal objet, il en traite plusieurs par digression, comme celle des Égyptiens, qui occupe le second livre. Il cite dans l'ouvrage que nous avons, ses histoires des Assyriens et des Arabes, qu'il avait écrites; mais il ne nous en reste rien, et l'on doute s'il les avait achevées parce qu'aucun auteur n'en fait mention. On ne croit pas que la vie d'Homère attribuée à Hérodote soit de lui.

Hérodote, pour se faire connaître en même temps à toute la Grèce, choisit le temps qu'elle était assemblée aux jeux olympiques; et il y fit la lecture de son histoire qui fut reçue avec des applaudissements extraordinaires. On croyait entendre parler les Muses, tant le style dans lequel elle est écrite, parut doux et coulant; et c'est ce qui fit qu'on donna pour lors aux neuf livres qui la composent, les noms des neuf Muses.

Il paraît qu'il accorda une lecture particulière de son ouvrage à la ville d'Athènes qui méritait bien cette distinction : ce fut à la fête des Panathénées. Il est facile de juger combien une histoire composée avec tant d'art et d'éloquence dut plaire à des oreilles aussi fines et aussi délicates que celles des Athéniens, et à des esprits aussi curieux, et d'un aussi bon goût.

On peut croire que ce fut à cette assemblée, plutôt qu'à celle des jeux olympiques, que Thucydide, âgé peut-être tout au plus de quinze ans, fut tellement frappé de la beauté de cette histoire, qu'il entra dans une espèce de transport et d'enthousiasme, et versa des larmes de joie avec abondance. Hérodote s'en aperçut et en fit des compliments au père du jeune homme nommé Olore, et l'exhorta fortement à prendre un soin particulier de ce fils, qui montrait déjà un goût si marqué pour les belles lettres, et qui pourrait un jour faire honneur à la Grèce. Les grands hommes ne peuvent être trop attentifs à encourager par quelques louanges, des jeunes gens en qui ils aperçoivent des talents et de la bonne volonté. C'est peut-être à ce petit mot d'Hérodote, que nous devons l'admirable histoire de Thucydide.

J'ai supposé que Thucydide pouvait avoir quinze ans lorsqu'il assista à la lecture qu'Hérodote fit de son histoire à Athènes. Suidas dit qu'il était encore enfant, ou plutôt encore jeune. Or, comme il n'était, né que treize ans après Hérodote, Hérodote lui-même n'en avait donc alors que vingt-huit, ce qui ajoute beaucoup au mérite de cet auteur, d'avoir à cet âge, composé un ouvrage si estimable.

Hérodote, comblé de gloire, songea à retourner dans sa patrie : c'est où le cœur nous rappelle toujours. Quand il fut arrivé, il exhorta ses compatriotes à chasser le tyran qui les opprimait, et à se remettre en possession de la liberté, plus chère aux Grecs que la vie même. Ses exhortations eurent tout le succès qu'il en pouvait attendre, mais ne furent payées à son égard, que d'ingratitude, par l'envie qu'une si glorieuse et si heureuse entreprise lui attira. Obligé de quitter une patrie ingrate, il crut devoir profiter d'une conjoncture favorable qui se présenta fort à propos. C'était une colonie que les Athéniens envoyaient à Thurium, dans la partie de l'Italie appelée la grande Grèce, pour repeupler et rétablir cette ville. Il se joignit à la colonie, alla s'établir avec elle à Thurium, et y finit ses jours.

ROLLIN, *Histoire ancienne.*

JUGEMENTS.

I.

L'histoire, dans les premiers temps, paraît n'avoir été confiée qu'à la poésie, qui parlait à l'imagination et se gravait dans la mémoire, ou aux monuments publics, qui semblaient propres à perpétuer le souvenir des grands évènements. On les déposait sur l'airain, sur la pierre, sur les statues, sur les tombeaux, sur les médailles; et c'est ce qui fait que ces dernières, dont un grand nombre a échappé aux ravages du temps, sont devenues un objet de recherche pour les curieux d'antiquités, et ont servi souvent à éclaircir ou à constater les faits et les époques des siècles les plus reculés. L'ouvrage le plus anciennement rédigé en forme d'histoire, que la littérature grecque nous ait transmis (car il n'est ici question ni des livres sacrés, ni des écrivains orientaux), est celui d'Hérodote, nommé par cette raison *le Père de l'histoire.*

C'est à lui que l'on doit le peu que nous connaissons des anciennes dynasties des Mèdes, des Perses, des Phéniciens, des Lydiens, des Grecs, des Égyptiens, des Scythes. Il vivait environ cinq siècles avant l'ère chrétienne, et avait voyagé dans l'Asie mineure, dans la Grèce et dans l'Égypte. Les noms des neuf Muses, donnés par ses contemporains aux neuf livres qui composent son histoire, sont un témoignage de l'estime qu'en faisaient les Grecs, à qui l'auteur en fit lecture dans l'assemblée des jeux olympiques; et cet honneur qu'on lui rendit doit aussi leur donner un caractère d'autorité, non qu'il faille en conclure que tous les faits qu'il rapporte sont incontestables; puisque nos histoires modernes ne sont pas elles-mêmes à l'abri de la critique, à plus forte raison ce qui n'est fondé que sur des traditions si éloignées est-il soumis à la discussion, et susceptible de laisser des doutes. D'ailleurs, le goût si connu des Grecs pour le merveilleux et pour les fables, goût qui leur a été si souvent reproché par les écrivains latins, peut rendre suspecte leur véracité. Mais aussi on est tombé dans un autre excès en rejetant trop légèrement tout ce qui ne nous a pas paru conforme à des règles de vraisemblance qu'il n'est pas possible de déterminer d'une manière bien positive; car dans l'histoire comme dans le drame,

Le vrai peut quelquefois n'être pas vraisemblable.

Nous sommes trop portés à régler la mesure des probabilités sur celles de nos idées communes et de nos connaissances imparfaites. La distance des temps et des lieux, et la diversité des religions, des mœurs, des coutumes et des préjugés, ont placé les anciens et les modernes à un si grand éloignement les uns des autres, que les derniers ne doivent prononcer qu'avec beaucoup de précaution quand il s'agit de se rendre juges de ce que les premiers ont pu faire ou penser. L'expérience doit ici, comme en tout, servir de leçon : plus d'une fois elle a démontré réel ce qui ne semblait pas croyable; et en dernier lieu des voyageurs très instruits ont vérifié sur les lieux ce qu'Hérodote avait écrit de l'Égypte, et ce qu'on avait regardé comme fabuleux. Il peut y avoir autant d'ignorance à tout rejeter qu'à tout croire, et la différence alors n'est que de la simplicité à la présomption. Il faut se défier également de toutes deux : celui qui sait beaucoup doute souvent, et le doute conduit à l'examen et à l'instruction; celui qui sait peu est prompt à nier, et manque l'occasion de s'instruire. Au reste, cet examen n'est pas de mon sujet, et je dois surtout considérer les historiens comme écrivains et hommes de lettres. Je ne puis donc offrir qu'un aperçu très rapide sur ceux des historiens de la Grèce et de Rome que le suffrage de tous les siècles a mis au nombre des auteurs classiques.

La Harpe, *Cours de Littérature.*

II.

Grand imitateur d'Homère, Hérodote adopta la forme épique, en transportant tout d'un coup ses lecteurs au règne de Crésus, et en enchaînant les faits à une action principale, la lutte des Grecs contre les barbares, dont la défaite de Xercès est le dénouement. Cette idée était belle et hardie : il l'exécuta avec autant d'habileté que de succès. Géographie, mœurs, usages, religion, histoire des peuples connus, tout fut enchâssé dans cet heureux cadre. Il arracha, en quelque sorte, le voile qui couvrait l'univers aux yeux des Grecs, trop prévenus en leur faveur pour chercher à connaître les autres nations. Aux beautés de l'ordonnance, Hérodote joignit les charmes inimitables de la diction et du coloris. Ses tableaux sont animés et pleins de cette douceur qui le distingue éminemment ; mais elle a quelquefois une teinte mélancolique que lui donne le spectacle des calamités humaines.

Ses digressions sont des épisodes toujours variés, plus ou moins attachés au sujet principal, sans lui être jamais étrangères. Que de naïveté, de graces, de clarté, d'éloquence, et même d'élévation, n'a pas cet écrivain inimitable ! Enfin il chante plutôt qu'il ne raconte, tant son style a d'harmonie et de ressemblance avec la poésie.

DE SAINTE-CROIX, *Examen critique des historiens d'Alexandre.*

III. Parallèle d'Hérodote et de Thucydide.

Denys d'Halicarnasse, excellent historien et critique, dans une lettre adressée au grand Pompée, compare ensemble Hérodote et Thucydide, les deux historiens grecs les plus estimés, et marque le jugement qu'il en porte, tant pour le fond de l'histoire même, que pour le style qui y est employé. Je rapporterai ici les principaux traits de cette petite dissertation. Il faut se souvenir que notre critique était d'Halicarnasse, aussi bien qu'Hérodote, ce qui pourrait le faire soupçonner peut-être de quelque partialité en faveur de son compatriote.

I. *Examen du fond de l'histoire.*

Premièrement, le devoir essentiel d'un écrivain qui compose une histoire pour transmettre à la postérité la connaissance et le souvenir des actions passées, est, ce semble, de choisir une matière grande, noble, intéressante, qui puisse, par la variété et l'importance des faits, rendre le lecteur attentif, et le tenir toujours comme en suspens et en haleine; enfin qui l'attache et lui cause un agréable plaisir par la nature même des évènements, et par l'heureux succès qui les termine.

On peut dire qu'Hérodote, en ce point, l'emporte de beaucoup sans contredit, sur Thucydide. Le choix du sujet, dans le premier, ne pouvait être plus favorable, ni plus intéressant. C'est la Grèce entière, jalouse de sa liberté au point qu'on le sait, attaquée par la puissance de l'univers la plus formidable, qui avec des armées de terre et de mer, sans nombre, entreprend de l'abattre et de la réduire en servitude. Ce sont victoires sur victoires, tant par terre que par mer, remportées sur les Perses par les Grecs, qui, sans parler des vertus morales portées au plus haut degré de perfection, font paraître toute la bravoure, toute la prudence, toute l'habileté dans la science militaire, qu'on peut attendre des plus grands généraux. Enfin cette guerre, si longue et si terrible, où l'Asie débordée entièrement et comme sortie hors d'elle-même, semblait devoir inonder totalement le petit pays de la Grèce, se termine par la fuite honteuse de Xercès, le plus puissant roi de la terre, réduit à se sauver dans une chaloupe, et par un succès qui ôta pour toujours aux Perses la pensée et l'envie de venir attaquer la Grèce à main armée.

On ne voit rien de tel dans le choix de Thucydide. Il se borne à une guerre unique, qui n'est ni honnête dans ses principes, ni fort variée dans ses événements, ni glorieuse pour les Athéniens dans le succès. C'est la Grèce qui, devenue comme furieuse, et possédée de l'esprit de discorde, déchire elle-même ses entrailles, en armant Grecs contre Grecs, alliés contre alliés. Thucydide lui-même, dès le commencement de son histoire, annonce et montre en perspective tous les maux qui doivent accompagner cette malheureuse guerre, meurtres d'hommes, ravages de villes, tremblements de terre, sécheresses, famines, maladies, pestes et contagions, en un mot, les calamités les plus affreuses. Quel début, quel spectacle! Est-il rien plus capable de rebuter et de révolter l'esprit du lecteur!

Telle est la première réflexion de Denys d'Halicarnasse, qui, ce me semble, ne touche point au mérite de l'écrivain. Le choix du sujet et le succès glorieux d'une guerre ne dépend point d'un historien contemporain, qui n'est pas maître des évènements et qui ne peut et ne doit écrire que ce qu'il voit. Il est malheureux de n'être le témoin que de faits affligeants, mais il n'en est pas moins habile : c'est, tout au plus, un reproche à faire à un poëte tragique ou épique, qui dispose de sa matière. Quant à un auteur qui écrit l'histoire de son temps, ce qu'on a droit d'exiger de lui, c'est qu'il soit bien instruit, judicieux, impartial. L'histoire n'est-elle destinée qu'à réjouir le lecteur? ne doit-elle pas plutôt l'instruire? et les grandes calamités, qui sont l'effet et la suite des passions injustes, ne sont-elles pas très utiles pour apprendre à les éviter!

En second lieu, il est fort important à un écrivain de bien prendre son point de vue, pour savoir où il doit commencer son histoire et jusqu'où il la doit conduire. C'est en quoi Hérodote réussit merveilleusement. Il expose d'abord la cause de la guerre que les Perses déclarent à la Grèce, qui est le désir de se venger d'une injure * reçue il y avait plus de deux cents ans; et il en termine le récit par la punition exemplaire des barbares. La prise de Troie pouvait être tout au plus le prétexte de cette guerre : encore quel prétexte! La cause était sans doute l'ambition des rois de Perse et le désir de se venger sur les Grecs des secours donnés aux Ioniens. Pour Thucydide, il commence son histoire par la description du triste et fâcheux état où étaient alors les affaires de la Grèce, premier coup-d'œil peu agréable et peu intéressant. Il impute ouvertement la cause de cette guerre à la ville d'Athènes, pouvant la rejeter sur l'envie de Sparte sa rivale, depuis les exploits éclatants par lesquels les Athéniens s'étaient si fort distingués dans la guerre contre les Perses.

Cette seconde réflexion de notre critique paraît encore moins bien fondée que la première. Thucydide aurait pu apporter ce prétexte, mais je ne sais si ç'aurait été avec justice et vérité : ou plutôt on doit affirmer positivement qu'il ne le pouvait en aucune sorte. Il est constant par Plutarque, que la cause de la guerre doit être imputée à l'ambition démesurée des Athéniens qui affectaient une domination universelle. Il est beau à Thucydide d'avoir sacrifié la gloire de sa patrie à l'amour de la vérité, qualité qui est le mérite le plus essentiel et qui fait l'éloge les plus parfait d'un historien

Troisièmement : Hérodote comprenant qu'un long

---

* La prise et la ruine de Troie par les Grecs. Cette ville était alliée des Perses.

récit d'une même matière, quelque agréable qu'elle puisse être, pour devenir ennuyeux au lecteur, a varié son ouvrage à la manière d'Homère, par des épisodes et des digressions qui y jettent beaucoup d'agrément. Thucydide au contraire, toujours uniforme et sur le même ton, pousse son sujet sans se laisser le temps de respirer, entassant combat sur combat, préparatifs sur préparatifs, harangues sur harangues, et morcelant, pour ainsi dire, par campagne, des actions qui pouvaient être montrées dans leur tout avec plus de grace et de clarté.

Il semble que Denys d'Halicarnasse n'a pas fait assez d'attention à la sévérité des lois de l'histoire, et qu'il a presque cru pouvoir juger d'un historien comme d'un poète. Bien des gens reprochent à Hérodote ses longues et fréquentes digressions, comme un défaut considérable en fait d'histoire. Je suis bien éloigné de penser ainsi : elles devaient être fort agréables aux Grecs dans un temps ou l'histoire des peuples dont il y est parlé leur était absolument inconnue : mais je suis encore plus éloigné de blâmer la conduite et le plan de Thucydide, qui ne perd presque jamais de vue son sujet; car c'est une des principales règles de l'histoire, et à laquelle on ne doit jamais donner d'atteinte sans une raison bien pressante.

Quatrièmement : Thucydide, attaché religieusement à la vérité, qui doit être le fondement de l'histoire, et qui est certainement la première et la plus essentielle qualité d'un historien, n'insère rien de fabuleux dans son histoire, ne songe point à l'embellir ni à l'égayer par des récits de faits et d'évènements qui tiennent du merveilleux, et n'y fait point intervenir, à toute occasion, le ministère des dieux et des déesses par les songes, les oracles et les prodiges, en quoi il l'emporte incontestablement sur Hérodote, peu délicat et peu précautionné sur plusieurs faits qu'il avance, et crédule pour l'ordinaire jusqu'à la faiblesse et jusqu'à la superstition.

Cinquièmement : Si l'on en croit Denys d'Halicarnasse, on reconnaît dans les écrits de Thucydide un caractère de tristesse et de dureté naturelles, que son exil avait encore aigri et irrité. Il est exact à faire sentir toutes les fautes des généraux et toutes leurs fausses démarches ; et s'il montre quelquefois leurs bonnes qualités et leurs heureux succès, car souvent il les passe sous silence, il semble que c'est à regret et comme malgré lui.

Je ne sais si ce reproche est fondé : mais la lecture que j'ai faite de Thucydide ne m'en a point laissé cette idée. J'ai bien senti que la matière était triste, mais non l'historien. Denys d'Halicarnasse trouve dans Hérodote une disposition tout opposée, c'est-à-dire un caractère de bonté et de douceur toujours égal, et une extrême sensibilité aux biens et aux maux de sa patrie.

II. *Examen de l'élocution.*

On peut considérer plusieurs choses dans ce qui regarde l'élocution.

La pureté, la propriété, l'élégance du langage : ces qualités sont communes à nos deux historiens qui y ont également excellé, mais en se tenant toujours dans la noble simplicité de la nature. Il est remarquable, dit Cicéron, que ces deux auteurs, contemporains des sophistes qui avaient introduit un style fleuri, peigné, ajusté, et que Socrate pour cette raison appelait λογοδαιδάλους, n'aient jamais donné dans ces petits ou plutôt frivoles ornements.

L'étendue ou la brièveté du style. C'est ici ce qui les distingue et les caractérise particulièrement. Le style d'Hérodote est doux, coulant, étendu; celui de Thucydide, vif, concis, véhément. « L'un, pour me
« servir des termes de Cicéron, est semblable à un
« fleuve tranquille qui roule ses eaux avec majesté;
« l'autre à un torrent impétueux; et pour parler de
« guerre, il semble entonner la trompette. Thucydide
« est si plein de choses, que chez lui le nombre des
« pensées égale presque celui des mots, et en même
« temps il est si juste et si serré pour l'élocution, qu'on
« ne sait si ce sont les mots qui ornent les pensées,
« ou les pensées qui ornent les mots. » Ce style brusque, pour ainsi dire, est merveilleusement propre pour donner de la force et de l'énergie au discours, mais il y jette ordinairement beaucoup d'obscurité : et c'est ce qui est arrivé à Thucydide, surtout dans les harangues qui sont en beaucoup d'endroits presque inintelligibles : de sorte que la lecture de cet auteur demande une attention suivie et devient une étude sérieuse. Au reste, il n'est pas étonnant que Thucydide, faisant allusion dans ses harangues à plusieurs circonstances notoires dans le temps et devenues inconnues dans la suite, laisse

des obscurités dans l'esprit des lecteurs, éloignés par tant de siècles de ces évènements : mais ce n'en est pas là la principale cause.

Ce qui vient d'être dit, montre ce qu'il faut penser de nos deux historiens par rapport aux passions, qui dominent, comme on le sait, dans l'éloquence, et en font le principal mérite. Hérodote réussit dans celles qui demandent de la douceur et de l'insinuation ; Thucydide dans les passions fortes et véhémentes.

On trouve des harangues dans l'un et dans l'autre ; mais elles sont plus rares et plus courtes dans le premier. Denys d'Halicarnasse trouve un défaut dans celles de Thucydide, c'est qu'elles sont uniformes et toujours sur le même ton, et que les caractères y sont mal observés ; au lieu qu'Hérodote garde mieux les bienséances. Il est des personnes qui blâment en général dans l'histoire les harangues, surtout celles qui sont directes.

Je terminerai cet article, qui est devenu plus long que je ne pensais, par l'élégant et judicieux caractère que trace Quintilien de nos deux auteurs, dans lequel il réunit une partie de ce qui a été dit jusqu'ici. «La Grèce a eu plusieurs historiens célèbres ;
« mais on convient qu'il y en a deux qui sont fort
« au-dessus des autres, et qui, par des qualités dif-
« férentes, ont acquis une gloire presque égale. L'un
« concis, serré, toujours pressé d'arriver à son but,
« c'est Thucydide : l'autre doux, clair, étendu, c'est
« Hérodote. L'un est plus propre pour les passions
« véhémentes, l'autre pour celles qui demandent de

« l'insinuation. L'un réussit dans les harangues,
« l'autre dans les discours ordinaires. Le premier
« entraîne par la force, le second attire par le
« plaisir. »

Ce qui ajoute, ce me semble, beaucoup au mérite d'Hérodote et de Thucydide, c'est qu'ayant peu de modèles qu'ils pussent suivre, ils ont néanmoins tous deux porté l'histoire à sa perfection par une route différente.

ROLLIN, *Histoire ancienne.*

HERVEY (JAMES), contemporain d'Young, et l'un de ses plus célèbres imitateurs, naquit à Hardingston, en Angleterre, en 1714. Après des progrès rapides dans les langues vivantes, il prit les ordres et succéda à son père dans la cure de Weston-Favel, village de la province de Northampton. Devenu père lui-même d'une nombreuse famille, il consacra tous ses instants aux fonctions de son état, et il serait mort inconnu sans quelques ouvrages qui attirèrent sur lui l'attention de ses compatriotes. Ce sont ses talents qui ont sauvé de l'oubli ses vertus évangéliques. Tandis que l'Angleterre admirait ses *Méditations*, qui parurent en 1746, in-8°; lui, dans sa retraite, distribuait aux pauvres les sommes considérables qu'il en retirait, en disant que, puisque la Providence avait béni ses efforts, il se croyait tenu de soulager ses semblables. Il mourut le 23 décembre 1758, âgé de quarante-cinq ans, emportant au tombeau les regrets de sa famille et des nombreux indigents dont il avait été le soutien et la consolation,

« Hervey, dit Le Tourneur, n'a pas tout le feu
« et le génie d'Young; mais il s'en faut bien qu'il
« soit dénué d'imagination, de sentiment et même
« d'énergie. Ses *Tombeaux* respirent une sensibilité
« douce qui pénètre et attendrit par degrès. De temps
« en temps il lui échappe des mouvements et des
« traits sublimes; plus généralement, c'est un
« charme invincible et naturel qui attire l'âme du
« lecteur à la suite de la sienne. Aussi plus d'une
« mère, plus d'un fils, lui paieront le tribut de
« leurs larmes ».

Ses *Méditations*, le plus célèbre de ses ouvrages, sont d'un genre beaucoup moins grave que les *Tombeaux*; elles ont de l'élévation, de la douceur, et obtinrent un succès prodigieux en Angleterre où elles ont eu un grand nombre d'éditions. On les a réimprimées en 1808 avec plusieurs autres ouvrages d'Hervey. Le Tourneur en a donné une traduction française. M. Baour-Lormian a mis avec succès en vers français plusieurs morceaux des *Méditations*. Le recueil des œuvres d'Hervey, forme 6 vol. in-8°.

HÉSIODE. On ne s'accorde pas sur le temps où vivait Hésiode : les uns le font contemporain d'Homère, les autres le placent cent ans après : ce qui est certain, c'est qu'il a connu du moins les ouvrages d'Homère, car il a des vers entiers qui en sont empruntés *. Tous deux doivent être regardés comme les pères de la mythologie ; ce qui suffirait pour en faire l'objet de cette curiosité naturelle qui nous porte à interroger l'antiquité. Elle ne nous a transmis que deux poèmes d'Hésiode **, tous deux assez courts : l'un intitulé *les Travaux et les jours ;* l'autre *la Théogonie* ou *la Naissance des dieux*. Le premier contient des préceptes sur l'agriculture, et a donné à Virgile l'idée de ses *Géorgiques*. On pourrait rapprocher *la Théogonie* des *Métamorphoses d'Ovide*, si l'ouvrage de ce dernier n'était pas si supérieur à celui d'Hésiode.

Ce n'est pas qu'à le considérer seulement comme poète, il n'ait, même pour nous, un mérite réel qui justifie la réputation dont il a joui de son

---

* La Harpe se prononce assez légèrement sur une question fort controversée parmi les savants. L'argument qui le décide n'est pas très fort : car ces vers, qu'Hésiode selon lui a empruntés d'Homère, pourraient tout aussi bien avoir passé du premier au second. On sait d'ailleurs que les ouvrages de l'un et de l'autre ont été fort altérés par leurs nombreux éditeurs. Voyez, à ce sujet, l'article HÉSIODE, de M. Amar, dans la *Biographie universelle*, l'*Histoire de la littérature grecque* de Schœll et les commentateurs d'Hésiode.

H. PATIN.

** Pourquoi ne pas compter parmi les poèmes d'Hésiode, *le Bouclier d'Hercule*, narration épique de près de quatre cent soixante vers ? M. de La Harpe aurait-il eu des doutes sur l'authenticité de cet ouvrage ? Il avait trop peu de connaissance de la langue et des antiquités de la littérature grecque, pour s'élever à ces soupçons savants, par lesquels se signale aujourd'hui l'audace de quelques critiques. Et d'ailleurs était-il homme à traiter une pareille idée, si elle avait pu lui venir? Si M. de La Harpe n'a pas parlé du *Bouclier d'Hercule*, c'est qu'ayant en grec fort peu de littérature, il ne connaissait pas l'existence de ce poème, ou l'avait oubliée ; et l'oubli, quand il s'agit d'un ouvrage d'Hésiode, n'est pas une fort bonne excuse

BOISSONNADE

temps. Il balança un moment celle d'Homère, qui dans la suite l'effaça de plus en plus à mesure que le goût fit des progrès, mais c'est encore beaucoup pour la gloire d'Hésiode que cette concurrence passagère. Il n'est pas vrai, comme quelques-uns l'ont écrit, qu'il ait vaincu Homère dans une joute poétique, aux funérailles d'Amphidamas : il y remporta en effet une couronne ; mais s'il l'avait obtenue sur un concurrent tel qu'Homère, il y avait assez de quoi s'en glorifier pour qu'Hésiode, qui rappelle dans un de ses poèmes cette couronne qu'on lui avait décernée, nommât le rival qu'il avait vaincu, et il ne le nomme pas * ; c'est donc évidemment un conte qui ne fut imaginé que par les détracteurs d'Homère.

Le poème des *Travaux et des Jours* semble divisé en trois parties : l'une mythologique, l'autre morale, la dernière didactique. Hésiode commence par raconter la fable de Pandore ; et, s'il en est l'inventeur, elle fait honneur à son imagination : c'est du moins chez lui qu'elle se trouve le plus anciennement, ainsi que la naissance de Vénus et celle des Muses, filles de Mnémosyne et de Jupiter. Après l'allégorie de Pandore, vient une description des différents âges du monde, qu'Ovide a imitée dans ses *Métamorphoses* ; mais l'auteur grec en compte cinq au lieu de quatre, comme on les compte d'ordinaire : l'âge d'or, l'âge d'argent, l'âge d'airain ; celui des demi-dieux et des héros, qui re-

---

* Il le nommerait si l'on adoptait une leçon conservée par Proclus, mais assez généralement rejetée.   H. PATIN

vient à ce que nous nommons les temps héroïques, et le siècle de fer, qui est selon le poète, le siècle où il écrit : en ce cas il y a long-temps qu'il dure. Les écrivains de tous les temps ont regardé leur siècle comme le pire de tous. Il n'y a que Voltaire qui ait dit du sien :

Ah! le bon temps que ce siècle de fer.

Encore était-ce dans un accès de gaieté; car ailleurs il appelle le XVIIIe siècle *l'égoût des siècles.* C'est un de ces sujets sur lesquels on dit ce qu'on veut, selon qu'il plaît d'envisager tel ou tel côté des objets.

Après ce début mythologique, Hésiode commence un cours de morale qu'il adresse, ainsi que le reste de l'ouvrage, à son frère Persée, avec qui il avait eu un procès pour la succession paternelle : cette morale n'est pas toujours la meilleure possible. Elle est suivie de préceptes de culture, entremêlés encore de leçons de sagesse; car on en rencontre partout dans cet auteur. Il était grand-prêtre d'un temple des Muses, sur le mont Hélicon, et l'enseignement a toujours été une des fonctions du sacerdoce. Mais ce que les Muses ne lui avaient pas dicté, c'est le morceau qui termine son poème, dans lequel il spécifie la distinction des différents jours du mois, dans un goût qui fait voir que celui de l'*Almanach de Liége* n'est pas moderne. C'est là qu'Hésiode nous apprend qu'il faut se marier le 4 du mois, qu'on peut tondre ses moutons le 11 et le 12, mais que le 12 est infiniment préférable;

que le dixième jour est favorable à la génération des mâles, et le quatorzième à celle des femelles, et beaucoup d'autres choses de cette force, ou même d'une sorte de ridicule qu'on ne saurait citer. C'étaient sans doute les rêveries de son temps comme du nôtre; mais Homère n'en a pas fait usage.

La première moitié de *la Théogonie* n'est presque qu'une nomenclature continuelle de dieux et de déesses de tout rang et de toute espèce. On a voulu débrouiller ce cahos à l'aide de l'allégorie : on peut l'y trouver tant qu'on voudra, mais tout aussi mêlée d'inconséquences que la fable même. Le poète, dont la diction est en général douce et harmonieuse, prend tout-à-coup, vers la fin de son ouvrage, un ton infiniment plus élevé pour chanter la guerre des dieux contre les géants, tradition fabuleuse dont il est le plus ancien auteur. Cette description et celle de l'hiver dans *les Travaux et les Jours* sont, dans leur genre, à comparer aux plus beaux endroits d'Homère. La peinture du Tartare, où les Titans sont précipités par la foudre de Jupiter, offre des traits de ressemblance avec l'enfer de Milton, si frappants, qu'il est difficile de douter que l'un n'ait servi de modèle à l'autre; et c'est une chose assez singulière que la conformité des idées dans un fond que la diversité des religions devait rendre si différent.

La Harpe, *Cours de Littérature.*

JUGEMENT.

Le poème des Travaux et des Jours offre une sorte d'intérêt, que n'a presque jamais eu la poésie didactique, celui de l'utilité.

Dans la plupart des ouvrages de ce genre, c'est par une sorte de fiction que le poète annonce le dessein d'instruire. Il n'y prétend réellement pas, il n'y pourrait prétendre. Dans des temps, où les connaissances sont fort étendues et en même temps fort répandues, ce n'est pas là qu'on irait les chercher; elles ne sont qu'un texte pour la poésie, qui choisit parmi elles, non les plus importantes, mais celles qui présentent le plus d'intérêt; qui les dispose non dans l'ordre le plus méthodique, mais de la manière la plus agréable; qui ne néglige aucune occasion de s'écarter de ce sujet qui est son but à l'en croire, mais qui au fond n'est que l'occasion, que le prétexte de ses chants. Cette espèce de dissimulation donne quelque chose d'équivoque à ce poème, qui n'en vaudrait que mieux certainement, s'il offrait, sans cesser de plaire, une instruction utile.

Il en était ainsi de l'ouvrage d'Hésiode; la poésie à cette époque d'ignorance, était, quelque fût sa forme, toute didactique; c'était l'institutrice des peuples; elle transmettait d'une génération à l'autre les idées religieuses et morales, les souvenirs de l'histoire, les détails généalogiques, les découvertes de la géographie, celle des sciences et des arts; elle conservait le dépôt de toutes les connaissances, les fruits de l'expérience en tous genres. Tout cela se trouve dans Homère, comme dans Hésiode, mais animé par le mouvement et l'intérêt de l'épopée.

Mais les idées de ce premier âge de la civilisation et de la poésie, nées du besoin et du hasard étaient éparses et incomplètes; elles ne pouvaient fournir matière à des compositions sur des sujets spéciaux, comme on en a vu depuis. Tout y était jeté un peu confusément, mythologie, morale, agriculture, navigation, astronomie, etc. C'étaient des recueils, plutôt que des compositions; des espèces de manuels, où chaque homme trouvait ce qui lui était nécessaire de savoir, ce que lui avaient légué les recherches, les essais, les travaux des siècles précédents; où il apprenait à être citoyen, guerrier, agriculteur, navigateur, commerçant; car à une époque où les professions n'étaient pas encore séparées et distinctes, chaque homme était tout cela. On comprend comment le poème d'Hésiode n'a d'unité que dans son intention et ne présente du reste qu'un assemblage de préceptes de toute espèce sans aucun ordre apparent.

Ce n'est pas qu'on n'y distingue une sorte de disposition, une première partie où il expose l'origine du travail, une seconde où il traite des travaux de chaque saison, une troisième enfin où sont brièvement rapportées les occupations propres à chaque jour du mois. Mais ce plan, si toutefois il appartient à Hésiode et non aux éditeurs de ses vers, disparaît dans l'exécution, qui ne présente que désordre, que répétitions, et où des transitions grossières et maladroites font reconnaître à chaque instant la main du rapsode. Une idée toutefois domine au milieu de cette incohérence ; le poète recommande partout le travail, partout il blâme l'oisiveté ; c'est là sa leçon principale, sa continuelle conclusion.

Le sujet était riche, autant que vague; il prêtait à la poésie en lui donnant à peindre des choses fort rapprochées de la nature; Hésiode abonde en images, non seulement dans la description des objets physiques, mais encore dans l'expression des idées morales. Il rappelle sans cesse les formes du style d'Homère; sans doute il a moins de mouvement et de chaleur; mais il est grand et simple, il est plein de douceur et d'harmonie; il a été admiré de toute l'antiquité ; regardé comme un grand poète par Isocrate, Denys d'Halicarnasse, Quintilien ; célébré dans le langage des muses, par Manilius, par Ovide, par Virgile sur-tout, qui lui a emprunté d'heureux détails, et s'est inspiré de lui dans la conception du plus parfait de ses ouvrages. Peut-être a-t-il été jugé avec quelque légèreté par La Harpe et par Delille, qui en parlent trop dédaigneusement*.

H. PATIN.

* Virgile a laissé Hésiode bien loin derrière lui dans le poeme géorgique Hésiode était plus agriculteur que poète ; il songe toujours à instruire, et rarement à plaire; jamais une digression agréable ne rompt chez lui la continuité et l'ennui des préceptes. Cette manière de décrire chaque mois l'un après l'autre a quelque chose de trop uniforme et de trop simple, et donne à son ouvrage l'air d'un almanach en vers. On retrouve, il est vrai, la nature dans sa poésie ; mais ce n'est pas toujours la belle nature. Il n'est pas plus judicieux dans ses préceptes, qui souvent sont entassés sans choix, chargés de détails minutieux, et revêtus d'images puériles. Après tout, il faut regarder son ouvrage comme la première esquisse du poème géorgique l'antiquité de ce monument nous offre quelque chose de vénérable ; mais si

HESIODE.

MORCEAUX CHOISIS *.

I. Fable de Pandore.

Les dieux ont voulu cacher aux mortels la connaissance de ce qui suffit à la vie : autrement, ils auraient pu amasser en un seul jour de quoi se nourrir une année entière, même sans travail; ils auraient suspendu le gouvernail à la fumée du foyer, et l'on eût vu cesser les travaux des bœufs et des mulets laborieux. Mais Jupiter, irrité d'avoir été surpris par les ruses de Prométhée, nous cacha cette connaissance. C'est pour cela qu'il prépara aux hommes de si funestes fléaux : il leur cacha le feu; aussitôt le fils de Japhet le déroba pour l'usage des mortels, l'enfermant dans la tige d'une férule, et trompant ainsi la prudence du dieu qui lance la foudre.

Alors Jupiter, indigné, lui cria : Fils de Japhet, tu t'applaudis d'avoir dérobé le feu et trompé mes conseils : mais ce larcin te sera funeste à toi et à la race future des mortels. A la place du feu qui m'est ravi, je leur enverrai un don fatal, dont le charme séduira tous les cœurs; mais ils n'embrasseront que leur perte.

---

nous voulons voir cette esquisse s'agrandir, les figures devenir plus correctes, les couleurs plus brillantes, et le tableau parfait, il faut l'attendre de la main d'un plus grand maître : tel est le poème de Virgile

DELILLE, *Disc. prél. de la trad. des Géorg.*

* *Voyez* t. I, p. 294 et t XIII, p. 22, plusieurs passages traduits de ce poète, entre autres la fable du *Rossignol et l'Épervier*, le plus ancien des apologues. F.

Il dit et sourit. Cependant il ordonne à Vulcain de former au plus vite un mélange de terre et d'eau, de lui donner la voix humaine, la forme du corps, la figure des déesses immortelles, les graces de la plus ravissante des vierges. Il veut que Minerve l'exerce aux ouvrages des mains, lui enseigne à former de précieux tissus; que la belle Vénus répande les graces sur sa tête, et dans son cœur les désirs inquiets et le soin de la parure; que le messager des dieux, le vainqueur d'Argus, lui donne un esprit impudent et trompeur. Ainsi veut le fils de Saturne, et les dieux s'empressent d'obéir. Aussitôt, d'après l'ordre de son père, Vulcain forme avec de l'argile l'image d'une vierge pudique; Minerve, aux yeux d'azur, lui attache sa ceinture et la couvre de riches vêtements; les graces et la déesse de la persuasion lui passent un collier d'or; les Heures à la belle chevelure la couronnent des fleurs du printemps, et Pallas ajoute mille ornements à sa parure. Cependant le messager des dieux, le vainqueur d'Argus, place dans son cœur les doux mensonges, les paroles décevantes, les ruses perfides; puis il lui donne un nom, et l'appelle Pandore, parce que chacun des immortels habitants de l'Olympe avait fait un présent à cet objet fatal, préparé pour la perte des mortels curieux. Quand Jupiter a terminé les apprêts de sa ruse terrible et inévitable, il envoie à Épiméthée, pour lui offrir ce funeste présent, l'illustre vainqueur d'Argus, le rapide messager des dieux. Épiméthée oublia en ce moment le conseil que lui avait donné Prométhée, de ne rien recevoir du maître de l'Olympe, et de lui renvoyer tous ses dons, dans la crainte de quelque malheur pour les mortels. Il reçut le présent de Jupiter; et lorsqu'il en fut possesseur, il sentit toute son imprudence.......

Auparavant, la race humaine vivait sur la terre loin de tous les maux, loin de la peine, de la fatigue, des tristes maladies qui apportent la vieillesse aux hommes; car les hommes vieillissent promptement dans l'affliction. Mais Pandore, découvrant de ses mains le vase immense, laissa échapper tous ses fléaux et les répandit sur les mortels. L'espérance seule y resta captive, errant sur les bords du vase, prête à s'envoler; car Pandore le referma sur-le-champ, d'après l'ordre du grand Jupiter. Depuis ce temps mille fléaux divers parcourent la demeure des mortels; la terre est pleine de maux, la mer en est remplie; les maladies nous visitent nuit et jour, nous apportant la douleur; elles viennent en silence, car le prudent Jupiter leur a ôté la voix. Il n'est donc pas possible de se soustraire à la volonté de Jupiter.

H. PATIN, *Traduction inédite d'Hésiode.*

II. Histoire des cinq âges du Monde.

Lors de la naissance commune des dieux et des mortels, les immortels habitants de l'Olympe formèrent d'abord les hommes de l'âge d'or : c'était au temps de Saturne, lorsqu'il régnait encore dans le ciel. Les humains vivaient alors comme les dieux, le cœur libre de soucis, loin du travail et de la douleur. La triste vieillesse ne venait point les visiter, et conservant durant toute leur vie une égale vigueur, ils goûtaient la joie dans les festins, riches en fruits de toute espèce et chers aux dieux immortels. Ils mouraient comme on s'endort, quand on est vaincu par le sommeil. Tous les biens étaient à eux. La plaine fertile leur offrait d'elle-même une abondante nourriture, et ils recueillaient en paix tant de richesses.

Mais quand la terre eut enfermé dans son sein cette première race, le grand Jupiter en fit des dieux bienfaisants, qui habitent parmi nous, veillent à la garde des mortels, observent les actions justes et criminelles, environnés de nuages qui les dérobent à nos yeux, errant sur la surface de la terre, et y distribuant la richesse. Telle est la royale fonction qu'ils reçurent en partage.

Les habitants des demeures célestes formèrent ensuite un second âge bien inférieur au premier, l'âge d'argent. Ce n'étaient plus les corps ni les esprits de l'âge d'or. Enfant durant cent années, l'homme croissait lentement par les soins d'une mère attentive, à l'ombre du toit paternel. Puis, lorsqu'il arrivait enfin à la jeunesse, il vivait quelque temps encore, sujet à des maux, fruits de son inexpérience; car les mortels ne pouvaient alors s'abstenir de l'injure funeste; ils ne voulaient point servir les dieux immortels, ni offrir de sacrifices sur leurs autels sacrés, selon la pieuse coutume des premiers humains. Aussi Jupiter les fit disparaître, irrité de ce qu'ils ne rendaient point d'honneurs aux bienheureux habitants de l'Olympe.

Quand la terre eut aussi enfermé dans son sein cette seconde race, ils reçurent, comme les premiers, le nom de mortels bienheureux ; mais ils n'ont que le second rang, quoiqu'ils ne soient pas sans honneurs.

Cependant Jupiter forma un troisième âge, l'âge d'airain, tout différent de l'âge d'or. C'était une race d'hommes impétueux et robustes, issus de la dure écorce des frènes. Ils n'aimaient que la violence et les travaux lugubres de Mars; ils ne se nourrissaient d'aucun des fruits de la terre; leur cœur avait la dureté du diamant; on ne pouvait les approcher. Leur force était extrême : d'invincibles bras descendaient de leurs épaules sur leurs membres vigoureux; ils avaient des armes d'airain, des maisons d'airain, ils ne se servaient que d'airain. Le fer, ce noir métal, était alors inconnu. Tombés sous l'effort de leurs bras, ils descendirent sans gloire dans la froide et vaste demeure de Pluton. Tout terribles qu'ils étaient, la pâle mort les saisit, et ils quittèrent pour toujours l'éclatante lumière du soleil.

Mais quand la terre eut aussi enfermé dans son sein cette troisième race, le fils de Saturne la couvrit d'une race nouvelle, plus vertueuse et plus juste, race divine de ces héros mortels, qu'on appela demi-dieux, et qui couvraient la terre dans l'âge qui nous a précédés. La guerre funeste, les combats cruels en enlevèrent une partie près des sept portes de Thèbes, dans la terre de Cadmus, lorsqu'ils y combattaient pour l'héritage d'OEdipe.

Elle conduisit les autres sur des vaisseaux, à travers la vaste mer, dans les plaines de Troie, pour y reprendre Hélène à la belle chevelure, et ils disparurent aussitôt, frappés par la mort. Cependant Jupiter leur assigna des demeures séparées des mortels; il les fixa aux extrémités de la terre, loin du séjour des dieux. Saturne règne sur eux; le cœur libre de soucis, ils habitent les îles fortunées, sur le vaste océan. Héros bienheureux, pour qui la terre fertile se couvre trois fois l'année de fleurs nouvelles et de fruits délicieux!

Pourquoi faut-il que je vive dans le cinquième âge? Que ne suis-je mort auparavant, ou que ne suis-je encore à naître. C'est maintenant l'âge de fer : les hommes ne cesseront plus désormais, et le jour et la nuit, de se consumer en peines et en travaux. Les dieux leur enverront des chagrins accablants; quelques biens cependant se mêleront à tant de maux. Jupiter perdra aussi les hommes de cet âge; il les enlèvera à peine nés, lorsque leurs cheveux commenceront à blanchir autour de leurs tempes. Plus d'accord entre le père et les enfants, entre les enfants et le père, entre les hôtes, entre les amis, entre les frères. Le fils sera sans respect pour son vieux père; il l'affligera avec impiété par des paroles cruelles, sans craindre la vengeance des dieux. Les ingrats humains ne paieront plus à leurs vieux parents le prix de leur éducation ; ils renverseront avec violence les habitations de leurs semblables. On n'aura plus d'égard pour le mortel pieux, juste, vertueux : on n'honorera que l'homme violent et injuste. La justice et la pudeur ne se rencontreront plus : le méchant attaquera l'honnête homme par des discours injustes et par de faux serments. L'envie, au teint livide, aux discours médisants, à la joie cruelle, poursuivra sans relâche les malheureux : alors remontant vers l'Olympe, loin de la vaste terre, et voilant leurs beaux corps de leurs vêtements blancs, la pudeur et Némésis quitteront les hommes pour se rejoindre à la troupe des dieux; elles laisseront aux mortels des maux cruels qui n'auront point de remède *.

Traduction du même.

HIATUS. L'hiatus est quelquefois doux et quelquefois dur à l'oreille : les latins, du temps de Cicéron, l'évitaient, même dans le langage famillier : les Grecs n'avaient pas tous le même scrupule; on blâmait Théophraste de l'avoir porté à l'excès.

« Si Isocrate, son maître, lui en a donné l'exem-
« ple, dit Cicéron, Thucydide n'a pas fait de même ;
« et Platon, écrivain encore plus illustre, a négligé
« cette délicatesse (lui dont l'élocution, dit Quinti-
« lien, *est d'une beauté divine et comparable à celle*
« *d'Homère.*) » Cependant ce concours de voyelles

---

* *Voyez* l'Histoire des quatre âges du monde dans Ovide, et dans Virgile, quelques vers des *Géorgiques*, liv. I, v. 120, où il explique comme Hésiode l'origine du travail. Le neuvième livre de *l'Énéide*, v. 313, renferme quelques détails sur les premiers habitants de l'Italie, et le règne de Saturne. L'histoire des premiers humains dans le V⁰ liv. de Lucrèce est ce qui a le plus de rapport avec le ton d'Hésiode.

que Platon s'était permis, non seulement dans ses écrits philosophiques, mais dans une harangue de la plus sublime beauté, Démosthène l'évitait avec soin : c'était donc une question indécise parmi les anciens, si l'on devait se permettre ou s'interdire l'hiatus.

Pour nous, à qui leur manière de prononcer est inconnue, prenons l'oreille pour arbitre.

J'ai dit que l'hiatus est quelquefois doux, quelquefois dur, et l'on va s'en apercevoir. Les accents de la voix peuvent être tour à tour détachés ou coulés, comme ceux de la flûte, et l'articulation est à l'organe ce que le coup de la langue est à l'instrument; or la modulation du style, comme celle du chant, exige tantôt des sons coulés et tantôt des sons détachés, selon le caractère du sentiment ou de l'image que l'on veut peindre; donc, si la comparaison est juste, non seulement l'hiatus est quelquefois permis, mais il est souvent agréable : c'est au sentiment à le choisir, c'est à l'oreille à marquer sa place. Nous sommes déjà sûrs qu'elle se plaît à la succession immédiate de certaines voyelles : rien n'est plus doux pour elle que ces mots : *Danaé*, *Laïs*, *Dea*, *Leo*, *Ilia*, *Thoas*, *Leucothoé*, *Phaon*, *Léandre*, *Actéon*, etc. Le même hiatus sera donc mélodieux dans la liaison des mots; car il est égal pour l'oreille que les voyelles se succèdent dans un seul mot, ou d'un mot à un autre. Il y avait peut-être chez les anciens une espèce de bâillement dans l'hiatus; mais s'il y en a chez nous, il est insensible, et la succession de deux voyelles ne me semble pas moins continue et facile dans *il y-a*, *il a été-à*, que dans *Ilia*, *Danaé*, *Méléagre*.

Nous éprouvons cependant qu'il y a des voyelles dont l'assemblage déplaît: *a-u*, *o-i*, *a-an*, *a-en*, *o-un*, sont de ce nombre, et l'on en trouve la cause physique dans le jeu même de l'organe. Mais deux voyelles dont les sons se modifient par des mouvements que l'organe exécute facilement, comme dans *Ilia*, *Clio*, *Danaé*, non seulement se succèdent sans dureté, mais avec beaucoup de douceur.

L'*hiatus* d'une voyelle avec elle-même est toujours dur à l'oreille : il vaudrait mieux se donner, même en prose, la licence que Racine a prise, quand il a dit *j'écrivis en Argos*, que de dire *j'écrivis à Argos*. C'est encore pis quand l'*hiatus* est redoublé, comme dans *il alla à Athènes*.

On voit par là qu'on ne doit ni éviter ni employer indifféremment l'*hiatus* dans la prose. Il était permis anciennement dans les vers; on l'en a banni par une règle, à mon gré trop générale et trop sévère. La Fontaine n'en a tenu compte, et je crois qu'il a eu raison.

Du reste, parmi les poètes qui observent cette règle en apparence, il n'y en a pas un qui ne la viole en effet, toutes les fois que l'*e* muet final se trouve entre deux voyelles; car cet *e* muet s'élide, et les sons des deux voyelles se succèdent immédiatement.

Hector tomba sous lui, Troi'expira sous vous......
Allez donc, et portez cette joi'à mon frère.
(RACINE.)

Il y a peu d'*hiatus* aussi rudes que celui de ces deux vers. La règle qui permet cette élision et qui défend l'*hiatus*, est donc une règle capricieuse, et aussi peu d'accord avec elle-même qu'avec l'oreille, qu'elle prive d'une infinité de douces liaisons.

MARMONTEL, *Éléments de Littérature*.

HISTOIRE. Cicéron l'a définie « le témoin des « temps, la lumière de la vérité, la vie de la mé- « moire, l'école de la vie, la messagère de l'anti- « quité *. » Ce n'est là que le développement de l'idée que nous avons tous, au moins confusément, de ce grand moyen de lier, par le souvenir, les générations et les âges. Mais combien cette idée ne devient-elle pas plus sensible à tous les esprits, et de quelle reconnaissance n'est-on pas ému pour les services que les lettres rendent au genre humain, lorsqu'on jette les yeux sur le tableau de son existence?

On voit d'abord le monde entier couvert de ténèbres impénétrables, et les nations répandues sur la surface de la terre, non seulement inconnues l'une à l'autre, mais inconnues à elles-mêmes, passer sans laisser de vestiges, et se précipiter successivement, d'âge en âge, dans cet immense abyme de l'oubli.

Vient le temps où l'Égypte, la Phénicie, la Chaldée inventent l'art de conserver de leur existence passée quelques traces de souvenir. Le petit peuple de la

---

* Historia testis temporum, lux veritatis, vita memoriæ, magistra vitæ, nuntia vetustatis. *De Orat.* II.

Palestine possède aussi, dans les livres saints, les titres de son origine et le récit de ses aventures. Mais ces premières lueurs de l'histoire n'éclairent çà et là que quelques points isolés de l'espace. Ce n'est que cinq ou six cents ans après Moïse et Josué que, dans les poèmes d'Homère, l'histoire commence à répandre quelque clarté faible et douteuse sur la Grèce, sur la Phrygie, et sur les côtes de l'Orient, et cinq siècles s'écouleront encore avant que dans la Grèce même elle brille avec plus d'éclat.

C'est là qu'elle paraît enfin comme un astre dont les rayons s'étendent sur des régions éloignées. C'est par les Grecs que l'Égypte est connue, et en même temps que leurs armées pénètrent dans l'Asie; l'histoire, qui les accompagne, révèle au monde le secret de l'existence des empires, qui, du Nil au fond de l'Euxin, se sont succédés l'un à l'autre sans que ni leur splendeur ni le bruit de leur chute ait encore averti l'Europe de ces grandes révolutions. Mais tandis que les entreprises de Xercès, la campagne de Xénophon, les guerres d'Alexandre font connaître la Perse et l'Inde, le vaste continent du Nord reste couvert d'une profonde nuit, et les Bretons, les Germains, les Gaulois ne savent du passé que ce qui leur en est transmis dans les chansons de leurs poètes. « Carminibus antiquis, dit Tacite, quod « unum apud illos memoriæ et annalium genus est ». *De morib. Germ.*

Les lettres passent en Italie. Les conquérants du monde apprennent à dépeindre les usages, les mœurs, la discipline, le génie des nations; et non seulement l'Italie, le siège de leur domination, devient illustre dans leurs annales, mais tout ce qui leur est soumis a du moins le triste avantage de participer à leur célébrité. Ils ravagent et ils décrivent; et à mesure que les Scipion renversent Numance et Carthage, que Marius bat les Numides, que Lucullus et Pompée étendent les conquêtes des Romains en Asie, que César subjugue les Gaules, que les armées d'Auguste réduisent le Dace et le Parthe, et soumettent la Germanie, que celles de Titus, sous la conduite d'Agricola, vont forcer les Bretons dans leurs derniers asyles ; l'histoire, qui semble marcher à la suite des armées, éclaire les champs de bataille, et, parmi les ravages et les débris, observe les mœurs des nations vaincues, et ramasse les monuments qui attestent leur antiquité.

Lorsqu'à son tour, Rome succombe et qu'elle est la proie des barbares, l'histoire éprouve une longue éclipse; et les ténèbres de l'ignorance, où tout le globe est replongé, semblent avoir éteint tous les rayons de sa lumière. Mais à la renaissance des lettres, on retrouve sous les ruines du Bas-Empire les étincelles du feu sacré : les Grecs ont conservé le souvenir des révolutions dont l'Orient a été le théâtre ; et en même temps tous les peuples du couchant et du nord, moins abrutis et plus curieux de savoir ce qu'ils ont été, commencent à se demander à eux-mêmes quelle a été leur origine, par quelles fortunes diverses leurs aïeux ont passé; et à chercher, dans les archives de leurs pactes et de leurs lois, les traces de leur existence.

Dès lors on voit le flambeau de l'histoire éclairer tout notre hémisphère et bientôt porter sa lumière sur un hémisphère inconnu. La Chine et l'Inde transmettent à l'Europe les preuves de cette antiquité attestée dans leurs annales et qui se perd dans la nuit des temps.

Ainsi la guerre et le commerce, les conquêtes et les voyages, l'ambition et l'avarice ont successivement étendu sur le globe les découvertes de l'histoire; et l'on peut dire que c'est en traits de sang qu'elle a tracé sa mappemonde. Mais oublions ce qu'il en a coûté, et ne songeons qu'à rendre utile et salutaire aux hommes cette expérience héréditaire que le présent dépose et lègue aux siècles à venir.

Dans tous les arts, la première règle est d'en bien connaître l'objet : car, si l'intention de l'artiste est une fois bien décidée, et dirigée droit à son but, elle sera son guide dans le choix des moyens et dans l'usage qu'il en doit faire. L'objet immédiat de la poésie est de séduire; celui de l'éloquence est de persuader; celui de la philosophie est de chercher la vérité dans la nature et l'essence des choses; celui de l'histoire est de la démêler dans les faits dignes de mémoire, et d'en perpétuer le souvenir en ce qu'il a d'intéressant.

De tous les attributs, le plus essentiel à l'histoire, c'est donc la vérité, et la vérité intéressante. Mais la vérité suppose l'instruction, le discernement, la sincérité, l'équité. Or, l'instruction est incertaine, le discernement difficile, la sincérité rare; et ce désintéressement absolu, cette liberté de l'esprit et de l'âme, cette pleine impartialité qui caractérise un témoin fidèle, ne se trouve presque jamais. Aussi voit-on l'histoire altérer si souvent et si diversement la vérité de ses récits, qu'on est tenté de la définir comme on a défini la Renommée,

> La messagère indifférente
> Des vérités et de l'erreur.

Des temps reculés et obscurs elle aura peu de chose à dire, si elle veut être digne de foi ; mais sa ressource est le silence. Des temps moins éloignés et plus connus, du présent même, elle a souvent bien de la peine à découvrir, soit dans les faits, soit dans les hommes, la vérité qui l'intéresse ; mais sa sauvegarde est le doute. Il est toujours si décent de paraître ignorer ce qu'on ne sait pas !

A l'égard du discernement, il serait injuste d'imputer à l'histoire les erreurs où elle est induite par l'imposante gravité des témoignages et des indices : l'on sait bien que le plus souvent, soit dans l'intérieur des conseils, soit dans le tumulte des armes, soit dans le labyrinthe des intrigues de cour, soit au fond de l'âme des hommes, en observant même avec soin les ressorts des évènements, elle ne peut guère acquérir une certitude infaillible : si dans le calcul des probabilités, dans l'examen des vraisemblances, elle a choisi du moins le plus croyable des possibles, elle a fait tout ce qu'on peut attendre de la prudence humaine en faveur de la vérité.

Mais il est des erreurs qu'aucune apparence de vérité n'excuse, et que l'histoire ne laisse pas de recueillir et de perpétuer. Tite-Live pouvait avoir à respecter l'opinion publique sur les augures et les présages, et sur quelques vieux contes qu'elle avait consacrés, comme le bouclier tombé du ciel, l'aventure de Corvinus, le rasoir de Tarquin, la ceinture de la Vestale; Tacite avait aussi quelque raison de ne pas décrier les miracles de Vespasien et les oracles de Sérapis; mais qui l'obligeait, sous Nerva, de croire au devin de Tibère, et aux leçons qu'il en avait reçues dans l'art de prévoir l'avenir? Qui obligeait Plutarque, sous Trajan, de croire aux songes de Sylla et à l'horoscope de Pyrrhus? Qui l'obligeait de croire que les têtes des bœufs que Pyrrhus venait d'immoler, après avoir été coupées, avaient tiré la langue et avaient léché leur propre sang? Qui l'obligeait de croire que des corbeaux étaient tombés des nues, par la commotion de l'air, aux acclamations de la Grèce assemblée, dans le moment que Flaminius lui annonça la liberté? Qui l'obligeait de croire au courage surnaturel de cet enfant de Sparte qui s'était laissé ronger le ventre par un petit renard, sans le lâcher, ni jeter un seul cri? etc., etc.

Nos bons historiens modernes ont eu moins de respect pour la chronique merveilleuse *, et cela vient de ce que les forces de la nature et leurs limites sont mieux connues : cela vient aussi de ce que l'histoire, chez les anciens était en même temps reli-

---

* Il y a quelques exceptions. On peut par exemple reprocher au grave historien de Thou d'avoir un peu trop partagé certaines croyances superstitieuses de son siècle et particulièrement la foi qu'on avait alors dans l'astrologie.   H. Patin.

gieuse et politique; au lieu que parmi nous, lors même que des fanatiques ou des fourbes ont prétendu associer les choses saintes et les profanes, impliquer Dieu dans leurs querelles, l'attacher à leurs factions, s'en faire un allié, l'engager dans leurs guerres et chacun sous ses étendards, en un mot, le rendre complice de leurs passions et de leurs crimes, une saine philosophie est parvenue à démêler les intérêts du ciel d'avec ceux de la terre; et l'histoire a, pour ainsi dire, justifié la Providence, en réduisant les hommes à n'accuser qu'eux-mêmes des maux qu'ils se sont faits entre eux.

Quant à la vanité des origines fabuleuses, l'histoire moderne s'en est guérie; et c'est encore un de ses avantages. Les Italiens n'ont pas eu besoin de se donner des aïeux chimériques pour en avoir d'illustres; les autres peuples s'en sont passés. Il a suffi aux Espagnols et aux Anglais de savoir qu'autrefois la courageuse résistance des Ibères et des Bretons a long-temps fatigué les armées romaines; les Germains se sont contentés des titres d'honneur et de gloire que leur a conservés Tacite; les Français n'ont point appelé du témoignage de César : tous ont mis en oubli le merveilleux absurde dont se repaissaient leurs ancêtres; tous ont reconnu qu'ils avaient pris naissance dans le sein de la barbarie, qu'ils n'avaient été qu'un mélange de brigands étrangers et d'indigènes asservis; et tous sont convenus que jusqu'au temps où la discipline les a rendus réciproquement redoutables, jusqu'au temps où la politique a combiné et divisé leurs forces pour les égaliser et pour les contenir, leurs plus grandes révolutions ont toutes eu la même cause : savoir, que, dans les climats les plus rudes, la nature ayant commencé par endurcir les hommes à la fatigue et au danger, par les rendre robustes, patients, courageux, elle leur a fait sentir après l'avantage d'un ciel plus doux et d'une terre plus fertile, et les y a poussés en foule et par torrents. Ainsi le Nord a toujours pesé et débordé sur le Midi; ainsi les Danois, les Saxons, les Normands, le Cimbres, les Goths, les Lombards, les Vandales ont inondé l'Europe ; ainsi les Scythes ont inondé l'Asie ; ainsi les Tartares ont inondé la Chine. Tout s'est réduit de même, dans les temps éloignés, au mécanisme naturel des causes morales et physiques; et il n'y a plus eu de miracles que ceux du génie et de la vertu.

Il est bien vrai que cette partie reculée de notre histoire est d'une sécheresse extrême, en comparaison de l'histoire fabuleuse des anciens temps; mais ce n'est ni pour les enfants, ni pour le peuple qu'elle est écrite ; et du moins ce qui nous reste, on peut le croire sans rougir.

Mais il est pour l'histoire un autre genre de superstition, nationale ou personnelle, dont elle n'a jamais assez écarté les illusions. Un historien, pour être impartial et juste, devrait n'être, comme on l'a dit, d'aucun système politique, d'aucun parti religieux. Celui qui se passionne ou pour les intérêts de sa secte ou de sa patrie, ou pour la faction qu'il embrasse, ou pour le caractère du personnage qu'il met en scène; celui qui se laisse éblouir par des talents, par des exploits ou par des qualités brillantes; celui dont l'admiration se range du côté de la bonne fortune et pardonne tout au succès; celui qui dans le faible ne voit que le jouet du fort, et qui dans les évènements oublie le juste et l'honnête, pour tout accorder à l'utile; celui enfin qui n'a pas droit d'écrire, comme Tacite à la tête de ses annales, *sine irâ et studio*, n'est pas digne de la confiance de la postérité, et il en est peu d'assez libres de toute espèce de préventions ou d'affections personnelles, pour se rendre ce témoignage. La politique a ses préjugés, l'esprit de parti son délire; les intérêts de l'ambition, de l'orgueil, de la fausse gloire, la passion de dominer et d'envahir, enfin le zèle du bien public, l'amour de la cité, l'esprit de corps, ont aussi leurs préjugés superstitieux et leurs maximes fanatiques, dont l'historien doit être dégagé pour être impartial et juste. Et qui l'est parmi les modernes, qui le fut parmi les anciens?

Partout l'histoire s'est pliée aux mœurs et à l'esprit du temps. Un peuple a-t-il voulu primer dans son pays comme les Athéniens, se rendre uniquement guerrier comme les Spartiates, conquérant comme les Romains, maître de la mer et du commerce comme les Carthaginois, l'histoire a trouvé juste et grand tout ce qu'il a fait pour atteindre au but de son ambition. Le système de son gouvernement, ses lois, sa politique, sa morale même, tout a été soumis à la raison d'état. Les crimes nécessaires ou seulement utiles à sa grandeur, à sa puissance, se sont érigés en vertus. L'histoire, ainsi que les nations déprédatrices et conquérantes, semble avoir pris pour règle d'équité le mot de Brennus : *væ victis!*

A l'égard des modernes, je veux bien m'interdire toute espèce d'application ; mais à parler librement des anciens, voyez dans l'histoire romaine, si jamais le droit de conquête et de rapine est mis en doute; si aux dévastateurs du monde on a reproché d'autre crime que le péculat, c'est-à-dire le brigandage personnel ; et s'il y a rien de plus honorable que le pillage militaire et que les dépouilles des nations portées en triomphe au Capitole, et entassées dans ce gouffre qu'on appelait le trésor de Saturne, pour exprimer sans doute qu'il dévorait tout comme le Temps. Voyez, lorsqu'il s'agit des dissensions du sénat et du peuple, voyez, dis-je, de quel côté se rangera l'historien. Il avouera les torts des grands, le despotisme et l'arrogance du sénat, ses usures, ses injustices, son avarice insatiable, son luxe et son faste insolent, l'état de misère et d'oppression où il tenait le peuple, la mauvaise foi des promesses qu'il lui faisait pour le calmer, sa haine et ses ressentiments contre ceux qui le protégeaient; mais il en reviendra toujours à louer, dans ce sénat même, sa constance, sa dignité, sa fermeté inébranlable à maintenir ce qu'il appellera sa grandeur et sa majesté. Les vrais Romains seront pour lui ceux des patriciens qui auront eu le plus éminemment l'esprit du corps, le despotisme aristocratique; et vous le surprendrez sans cesse à regarder comme les défenseurs, les vengeurs de la liberté, et les pères de la patrie, ceux qui en étaient les tyrans.

Dans l'histoire grecque on ne trouve pas la même déférence pour l'aristocratie; mais dans les guerres intestines que la misérable vanité de la préséance alluma entre ces républiques, on voit l'historien tout occupé de leur conduite militaire, de leurs conférences politiques, de l'éloquence de leurs députés, de l'habileté de leurs capitaines, de leurs combats, de leurs succès divers, oublier la futilité du point d'honneur qui les divise, et y attacher la même importance qu'au péril dont la Grèce a été menacée à l'invasion de Xercès, sans même trouver insensée une guerre de vingt-huit ans, qui, pour de folles jalousies entre deux villes ambitieuses, vient d'épuiser de sang toutes les veines de la Grèce, et va la livrer à demi vaincue au tyran de la Macédoine, à ce Philippe, qui, mieux qu'homme du monde, savait diviser pour réduire, et corrompre pour asservir. Dès qu'un écrivain s'est frappé d'admiration pour un peuple ou pour un personnage illustre, il n'est rien qu'il ne lui accorde : l'enthousiaste d'Alexandre, Quinte-Curce, ne veut-il pas faire admirer jusqu'à sa continence au milieu de cent femmes qu'il menait avec lui ?

Rien de plus conséquent que les lois de Lycurgue, relativement au projet de maintenir son peuple libre. Mais tout ce qui est juste et louable dans son objet l'est-il dans ses moyens ? Et que n'a pas loué l'histoire dans les lois de Lycurgue ? Plutarque ne vante-t-il pas la pudeur des filles de Sparte, qui dansaient nues devant les hommes ? ne dit-il pas même que Sparte était le trône de la pudeur ? n'y trouve-t-il pas l'adultère merveilleusement établi, pour se donner de beaux enfants? et n'ajoute-t-il pas qu'il était impossible qu'à Sparte il y eût des adultères? blâme-t-il l'usage inhumain de jeter dans les fondrières les enfants délicats et faibles? n'excuse et n'approuve-t-il pas ce qu'il y a de plus infâme dans les mœurs, en nous disant que « dans leurs amours, les rivaux « ne pensaient qu'à chercher en commun les moyens « de rendre la personne aimée plus vertueuse et « plus aimable ? » et s'il a condamné la perfidie des Spartiates dans le massacre des Ilotes, a-t-il eu le moindre scrupule sur le dur esclavage où ils étaient réduits? En un mot, tout ce que Lycurgue avait institué pour dénaturer l'homme ne lui semble-t-il pas le chef-d'œuvre de la sagesse?

Combien de fois n'a-t-on pas répété qu'Alexandre, en portant la guerre dans l'Asie, n'avait fait que venger la Grèce et la mettre en sûreté? On a pu le dire à l'égard de la Perse; mais l'Inde, qu'avait-elle fait à la Grèce? mais les Scythes, qu'avaient-ils fait à Alexandre? quel droit ou quel besoin avait-il de les attaquer? prétendait-il régner du Nil au Tanaïs, du Tanaïs au Gange? et n'est-ce pas du moins une ambition insensée, comme une bonne femme le disait à Philippe, que l'ambition d'envahir ce que l'on ne peut gouverner? L'histoire reproche à Alexandre le meurtre de son favori; mais lui reproche-t-elle d'avoir versé le sang de tant de nations paisibles qu'il fit égorger à plaisir, pour se faire louer des sophistes d'Athènes, et faire dire à Lacédémone, « puis-« qu'Alexandre veut être Dieu, qu'il soit Dieu?

Cependant l'on conçoit comment, dans un homme extraordinaire, le génie des grandes choses, l'audace, la valeur, la constance dans les travaux, en un mot cette force d'âme qui justifie en quelque sorte l'ambition de dominer, ont pu en imposer à des historiens susceptibles d'enthousiasme; et dans Quinte Curce on pardonne à l'illusion qu'il s'est faite sur son héros: comme elle était sans intérêt, elle est exempte du soupçon de bassesse : il a manqué de philosophie, et non pas de sincérité. Mais qui condamnait Velléius Paterculus à la plus lâche prostitution où puisse être réduit le plus vil des esclaves? C'est lui qui nous a dit : *semper magnæ fortunæ comes est adulatio;* et il semble avoir voulu le prouver par son exemple, en rampant aux pieds de Tibère. Encore Tibère, ce monstrueux Prothée, par la diversité de ses mœurs et de sa conduite, et par le mélange imposant de quelques grandes qualités parmi des vices détestables, donnait-il prise à la flatterie. Mais quel prétexte peut-elle avoir lorsqu'elle veut trouver de l'héroïsme dans un orgueil sans courage, et dans une arrogance oisive et molle qui ne fait qu'ordonner le crime et le malheur? Jamais un despote indolent, qui du sein de ses voluptés envoie à ses voisins l'effroi, la désolation, le ravage, devrait-il entendre l'histoire dire de lui qu'il a dompté des nations, remporté des victoires? La valeur de ses troupes, l'habileté de ses généraux, quelques milliers d'hommes de plus, qui, du côté de l'ennemi, ont péri dans une campagne, quelques champs dévastés et inondés de sang, dont il est resté possesseur jusqu'au premier revers : voilà les titres de sa gloire; et des guerres injustes, qui ont ruiné ses peuples, lui ont obtenu la même place que si, au péril de sa vie et au mépris de son repos, il avait pris et porté les armes pour le salut de son pays.

Ainsi, sans se croire coupable d'adulation, et seulement séduite et entraînée par l'opinion dominante et par l'ivresse populaire, l'histoire n'a presque jamais apprécié ni les faits ni les hommes à leur juste valeur.

Il y a cependant quelque chose de plus vil et de plus lâche que l'adulation dans un écrivain : c'est la calomnie; et les historiens animés de l'esprit de parti n'en ont été presque jamais exempts. Soit passion, soit complaisance, loin de se faire un scrupule, une honte de noircir ou la secte ou la faction contraire, ils semblent s'en faire un devoir. Louis XIV avait pu mériter l'aversion des protestants; mais les historiens protestants se sont déshonorés en outrageant Louis XIV. Je m'étonne comment des nations généreuses ont applaudi à la bassesse des écrivains qui, pour leur plaire, se sont faits calomniateurs. On pardonne l'injure au malheureux en qui l'oppression et la souffrance ont exalté la haine et les ressentiments; mais que les oppresseurs eux-mêmes calomnient les opprimés, que le despotisme, indigné d'une résistance légitime, s'en venge en outrageant ceux qu'il n'aura pu asservir; c'est un genre d'indignité que les anciens ne connaissaient pas. Le fanatisme national en est l'excuse dans la populace; rien ne peut l'excuser dans un historien. La situation de son âme est le calme et la liberté.

Celui-là seul est donc impartial, dont on ne peut deviner, en le lisant, quels étaient son pays, sa religion, son état; s'il était Grec ou Romain, ou Samnite, Français, Anglais ou Américain; s'il était de l'ordre des sénateurs ou du collége des pontifes, ou de la classe des plébéiens; s'il tenait pour l'oligarchie, ou pour le gouvernement populaire; celui enfin qui, ne laissant voir l'esprit et l'intérêt d'aucun corps ni d'aucune secte, paraît n'avoir d'autre parti que le parti de la vérité.

Mais si on exige de l'histoire un désintéressement absolu, une impartialité constante, de quel sentiment sera-t-elle animée? Demanderai-je à l'écrivain une tranquille et froide indifférence entre le crime et la vertu, une insensibilité stupide pour des actions ou des évènements qui décident du sort des peuples? Non, certes; et un historien apathique me semble un homme dénaturé. Mais l'intérêt dont il doit être ému n'est ni celui de la vanité d'un sénat ou d'un souverain, ni celui des prospérités et de la grandeur d'un empire, ni exclusivement celui de sa patrie; mais celui de l'humanité, de l'innocence, de la faiblesse, de la vertu dans le malheur, de ses semblables, quels qu'ils soient et quelque pays qu'ils habitent, lorsqu'ils souffrent des maux qu'ils n'ont point mérités. Ce n'est pas que je voulusse voir dans l'historien les émotions, les passions de l'orateur ou du poète; tout, dans ses sentiments comme dans son langage, doit être grave et modéré, mais il est une manière d'être affecté qui convient à son caractère, et qui elle-même en constitue la décence et la dignité. Tout lecteur qui n'a point perdu le sentiment de la droiture et de l'équité naturelle ne peut souffrir qu'un historien décrive froidement des proscriptions et des massacres; encore moins peut-il le voir, sans indignation, abjurer le nom d'homme, pour n'être plus que ce qu'on appelle patriote ou républicain. Il n'est rien qu'on ne doive à son pays, excepté son aveu pour des actions injustes; et s'il est honteux d'y donner son consentement, à plus forte raison l'est-il d'y prostituer ses éloges. Le crime national, comme le crime personnel, doit être crime sous la plume comme sous les yeux de l'homme de bien. S'il manque de courage, il peut ne pas écrire; mais s'il écrit, aucun devoir ne peut le forcer à trahir la vérité, la nature et son âme; et ce qui constitue l'intégrité, la sincérité et la dignité de l'histoire, contribue aussi naturellement à rendre intéressante la vérité qu'elle transmet.

On peut distinguer, dans l'histoire, un intérêt d'instruction et un intérêt d'affection. Quant à l'instruction, il n'est pas difficile, soit dans les faits, soit dans les hommes, de discerner ce que l'histoire doit prendre soin de recueillir : il suffit de se demander quels sont, parmi les exemples et les évènements du passé, ceux qui peuvent être pour l'avenir des avis salutaires ou de sages leçons.

Ce qui, d'un siècle à l'autre, peut instruire les hommes, ce sont d'abord les diversités de l'espèce humaine elle-même, si bizarrement variée et dans son naturel et dans les accidents qui l'ont modifiée; les premières agrégations; la condition primitive; les manières de vivre, les moyens d'exister; le mélange des colonies avec les peuples aborigènes; l'organisation de la société; les différences de génie et de caractère des peuples; les vices et les avantages des constitutions et des formes que la société s'est données, ses mœurs, ses coutumes, ses lois, les progrès de son industrie et de sa civilisation, les sources plus ou moins fécondes de sa force et de sa richesse; ce qui a le plus contribué à son accroissement et à sa décadence; les causes des évènements qui ont marqué sa durée et des changements qu'elle a subis, sur-tout le caractère, le génie, les talents, les vertus, les vices des hommes qui ont le plus agi et pesé sur ses destinées : tels seront, au premier coup d'œil, les objets d'une curiosité sérieuse, digne de la postérité.

Les points principaux sur lesquels semble, dans tous les temps, avoir roulé le monde, sont la religion et la politique; ses premiers mobiles furent le besoin, l'inquiétude du malaise, et l'espérance d'un meilleur sort; les fruits de sa civilisation ont été l'agriculture, le commerce, la police, la discipline, les mœurs, les lois, les arts, l'abondance et la sûreté : les semences de ses discordes, l'ambition, l'avarice et l'envie; ses fléaux, la guerre et le luxe, la superstition et le fanatisme, les dissensions domestiques, les jalousies nationales, les rivalités personnelles, les intérêts et l'ascendant de quelques hommes extraordinaires, et la docilité stupide, l'ardeur aveugle de la multitude à servir les passions ou d'un seul, ou d'un petit nombre. C'est donc là bien évidemment ce que le présent et l'avenir ont intérêt de savoir du passé, pour en tirer les fruits d'une expérience anticipée, et se rendre, s'il est possible, meilleurs, plus sages et plus heureux.

Réduite à ces points principaux, l'histoire serait dégagée d'une multitude de détails oiseux, stériles et frivoles, que la vanité seule, ou d'une ville, ou d'une province, ou d'un corps, ou d'une famille, rend importants pour elle, et qui pour le reste du monde ne sont dignes que de l'oubli.

Mais il est dans les causes des évènements mémorables un intérêt d'affection qui est comme l'âme de l'histoire, et qui rapproche et réunit tous les lieux, tous les temps, tous les peuples du monde, parce qu'il les met en société de périls et de craintes, et que dans le passé il leur fait voir l'image du présent et de l'avenir. *Posteri, posteri, vestra res agitur*, est la devise de l'histoire; c'est par ces relations et par ces ressemblances qu'elle nous rend, comme on l'a dit,

> Contemporains de tous les âges,
> Et citoyens de tous les lieux.

Or, si cet intérêt tient essentiellement à la nature et des faits et des hommes, il tient aussi à la manière dont les hommes sont peints, et dont les faits sont racontés. Le même évènement, retracé par deux écrivains également instruits, mais inégalement doués de sensibilité, de chaleur, d'éloquence, sera stérile et froid sous la plume de l'un, fécond et pathétique sous la plume de l'autre, et c'est ici que se fait sentir la différence que j'ai déjà marquée entre un témoin comme Suétone et un témoin comme Tacite. L'historien, je le répète, n'est ni poète ni orateur : son style ne sera donc ni aussi coloré ni aussi véhément que le style oratoire et que le style poétique : ce n'est ni l'imagination ni la passion qui le doit dominer, c'est la vérité simple; mais la vérité simple a sa couleur, comme elle a sa lumière, et sa lumière n'est dénuée ni de force ni de chaleur. L'historien est un témoin fidèle, grave, ingénu, mais sensible, et son style n'en est que plus sincère, lorsqu'il porte l'impression que les objets ont dû laisser dans son esprit et dans son âme. Or ces impressions se font sentir ou à chaque trait comme dans Tacite, ou seulement par des traits échappés, comme dans cet exemple cité par Montesquieu à la louange de Suétone. Suétone, après avoir froidement décrit les atrocités de Néron, change de ton tout-à-coup, et dit : « L'univers entier, ayant « souffert ce monstre pendant quatorze ans, enfin « l'abandonna. » *Tale monstrum per quatuordecim annos perpessus terrarum orbis, tandem deseruit.* Ce changement de style, cette découverte soudaine de la manière de penser de l'écrivain, cette façon de rendre en aussi peu de mots une si grande révolution, excite sans doute dans l'âme, comme l'observe Montesquieu, l'émotion de la surprise.

Mais quelque frappants que soient de pareils

traits répandus dans l'histoire, ce contraste d'une froideur continue avec un mouvement de sensibilité soudain, rapide et passager, ne paraîtrait pas assez naturel, s'il était trop fréquent; et s'il était rare, il ferait peu d'honneur au caractère de l'écrivain qui de sang froid pourrait décrire un long tissu d'atrocités, sans aucun signe d'émotion. J'aime donc mieux la manière ingénue et simple de Tacite, qui, à chaque trait de burin, nous fait sentir ce qu'il a éprouvé lui-même, comme lorsqu'il décrit les commencements insensibles de la domination d'Auguste. « Posito triumviri nomine, consulem se ferens, et « ad tuendam plebem tribunitio jure contentum; « ubi militem donis, populum annonâ, cunctos dul- « cedine otii pellexit, insurgere paulatim, munia « senatûs, magistratuum, legum, in se trahere, nul- « lo adversante : cùm ferocissimi per acies aut pros- « criptione cecidissent, ceteri nobilium, quanto quis « servitio promptior, opibus et honoribus extolle- « rentur, ac novis ex rebus aucti, tuta et præsen- « tia, quàm vetera et periculosa mallent. Neque « provinciæ illum rerum statum abnuebant, sus- « pecto senatûs populique imperio, ob certamina « potentium, et avaritiam magistratuum, invalido « legum auxilio, quæ vi, ambitu, postremò pecuniâ « turbabantur*. » Dans ce peu de mots, le caractère

---

* « Auguste ayant déposé le nom de triumvir, et n'affectant que celui de consul, parut d'abord se contenter de l'autorité de tribun, afin de protéger le peuple. Mais dès qu'il eut gagné les soldats par des dons, la multitude par l'abondance, tous par l'attrait d'un doux repos, on le vit s'élever insensiblement, en attirant à lui le pouvoir du sénat, des magistrats et des lois, sans que personne y mît obstacle. Les plus intraitables avaient péri dans les

d'un oppresseur adroit, d'un peuple avili, d'un sénat corrompu, et l'impression que cet état de Rome fait sur l'âme de l'historien, percent d'autant plus vivement, que l'énergie de l'expression n'en est que la vérité pure.

De même, soit que Tacite nous dévoile les profondes noirceurs de l'âme de Tibère, les turpitudes d'Agrippine, la férocité de Néron, soit qu'il nous représente la stupide insensibilité de Claude, soit qu'il nous décrive la mort philosophique de Sénèque, la mort héroïque de Thraséas, la mort plus philosophique et plus héroïque d'Othon, ou celle de Pétrone, si singulièrement mêlée d'une indolence épicurienne et d'une constance stoïque ; le vice, le crime, la vertu, leur mélange, tout dans son style porte le double caractère de l'objet et de l'écrivain. Il semble avoir un fer brûlant pour flétrir le vice et le crime, et les couleurs les plus suaves pour représenter la vertu. Voyez sur un même tableau la peinture de l'âme de Domitien et de celle d'Agricola.

« Nero subtraxit oculos, jussitque scelera, non
« spectavit. Præcipua sub Domitiano miseriarum
« pars erat videre et aspici : cùm suspiria nostra

---

combats, ou dans la foule des proscrits. Le reste des nobles voyait que les richesses et les honneurs se mesuraient à l'empressement que chacun témoignait pour la servitude ; et agrandis par le nouvel état des choses, ils préféraient, à la périlleuse incertitude de leur situation passée, des biens assurés et présents. Ce changement ne déplaisait pas même aux provinces, à qui les dissensions des grands et l'avarice des magistrats avaient rendu suspecte la domination du sénat et du peuple, et qui n'attendaient plus aucun secours des lois, que la force, la brigue, et la cupidité avaient anéanties. »

« subscriberentur; cùm denotandis tot hominum
« palloribus sufficeret sævus ille vultus, et rubor
« quo se contrà pudorem muniebat. Tu verò, felix
« Agricola, non tantùm vitæ claritate, sed opportu-
« nitate mortis... Si quis piorum manibus locus; si,
« ut sapientibus placet, non cum corpore extingun-
« tur magnæ animæ, placidè quiescas; nosque, do-
« mum tuam, ab infirmo desiderio et muliebribus
« lamentis ad contemplationem virtutum tuarum vo-
« ces, quas neque lugeri neque plangi fas est. Id
« filiæ uxorique præceperim, sic patris, sic mariti
« memoriam venerari ut omnia facta dictaque ejus
« secum revolvant, famamque ac figuram animi
« magis quàm corporis complectantur... forma men-
« tis æterna, quàm tenere et exprimere, non per
« alienam materiam et artem, sed tuis ipse moribus
« potes. Quidquid ex Agricolà amavimus, quidquid
« mirati sumus, manet, mansurumque est in ani-
« mis hominum, in æternitate temporum, famâ
« rerum*. »

---

* « Néron du moins détournait les yeux, il ordonnait le crime, il ne
le regardait pas. Sous Domitien, un surcroît de supplice pour les mourants
était de le voir et d'en être vus. Il tenait registre de nos soupirs; et pour épier
et noter tant de malheureux, il suffisait de ce visage atroce, que sa rougeur
prémunissait contre celle de la pudeur. Vous, Agricola, vous avez été heureux et par l'éclat de votre vie et par une mort qui vous a épargné le spectacle de tant de maux. S'il est un asyle pour les mânes; si, comme le disent les
sages, les grandes âmes ne sont pas éteintes au même instant que périssent
les corps, homme juste, reposez en paix; et nous, votre famille, enseignez-
nous à vous regretter sans faiblesse, et à cesser de vaines plaintes, en con-
templant ces rares vertus qui nous défendent de vous pleurer. Ce que vous
doivent aujourd'hui et votre fille et votre épouse, c'est de conserver si présente et de révérer si tendrement la mémoire d'un père et d'un époux,

Ce ne fut pas sans de lents progrès que l'histoire ancienne parvint à ce degré de perfection inimitable. Les premières annales des Romains n'étaient qu'un registre public, où étaient inscrits, sans aucun art, les évènements de l'année. C'est d'après ce modèle qu'écrivirent l'histoire Fabius Pictor et Pison*. Il en avait été de même parmi les Grecs; et c'était ainsi que Phérécide, Hellanicus, Acusilas avaient écrit. Mais au lieu que dans Rome, jusqu'au temps de Salluste, l'histoire fut réduite à cette sécheresse, à cette nudité d'expression, où l'écrivain

qu'elles soient sans cesse occupées de ses actions et de ses paroles; c'est d'embrasser plutôt l'image de son âme que celle de son corps. L'âme est douée d'une forme immortelle que nul objet matériel, nul art étranger ne peut rendre; et la vôtre a pu seule se peindre dans vos mœurs ª. Tout ce que nous avons aimé, tout ce que nous avons admiré dans Agricola, nous reste, et revivra sans cesse dans l'éternité des temps et dans la mémoire des hommes ᵇ.

* « Hanc similitudinem scribendi multi secuti sunt, qui sine ullis orna-
« mentis, monumenta solùm temporum hominum, locorum, gestarumque
« rerum reliquerunt. » *Cic. de Orat.* II, 12 ᶜ.

ª Cette traduction n'offre pas le sens de l'auteur, ni même un sens très raisonnable; *tuis* ne se rapporte pas à Agricola, comme paraît le croire Marmontel, mais au lecteur. Après avoir dit qu'on ne peut exprimer la figure de l'âme, comme celle du corps par des représentations matérielles, Tacite ajoute, *C'est par vos mœurs seulement que vous pouvez la rendre* ; l'emploi de la seconde personne ne donne pas à cette proposition d'autre valeur que celle d'une maxime générale.

H. P.

ᵇ Il faut ajouter, comme Dureau de la Malle, *par l'histoire de sa vie*, pour traduire *famâ rerum*, supprimé par Marmontel, qui n'y a vu faussement, ainsi que Labletterie et d'Alembert, qu'une répétition de *in animis hominum, in æternitate temporum*.

H. P.

ᶜ « Plusieurs historiens ont suivi cette manière, ils se contentaient de consigner les époques, les noms des personnages et des lieux, la mémoire des faits, sans y joindre aucun ornement. »

Trad. de M. Th. Gaillard. (Cic. de M. J. V. Le Clerc.)

HISTOIRE.

ne recherchait pour toute gloire que la brièveté et la clarté*, dans la Grèce, elle avait de bonne heure formé son génie et son style aux écoles de l'éloquence et à celles de la philosophie : c'était de là qu'était sorti cet Hérodote, dont l'élocution ravissait Cicéron lui-même; ce Thucydide qui, dans l'art de parler, passa de loin, dit-il, tous ses rivaux; dont le style est si plein de choses, que le nombre des pensées y égale presque le nombre des paroles, et qui réunit tant de précision avec tant de justesse, que l'on ne sait si c'est l'expression qui orne la pensée, ou la pensée l'expression**. De la même école sortirent Éphore et Théopompe, deux hommes de génie, tous deux disciples d'Isocrate. Enfin parut, ajoute Cicéron, le digne élève de Socrate, le prince des historiens, Xénophon***.

Le premier des latins qui appliqua l'éloquence à l'histoire, ce fut Salluste. Tite-Live l'y déploya, et avec autant de magnificence que Thucydide et Xénophon lui-même, mais, comme eux, avec la réserve convenable au témoin des temps. Dans ses récits comme dans ses harangues il est toujours près des limites qui doivent séparer l'historien de

---

* « Et dùm intelligatur quid dicant, unam dicendi laudem putant esse
« brevitatem. (Cic. *de Orat.* II, 12.)
« Uniquement jaloux de se faire comprendre, il ne connaissait d'autre mérite que celui de la précision. »

** « Qui ita creber rerum frequentiâ, ut verborum propè numerum sen-
« tentiarum numero consequatur; ita porro verbis aptus et pressus, ut
« nescias utrum res oratione, an verba sententiis illustrentur. » *Ibid.*

*** « Deinde etiam à philosophiâ profectus princeps Xenophon, Socraticus
« ille. »

l'orateur et du poète; mais il ne les passe jamais ; et pour le charme et la dignité du style de l'histoire, pour le degré d'élévation et de couleur qui lui convient, l'ampleur, la pompe et l'harmonie dont il est susceptible, je ne crois pas qu'il y ait de modèle plus accompli que Tite-Live.

Mais ce n'est pas tout, ce n'est pas même assez pour l'histoire d'être éloquente : il lui est sur-tout recommandé d'être philosophique; et pour ce dernier caractère, que j'appellerai sa vertu, rien n'est comparable à Tacite. Plus pressé, plus concis, plus vigoureux que Tite-Live, du côté de l'expression, il est aussi, du côté des pensées, plus énergique et plus profond; et, du côté des mœurs, plus grave et plus austère. Qu'un peintre, d'après leur génie, essaie de se figurer et de nous peintre leur image, il va donner à Tite-Live un air calme et majestueux, mais à Tacite un air mélancolique, mêlé de sensibilité, de sévérité, de bonté.

« Qu'on ne compare pas, dit-il, nos annales
« avec ces anciennes histoires de la république
« romaine. Là, des guerres et des travaux im-
« menses, des rois vaincus et captifs ; et au de-
« dans des dissensions des consuls avec les tri-
« buns, des lois pour le partage des terres, ou
« pour assurer l'abondance, les débats des grands
« et du peuple, sont décrits avec liberté. Ici c'est
« un travail obscur et resserré dans des bornes
« étroites ». Et cependant c'est cette obscurité d'une paix triste et sombre, intérieurement troublée par la fermentation de tous les vices et de toutes les

passions d'une foule de mauvais princes, environnés d'une cour dépravée, c'est là le grand intérêt de Tacite. Son *Histoire* même, où il annonce de si tragiques évènements *, n'est pas aussi attachante que ses *Annales*, par la raison que dans celles-ci ce sont les hommes encore plus que les choses qu'il creuse et qu'il approfondit. Avec quels traits il peint la violence et l'atrocité de ce Métellus, l'accusateur de Thraséas ! quel charme il prête à l'éloquence de la fille de Soranus ! comme il est toujours l'ami ardent de la vertu, l'ami tendre de l'innocence dans le malheur, et l'ennemi austère et inflexible du crime heureux !

Or c'est ce caractère de moralité répandu dans l'histoire, et sur-tout dans les *Annales* de Tacite, qui en fait le prix inestimable. Nul homme, depuis que l'on a peint le sentiment et la pensée, n'a plus profondément gravé dans ses écrits l'empreinte de son âme. C'est, selon moi, de lui qu'on doit apprendre à quel degré de chaleur et d'intérêt le style de l'histoire peut être poussé, sans rien perdre de son impartialité, et sans rien ôter à l'écrivain de

---

* « Opus agredior opimum casibus, atrox prælis, discors seditionibus, ipsâ etiam pace sævum : quatuor principes ferro interempti, tria bella civilia plura externa, ac plerumque proxima ... Italia novis cladibus, vel post longorum sæculorum seriem repetitis, afflicta : haustæ aut obrutæ urbes, fecundissima Campaniæ ora : urbs incendiis vastata, consumptis antiquissimis delubris, ipso Capitolio manibus civium incenso : pollutæ cerimoniæ, magna adulteria : plenum exiliis mare, infesti cædibus scopuli : atrocius in urbe sævitum : nobilitas, opes, omissi gestique honores pro crimine, et ob virtutes certissimum exilium : nec minùs præmia delatorum invisa quàm scelera.... odio et terrore corrupti in dominos servi, in patronos liberti, et quibus deerat inimicus, per amicos oppressi » *Hist.* I, 2.

son intégrité de juge. Dans ses harangues, nulle emphase ; dans ses portraits, nulle manière ; dans ses descriptions, nul appareil ; dans ses réflexions, même les plus profondes, nulle ostentation de pensée ; dans ses expressions les plus hardies et les plus énergiques, nulle contention, nul effort : partout la vérité sans fard, et toujours ce qu'un témoin attentif et sévère, un observateur sérieux et pénétrant a vu de plus caché dans le fond de l'âme des hommes, lorsque les situations et les événements lui en ont révélé le secret. Lisez le règne de Tibère ou celui de Néron, ces deux terribles et longues tragédies, dont Rome est le théâtre, et où Tacite a porté si loin l'art d'émouvoir : l'éloquence artificielle, le soin d'orner et d'agrandir n'y entre pour rien. Mais en même temps qu'il est impossible d'y apercevoir un trait exagéré ou superflu, il est impossible d'y désirer un trait sensible et intéressant qu'il ait manqué, ou qu'il ait affaibli.

Je suis cependant très éloigné de vouloir que l'histoire n'ait qu'un modèle, ou que le même soit toujours préférable ; et je commence par distinguer deux hypothèses qui demandent deux manières très différentes : l'une où l'historien suppose des lecteurs qui ne savent rien de ce qu'on va leur raconter, et l'autre qui suppose des lecteurs vaguement, confusément instruits des événements qu'on rappelle. A la première doit s'appliquer la méthode que Cicéron nous trace * pour l'histoire developpée;

---

* « In rebus magnis memoriâque dignis, consilia primùm, deinde actá, posteà eventus expectantur : et de consilio significari quid scriptor probet ; et in rebus gestis declarari, non solùm quid actum aut dictum sit, sed

c'est la manière de Tite-Live : à la seconde, il convient de serrer le tissu des évènements, d'approfondir au lieu d'étendre ; c'est la manière de Tacite. Que tous les historiens romains eussent péri dans un incendie, et que Tite-Live lui seul eût été conservé, nous aurions su l'histoire romaine. Mais qu'un écrivain comme Tacite nous fût resté seul à la place de Tite-Live, ces faits indiqués d'un seul trait, ces détails si rapidement, si brièvement accumulés, seraient à chaque instant des énigmes inexplicables.

Le style, si je l'ose dire, substantiel et condensé, qui convient à des faits déjà connus, et où la pensée aide à la lettre, n'est donc pas celui qui convient à des récits dont le fond, les détails, les circonstances, tout est nouveau.

Deux autres hypothèses, relatives aux temps, peuvent encore exiger de l'histoire plus ou moins de détails : ce sont les points de perspective que les écrivains se proposent. Plus la postérité pour laquelle on écrit est reculée, plus l'intérêt des dé-

etiam quo modo ; et cùm de eventu dicatur, ut causæ explicentur omnes, vel casûs, vel sapientiæ, vel temeritatis; hominumque ipsorum non solùm res gestæ, sed etiam qui famâ ac nomine excellant, de cujusque vitâ atque naturâ. » *De Orat.* II, 15 ª.

ª « Et comme dans les évènements importants qui méritent d'être transmis à la postérité, on veut connaître la pensée qui les a préparés, puis l'exécution et enfin le résultat, l'écrivain doit d'abord énoncer son opinion sur l'entreprise elle-même; ensuite faire connaître non seulement ce qui s'est dit et fait, mais encore de quelle manière ; et quant au résultat en indiquer fidèlement les causes, en faisant la part du hasard, de la prudence ou de la témérité. Il ne se contentera pas non plus de rapporter les actions des personnages célèbres, il s'attachera aussi à peindre leurs mœurs et leur caractère... »

Trad. de M. Th. Gaillard. (*Cic.* de M. J. V. Le Clerc.)

tails diminue : et si à chaque trait, l'historien se demande, *qu'importe à l'avenir, à un avenir éloigné?* le volume des faits qu'il aura recueillis se réduira souvent à peu de chose. Il n'y a que les peuples célèbres et les hommes vraiment illustres dont les particularités domestiques soient intéressantes encore à une certaine distance. Mais ce qui, pour une postérité éloignée, n'a rien de curieux, le temps auquel on touche, le pays où l'on est peut désirer de le savoir. C'est là, pour le discernement et pour le choix de l'écrivain, l'une des grandes difficultés. Il est presque assuré d'être prolixe à l'égard des siècles à venir, s'il accorde au sien les détails qu'il a droit de lui demander; et s'il néglige ces détails, il s'expose au reproche de n'avoir pas rempli sa tâche ; car ces détails ne sont pas tous frivoles, et la proximité des temps peut leur donner une influence et des rapports d'utilité qui les rendent indispensables.

L'historien qui ne s'occupera que de sa propre gloire évitera aisément cet écueil, en choisissant parmi les siècles écoulés, celui qui lui présente le plus de sommités brillantes et d'évènements susceptibles d'un intérêt universel. L'histoire des révolutions aura toujours cet avantage. Mais s'il se borne pour être utile, à raconter fidèlement ce qu'il a vu de près, on doit s'attendre qu'en écrivant l'histoire de son siècle il n'aura ni la précision ni la rapidité d'un écrivain qui, dans l'éloignement, ne cherche que des points éminents à tracer, et que de grands tableaux à peindre.

Enfin, dans l'hypothèse la plus commune, il peut arriver que le nombre des objets importants dont l'histoire est chargée; que la difficulté de les lier ensemble, de les distribuer, de les mêler sans les confondre; que la difficulté plus grande encore de donner à chacun toute son étendue, sans ralentir, suspendre, intervertir le cours et l'ordre des événements, en un mot que la complication de la machine politique oblige l'histoire à la décomposer, à se diviser elle-même en autant de parties qu'elle a d'objets divers, et c'est ce qu'elle a fait souvent. Ainsi la guerre, les finances, le commerce, les arts, les lois, les négociations ont leur histoire distincte, et de cette division naît la différence des styles convenables à leur objet.

L'art militaire, la marine, l'économie, le commerce, les lois ont une langue sévèrement exacte. Celle de la politique est plus affilée et plus subtile : dans les affaires du cabinet, elle est vague, mystérieuse et réservée, Montaigne dirait *cauteleuse*. Celle des intrigues de cour est plus raffinée encore et plus flexible. Mais lorsque, dans les factions, les troubles domestiques, les révolutions, les désastres, on a de grands caractères à développer, de grandes passions à faire agir, de grandes scènes à décrire, la langue de l'histoire devient presque celle de l'éloquence ou de la poésie. Voyez, dans Tacite, l'incendie de Rome; dans Tite-Live, le combat des Horaces et la conjuration des Gracques; dans Plutarque, le triomphe de Paul Émile : c'est tour à tour Homère ou Corneille qu'on croit entendre.

Ainsi, lors même que l'écrivain s'impose la tâche pénible d'embrasser d'un coup d'œil tout ce qu'un siècle lui présente d'intéressant pour l'avenir, et qu'il considère le corps politique, dont il décrit les révolutions comme une machine dont le mouvement est le résultat d'une foule d'impulsions données par différents ressorts liés et combinés ensemble; alors même non seulement il n'est pas permis à son style d'être uniforme, mais il a besoin d'être souple et varié plus que jamais. Une négociation, une campagne militaire, une intrigue de cour, une conspiration, un détail important de police ou de discipline, un code de législation demandent un esprit et une plume différente; et l'historien, dont le génie aurait cette heureuse facilité à recevoir l'empreinte des objets qui s'offriraient à sa mémoire, serait peut-être de tous les écrivains le plus rare et le plus merveilleux dans sa perfection.

Pour en approcher autant qu'il est possible, le vrai moyen, à ce qu'il me semble, est de n'affecter aucun style, de ne jamais se tendre et se roidir, et de livrer son esprit et son âme à l'impression des objets qui doivent successivement agir sur la pensée, modifier le sentiment et s'approprier l'expression.

Ainsi l'histoire diffère d'elle-même par ses tons, ses couleurs, ses caractères différents, selon les objets qu'elle exprime. Quelqu'un a dit que, pour l'historien, le meilleur style était celui qui ressemblait à une eau limpide. Mais, s'il n'a point de couleur à soi, il prendra naturellement celle de son sujet, comme le ruisseau prend la teinture du sable qui forme son lit. L'histoire politique et morale la plus féconde en réflexions; l'histoire des cours la plus curieuse dans ses détails; celle des révolutions la plus dramatique de toutes; l'histoire générale, ou celle d'un pays; celle d'un empire, ou d'un règne; des annales, ou des mémoires, demandent plus ou moins de développement ou de précision, d'ampleur ou de rapidité, de philosophie ou d'éloquence, et prescrire à l'historien d'avoir toujours un même style, ce serait comme prescrire au peintre de n'avoir qu'un même pinceau.

Je n'ajouterai plus qu'une observation qui intéresse les écrivains modernes. C'est qu'on se méprend quelquefois au caractère de simplicité et de gravité, qui convient en effet au style de l'histoire. *Simple* et *grave*, dans ce sens-là, signifie éloigné de toute affectation dans la manière, de toute recherche dans la parure. Mais comme en peinture, en sculpture, l'expression de la force, de la fierté, de la majesté peut être simple, et c'est réellement lorsqu'elle a toute sa beauté, il en est de même dans l'art d'écrire. La gravité n'exclut que les mouvements passionnés. C'est dans le sourcil de Jupiter, c'est dans le regard de Neptune que la colère est exprimée; c'est dans les traits, non dans le geste, que l'artiste fera sentir le caractère ou de Caton ou de Brutus, et la situation de leur âme, soit au moment que l'un a résolu sa mort, soit au moment que l'autre délibère d'assassiner son ami, peut-être son père. Telle est l'expression, presque immobile, du style grave. Aucun des grands mouvements oratoires ne lui convient; mais dans sa chaleur concentrée et retenue il a son énergie. Nulle emphase, nulle figure, nulle épithète ambitieuse; mais le mot propre, le plus vif et le plus pénétrant, lui communique sa vigueur.

Le tribun qui vient de poignarder Messaline paraît devant Claude au moment qu'il est à table, et lui dit qu'elle est morte. Tacite, en traçant le tableau de cette scène, n'y ajoute rien qui marque l'impression qu'elle fait sur lui; et, sans l'énoncer, tout l'exprime. « Nuntiatum Claudio epulanti pe-
« riisse Messalinam, non distincto suâ an alienâ
« manu : nec ille quæsivit; poposcitque poculum,
« et solita convivio celebravit. Nec secutis quidem
« diebus, odii, gaudii, iræ, tristitiæ, ullius denique
« humani affectûs signa dedit, non cùm lætantes
« accusatores aspiceret, non cùm filios mœrentes *.

Le même historien nous peint le deuil de Rome à la mort de Germanicus; et sans qu'un mot de plainte ou de regret indique la tristesse dont ce tableau l'affecte, on voit qu'il en est pénétré. « Con-
« sules.... et senatus, ac magna pars populi viam
« complevere; disjecti, et, ut cuiquam libitum,
« flentes : aberat quippè adulatio, ignaris omnibus

---

* Claude était encore à table, lorsqu'on vint lui annoncer que Messaline était morte, sans lui dire si elle avait péri de sa propre main ou de celle d'un autre; et il ne s'en informa point. Il demanda à boire; et il acheva comme de coutume son repas avec ses convives. Les jours suivants il ne donna aucun signe de haine, ni de joie, ni de colère, ni d'affliction, ni d'aucun sentiment humain; soit en voyant les accusateurs de Messaline se réjouir, soit en voyant la douleur et les larmes de ses enfants.

« lietam Tiberio Germanici mortem malè dissimu-
« lari. Tiberius atque Augusta publico abstinuere,
« inferiùs majestate suâ rati si palàm lamentaren-
« tur ; an ne omnium oculis vultum eorum scru-
« tantibus falsi intelligerentur.... Dies quo reliquiæ
« tumulo Augusti inferebantur, modò per silentium
« vastus, modò ploratibus inquies : plena urbis iti-
« nera : collucentes per campum Martis faces. Illic
« miles cum armis, sine insignibus magistratus,
« populus per tribus, *cecidisse rempublicam*, *nihil*
« *spei reliquum* clamitabant, promptiùs apertiùs-
« que quàm ut meminisse imperitantium crederes.
« Nihil tamen Tiberium magis penetravit quam
« studia hominum accensa in Agrippinam ; cùm de-
« cus patriæ, solum Augusti sanguinem ; unicum
« antiquitatis specimen appellarent, versique *ad*
« *cœlum* ac *deos* integram illi sobolem, ac supers-
« titem iniquorum precarentur *. » Voilà le modèle

* « Les consuls, le sénat et la plus grande partie du peuple remplirent le
chemin par où le convoi devait passer, dispersés çà et là sans ordre, et pleurant tous en liberté ; car il n'y avait dans leur douleur aucune espèce d'adulation, tout le monde étant bien instruit que la mort de Germanicus était
agréable à Tibere. Tibère et Livie s'abstinrent de se montrer, soit qu'ils
crussent indigne de la majesté de se lamenter en public, soit de peur que
tant de regards pénétrants, observant leur visage, n'y découvrissent la fausseté de leur affliction..... Le jour que les restes de Germanicus furent portés
dans le tombeau d'Auguste, on vit Rome, tantôt semblable à une solitude
où régnait un vaste silence, tantôt remplie de trouble et de gémissements.
Toutes les rues de la ville étaient remplies ; des flambeaux funèbres éclairaient
le champ de Mars. Les soldats y étaient sous les armes, les magistrats sans
les marques de leur dignité, le peuple divisé par tribus. Tous criaient que
la république était perdue, qu'il ne restait plus d'espérance ; et ces cris
éclataient aussi ouvertement et aussi librement que si on eût oublié que l'on
avait des maîtres. Rien cependant ne pénétra si vivement Tibère que le zèle

du style grave, et toutefois d'un style si pittoresque et si haut en couleur, que le poète avec ses hardiesses et l'orateur avec ses figures atteindraient difficilement à ce degré d'expression. Or il me semble que ce qu'un très grand nombre d'historiens, parmi les modernes, ont négligé de se donner, c'est cette précision nombreuse, cette simplicité énergique, cette plénitude de pensées et d'affections profondes, cette gravité plus éloignée encore de la froideur que de l'emportement. On a écrit simplement l'histoire ; mais trop souvent cette simplicité a été négligée, inculte et sans noblesse. Tantôt on a voulu prendre un style développé ; il a été faible, traînant et lâche : tantôt un style concis et serré ; et il a été sec et dur : tantôt un style abondant et pompeux ; et il a été emphatique : tantôt un style familier ; et il a été rampant. On s'est dit que l'histoire n'était pas l'éloquence ; on s'est trompé : c'est l'éloquence même, mais retenue comme un coursier fougueux que le frein réduirait au pas, et qui, dans son allure, conserverait encore et sa vigueur et sa beauté. C'est ainsi que, dans Thucydide, dans Xénophon, dans Tite-Live, dans Tacite, et parmi nous dans Bossuet et dans Voltaire, on reconnaît toujours une abondance qui se ménage, une chaleur qui se tempère, une force qui se contient et qui règle ses mouvements ; au

---

enflammé qu'on témoignait pour Agrippine, on l'appelait l'unique reste du sang d'Auguste, le seul exemple des mœurs antiques, et, les yeux levés au ciel, on suppliait les dieux de conserver sa race, et de la faire survivre aux méchants. »

lieu que dans les écrivains à qui manquent le nerf et la vigueur de l'éloquence, ce qu'ils appellent sobriété dans l'expression n'est que de l'indigence ; ce qu'ils appellent retenue n'est souvent que mollesse et langueur.

Le vrai mérite du style de l'histoire sera donc de s'accommoder à son sujet et à son objet. Ces détails si intéressants des *Vies* de Plutarque seraient insoutenables dans une histoire générale de la Grèce ou de l'Italie. Cette belle simplicité des *Commentaires* de César aurait été de la sécheresse dans les *Décades* de Tite-Live. La somptuosité du langage de Tite-Live aurait été du faste dans les mémoires de César. Le cardinal de Retz eût été ridicule, s'il eût pris le ton grave et sentencieux du président de Thou, ou s'il nous eût décrit la fronde, du style qui convient aux révolutions romaines.

En un mot, dans son tissu même le plus uni, le style de l'histoire doit être simple avec dignité, et d'un naturel également éloigné de l'affectation et de la négligence, de l'enflure et de la bassesse ; et autant il rejette ces hyperboles de Florus, lorsqu'il nous dit que les vaisseaux d'Antoine faisaient gémir la mer et fatiguaient les vents [*] ; et de César, que l'Océan, plus tranquille et plus favorable, l'avait laissé passer d'Angleterre aux bords de la Gaule, comme en reconnaissant qu'il ne pouvait lui résister [**] ; et de Lucullus, qu'il semblait qu'ayant fait

---

[*] « Non sine gemitu maris et labore ventorum ferebantur. »

[**] « Ipso quoque Oceano tranquillo magis et propitio, quasi imparem se fateretur. »

alliance avec la mer et les tempêtes, il leur eût donné la flotte de Mithridate à combattre et à disperser * ; et de Camille, que l'inondation du sang gaulois avait éteint dans Rome tous les restes de l'incendie ** : autant, dis-je, la gravité du style de l'histoire rejette ces extravagances, autant sa dignité rebute le langage commun, le ton bourgeois, les phrases proverbiales des écrivains qui, parmi nous, semblent avoir travesti l'histoire à dessein de la dégrader, comme dans ces expressions que Voltaire a notées : « Le général poursuit sa pointe. Les enne-
« mis furent battus à plate couture. Ils s'enfuirent
« à vaudéroute. Il se prêta à des propositions de
« paix après avoir chanté victoire. Les légions vin-
« rent au-devant de Drusus par manière d'acquit.
« Un soldat romain se donnait à dix as par jour,
« corps et âme. » Certes, ce n'était pas ainsi que les anciens écrivaient l'histoire : non seulement dans les choses les plus communes, ils s'énonçaient avec décence, mais souvent, dans les grandes choses, sollicités par le besoin d'exprimer vivement un trait de caractère, une pensée neuve et hardie, leur style s'élevait jusqu'au ton le plus haut : c'est ainsi que Tacite a peint l'effroi de Caligula, lorsque Tibère, que l'on croyait mourant, revint un moment à la vie: *Cæsar in silentio fixus a summâ spe novissima expectabat.* C'est ainsi qu'il a peint le deuil de Rome aux funérailles de Germanicus : *Dies modò*

---

* « Plane quasi Lucullus, quodam cum fluctibus procellisque commercio, debellandum tradidisse regem ventis videretur.

** « Ut omnia incendiorum vestigia gallici sanguinis inundatione deleret » *per silentium vastus, modò ploratibus inquies*. Plutarque a de même exprimé en poète l'extrémité où Rome était réduite à l'arrivée de Camille : *Rome était dans la balance avec l'épée de Brennus*, et la révolution qu'opéra son retour : *Il ramena Rome dans Rome.*

Je ne me lasse point de citer ces modèles, tout désespérants qu'ils me semblent; et à commencer par moi-même, je ne cesserai de dire, à ceux qui veulent, en écrivant l'histoire, se rendre intéressants pour la postérité, ce qu'Horace disait aux poètes latins en parlant des Grecs :

Nocturnà versate manu, versate diurnà.
MARMONTEL, *Éléments de Littérature*.

MÊME SUJET

L'histoire fut généralement une des parties faibles du dernier siècle, et l'a même été du nôtre : dans l'un, par le défaut de philosophie, et dans l'autre par l'abus.

Ce n'était pas assez que Bodin eût examiné les différentes espèces de gouvernement dans son *Traité de la république*, qui a été le germe de l'*Esprit des Lois*; que Barbeyrac traduisît et commentât Grotius et Puffendorf, les plus fameux publicistes étrangers. Ces ouvrages, quoiqu'ils ne fussent ni sans mérite ni sans utilité, offraient plus d'érudition et de scolastique que de résultats lumineux et d'idées usuelles. On y chercherait en vain le talent nécessaire en ce genre, celui de mettre à la portée de tout lecteur un peu instruit ce qui intéresse tous les citoyens, et d'enseigner aux peuples et à ceux qui les gouvernent leurs véritables intérêts.

L'enthousiasme, d'ailleurs très naturel, qu'avait inspiré Louis XIV, et qui enfanta tant de merveilles, eut aussi son excès, et, par une conséquence ordinaire, ses inconvénients. En exaltant les âmes, il troubla un peu le jugement : nous en avons la preuve dans les plus grands esprits de ce temps. On s'accoutuma trop à légitimer tout ce qui était brillant, et à soumettre la raison à l'opinion du maître, parce que le maître était grand ; mais le maître était faillible, et jamais ne se vérifia mieux ce vers d'un ancien :

Regis ad exemplum totus componitur orbis.

L'exemple du monarque est la loi de la terre.

De là tant d'histoires plus louangeuses que véridiques, et plus d'une fois les préjugés mis à la place de la raison. De là aussi, comme par contre-coup, le défaut contraire dans les écrits du parti opposé, ceux des protestants, qui ne sont guère que des satires. En total, on oubliait trop qu'il ne fallait pas écrire l'histoire pour un roi, mais pour une nation ; que le despotisme, qui peut paraître de la grandeur dans un règne éclatant, n'est plus que de la tyrannie dans un règne vulgaire ; et que, sans même attendre cette époque, ce qui semblait de la dignité dans les succès, n'était plus que de l'orgueil au milieu des maux publics. Il importait donc d'opposer de bonne heure à l'arbitraire justifié par la fortune les principes d'un bon gouvernement et d'une saine législation, qui seuls sont de tous les temps, et qui font la sécurité des rois comme celle des peuples. Loin de faire de ces éléments du bonheur général les éléments de l'histoire, les écrivains ne s'occupaient que de combats et de triomphes, traçaient des portraits de fantaisie, coloriés par l'adulation ou par la haine; et parmi toutes ces peintures multipliées sans mesure et sans choix, parmi ces portraits de tant de princes remplacés les uns par les autres, disparaissait la figure principale qui aurait dû dominer sur toutes les autres, celle de la nation.

Des préjugés particuliers étaient encore un obstacle de plus à la perfection du genre historique. Parmi ceux qui s'y dévouaient, on comptait des hommes qui, engagés dans une profession toujours respectable, mais en même temps attachés à l'esprit de corps, qui n'est pas toujours irrépréhensible, étaient trop gênés dans leurs fonctions d'historiens, par les convenances de leur état, ou trop assujettis à ses intérêts temporels et à ses prétentions particulières. Ce sont autant d'écueils difficiles à éviter pour un ecclésiastique ou un religieux qui écrit l'histoire. On s'en est aperçu dans le siècle dernier, et même dans le nôtre. Ceux qui ont échoué à cet écueil peuvent avoir une excuse; mais ceux qui s'en sont préservés n'en ont que plus de mérite.

Les recherches d'érudition ne sont que les matériaux de l'histoire : la vie monastique est aussi favorable aux unes qu'elle semble par elle-même éloignée de l'autre. L'érudition ne s'exerce que sur les livres, et demande sur-tout du temps et de la patience : aussi les Mabillon, les Montfaucon, les Petau, les Lecointe, et d'autres savants laborieux, furent véritablement utiles en débrouillant la chronologie, en éclaircissant les difficultés des anciens manuscrits et les ténèbres des anciens monuments; et ils ont eu jusque aujourd'hui des successeurs dans ce genre de travail très estimable, et qui demande une sagacité particulière. C'est sur-tout en posant ces premiers fondements des connaissances historiques que le dernier siècle a rendu des services au nôtre, qui a commencé d'en profiter. Nous devons aussi beaucoup, pour ce qui regarde en particulier l'histoire de France, à Cordemoi, à Le Valois, à Godefroi, à Le Laboureur, etc., et ce n'est qu'en les suivant, que le P. Daniel rectifia les nombreuses erreurs où était tombé, dans les premières races, Mézeray, qui n'avait point puisé dans les meilleures sources.

On exige d'un historien qu'il entremèle avec habileté et avec goût le récit des faits, l'examen des mœurs et la peinture des hommes, qu'il nous indique leurs rapports, leurs liaisons, leur dépendance; qu'il raisonne sans pesanteur, qu'il raconte sans prolixité, qu'il décrive sans emphase. Nous voulons qu'il satisfasse la raison par des pensées, l'imagination par des tableaux, l'oreille par la diction : tous ces devoirs sont, je l'avoue, difficiles à remplir. J'ai rappelé le peu que nous eûmes, dans le dernier siècle, d'historiens estimables à plusieurs égards; et vous voyez qu'en mettant de côté Bossuet, comme un homme à part, il s'en faut qu'aucun d'entre eux ait réuni toutes ces qualités. Il ne paraît pas que l'on se fût fait une idée exacte et complète de ce genre de composition, l'un des plus importants que le talent puisse embrasser : on ne s'était pas représenté assez fidèlement quel doit être l'homme qui peint les siècles, qui assemble en esprit les générations passées et futures, pour dire aux unes ce qu'elles ont été, et aux autres ce qu'elles doivent être.

Souvent on a demandé pourquoi la lecture des histoires anciennes est généralement beaucoup plus agréable et plus attachante que celle des histoires modernes. Cette différence ne vient pas seulement, comme on l'a cru, de la supériorité des sujets et de la nature des faits historiques; elle vient encore, il faut l'avouer, de l'excellence des écrivains qui ont travaillé sur l'histoire grecque et romaine. La nôtre (pour ne parler que de celle-là) est sèche et embrouillée sans doute dans les premiers temps; elle est barbare pour le fond des choses, et pauvre de matériaux. Mais en avançant dans la seconde, et sur-tout dans la troisième race, le sujet devient fécond et intéressant, et les secours ne manquent pas plus que le sujet. Croit-on que l'époque singulière des croisades, ce mélange de l'Europe et de l'Asie, ce genre d'héroïsme pieux et guerrier, qui n'a point d'exemple dans l'antiquité; que le siècle de Charles-Quint et de François Ier, le mouvement de l'esprit humain et les secousses du monde politique au temps de ce qu'on appelle la réforme;

que la Ligue, si fertile en grands crimes et en grands hommes, ne fussent pas des tableaux aussi intéressants qu'ils sont neufs, s'ils étaient coloriés par la main d'un Tite-Live, ou d'un Salluste, ou d'un Tacite? Le malheur de nos historiens, pour la plupart, a été de n'être ni peintres, ni philosophes, ni hommes d'état, et ceux de l'antiquité avaient au moins un de ces caractères: plusieurs les ont réunis*.

Il y eut du moins dans le genre historique une partie qui fut très perfectionnée dans le dernier siècle: c'est celle qu'on nomme la critique (car ce mot s'applique au jugement qui s'exerce sur l'histoire, comme à celui qui a pour objet les ouvrages de goût et d'imagination). Les bons critiques en histoire sont ceux qui savent discerner les pièces authentiques des pièces supposées, celles qui méritent créance et celles qui n'en méritent point; peser et concilier les témoignages, choisir les autorités, vérifier les dates, éclaircir ou épurer les textes et les manuscrits. On conçoit qu'il est plus aisé et plus commun d'avoir de bons critiques que de bons historiens, ce qui dépend du travail et du discernement étant moins rare que ce qui demande du talent. On distingua dans cette classe un P. Pagi, un Tillemont, un Casaubon: ils rectifièrent les innombrables méprises de Baronius, à qui pourtant l'on avait l'obligation d'avoir, dans le XVIe siècle, débrouillé

* Ceci est une excellente réponse à un passage où Marmontel prétend que l'histoire moderne n'offre point à l'écrivain de sujets heureux. Voyez t. I, p. 397 de notre *Répertoire*. H. P.

le premier le cahos de l'histoire ecclésiastique. Le P. d'Avrigny marcha sur leurs traces avec plus de succès encore : c'est à lui que l'on doit une suite chronologique des *Annales de l'Église*, depuis le commencement du XVIIe siècle jusqu'aux premières années du nôtre, qui ne laisse rien à désirer pour l'exactitude et la fidélité. Les *Mémoires pour l'Histoire universelle* du même siècle n'ont pas moins de ce mérite, et il y joint celui d'une diction nette et précise, sans aucune teinte de ce jésuitisme dont les *Annales ecclésiastiques* ne sont pas tout-à-fait exemptes. On peut citer dans le même genre l'*Histoire des Juifs*, l'*Histoire de l'Église*, l'*Histoire des Provinces-Unies*, toutes trois de Basnage de Beauval, le plus célèbre de cette famille réfugiée des Basnage, qui tous ont rendu des services aux lettres ; l'*Histoire du Manichéisme*, par Beausobre, l'*Histoire des conciles de Bâle, de Pise et de Constance*, par Lenfant. Tous ces écrivains protestants luttèrent contre les savants catholiques, dans ce genre de recherches, qui demande autant d'impartialité que d'érudition, et ne montrèrent pas toujours autant de l'une que de l'autre. Mais la sécheresse de leur style fait qu'ils sont plus estimés des gens de lettres qui cherchent leur instruction, que des gens du monde qui veulent y joindre l'amusement. C'est ce qui ôta beaucoup de son prix à l'*Histoire d'Angleterre*, de Rapin Thoiras, quoique regardée comme la meilleure, même par les Anglais, du moins jusqu'à ce que le célèbre Hume eût écrit. Mais sans parler de ces locutions étrangères ou vieillies qui ternissent un peu ce qu'on appelle *le style réfugié*, aucun de ces auteurs n'a connu l'éloquence de l'histoire : leur principal mérite est de s'être préservés beaucoup plus que les autres de cet esprit de parti qui infecta les productions de tant d'écrivains de leur secte, autant pour le moins que celles de leurs adversaires. Il est fâcheux que le Vassor, fait pour valoir mieux que cette foule de libellistes aujourd'hui confondue dans le même oubli, les ait imités dans leurs emportements, et qu'il ait cru faire assez de ne pas les imiter dans leurs mensonges. Son *Histoire de Louis XIII* renferme dans sa volumineuse prolixité une multitude de faits curieux : mais il oublie entièrement qu'une histoire n'est pas un *factum*. Il déclame avec une animosité indécente contre Louis XIV; et s'il ne trompe guère sur les faits, il est très souvent injuste pour les personnes. Il n'a pas su distinguer la sévérité judicieuse d'un historien, de l'amertume virulente d'un satirique. La justice de l'histoire doit s'exercer comme celle des lois : l'une doit juger comme l'autre doit punir, sans colère et sans passion ; et c'est infirmer son propre jugement que de n'y pas porter cette raison tranquille et désintéressée, qui est la première disposition pour bien juger.

On ne peut mettre que dans la classe des savants en recherches historiques le comte de Boulainvilliers et l'abbé Dubos. Leur érudition n'a pas été dirigée par un jugement sain : il y a, dans ce qu'ils ont écrit sur l'*Histoire de France*, des vues et des lumières dont on peut profiter; mais ils sont le plus souvent égarés par l'esprit de système, aussi dangereux en histoire, qu'en philosophie, et qui, dans l'une comme dans l'autre, commence par dénaturer les faits pour amener des résultats erronés. Heureusement les erreurs de ces deux écrivains ont été solidement réfutées par Montesquieu et le président Hénault, qui ont fait voir que Boulainvilliers et Dubos n'étaient, dans le genre de l'histoire, ni bons critiques, ni bons publicistes*.

LA HARPE, Cours de Littérature.

HOFFMAN (HENRI), né à Nancy en 1760, commença ses études dans sa ville natale, et vint, en 1785, les perfectionner à Paris, où il se fixa depuis. Dès son arrivée, il se fit connaître avantageusement dans le monde littéraire par la publication d'un volume de *Poésies diverses*. L'année suivante, il donna, avec Lemoyne, à l'Académie royale de musique, *Phèdre*, opéra en trois actes. Le succès de cet ouvrage le détermina à suivre la carrière dramatique. Durant trois ans, il se déroba aux éloges et aux applaudissements; mais il reparut bientôt pour briller d'un

---

* Voyez, sur les diverses révolutions qu'a subies *la manière d'écrire l'histoire*, depuis les anciens jusqu'à nos jours, une note de M. H. Patin, que nous avons placée à la fin du volume à cause de son étendue. Voyez encore sur *la manière d'écrire l'histoire* ou de *l'étudier*, ce qu'en ont écrit, soit en passant, soit dans des ouvrages spéciaux, chez les anciens, Cicéron, Pline le jeune, Denys d'Halicarnasse, Lucien, etc. ; chez les modernes, Bacon, J. Bodin, Montaigne, La Motte Levayer, Cordemoy, Saint-Réal, Rapin, Rollin, d'Alembert, Voltaire, Mably, Blair, de Barante, etc., etc.

nouvel éclat. En 1789, il fit représenter *Nepthé.* Lemoyne, auteur de la musique, partagea encore avec lui les suffrages des connaisseurs. En 1790, l'Opéra-Comique lui dut *Euphrosine ou le Tyran corrigé*, et *Stratonice* en 1792. « Le ton de la comé-
« die noble, dit Chénier dans son *Tableau de la*
« *Littérature française*, distingue *Euphrosine*, et
« *Stratonice*, ouvrages conçus, écrits avec sagesse,
« et dignes d'être embellis par la superbe musique
« de Méhul. » Ces opéra furent suivis d une foule d'autres compositions. En 1794, il fit avec Solié, la *Soubrette;* en 1796, *Azelmir*, le *Jockei* et *le Secret*, toujours avec Solié. En 1797, il composa *Médée*, avec Chérubini; *Léon* ou *le Château de Montenero*, avec Daleyrac. En 1799, on joua de lui *Ariodant*, en 1800, *Bion*, et en 1802, *le Trésor supposé*: Méhul, était auteur de la musique. Nicolo lui prêta les secours de sa lyre dans la *Ruse inutile* et dans les *Rendez-vous bourgeois*, réprésentés en 1805. Enfin il traita pour la scène lyrique le sujet d'*Artaxerce*.

M. Hoffman avait fait, avec Méhul, l'opéra d'*Adrien*. Il fut jugé, par la deuxième classe de l'institut, digne de la première mention, lors du concours pour les prix décennaux. Voici ce que les rapporteurs en dirent:

« Ce poëte a enrichi la scène lyrique de plusieurs
« ouvrages, dont les amateurs de la bonne littérature
« n'ont pas perdu le souvenir. L'étude qu'il a faite
« des lyriques italiens et particulièrement de Métas-
« tase se reconnaît dans ses opéra où les situations

« les plus pathétiques se trouvent fortifiées de tous
« les accessoires que la pompe théâtrale peut offrir.
« Son talent flexible s'applique avec un égal succès
« à l'expression des sentiments énergiques et à celle
« des sentiments tendres et gracieux. »

La polémique des journaux acquit à M. Hoffman une grande réputation, comme critique. Il montra une finesse d'esprit, un jugement sûr et une facilité d'expression très remarquable, dans sa querelle avec Lepan, dont les attaques durent leur célébrité aux ripostes qu'elles lui attirèrent; dans ses débats avec Geoffroy, censeur sévère et acerbe de plusieurs de ses pièces, enfin, dans sa lutte avec M. l'abbé de Pradt, l'occasion de l'ouvrage de ce dernier sur l'Amérique méridionale. Tout le monde se rappelle avec plaisir ses charmants articles sur le magnétisme et sur le système du docteur Gall.

Chargé de rendre compte dans le *Journal des Débats*, des *Martyrs*, de M. de Châteaubriand, il exerça la critique la plus rigoureuse et déploya toutes les ressources de son talent pour la raillerie. Il fit ressortir le mal que ce livre pouvait faire à la jeunesse chrétienne, en rabaissant dans son esprit les mystères et le culte des chrétiens au niveau du paganisme.

Indépendant de caractère, M. Hoffman ne flatta aucun gouvernement; il fut, comme tous les hommes sages et éclairés, un des antagonistes de la révolution. Il s'éloigna du théâtre de ses excès, pour se livrer à l'étude, dont le charme irrésistible lui fit tout oublier et abandonner. C'est à cette ardeur soutenue qu'il doit sa vaste érudition ; cet avantage qu'il a sur le commun des poètes, d'être un excellent littérateur, et sur les littérateurs, d'être initié aux mystères des sciences. Dans toutes ses compositions lyriques, il sut plier sa muse au caprice du musicien, sans rien sacrifier de la grace et de la facilité.

Aussi modeste qu'instruit, on pourrait lui appliquer ce mot de madame de Sévigné sur Bouhours : *L'esprit lui sort de tous côtés.*

AD. LAUCIER.

HOMÈRE. Il n'y a point d'écrivain dont les ouvrages aient tant occupé la postérité ; il n'y en a point dont la personne soit moins connue. Un adorateur d'Homère pourrait dire que ce poète ressemble à la Divinité, que l'on ne connaît que par ses œuvres. On ne sait où il est né, ni même bien précisément quand il a vécu. On conjecture, avec assez de vraisemblance, que l'époque de sa naissance remonte à près de mille ans avant Jésus-Christ, et trois cents ans après la guerre de Troie. Ce qu'on a dit de sa pauvreté, qui le réduisait à demander l'aumône, n'est fondé que sur des traditions incertaines, et peut-être sur l'hospitalité qu'il recevait dans les différents endroits où il récitait ses vers. Suidas fait monter à quatre-vingt-dix le nombre des villes qui se disputaient l'honneur d'être la patrie d'Homère. L'empereur Adrien consulta les oracles pour savoir à qui ce titre appartenait, et ils répondirent qu'Homère était né dans l'île d'Ithaque.

Mais comme les oracles étaient déjà fort décrédités, leur autorité ne décida pas la question. La ville de Smyrne et l'île de Chio sont les deux contrées qui ont produit le plus de titres en leur faveur. Des savants ont écrit là-dessus de gros volumes qui ne nous ont rien appris; et qu'importe, après tout, quel pays puisse se vanter d'avoir produit Homère? il suffit que l'humanité s'honore de son génie, et que ses écrits appartiennent au monde entier. Ce qu'on a écrit sur son origine et sur sa vie est aussi fabuleux que ses poèmes. Le commentateur Eustathe, qui le fait naître en Égypte, assure qu'il fut nourri par une prêtresse d'Isis dont le sein distillait du miel au lieu de lait; qu'une nuit on entendit l'enfant jeter des cris qui ressemblaient au chant de neuf différents oiseaux, et que le lendemain on trouva dans son berceau neuf tourterelles qui jouaient avec lui. Héliodore prétend qu'il était fils de Mercure. Diodore de Sicile nous apprend qu'Homère avait trouvé le manuscrit d'une certaine Daphné, prêtresse du temple de Delphes, qui avait un talent admirable pour rendre en beaux vers les oracles des dieux, et que c'est de là qu'Homère les a transportés dans ses poèmes. D'autres le font descendre en droite ligne d'Apollon, de Linus et d'Orphée; et, suivant les idées que ces noms réveillent en nous, on ne peut nier que celui d'Homère, mis à côté d'eux, n'ait au moins un air de famille. Enfin il y en a qui prétendent que, long-temps avant lui, une femme de Memphis, nommée *Phantasie*, avait composé un poème sur la guerre; et vous observerez qu'en grec, φαντασια, dont nous avons fait *fantaisie*, veut dire imagination. L'allégorie n'est pas difficile à pénétrer, et toutes ces traditions fabuleuses prouvent seulement le goût constant et décidé des Grecs pour les contes allégoriques, goût qui ne les abandonna pas même dans le moyen âge, puisque la fable du miel et des tourterelles, dans Eustathe, désigne évidemment la douceur des vers d'Homère; et que celle d'Héliodore, qui lui donne Mercure pour père, fait allusion à l'invention des arts, attribuée à Mercure. Quant aux vers de la sibylle Daphné, la vérité est que, ceux d'Homère étaient très répandus, les oracles s'en servaient souvent pour rendre leurs réponses.

Il faudrait compiler des volumes sans nombre pour rassembler tous les divers jugements qu'on a portés de lui; car il était de sa destinée d'être un sujet de discorde dans tous les siècles. Horace a placé Homère, pour la morale au-dessus de Chrysippe et de Crantor, deux chefs de l'école, l'un du Portique, l'autre de l'Académie. Porphyre, dans des temps postérieurs, a fait un Traité *sur la philosophie d'Homère*. Mais d'un autre côté, Pythagore qui ordonnait à ses disciples cinq ans de silence, et qui apparemment ne faisait pas grand cas du talent de bien parler, a mis Homère dans le Tartare pour avoir donné de fausses idées de la Divinité. L'on sait communément que Platon voulait le bannir de sa *République*: mais il n'est pas aussi commun de savoir comment ni pourquoi. On va

reconnaître des idées abstraites et élevées, mais aussi des conséquences forcées et sophistiques dans les motifs de l'exil auquel il condamne les poètes; et en même temps l'on trouvera sa belle imagination dans la manière dont il veut que cet exil s'éxécute. Il faut d'abord savoir que Platon n'admet dans la nature que deux choses : l'idée originelle, et l'être qui est la ressemblance de l'idée ou la copie du modèle. Par l'idée originelle, il entend Dieu ou la pensée divine, et par les autres êtres, toutes les formes que Dieu avait créées conformément à sa pensée. Il n'y a rien jusque-là que de grand et de philosophique ; mais il ajoute : « Tous les objets
« n'étant que des copies de ce premier modèle, les
« arts qui les imitent ne font que copier des copies :
« à quoi cela est-il bon ? » Ici le philosophe n'est plus qu'un sophiste ; mais ce qui suit fait voir que, si sa métaphysique était quelquefois forcée, son imagination était douce et riante. « Donc, dit-il,
« s'il se présente parmi nous (c'est-à-dire parmi les
« citoyens de cette république qui n'a jamais existé
« que dans les livres de Platon) un poète qui sache
« prendre toutes sortes de formes et tout imiter, et
« qu'il vienne nous présenter ses poèmes, nous lui
« témoignerons notre vénération, comme à un
« homme sacré qu'il faut admirer et chérir; mais
« nous lui dirons : Nous n'avons parmi nous per-
« sonne qui vous ressemble, et dans notre consti-
« tution politique, il ne nous est pas permis d'en
« avoir ; et ensuite nous le renverrons dans une
« autre ville, après avoir répandu sur lui des par-

« fums et couronné sa tête de fleurs. » Avouons qu'on ne peut pas donner à un arrêt de bannissement une tournure plus aimable, et que si la république de Platon existait, un poète serait tenté d'y aller ne fût-ce que pour être renvoyé.

Au reste, quand il en vient à Homère lui-même, il témoigne la plus grande admiration pour son génie ; il avoue qu'il lui faut du courage pour le condamner ; que le respect et l'amour qu'il a depuis son enfance pour les écrits d'Homère devraient enchaîner sa langue ; qu'il le regarde comme le créateur de tous les poètes qui l'ont suivi, et particulièrement des poètes dramatiques ; mais qu'enfin la vérité l'emporte sur tout. Alors il lui fait des reproches un peu plus clairement motivés que l'espèce de proscription politique prononcée ci-dessus, et prouve fort au long que les dieux de l'*Iliade* sont faits pour donner une idée aussi fausse qu'indigne de la Divinité ; ce qui certainement n'était pas difficile à démontrer en philosophie.

La Harpe, *Cours de Littérat.*

JUGEMENTS.

I.

L'Iliade. Pour justifier ces dieux d'Homère, les anciens et les modernes ont eu recours à l'allégorie, et dans ce système, ils ont mêlé, comme dans tout le reste, la vérité à l'erreur. Il est hors de doute que les allégories et les emblèmes sont de la plus haute antiquité. Ce fut partout la première philosophie et la première religion : c'était particulièrement l'esprit des Orientaux et la science des Égyptiens. Homère avait long-temps voyagé chez eux, et, soit qu'il fût né dans la Grèce même, ou dans une des colonies grecques qui couvraient les côtes d'Ionie, il dut être imbu dès son enfance des notions les plus familières aux peuples de ces contrées. Les mystères d'Éleusis n'étaient autre chose que des emblèmes de morale : il est prouvé que le sixième livre de l'*Énéide* est une description exacte de ces mystères et un résumé de la philosophie de Pythagore. Plusieurs des fictions d'Homère ont un sens allégorique si évident, qu'on ne peut s'y refuser. On sait aussi que long-temps après lui c'était un usage général parmi les poètes de désigner l'air par Jupiter, le feu par Vulcain, la terre par Cybèle, la mer par Neptune, etc. Tout cela est incontestable; mais ne voir dans toute l'*Iliade* que des êtres moraux personnifiés, est une idée aussi fausse en spéculation qu'elle serait froide en poésie; et ce qu'il y a de pis, c'est que cette explication forcée et chimérique ne sauve rien, et qu'en prenant Jupiter pour la puissance de Dieu, le destin pour sa volonté, Junon pour sa justice, Vénus pour sa miséricorde, et Minerve pour sa sagesse, il y a encore plus d'inconséquences à dévorer qu'en les prenant pour ce qu'ils sont dans l'*Iliade*, c'est-à-dire pour des divinités conduites par toutes les passions des hommes. Ne vaut-il pas mieux laisser les choses comme elles sont, et avouer qu'Homère a peint les dieux précisément tels que la croyance vulgaire les représentait? C'est pour nous un défaut, sans doute; et ce qui prouve qu'on l'a senti long-temps avant nous, c'est que Virgile, qui a fait usage des mêmes divinités, les fait agir d'une manière plus raisonnable et plus décente, parce que son siècle était plus éclairé; ce qui n'empêche pas que dans l'*Énéide* même on ne trouve bien des choses aussi étrangères à nos mœurs et à nos idées que dans l'*Iliade* et l'*Odyssée*. Renfermons-nous donc dans cette seule apologie si simple et si plausible, que les devoirs d'un poète et d'un philophe sont très différents; que, si l'on demande à l'un de s'élever au-dessus des idées vulgaires qu'il doit rectifier, on ne demande au poète que de bien peindre ce qui est. Il est l'historien de la nature, et n'en est pas le réformateur, et l'on peut dire à ceux qui ne sont pas contents des dieux et des héros d'Homère : Que vouliez-vous donc qu'il fît? Pouvait-il faire une religion autre que celle de son pays, et peindre d'autres mœurs que celles qu'il connaissait ?

On n'a pas épargné ses héros plus que ses dieux, et ils sont tout aussi aisés à justifier par le même principe. Il est incontestable que de son temps la force du corps faisait tout; que, les guerriers étant couverts de fer et d'airain, celui qui pouvait soutenir facilement l'armure la plus forte et la plus pesante, porter le coup le plus vigoureux, percer avec le plus de force les cuirasses et les boucliers, était un homme formidable, était un héros. Cette supériorité, une fois reconnue, réglait son rang; et de là vient que dans l'*Iliade* il est si commun de voir un guerrier très brave avouer qu'un autre lui est supérieur, et se retirer devant lui. Aujourd'hui que des armes également faciles à manier pour tout le monde, et le principe de l'honneur qui défend à un homme de céder à un autre homme, ont mis sur la même ligne tous ceux qui peuvent combattre, on serait blessé avec raison de voir un guerrier fuir devant un autre et s'avouer son inférieur. Mais dans Homère, Énée dit sans honte à Achille : *Je sais bien que tu es plus vaillant que moi;* ce qui signifie seulement, je sais que tu es plus fort. Il est vrai qu'il ajoute : *Mais pourtant si quelque dieu me protège, je pourrai te vaincre;* et voilà le principe le plus généralement répandu dans l'*Iliade*, c'est que tout vient des dieux, la force, le succès, la sagesse. Lorsque Agamemnon veut se justifier d'avoir outragé Achille, il dit que quelque dieu avait troublé sa raison. C'est la protection de tel ou tel dieu qui fait triompher tour à tour les héros grecs et troyens, aujourd'hui Hector, demain Diomède. Ce sont les dieux qui répandent la consternation dans les armées, ou qui les animent au combat; et il ne faut pas croire que cette intervention des dieux diminue la gloire des guerriers parce que l'on voit clairement que, dans leurs idées, ce qu'il y a de plus glorieux pour un mortel, ce qui le relève le plus aux yeux des autres hommes, c'est d'être favorisé du ciel. Achille dit à Patrocle : « Garde-toi d'attaquer « Hector, il a toujours près de lui quelque dieu qui « le protège. » Aussi n'y a-t-il pas un seul des héros de l'*Iliade*, Achille excepté, à qui il n'arrive de se retirer devant un autre : ce qui distingue les plus braves, tels qu'Ajax et Diomède, c'est de se retirer en combattant; et l'on peut observer, à la gloire du poète, que, malgré cette puissance des dieux qui semblerait devoir tout confondre, il conserve à tous ses personnages la grandeur qui leur est propre et le caractère qu'il leur a donné. C'est un de ses plus grands mérites aux yeux de tous les bons juges, que cet art de soutenir et de varier un grand nombre de caractères, et de donner à tous ses personnages une physionomie particulière. La Motte lui a contesté ce mérite, et c'est une de ses injustices. Agamemnon est le seul, si j'ose le dire, qui me paraisse jouer un rôle peu noble et peu digne de son rang. Je ne lui reproche pas sa querelle avec Achille, puisqu'elle est le fondement du poème, et que d'ailleurs elle est suffisamment motivée par le caractère altier que le poète lui donne; mais d'ailleurs il ne fait rien qui excuse ses torts envers Achille, et qui justifie la prééminence qu'il a parmi tous ces rois. Il n'assemble deux fois les chefs de l'armée que pour les exhorter à la fuite, et quelques subtilités qu'on ait imaginées pour pallier cette conduite, elle n'en est pas moins inexcusable. Le vrai modèle d'un général, c'est le Godefroi du Tasse, et c'est aussi le Tasse qui seul peut le disputer à Homère dans cette partie de l'épopée, qui consiste dans la beauté soutenue et l'attachante variété des caractères.

Achille est en ce genre le chef-d'œuvre de l'épopée, et La Motte lui-même, ce grand détracteur d'Homère, en est convenu. On a dit très légèrement que sa valeur n'avait rien qui excitât l'admiration, parce qu'il était invulnérable. Ceux qui se sont arrêtés à cette fable du talon d'Achille, répandue depuis Homère, n'ont pas songé qu'il n'en est pas dit un mot dans *l'Iliade*; et s'ils l'avaient lue, ils auraient vu que, bien loin d'être invulnérable, il est blessé une fois à la main, et voit couler son sang. Mais une adresse admirable du poète, c'est comme l'a très bien remarqué La Motte, d'avoir donné à ce jeune héros la certitude qu'il périra devant les murs de Troie. Il ne fallait rien moins pour balancer cette supériorité reconnue qu'il a sur tous les autres guerriers. Il a beau porter la mort de tous côtés, il peut la trouver à chaque pas, et quoiqu'il ne puisse rencontrer un vainqueur, il est sûr de marcher à la mort. Sa jeunesse, sa beauté, une déesse pour mère, tous ces avantages, qu'il a sacrifiés à la gloire quand il a accepté volontairement une fin prématurée et inévitable, tout sert à répandre d'abord sur lui cet éclat et cet intérêt qui s'attache aux hommes extraordinaires. Dès-lors on n'est plus étonné que le Ciel s'intéresse à ce point dans sa querelle, que Jupiter promette à Thétis de le venger et de donner la victoire aux Troyens, jusqu'à ce que les Grecs humiliés expient son injure et implorent son appui. Et quelle haute et sublime idée que d'avoir fait du repos d'un guerrier l'action d'un poème! Cette seule conception suffirait pour caractériser un homme de génie. Tous les événements sont disposés dans *l'Iliade* pour agrandir le héros, et tout ce qui est grand autour de lui le relève encore. Quand les

Grecs fuient devant Hector, l'attention se porte aussitôt sur Achille, qui, tranquille dans sa tente, plaint tant de braves gens immolés à l'orgueil d'Agamemnon, et s'applaudit de voir cet orgueil abaissé. Il voit la Grèce entière à ses pieds, et il est inexorable ; mais il cède aux larmes d'un ami, et permet à Patrocle de combattre sous l'armure d'Achille. Avec quelle tendresse il lui recommande de s'arrêter quand il aura repoussé les Troyens, et de ne pas chercher Hector ! Dans quelle profonde douleur le jette la perte de cet ami si cher, le compagnon de son enfance ! La vengeance lui a fait quitter les armes, la vengeance seule peut les lui faire reprendre. Ce n'est pas la Grèce qu'il veut servir, c'est Patrocle qu'il veut venger. Il pleure encore Patrocle, en traînant le cadavre de son meurtrier, et mêle aux larmes de l'amitié les larmes de la rage. Mais il pleure aussi en rendant au vieux Priam le corps de son malheureux fils ; il s'attendrit sur cet infortuné vieillard, et menace encore en s'attendrissant. Ainsi de ce mélange de sensibilité et de fureur, de férocité et de pitié, de cet ascendant qu'on aime à voir à un homme sur les autres hommes, et de ces faiblesses qu'on aime à retrouver dans ce qui est grand, se forme le caractère le plus poétique qu'on ait jamais imaginé.

Les mœurs sont aussi une des parties les plus importantes de l'épopée, et ce n'est pas celle sur laquelle les critiques aient été le moins injustes envers Homère. Ils ont un double tort, celui d'oublier que le poète avait dû peindre les mœurs de son temps, et n'avait pu même en peindre d'autres, et celui de ne pas reconnaître que ces mêmes mœurs, quoique fort éloignées de la délicatesse raffinée des nôtres, et quelquefois choquantes en elles-mêmes, sont souvent d'une simplicité également intéressante en morale et en poésie. La Motte semble plaindre le siècle d'Homère de n'avoir pas connu la magnificence du nôtre. « On ne voit point autour des rois, dit-il, « une foule d'officiers ni de gardes; les enfants des « souverains travaillent aux jardins, et gardent les « troupeaux de leur père. Les palais ne sont point « superbes, les tables ne sont point somptueuses. « Agamemnon s'habille lui-même, et Achille apprête, « de ses propres mains, le repas qu'il donne aux « députés de l'armée. Il ne faut point en faire un « reproche à Homère; mais son siècle était grossier, « et par là la peinture en est devenue désagréable « à des siècles plus délicats. »

Quand il ne serait pas bien démontré d'ailleurs que La Motte n'était pas né pour sentir la poésie, ce seul passage suffirait pour m'en convaincre. Il faut être bien étranger dans les arts pour ne pas savoir que plus les objets d'imitation sont rapprochés du premier modèle qui est la nature (sans tomber toutefois dans le bas et le dégoûtant), plus ils sont favorables à l'artiste, propres à développer son talent et à produire l'effet qu'il se propose. Un poète n'a pas plus besoin de pompe et de luxe pour faire briller ses couleurs, qu'un sculpteur n'a besoin d'or et d'argent pour faire une belle statue. On sait ce mot de Zeuxis à un peintre médiocre qui avait représenté Vénus chargée d'atours et de parures: « Tu as raison, mon

« ami, de la faire riche, ne pouvant pas la faire belle. » Qu'on donne pour sujet à un peintre les ambassadeurs d'un grand roi, demandant en mariage pour leur maître la fille d'un roi voisin, et entourés de toute cette magnificence moderne qui paraît à La Motte une si belle chose, et demandez-lui s'il lui sera facile de mettre dans ce tableau tout l'intérêt que Greuze a mis dans *l'Accordée de village*. Faites la même proposition à un poète, donnez-lui le choix des deux sujets, et vous verrez s'il balancera. La raison en est simple; c'est que dans l'un il n'est guère possible de parler qu'aux yeux et à l'imagination, et, dans l'autre, il est aisé de parler au cœur. Les poètes anciens et modernes sont remplis de peintures touchantes de la pauvreté, de la simplicité, de la frugalité. Ce sont des morceaux que l'on cite, que l'on sait par cœur, et tout le luxe des cours n'a fourni que quelques détails brillants qu'à peine on a remarqués. La Motte ne pouvait s'accoutumer à voir Achille préparer lui-même le repas qu'il donne aux députés d'Agamemnon; mais qu'on lise cet endroit dans *l'Iliade;* que l'on entende le héros dire à son ami de remplir un grand vase du vin le plus pur, et de distribuer des coupes, parce qu'il reçoit, dit-il, sous sa tente les hommes qu'il chérit le plus; qu'on le voie ensuite, avec Patrocle et Automédon, se partager les soins du repas, mettre sur le feu les vases d'airain, placer sur les charbons ardents la chair d'un agneau et d'un chevreau, préparer et distribuer les viandes, et qu'on se demande si l'on aimerait mieux qu'Achille dit à son maître-d'hôtel d'ordonner à son cuisinier un grand repas. Qui est-ce qui ne sentira pas combien le tableau d'Homère est vivant et animé? combien cette hospitalité simple et franche, ces soins, ces empressements de la part d'un héros tel qu'Achille, recevant Ajax et Ulysse, bien loin de rabaisser à nos yeux une grandeur réelle, la rendent plus aimable et plus intéressante, en la rapprochant de nous dans ce qui est commun à tous les hommes! Un poète qui aurait à traiter cet endroit de l'histoire où Curius reçoit les députés de Pyrrhus, qui viennent pour le corrompre par des présents, s'aviserait-il de retrancher les légumes que Curius apprête lui-même, et qu'il sert aux députés en leur disant : « Vous voyez que celui qui « vit de cette sorte, n'a besoin de rien. Les Romains « ne se soucient point d'avoir de l'or; ils veulent « commander à ceux qui en ont. » Avouons que le plat de légumes ne gâte rien à cette réponse. Des gens qui se croient délicats ont été blessés de voir Nausicaa, la fille d'Alcinoüs, roi de Phéaciens, aller elle-même avec ses femmes, laver ses robes et celles de ses frères. C'est un des endroits de l'*Odyssée* que Fénelon aimait le mieux, et avec raison. Il n'y en a point où Homère ait mis plus de grace et de vérité. On est charmé de la modestie, de l'ingénuité, de la retenue et de la bonté noble et compatissante de cette jeune princesse, lorsque Ulysse, échappé du naufrage, se présente devant elle, et implore sa protection et ses secours. Avec quel plaisir on voit la compassion si naturelle à son sexe surmonter la frayeur que doit lui inspirer la vue d'un homme à moitié couvert de feuillage, enfin dans l'état déplorable d'un malheureux sauvé des flots; elle écoute la prière du suppliant; elle arrête ses compagnes qui s'enfuyaient avec de grands cris, lui fait donner des habits, lui promet son assistance et celle de ses parents; et, remontant sur son char pour reprendre le chemin de la ville, elle a soin de ralentir la course de ses chevaux, afin qu'Ulysse fatigué ait moins de peine à la suivre. C'est en sachant descendre à propos à cette vérité de détails que l'on saisit la nature et qu'on la fait sentir. C'est un mérite qui manque trop souvent aux modernes. Fénelon nous a reproché là-dessus une délicatesse dédaigneuse, qui tenait également à nos mœurs et à notre langue. » On a, dit-il, tant de peur d'être bas, qu'on est « d'ordinaire sec et vague dans les expressions. Nous « avons là-dessus une fausse politesse semblable à « celle de certains provinciaux qui se piquent de « bel-esprit, et qui croiraient s'abaisser en nom- « mant les choses par leur nom. » Cette remarque de Fénelon n'est que trop juste. Aussi les vrais connaisseurs savent-ils un gré infini à ceux de nos écrivains qui se sont heureusement efforcés de corriger la langue et le style de cette délicatesse mal entendue, et qui ont su employer avec intérêt toutes les circonstances que le sujet pouvait leur fournir*.

* La Fontaine est un de ceux en qui ce mérite est le plus remarquable, et c'est une suite de ce naturel heureux qui est le caractère de son talent. Voyez comme il peint Philémon et Baucis recevant dans leur cabane Jupiter et Mercure déguisés en voyageurs, et qui n'ont trouvé nulle part l'hospitalité qu'ils demandaient.

Près enfin de quitter un séjour si profane,

HOMÈRE.

Un des reproches les plus fondés que l'on ait
faits à l'auteur de l'*Iliade*, c'est la continuité des

> Ils virent à l'écart une étroite cabane,
> Demeure hospitalière, humble et chaste maison.
> Mercure frappe, on ouvre : aussitôt Philémon
> Vient au-devant des dieux, et leur tient ce langage :
> « Vous me semblez tous deux fatigués du voyage.
> « Reposez-vous : usez du peu que nous avons :
> « L'aide des dieux a fait que nous le conservons ;
> « Usez-en. Saluez ces pénates d'argile.
> « Jamais le Ciel ne fut aux humains si facile
> « Que quand Jupiter même était de simple bois :
> « Depuis qu'on l'a fait d'or, il est sourd à nos voix.
> « Baucis, ne tardez point, faites tiédir cette onde ;
> « Encor que le pouvoir au désir ne réponde,
> « Nos hôtes agréront les soins qui leur sont dus. »
> Quelques restes de feu sous la cendre épandus,
> D'un souffle haletant par Baucis s'allumèrent :
> Des branches de bois sec aussitôt s'enflammèrent :
> L'onde tiède, où lava les pieds des voyageurs.
> Philémon les pria d'excuser ces longueurs ;
> Et, pour tromper l'ennui d'une attente importune,
> Il entretint les dieux, non point sur la fortune,
> Sur ses jeux, sur la pompe et la grandeur des rois,
> Mais sur ce que les champs, les vergers et les bois
> Ont de plus innocent, de plus doux, de plus rare.
> Cependant par Baucis le festin se prépare,
> La table où l'on servit le champêtre repas
> *Fut d'ais* non façonnés à l'aide du compas ;
> Encore assure-t-on, si l'histoire en est crue,
> Qu'en un de ses supports le temps l'avait rompue
> Baucis en égala les appuis chancelants
> Du débris d'un vieux vase, autre injure des ans.

Voilà de ces morceaux qui sont sans prix pour les âmes sensibles. Et à
quoi tient le charme de cette peinture ? A cette vérité des plus petits détails
de l'extrême indigence jointe à l'extrême bonté, et que le poète a su exprimer de manière à être toujours tout près de la nature, et jamais au-dessous
de la poésie. Vous voyez tout, et tout vous fait plaisir. Vous voyez la bonne

combats qui en remplissent à peu près la moitié. C'est trop sans doute, et quatre ou cinq chants de suite, qui ne contiennent que des batailles, ont nécessairement un ton trop uniforme, et sont un défaut réel, que Virgile et le Tasse ont su éviter. Mais en convenant de ce défaut, qui tient à la fois à la simplicité du plan et à l'étendue du poëme, j'oserais dire qu'il n'y avait qu'Homère qui fût capable de racheter cette faute, et même de s'en faire, sous un autre point de vue, un mérite réel, par l'étonnante richesse d'imagination qu'il a prodiguée dans ces combats. Ce n'est point ici le langage d'une admiration outrée pour l'antiquité. Je rends un compte exact de l'impression que j'ai tout récemment éprouvée. Il y avait bien des années qu'il ne m'était arrivé de lire de suite plus d'un chant ou deux de l'*Iliade*. On ne peut guère en lire davantage quand on se livre au plaisir de détailler les beautés d'un style tel que celui d'Homère, et d'une

vieille souffler le feu, chauffer de l'eau, dresser la table ; mais comment ! et combien le poëte est peintre ! ce *souffle haletant* de Baucis, voilà la faiblesse de l'âge, et cette faiblesse relève son empressement. Donnez à un poëte vulgaire à peindre une table à moitié pourrie, soutenue avec un pot cassé (car il faut bien le dire, c'est là ce que peint La Fontaine), on désespère fait d'en venir à bout. C'est pourtant ce qui lui fournit deux vers divins :

    Baucis en égala les appuis chancelants
    Du débris d'un vieux vase, autre injure des ans.

Comme ce dernier hémistiche, qui semble vieillir à la fois tout ce qui est autour de Philémon et de Baucis, achève le tableau en fixant l'imagination sur cette *injure des ans* à qui rien ne peut échapper ! Voilà ce qu'on appelle proprement l'intérêt du style dans son plus haut degré, et c'est le secret des grands écrivains.

langue que l'on goûte davantage à mesure qu'on l'étudie. Mais, en dernier lieu, voulant prendre une idée juste de l'effet total du poème, je lus de suite les douze premiers chants. Je fus frappé de la marche simple et noble de l'ouvrage, de l'intérêt de l'exposition, de la manière dont les premiers mouvements des deux armées commencent par un combat singulier entre Ménélas et Pâris, les deux principales causes de la querelle, et de l'art que montre le poète en faisant intervenir les dieux pour interrompre un combat dont l'issue devait terminer la guerre. Je remarquai cet endroit où Hélène passe devant les vieillards troyens, qui la regardent avec admiration, et ne s'étonnent plus, en la voyant, que l'Europe et l'Asie se soient armées pour elle; et cette conversation avec Priam, à qui elle fait connaître les principaux chefs de la Grèce, que le vieux roi, assis sur une tour élevée, voit combattre sous les murs. Je fus attendri de cette scène touchante des adieux d'Hector et d'Andromaque, quand ce héros, qui a quitté le champ de bataille pour venir ordonner un sacrifice, retourne au combat, et sort de Troie pour n'y plus rentrer. Cependant, plus ces morceaux me faisaient de plaisir, plus je regrettais qu'il n'y eût pas un plus grand nombre de ces épisodes pour varier l'uniformité de l'action principale, qui, depuis le quatrième chant jusqu'à la fin du huitième, me montrait toujours les Troyens combattant contre les Grecs. Le neuvième chant me parut l'emporter sur tout ce qui avait précédé: c'est ce chant si dramatique où Homère, aussi grand orateur que grand poète, a donné des modèles de tous les genres d'éloquence, dans les discours de Phénix, d'Ulysse, d'Ajax, qui tour à tour s'efforcent de fléchir l'inexorable Achille, et dans cette belle réponse du héros, où il déploie son âme tout entière. Après cette scène si attachante, je trouvai faible l'épisode de Diomède et Ulysse qui vont la nuit enlever les chevaux de Rhésus : épisode que Virgile, en l'imitant, a passé de si loin dans celui de Nysus et Euryale. Je voyais avec regret, je l'avoue, que les combats allaient recommencer après l'ambassade des Grecs, et je me disais qu'il était bien difficile que le poète fît autre chose que de se ressembler en travaillant toujours sur un même fond. Mais quand je le vis tout-à-coup devenir supérieur à lui-même dans le onzième chant et dans les suivants, s'élever d'un essor rapide à une hauteur qui semblait s'accroître sans cesse, donner à son action une face nouvelle, substituer à quelques combats particuliers le choc épouvantable de deux grandes masses précipitées l'une contre l'autre par les héros qui les commandent et les dieux qui les animent, balancer longtemps avec un art inconcevable une victoire que les décrets de Jupiter ont promise à la valeur d'Hector, alors la verve du poète me parut embrasée de tout le feu des deux armées ; ce que j'avais lu jusque-là, et ce que je lisais, me rappelait l'idée d'un incendie qui, après avoir consumé quelques édifices, aurait pu s'éteindre faute d'aliments, et qui, ranimé par un vent terrible, aurait mis en un moment toute une ville en flammes.

Je suivais, sans pouvoir respirer, le poète qui m'entraînait avec lui; j'étais sur le champ de bataille; je voyais les Grecs pressés entre les retranchements qu'ils avaient construits et les vaisseaux qui étaient leur dernier asyle; les Troyens se précipitant en foule pour forcer cette barrière, Sarpédon arrachant un des créneaux de la muraille, Hector lançant un rocher énorme contre les portes qui la fermaient, les faisant voler en éclats, et demandant à grands cris une torche pour embraser les vaisseaux; presque tous les chefs de la Grèce, Agamemnon, Ulysse, Diomède, Eurypile, Machaon, blessés et hors de combat; le seul Ajax, le dernier rempart des Grecs, les couvrant de sa valeur et de son bouclier, accablé de fatigue, trempé de sueur, poussé jusque sur son vaisseau, et repoussant toujours l'ennemi vainqueur; enfin, la flamme s'élevant de la flotte embrasée, et dans ce moment cette grande et imposante figure d'Achille monté sur la poupe de son navire, et regardant avec une joie tranquille et cruelle ce signal que Jupiter avait promis, et qu'attendait sa vengeance. Je m'arrêtais, comme malgré moi, pour me livrer à la contemplation du vaste génie qui avait construit cette machine, et qui, dans l'instant où je le croyais épuisé, avait pu ainsi s'agrandir à mes yeux; j'éprouvais une sorte de ravissement inexprimable; je crus avoir connu, pour la première fois, tout ce qu'était Homère : j'avais un plaisir secret et indicible à sentir que mon admiration était égale à son génie et à sa renommée; que ce n'était pas en vain que trente siècles avaient consacré son nom; et c'était pour moi une double jouissance de trouver un homme si grand, et tous les autres si justes.

Mais, lorsque ensuite je passai de cette espèce d'extase au désir si naturel de communiquer l'impression que j'avais reçue à ceux qui devaient m'entendre, et qui ne pouvaient entendre Homère, je songeai avec douleur qu'aucune des traductions que nous avons, quel qu'en soit le mérite, que je suis loin de vouloir diminuer, ne pouvait justifier à vos yeux ni faire passer en vous ce que j'avais ressenti, et je souhaitais, du fond du cœur, qu'il s'élevât quelque jour un poète capable de vous montrer Homère comme on vous a montré Virgile.

Un autre sentiment que je ne dissimulerai pas, et qui paraîtra bien naturel à ceux qui aiment véritablement les arts, c'est que, dans le transport de ma reconnaissance (car on peut en avoir pour ceux qui nous font passer des moments si délicieux), je me reprochais, avec une sorte de honte, d'avoir eu le courage d'observer jusque-là quelques fautes et quelques faiblesses : tout avait disparu devant cet amas de beautés. J'eus besoin, pour me pardonner à moi-même, de me rappeler que les amateurs les plus éclairés et les plus sensibles, tels que Rollin lui-même, avaient rencontré dans l'*Iliade* (et je me sers ici des termes de ce judicieux critique) « des « endroits faibles, défectueux, traînants, des haran- « gues trop longues ou déplacées, des descriptions « trop détaillées, des répétitions désagréables, des « comparaisons trop uniformes, trop accumulées

« ou dénuées de justesse. » C'est sur ces détails que La Motte a eu raison. On lui a tout nié, et l'on a eu tort. Il fallait avouer tout, et se borner à cette réponse : La meilleure critique ne détruit pas le mérite d'un ouvrage en montrant ses défauts : il n'y a de critique vraiment redoutable que celle qui montre l'absence des beautés. Celles d'Homère sont d'abord dans son plan et dans son ordonnance générale. On ne les peut nier sans injustice, et on les démontrerait sans peine. Il y en a d'autres, les plus puissantes pour faire vivre un ouvrage dans la mémoire des hommes, parce qu'elles contribuent plus que tout le reste à le faire relire, ce sont celles du style : elles sont perdues pour nous en partie, quant à ce qui regarde la diction, que les Grecs seuls pouvaient bien apprécier ; mais elles sont sensibles, même pour nous, dans ce qui regarde les idées, les images, l'harmonie et le mouvement. Apprenez le grec, La Motte! lisez Homère dans sa langue, et si vous n'admirez pas assez ses beautés pour excuser ses défauts, gardez-vous de le juger; car vous serez seul contre trois mille ans de renommée et contre toutes les nations éclairées ; et sur-tout gardez-vous de le traduire, car c'est le seul mal que vous puissiez lui faire.

La Motte, l'un des esprits les plus antipoétiques qui aient jamais existé, anéantit Homère dans sa version abrégée. Il détruit tout ce qu'il touche. Phénix dit à son élève Achille (dans l'original) :

Filles de Jupiter, les modestes Prières,
Plaintives et baissant leurs humides paupières,

Le front couvert de deuil, marchent en chancelant ;
Elles suivent de loin, d'un pied faible et tremblant,
L'Injure au front superbe, à la marche rapide ;
L'une frappe et détruit dans sa course homicide ;
Les autres, à leur suite amenant les bienfaits,
Arrivent pour guérir tous les maux qu'elle a faits.
Heureux qui les accueille ! heureux qui les honore !
Il en est écouté quand sa voix les implore.
Si l'Orgueil les rebute, au pied du roi des dieux
Elles vont accuser les mépris odieux,
Et demandent de lui que l'Injure inflexible
S'attache sur les pas du mortel insensible.

(*Iliade*, chant IX, v. 498.)

Qu'est-ce que La Motte substitue à cette charmante allégorie, si conforme aux idées religieuses des Grecs, et si bien placée dans la bouche d'un vieillard suppliant ? Rien que ces deux vers :

On offense les dieux: mais par des sacrifices,
De ces dieux irrités, on fait des dieux propices.

« Quel malheureux don que l'esprit, s'écrie Voltaire, s'il a empêché La Motte de sentir de pareilles beautés ! »

Il en fait aussi un bien malheureux usage, quand il s'épuise en frivoles sophismes pour nous persuader que la grande réputation d'Homère n'est qu'un préjugé qui a passé des anciens jusqu'à nous. On lui objecte l'opinion d'Aristote, qui n'a nulle part le ton de l'enthousiasme, et qui a toujours celui de la raison tranquille ; qui, dans vingt endroits de ses ouvrages, cite toujours Homère comme le meilleur modèle à suivre, et le met sans aucune comparaison au-dessus de tous les poètes. La réponse de La Motte est curieuse. D'abord il imagine que le philosophe a fort bien pu n'admirer Homère que pour faire sa cour à son élève Alexandre, qui était adorateur passionné du poète. Mais n'est-il pas un peu plus vraisemblable que c'est le précepteur qui sut inspirer à son disciple cette grande vénération pour Homère? Il ajoute : « Je crois du moins que, son « esprit de système lui ayant fait entrevoir un art « dans le poème d'Homère, il est devenu amoureux « de sa découverte, et qu'il a employé pour la justi- « fier cette subtilité obscure qui lui était si naturelle. »

Il est difficile d'entasser dans une phrase des idées plus évidemment fausses. Il ne fallait assurément aucun *esprit de système* pour *entrevoir un art* dans l'*Iliade* et l'*Odyssée*. Le bon sens le plus commun suffit pour reconnaître un art dans tout ce qui présente un dessein, un plan, une distribution de parties arrangées pour former un tout, un but vers lequel tout marche et tout arrive. Il n'y a point de *découverte* à faire sur ce que tout le monde aperçoit du premier coup d'œil. A l'égard de la *subtilité naturelle* à Aristote, on peut en trouver dans sa philosophie; mais un esprit qui n'aurait été que subtil n'aurait pas transmis à la postérité le meilleur ouvrage élémentaire qui existe sur les arts de l'imagination, le plus lumineux, le plus fécond en principes vrais et essentiels. Ici La Motte n'est pas meilleur juge d'Aristote que d'Homère. Il dément tous les faits, confond toutes les notions reçues, pour soutenir sa thèse erronée. Il veut absolument que l'estime qu'on eut pour Homère soit un effet de l'ignorance des Grecs, *qui ne connaissaient rien dans le même genre, et qui ne lui voyaient point de concurrent*, et il oublie que Fabricius compte soixante-dix poètes qui avaient écrit avant Homère dans le genre héroïque. Leur existence est attestée par les témoignages les plus anciens, et l'on cite les titres de leurs ouvrages, quoiqu'ils ne soient pas venus jusqu'à nous. Il oublie que, quand Aristote écrivit sa *Poétique*, Euripide et Sophocle avaient perfectionné la tragédie, Démosthène l'éloquence, et que tous les arts étaient cultivés avec éclat dans Athènes. N'y avait-il pas alors assez de lumières et de goût pour juger les poèmes d'Homère ? « Ce n'est, dit-il, « que la connaissance du parfait qui nous dégoûte « du médiocre. » Voilà une expression étrangement placée à propos d'Homère. Qui croirait que l'auteur de l'*Iliade* fut un homme médiocre? La Motte pouvait-il ignorer que l'on n'appelle médiocre que ce qui ne s'élève point aux grandes beautés, et qu'un ouvrage qui en est rempli peut être très imparfait, s'il est mêlé de beaucoup de défauts, mais ne peut jamais être *médiocre?* Assurément il y a beaucoup de fautes dans *Cinna*: est-ce une production *médiocre?* De plus, je demanderais à La Motte où était donc cette *perfection* qu'il croyait pouvoir opposer à la *médiocrité* d'Homère? Ce n'est pas même Virgile; car s'il est supérieur au poète grec par le fini des détails, par la sagesse des idées, par le tact des convenances, l'*Énéide*, de l'aveu de tout le monde, est très inférieure à l'*Iliade* par le plan, l'ordonnance, la nature du sujet, le caractère du héros, enfin, par l'effet total. C'est une vérité reconnue. On sait qu'il a fondu dans un poème de douze chants les deux poèmes d'Homère, qui en ont chacun vingt-quatre ; ce qui prouve qu'il avait judicieusement senti, ainsi que nous, que le poète grec était trop long et trop diffus. Il a imité continuellement l'*Odyssée* dans ses six premiers livres, et l'*Iliade* dans ses six derniers. L'on convient que, s'il a prodigieusement surpassé l'une, il est resté fort au-dessous de l'autre, et que la seconde moitié de son poème est absolument sans intérêt : c'est même, à ce qu'on croit, par cette raison qu'il voulait, en mourant, brûler son ouvrage. Il a donc fait en ce sens un double honneur à Homère. Quel homme, que celui qui a servi de modèle et de guide à un poète tel que Virgile, et qui, malgré l'*Énéide*, a conservé le premier rang ! La Motte ne parle ni du Camoëns ni de Milton, qui alors n'étaient pas connus en France. Il ne dit qu'un mot du Tasse ; ce qui est d'autant plus étonnant, que c'était le seul dont il pût se servir avec avantage, puisque le Tasse est le seul que l'on ait mis au-dessus d'Homère lui-même, pour l'ensemble et l'intérêt de l'ouvrage, en avouant qu'il n'en approche pas pour le style. Apparemment que La Motte ne savait pas l'italien, ou qu'il était subjugué par l'autorité de Boileau. Mais quels sont enfin les modèles de cette perfection qu'il ne trouve pas dans l'*Iliade* ? Ce sont (on ne s'y attendrait pas) le *Clovis* de Desmarets, et le *Saint-Louis* du P. Lemoine. « Ils m'ont paru, « dit-il, de beaucoup meilleurs que l'*Iliade*, par la

« clarté du dessein, par l'unité d'action, par des
« idées plus saines de la Divinité, par un discerne-
« ment plus juste de la vertu et du vice, par des
« caractères plus beaux et mieux soutenus, par des
« épisodes plus intéressants, par des incidents mieux
« préparés et moins prévus, par des discours plus
« grands, mieux choisis et mieux arrangés dans
« l'ordre de la passion, et enfin, par des compa-
« raisons plus justes et mieux assorties. » En voilà
beaucoup, et si tout cela était vrai, on ne se con-
solerait pas que tant d'avantages aient été perdus
dans des poèmes que, de l'aveu même du panégyriste, il est impossible de lire; car c'est par-là qu'il
finit, et c'est le cas d'appliquer à ces illisibles modèles d'irrégularité le mot du grand Condé, à propos
de la *Zénobie* de l'abbé d'Aubignac, qui avait fait
bâiller tout Paris, et qui était, disait-on, parfaitement conforme aux règles : « Je pardonne volon-
« tiers à l'abbé d'Aubignac d'avoir suivi les rè-
« gles; mais je ne pardonne pas aux règles d'avoir
« fait faire à l'abbé d'Aubignac une si mauvaise
« pièce. » Rassurons-nous pourtant : il ne faut pas plus
en croire La Motte sur toutes les qualités qu'il accorde à Desmarets et au P. Lemoine, que sur celles
qu'il refuse à Homère. Il y a des étincelles de génie
dans le *Saint-Louis*, et l'auteur avait de la verve; mais
en général ce poème et le *Clovis* ne sont guère meilleurs pour le fond que pour le style, et j'en trouve
la preuve dans La Motte lui-même, qui, après tout
ce grand éloge, cherche pourquoi ces deux poèmes,
les meilleurs, dit-il, *de la langue française*, n'ont

point de lecteurs, et avoue ingénuement, sans s'embarrasser si cela s'accorde avec ce qu'il vient de dire, que non-seulement leur style ne vaut rien, mais que « leur merveilleux est ridicule, qu'ils se « sont égarés dans la multiplicité des épisodes, qu'ils « ont imaginé des aventures singulières qui détour- « nent de l'action principale (remarquez qu'il vient « de les louer sur l'unité d'action et sur le choix des « épisodes), qu'ils ont fait un assemblage fatiguant « de choses rares dont peut-être aucune ne sort ab- « solument de la vraisemblance, mais qui toutes « ensemble paraissent absurdes à force de singula- « rité. » Voilà d'étranges modèles de perfection ; et, pour moi, je confesse que j'aimerais beaucoup mieux être critiqué par La Motte, comme l'a été Homère, que d'en être loué comme Lemoine et Desmarets. Dieu nous garde d'être vantés par un homme qui conclut de ses louanges qu'on est ridicule, illisible, ennuyeux et absurde !

Et c'est lui qui reproche à Aristote la subtilité sophistique ! Mais quel autre nom donnerons-nous aux inconséquences d'un homme d'esprit qui sembarasse ainsi dans une cause insoutenable ? Pour achever de le confondre, en faisant voir que la réputation d'Homère chez les anciens n'a pu être fondée que sur le mérite supérieur de ses poèmes, et sur le plaisir qu'ils faisaient, il suffit de rappeler les faits, et d'exposer en peu de mots comment ses écrits sont parvenus jusqu'à nous. Ils furent d'abord répandus dans l'Ionie ; ce qui prouve que, soit qu'il fût né dans la Grèce d'Europe, ou dans les colonies grecques d'Asie, c'est dans ces dernières qu'il a vécu et composé. Les *rhapsodes* gagnaient leur vie à chanter ses vers; ce mot grec signifie *recouseurs de vers*, parce que, suivant ce qu'on leur demandait, ils chantaient un endroit ou un autre, comme la querelle d'Achille et d'Agamemnon, la mort de Patrocle, les adieux d'Hector, etc; car Homère n'avait point divisé son poëme par livres; et de la vient qu'on les appela *rhapsodies* quand on les eut rassemblés, et qu'ils portent encore ce titre dans toutes les éditions. On ne croirait pas que ce mot, aujourd'hui expression de mépris, qui désigne un recueil informe de choses de toute espèce et de peu de valeur, fut originairement la dénomination des ouvrages du prince des poétes, tant les mots changent d'acception avec le temps! On ne sait pas si le nom de *rhapsodes* n'était pas donné, avant Homère, aux poètes qui chantaient leurs propres ouvrages. Mais apparemment qu'après lui on ne voulut plus en entendre d'autres; car ce nom resta particulièrement à ceux qui, pour de l'argent, chantaient l'*Iliade* et l'*Odyssée* sur les théâtres et dans les places publiques. Ce fut Lycurgue qui, dans son voyage d'Ionie, les recueillit le premier, et les apporta à Lacédémone, d'où ils se répandirent dans la Grèce. Ensuite du temps de Solon et de Pisistrate, Hipparque, fils de ce dernier, en fit à Athènes une nouvelle copie par ordre de son père, et ce fut celle qui eut cours depuis ce temps jusqu'au règne d'Alexandre. Ce prince chargea Callisthène et Anaxarque de revoir soigneusement les poëmes d'Homère, qui devaient avoir été altérés en passant par tant de bouches, et courant de pays en pays. Aristote fut aussi consulté sur cette édition qui s'appela *l'édition de la cassette*, parce qu'Alexandre en renferma un exemplaire dans un petit coffre d'un prix inestimable, pris à la journée d'Arbelles parmi les dépouilles de Darius. Alexandre avait toujours ce coffre à son chevet. « Il est « juste, disait-il, que la cassette la plus précieuse « du monde entier renferme le plus bel ouvrage de « l'esprit humain. » C'est là-dessus que La Motte a dit : « Je récuse d'abord Alexandre qui ne s'y con-« naissait pas. » La récusation * est brusque et tranchante : mais la remarque de madame Dacier est curieuse : « Que Darius aurait été heureux, s'il avait « su, comme M. de La Motte, écarter Alexandre! » Voilà une exclamation qui va bien au sujet.

Après la mort d'Alexandre, Zénodote d'Éphèse revit encore cette édition sous le règne du premier des Ptolémées. Enfin, sous Ptolémée Philométor, cent cinquante ans avant Jésus-Christ, Aristarque, si célèbre par son goût et par ses lumières, fit une dernière révision des poëmes d'Homère, et en donna une édition qui devint bientôt fameuse et fit oublier toutes les autres. C'est celle-là qui nous a été transmise, et qui paraît en effet très correcte

---

* Elle est fondée sur un passage d'Horace, d'où l'on peut conclure en effet que ce prince n'avait pas laissé la réputation d'un amateur éclairé des lettres et des arts. « Dès qu'il s'agissait d'en juger, dit Horace, c'était un vrai « Béotien :

Bœotûm in crasso jurares aere natum. *Epist.* II, 1.

et très soignée, puisqu'il y a peu d'auteurs anciens dont le texte soit aussi clair, aussi suivi, et offre aussi peu d'endroits qui aient l'air d'avoir souffert des altérations essentielles.

Je demande à présent s'il est probable que tant d'hommes éminents par leur rang ou leurs connaissances se soient occupés à ce point, et à des époques si éloignées, des ouvrages d'un poète qui n'aurait eu qu'une renommée de convention ; si c'est tant de siècles après la mort d'un auteur, chez des peuples qui parlent sa langue, que son mérite peut n'avoir été qu'un préjugé. Rien ne me paraît plus contraire à la raison et à l'expérience. Un succès de préjugé peut exister du vivant d'un auteur, et tenir à une langue qui n'est pas encore formée, à une époque où le goût n'est pas bien épuré, à des circonstances personnelles, à la faveur des princes et des grands, à l'esprit de parti, enfin à toutes les causes passagères qui peuvent égarer l'opinion publique. Telle a été parmi nous la grande célébrité de Ronsard, de Desportes, de Voiture ; mais elle ne leur a pas survécu. Après eux, elle est tombée d'elle-même, et sans que personne s'en mêlât. Au contraire Homère a été attaqué dans tous les temps, depuis Zoïle et Caligula jusqu'à Perrault et La Motte : il a eu pour adversaires des hommes puissants, ce qui prouve que l'éclat de son nom pouvait irriter l'orgueil ; et des hommes de beaucoup d'esprit, ce qui prouve qu'il pouvait prêter à la critique ; et ni l'une ni l'autre espèce d'ennemis n'a pu entamer sa réputation, ce qui prouve en même temps que son mérite était réel et de force à soutenir toutes les épreuves : c'est là, ce me semble, le résultat de l'équité.

De tout temps il eut aussi ses enthousiastes, et l'on sait que l'enthousiasme va toujours trop loin. On en vit un exemple terrible, s'il en faut croire Vitruve. Selon lui, ce Zoïle, qui s'était rendu le mépris et l'horreur de son siècle en attaquant Homère avec une fureur outrageante, fut brûlé vif par les habitants de Smyrne, qui se crurent intéressés plus que d'autres à venger la mémoire du poète qu'ils reclamaient comme leur concitoyen. Vitruve ajoute que *Zoïle avait bien mérité son sort*, et madame Dacier ne s'éloigne pas de cet avis. Ainsi le fanatisme des opinions littéraires peut donc devenir atroce, comme tout autre espèce de fanatisme. Cet assassinat de Zoïle, en l'honneur d'Homère, et celui de Ramus, en l'honneur d'Aristote, font voir de quel excès l'esprit humain n'est que trop capable.

O miseras hominum mentes! o pectora cæca!

Madame Dacier eût mieux fait d'observer seulement, comme un trait particulier à l'auteur de *l'Iliade*, que le nom de son détracteur, Zoïle, est devenu une injure, et celui de son éditeur, Aristarque, un éloge.

Il ne nous est rien resté des invectives que Zoïle vomissait contre Homère ; mais elles ne pouvaient guère être plus grossières que celles dont madame Dacier accable La Motte. On est d'autant plus révolté qu'une femme écrive d'un ton si peu décent, que celui de son adversaire est un exemple de modération et de politesse. On est également fâché de voir l'un dégrader son esprit par de mauvais paradoxes, et l'autre déshonorer son sexe et la science par une amertume qui semble étrangère à tous les deux. Elle traite avec un mépris très ridicule un homme d'un mérite très supérieur au sien, et qui n'avait d'autre tort que de se tromper. Le gros livre qu'elle a écrit contre lui n'est guère qu'un amas d'injures pesamment accumulées, et de mauvaises raisons débitées orgueilleusement. A deux ou trois endroits près, elle réfute très mal La Motte, qui le plus souvent a raison sur les détails, et à qui l'on ne devait guère contester que ses principes et ses conséquences. Son ouvrage, malgré ses erreurs, est d'une élégance et d'un agrément qui le font lire avec quelque plaisir. Celui de son antagoniste, intitulé : *De la corruption du goût*, n'est en effet qu'un objet de dégoût. Elle trouve dans Homère tant de sortes de mérite qui n'y sont pas, qu'il est même douteux qu'elle ait bien senti la supériorité de ses beautés réelles. A propos d'une sentence fort commune en elle-même, et, de plus, mal placée, elle s'écrie pédantesquement : « Sentence grosse de sens, et qu'on voit » bien que Minerve a inspirée ! » Soit intérêt d'amour-propre en faveur des traducteurs en prose, soit désir d'envelopper dans une proscription générale l'*Iliade* de La Motte, qui est en vers, elle ne craint pas d'affirmer ce qui comme principe, est précisément le contraire de la vérité : « Que les

« poètes traduits en vers cessent d'être poètes,
« qu'ils deviennent plats, rampants, défigurés, etc ».
Le fait a été souvent trop vrai ; mais tout ce qu'on
en peut conclure, c'est qu'alors le poète n'est pas
traduit par un poète, et la remarque de madame
Dacier ne subsiste pas.

La Motte attaque Homère fort mal à propos sur
la morale ; ce reproche est grave, et c'est un de
ceux sur lesquels ce poète peut et doit être justifié. Le critique prétend qu'Homère n'énonce pas
son opinion comme il le devrait, sur ce qu'il y a
de vicieux dans les caractères et les actions de ses
personnages. Il censure en particulier celui d'A-
chille, mais de manière à faire, sans s'en apercevoir, l'éloge de l'auteur qu'il reprend. « Homère
« donne à de certains vices un éclat qui décèle
« assez l'opinion favorable qu'il en avait. On sent
« partout qu'il admire Achille : il ne semble voir
« dans son injustice et sa cruauté que du courage
« et de la grandeur d'âme; et l'illusion du poète
« passe souvent jusqu'aux lecteurs. »

Ici, La Motte donnait beau jeu à madame Dacier, si elle avait su en profiter. Mais toujours occupée de lui opposer des autorités, à la manière
des commentateurs, elle néglige les raisons. Il s'en
offre de péremptoires, et Homère lui-même les
fournissait à son apologiste. D'abord, comment
La Motte n'a-t-il pas songé que le poète avait fait ce
qu'il y avait de mieux à faire, en donnant du
moins cet éclat et cette noblesse à ce qu'il y a de
moralement vicieux dans le caractère de son hé-

ros? N'est-ce pas deviner l'art et le créer, que de sentir, en établissant un personnage poétique sur qui doit se porter l'intérêt, que ce qu'il y a de défectueux en morale doit être couvert et racheté par cette énergie de passions et cet air de grandeur qui est l'espèce d'illusion momentanée qu'il est obligé de produire? C'est à quoi Homère a réussi parfaitement, de l'aveu même du critique. Mais comment prévenir le mauvais effet que peut avoir en morale cette espèce d'admiration involontaire et irréfléchie pour ce qui est condamnable en soi? En faisant ce qu'a fait Homère : en mettant dans la bouche du héros lui-même, quand il est de sang-froid, la condamnation des fautes que la passion fait commettre et excuser; en faisant blâmer ces fautes par les dieux mêmes qui s'intéressent au héros. Écoutons Achille après la mort de Patrocle; écoutons ces vers que j'ai hasardé de traduire ainsi que quelques autres :

Ah! périsse à jamais la discorde barbare!
Qu'à jamais replongée aux cachots du Tartare,
Elle n'infecte plus de son souffle odieux
Le séjour des mortels et les palais des dieux!
Périsse la Colère et ses erreurs affreuses!
Périsse la Vengeance et ses douceurs trompeuses!
Son miel empoisonneur assoupit la raison :
Il nous plaît, mais bientôt la vapeur du poison
Monte et noircit le cœur d'une épaisse fumée.
Ah! l'on hait la Vengeance après l'avoir aimée.
J'en suis la preuve, hélas! Où m'a précipité
De mes emportements la bouillante fierté!

Qu'il m'en coûte aujourd'hui ! cruelle expérience !
Injuste Agamemnon ! j'ai vengé mon offense.
En suis-je assez puni ?

(*Iliade*, XVIII, 107.)

Eh bien ! le poëte pouvait-il mieux nous faire comprendre ce qu'il pense et ce qui faut penser de la colère, de l'orgueil, de la vengeance ? Aurait-on mieux aimé qu'il prît la parole pour moraliser lui-même ? Et qui peut mieux nous éclairer sur les malheureux effets de ces passions aveugles et violentes que celui-là même qui vient de s'y livrer à nos yeux avec tous les motifs qui peuvent les excuser, et toute la grandeur qui semble les ennoblir ? Dans ces moments où la raison se fait entendre par la voix d'Achille, ce n'est pas seulement ses propres erreurs qu'il condamne, c'est aussi notre illusion qu'il nous fait sentir; et c'est en cela que les leçons du philosophe sont moins frappantes que celles du poëte. Celui-ci a d'autant plus d'avantage, qu'il nous est impossible de nous en défier ni de songer à le combattre; qu'il nous prend pour ainsi dire sur le fait, et ne nous éclaire qu'après nous avoir émus; qu'il nous force de reconnaître des fautes qu'il nous a fait partager, et qu'il nous rend juges du coupable après nous avoir rendus ses complices.

Lorsque Achille, plongé dans sa douleur muette et farouche, traîne le cadavre d'Hector autour du lit où est étendu Patrocle, et refuse obstinément la sépulture à ses restes inanimés, derniers aliments de sa rage, l'amitié en deuil et la force terrible de son caractère mêlent une sorte d'excuse à cet égarement du désespoir. Mais cependant que pensent les dieux, témoins de ce spectacle, ces mêmes dieux qui ont favorisé la vengeance d'Achille? Jupiter appelle Thétis:

> Dites à votre fils que son aveugle rage
> A blessé tous les dieux en prodiguant l'outrage
> Au cadavre d'Hector dans la fange traîné ;
> Tout l'Olympe en murmure, et j'en suis indigné.
> Allez: qu'il rende Hector à son malheureux père,
> S'il ne veut s'exposer aux traits de ma colère.
> (Chant XXIV, v. 112.)

Ainsi les dieux et les hommes se réunissent ici pour condamner ce qui est vicieux. L'auteur, qui nous avait séduits comme poète, nous corrige comme moraliste; il arrête le regard tranquille et sûr de la raison sur ces mêmes objets qu'il ne nous avait montrés que sous les couleurs du prisme poétique. Il fait servir à nous instruire ce qui avait d'abord servi à nous émouvoir. N'est-ce pas remplir tous ses devoirs à la fois, et pouvait-il faire davantage?

L'ODYSSÉE. Je dirai peu de chose de l'*Odyssée*. Elle a beaucoup moins occupé les critiques, et c'est déjà peut-être un signe d'infériorité. Tout le fort du combat est tombé sur l'*Iliade :* c'était-là comme le centre de la gloire d'Homère, et l'on attaquait l'ennemi dans sa capitale. L'admiration appelle la critique, et l'une et l'autre s'étant épuisées sur l'*Iliade*, j'ai dû les discuter toutes deux. Quant à l'*Odyssée*, je me suis confirmé, en la relisant, dans cet avis, qui est celui de Longin et de la plupart des critiques, que, des deux poèmes d'Homère, celui-ci est fort inférieur à l'autre. Je ne vois dans l'*Odyssée* ni ces grands tableaux, ni ces grands caractères, ni ces scènes dramatiques, ni ces descriptions remplies de feu, ni cette éloquence de sentiment, ni cette force de passion, qui font de l'*Iliade* un tout, plein d'âme et de vie.

Homère avait beaucoup voyagé; il savait beaucoup; il avait parcouru une partie de l'Afrique et de l'Asie mineure. Ses connaissances géographiques étaient si exactes, que des savants anglais, qui de nos jours ont voyagé dans ces mêmes contrées, ses ouvrages à la main, ont vérifié souvent par leurs recherches ce qu'il dit de la position des lieux, de leurs aspects, de la nature du sol, et quelquefois même des coutumes, quand le temps ne les a pas changées. Il paraît qu'Homère, dans sa vieillesse, s'est plu à composer un poème où il pût rassembler les observations qu'il avait faites, et les traditions qu'il avait recueillies. Il est très fidèle dans les observations, et très fabuleux dans les traditions. C'est un genre de merveilleux qui rappelle à tout moment celui des *Contes Arabes*. L'histoire de Polyphème et celle des Lestrigons, que Virgile, en les abrégeant beaucoup, n'a pas dédaigné d'imiter, parce qu'elles lui fournissaient de beaux vers, sont absolument dans le goût des *Mille et une Nuits*. On peut en dire autant des métamorphoses opérées par la baguette de Circé, de ces transformations d'hommes en toutes sortes d'animaux : on les retrouve dans toutes les fables orientales. Lorsque le poète parle de cette poudre merveilleuse qu'Hélène jette dans la coupe de chaque convive à la table de Ménélas, et qui avait la vertu de faire oublier tous les maux, « au point que celui qui en avait pris dans « sa boisson n'aurait pas versé une larme de toute « la journée, quand même il aurait vu mourir son « père et sa mère, ou tuer son frère et son fils uni- « que; » ne reconnaissons-nous pas, dans les effets de cette poudre dont la reine d'Égypte avait fait présent à Hélène, l'opium, dont l'usage et même l'abus fut de tout temps familier aux peuples d'Orient, et qui produit l'ivresse la plus complète et l'oubli le plus absolu de toute raison.

L'*Iliade* et l'*Odyssée* sont également remplies de fables; mais les unes élèvent et attachent l'imagination; les autres la dégoûtent et la révoltent; les unes semblent faites pour des hommes, les autres pour des enfants. Quand Homère me montre le Scamandre combattant avec tous ses flots contre Achille, je vois dans cette fiction un fond de vérité, le péril d'un guerrier téméraire près d'être englouti dans les eaux d'un fleuve où il a poursuivi des fuyards. J'y vois de plus l'art du poète, qui après avoir signalé plus ou moins tous ses héros dans les batailles, met Achille aux prises avec un dieu, avec un fleuve irrité qui se déborde dans sa fureur. Mais Ulysse et ses compagnons enfonçant un arbre dans l'œil du cyclope endormi, après qu'il a mangé deux hommes tout crus, ne m'offrent rien que de puéril. Les fables de l'Arioste amusent, parce qu'il en rit le premier; ce qui rend sa manière de conter si piquante et si originale ; mais Homère raconte sérieusement ces extravagances, qui d'ailleurs sont en elles-mêmes beaucoup moins agréables que celles du poète de Ferrare.

La marche de l'*Odyssée* est languissante. Le poème se traîne d'aventures en aventures, sans former un nœud qui attache l'attention, et sans exciter assez d'intérêt. La situation de Pénélope et de Télémaque est la même pendant vingt-quatre chants. Ce sont, de la part des poursuivants de la reine, toujours les mêmes outrages ; dans le palais, toujours les mêmes festins, et la mère et le fils forment toujours les mêmes plaintes. Télémaque s'embarque pour chercher son père, et son voyage ne produit rien que des visites et des conversations inutiles chez Nestor et Ménélas. Ce n'est pas ainsi que Fénelon l'a fait voyager, et il y a beaucoup plus d'art dans l'imitation que dans l'original. Ulysse est dans Ithaque dès le douzième chant de l'*Odyssée*, et jusqu'au moment où il se fait reconnaître, il ne se passe rien qui réponde à l'attente du lecteur. Le héros est chez Eumée, déguisé en mendiant ; il y reste long-temps sans rien faire, et sans que l'action avance d'un pas. L'auteur, il est vrai, a eu l'adresse d'ennoblir ce déguisement en faisant dire par un des poursuivants que souvent les dieux, qui se revêtent à leur gré de toutes sortes de formes, prennent la figure d'étrangers dans les pays qu'ils veulent visiter pour y être témoins de la justice qu'on y observe, ou des violences qu'on y commet. Cela prépare le dénouement, mais n'empêche pas que ce déguisement ignoble ne donne lieu à des scènes plus faites pour un conte que pour un poëme. On n'aime point à voir Ulysse couvert d'une besace aux portes de la salle à manger, dévorant avec avidité les restes qu'on lui envoie; un valet qui lui donne un coup de pied et le charge des plus grossières injures; un des poursuivants qui lui jette à la tête un pied de bœuf; un autre qui le frappe d'une escabelle à l'épaule; un gueux, nommé Irus, qui vient lui disputer la place qu'il occupe; et le grand Ulysse jetant son manteau et se battant à coups de poing avec ce misérable. Je ne sais si je me trompe; mais il me semble qu'en cette occasion Homère a outré l'effet des contrastes et passé toute mesure. Il fallait sans doute que le héros fût dans l'abaissement, mais non pas dans l'abjection; qu'il fût méconnu, outragé, pour se montrer ensuite avec plus d'éclat et se venger avec plus de justice; mais il fallait aussi le placer dans des situations qui ne fussent pas indignes de l'épopée. Ce n'est pas ainsi qu'il faut descendre, et Raphaël ne prenait pas les sujets de Callot. Le massacre des poursuivants est plus épique; mais la protection trop immédiate de Minerve et la présence de l'égide affaiblissent le seul intérêt qu'il peut y avoir, en diminuant trop le danger réel du héros. Enfin la reconnaissance des deux époux, attendue si long-temps, est froide, et ne produit pas les émotions dont elle était susceptible. Pénélope, qui n'a pas voulu reconnaître Ulysse à sa victoire sur ses ennemis, toute merveilleuse qu'elle est, le reconnaît à ce qu'il lui dit de la structure du lit nuptial, qui n'est connu que de lui seul. Est-ce là un ressort bien épique *? Ce qu'il y a de pis dans ce dénouement, c'est que, contre la règle du bon sens, qui prescrit de mettre à la fin du poème tous les personnages dans une situation décidée, Ulysse vient à peine de revoir Pénélope, qu'il lui apprend que le Destin le condamne encore à courir le monde avec une rame sur l'épaule, jusqu'à ce qu'il rencontre un homme qui prenne cette rame pour un van à vanner. Je le répète : ce ne sont pas là les fictions de l'*Iliade*.

Son séjour dans l'île de Calypso et dans l'île de Circé n'offre rien d'intéressant; et s'il est vrai que Calypso soit l'original de Didon, c'est la goutte d'eau qui est devenue perle. Qu'on en juge par la manière dont Circé débute avec Ulysse : c'est lui-même qui raconte cette première entrevue.

« Elle me présente dans une coupe d'or cette
« boisson mixtionnée, où elle avait mêlé ses poi-
« sons qui devaient produire une si cruelle méta-
« morphose. Je pris la coupe de ses mains, et je
« bus; mais elle n'eut pas l'effet qu'elle en attendait.
« Elle me donna un coup de sa verge, et en me frap-

---

* Cette reconnaissance, que La Harpe trouve *froide*, paraît à M. de Chateaubriand, *un des plus beaux morceaux du génie antique*, et ce *ressort si peu épique*, par lequel elle s'accomplit, est précisément une des choses qu'il y admire le plus. Nous renvoyons nos lecteurs au chapitre où il traduit, où il analyse avec autant de goût que d'éloquence cette belle scène, méconnue par La Harpe. On y trouvera en même temps d'excellentes choses sur les différences de goût qui séparent les anciens et les modernes, et qui peuvent expliquer le jugement trop sévère, ou plutôt trop léger de l'auteur du *Lycée*. (Voyez *Génie du Christianisme*.) H. PATIN.

« pant, elle dit : Va dans l'étable trouver tes com-
« pagnons, et être comme eux. En même temps je
« tire mon épée, et me jette sur elle comme pour la
« tuer. Elle me dit, le visage couvert de larmes :
« Qui êtes-vous? d'où êtes-vous? Je suis dans un
« étonnement inexprimable, de voir qu'après avoir
« bu mes poisons vous n'êtes point changé. Jamais
« aucun autre mortel n'a pu résister à ces *drogues*,
« non-seulement après en avoir bu, mais même après
« avoir approché la coupe de ses lèvres. Il faut que
« vous ayez un esprit supérieur à tous les enchan-
« tements, ou que vous soyez le prudent Ulysse;
« car Mercure m'a toujours dit qu'il viendrait ici
« au retour de Troie. Mais remettez votre épée dans
« le fourreau, et ne pensons qu'à l'amour. Donnons-
« nous des gages d'une passion réciproque, pour
« établir la confiance qui doit régner entre nous. »
(*Traduction de madame Dacier.*)

La déclaration est un peu précipitée, sur-tout
après la coupe de poison. Quelque privilège qu'aient
les déesses en amour, encore faut-il que les avan-
ces soient un peu moins déplacées et un peu mieux
ménagées; car enfin les déesses sont des femmes.
Il y a loin de là aux amours de Didon.

La descente d'Ulysse aux enfers est aussi mauvaise que celle d'Énée est admirable, et l'on peut
dire ici : Gloire à l'imitateur qui a montré ce qu'il
fallait faire. Ulysse s'entretient avec une foule d'ombres qui lui sont absolument étrangères. Tyro,
Antiope, Alcmène, Épicaste, Chloris, Léda, Iphi-
médée, Phèdre, Procris, Ariane, Ériphyle, lui ra-

content, on ne sait pourquoi, leurs aventures, dont le lecteur ne se soucie pas plus qu'Ulysse. Virgile, sans parler ici de tant d'autres avantages, a montré bien plus de jugement en ne mettant en scène avec Énée que des personnages qui doivent l'intéresser. Il n'y a, dans la multiplicité des récits d'Homère, ni choix, ni dessein. Mais il avait appris ces histoires dans les différents pays qu'il avait visités, et il voulait conter tout ce qu'il savait. Le seul endroit remarquable, c'est le silence d'Ajax quand Ulysse lui adresse la parole; il s'éloigne de lui en détournant les yeux, sans lui répondre. Didon en fait autant dans l'*Énéide*, quand Énée la rencontre aux enfers, et la situation est encore plus dramatique. Mais ce que Virgile n'a eu garde d'imiter, c'est la mauvaise plaisanterie que fait Ulysse à un de ses compagnons, Elpénor, qui s'était tué en tombant du haut du palais de Circé : « Elpénor, « comment êtes-vous parvenu dans ce ténébreux « séjour? Quoique vous fussiez à pied, vous m'avez « devancé, moi qui suis venu sur un vaisseau porté « par les vents. » Il faut être madame Dacier pour trouver *un grand sens* dans cette raillerie froide et cruelle.

Ulysse, pendant son séjour chez Eumée, s'occupe la nuit des moyens qu'il emploiera pour se défaire de ses ennemis : cette juste inquiétude ne lui permet pas de se livrer au sommeil. Mais le poète, comme s'il craignait que le lecteur ne le partageât, se hâte, pour le rassurer, de faire descendre Minerve, qui reproche aigrement au héros de ne point reposer quand il le faudrait, et lui répète que, quand il aurait affaire à cinquante bataillons, il doit être sûr qu'avec le secours de Minerve il en viendra facilement à bout. Ulysse reconnaît sa faute, obéit et s'endort. Était-ce la peine de faire venir du ciel une déesse pour ordonner à un héros de dormir? C'est encore un des passages où madame Dacier fait remarquer l'art du poète.

Avouons-le : c'est ainsi que, dans le siècle dernier, les traducteurs et les commentateurs des anciens leur avaient nui réellement dans l'opinion publique, en leur vouant une admiration aveugle et exclusive qui convertissait les défauts mêmes en beautés. Cet excès révolta des hommes de beaucoup d'esprit, que la contradiction jeta, comme il arrive d'ordinaire, dans un excès tout opposé, et il y eut des sacrilèges, parce qu'il y avait eu des fanatiques; ce qui pourrait se dire avec autant de vérité dans un ordre de choses plus important. De meilleurs esprits, des hommes plus mesurés et plus sûrs dans leurs jugements, ont réparé le mal, et ramené l'opinion à son vrai point, en ne dissimulant pas les défauts des anciens, mais en s'occupant à démêler et à faire bien sentir leurs véritables beautés. Aussi est-ce de nos jours que les grands écrivains de l'antiquité, généralement mieux appréciés et mieux traduits, ont paru reprendre leur influence sur la bonne littérature, ont excité plus de curiosité et d'intérêt, et ont heureusement servi de dernier rempart contre l'invasion du mauvais goût. On ne m'accusera pas d'être leur détracteur :

je crois avoir fait mes preuves en ce genre; mais, en consacrant à leur génie un culte légitime, il faut encore laisser à la raison le droit de juger les divinités qu'on s'est faites dans son enthousiasme. D'ailleurs, la même sensibilité qui nous passionne pour ce qu'ils ont d'admirable, repousse ce qu'ils ont de répréhensible; et si l'on confond l'un avec l'autre, on paraît entraîné par l'autorité plus que par ses propres impressions, et c'est infirmer soi-même son jugement.

Celui que j'ai porté sur l'*Odyssée* n'est pas un attentat à la gloire d'Homère, mais une preuve de mon entière impartialité. Ma franchise sévère, quand je relève ses défauts, prouve au moins combien je suis sincère quand je proclame ses beautés. Je ne suis point insensible à celles de l'*Odyssée*, tout en les mettant fort au dessous de celles de l'*Iliade* : je conviendrai que, dans ce poème, non-seulement Homère intéresse notre curiosité, comme peintre de ces siècles reculés dont il ne reste point de monuments plus authentiques, plus précieux, plus instructifs que les siens, mais aussi par l'attrait que souvent il a su répandre sur ces peintures des mœurs antiques, de la simplicité et de la bonté hospitalière, du respect des jeunes gens pour la vieillesse, si bien représenté dans la réserve et la modestie de Télémaque chez Nestor et chez Ménélas. Le caractère de ce jeune homme est précisément celui qui convient à son âge et à sa situation; il a du courage, de la candeur, de la noblesse; et, en général, il tient à sa mère et aux poursuivants le langage qu'il doit tenir. On en peut dire autant de Pénélope, dont le caractère est nécessairement un peu passif dans tout le cours de l'ouvrage, comme l'exigeaient les mœurs de ce temps-là, mais qui, à la reconnaissance près, un peu froide, à ce qu'il m'a paru, ne dit et ne fait que ce qu'elle doit dire et faire. Ulysse, quoique trop dégradé sous son déguisement, et trop long-temps dans l'inaction, ne laisse pas de produire une suspension et une attente du dénouement qu'il eût été à souhaiter que l'auteur rendît plus forte et plus vive. Le carnage des poursuivants est tracé avec des couleurs qui rappellent le peintre de l'*Iliade*. Mais celle-ci sera toujours la couronne d'Homère : c'est elle qui assure à son auteur le titre du plus beau génie poétique dont l'antiquité puisse se glorifier [*].

La Harpe, *Cours de Littérature*.

[*] Il y aurait beaucoup à dire sur cette critique dure et tranchante de l'*Odyssée*. Il faut plaindre l'auteur de trouver dans ce beau poème tant de choses qui *dégoûtent* et *révoltent* son imagination. *Les délicats sont malheureux*, c'est La Fontaine qui l'a dit, lui qui *prenait un plaisir extrême*, aux récits de *Peau d'âne*, et qui n'eût certainement pas trouvé si *puériles*, si *froides*, si *ignobles* les fictions d'Homère. On sait que Fénelon était charmé de ce poème et des *naïves peintures* qu'on y rencontre du *détail de la vie humaine*. « On croit être, disait-il, dans les lieux qu'Homère dépeint, y voir et y entendre les hommes. Cette simplicité de mœurs semble ramener l'âge d'or. Le bonhomme Eumée me touche bien plus qu'un héros de *Clélie* ou de *Cléopâtre*. Les vains préjugés de notre temps avilissent de telles beautés, mais nos défauts ne diminuent point le vrai prix d'une vie si raisonnable et si naturelle. » (*Lettre à l'Académie française*.)

L'autorité de l'auteur du *Télémaque*, cette belle imitation de l'*Odyssée* est grande en pareille matière. On pourrait y joindre beaucoup d'autres suffrages, si la gloire du second chef-d'œuvre d'Homère avait besoin qu'on les rassemblât. Bitaubé l'a fait en partie dans une préface intéressante qui précède sa traduction de l'*Odyssée*. En soutenant que ce poème, fort différent de l'*Iliade* pour le ton qui y règne, se soutient cependant auprès de

II.

L'*Iliade* et l'*Odyssée* mettent Homère au dessus de tous les poètes qui ont écrit avant et après lui.

Dans le premier de ces poèmes, il a décrit quelques circonstances de la guerre de Troie, et dans le second, le retour d'Ulysse dans ses états.

Il s'était passé pendant le siège de Troie un évènement qui avait fixé l'attention d'Homère. Achille, insulté par Agamemnon, se retira dans son camp :

cette admirable production, il s'appuie de l'opinion de Pope, de Le Bossu, et de plusieurs autres critiques qu'il ne nomme pas, et dont il résume les jugements. Il remarque que les critiques anciens n'ont pas tous été si sévères que Longin, dont La Harpe s'autorise. « Si Longin, dit-il, a jugé l'*Odyssée* avec un peu de sévérité, des critiques aussi habiles que lui n'ont fait aucune distinction entre ces deux poèmes. Aristote les nomme constamment avec les mêmes éloges, et tire de l'un et de l'autre ses exemples. Horace marque de la prédilection pour l'*Odyssée*; il est si peu de l'avis de Longin, qu'il loue ces fictions et ces tableaux de mœurs, où le précepteur du sublime voyait l'empreinte de la vieillesse d'Homère, il appelle ces fictions *speciosa miracula...* »

D'ailleurs ce jugement de Longin, que Bitaubé s'attache à combattre, n'approche pas à beaucoup près de la sévérité que La Harpe a mise dans le sien. C'est même souvent un bel éloge du poème, et plusieurs passages contredisent formellement les assertions de notre critique. Celui-ci par exemple : « Il est même grand dans le temps qu'il s'égare en longues narrations et en fictions incroyables. *C'est ce qu'offrent les aventures d'Ulysse chez le Cyclope et d'autres endroits.* Il est arrivé à la vieillesse ; mais c'est la vieillesse d'Homère ; il produit des rêves, mais ce sont des rêves de Jupiter..... »

Quant à ces fables dont l'absurdité révolte la raison de La Harpe, et qui sont en effet moins raisonnables que poétiques, il faut pour les juger se transporter à l'époque où elles parurent et qu'elles enchantaient ; est-ce donc chez le poète un si grand défaut, que d'avoir exprimé en vers naïfs ou sublimes les croyances de son temps ; « On l'attribue, dit spirituellement Bitaubé, à la vieillesse d'Homère, je l'attribue plutôt à l'enfance du monde. »

H. PATIN.

son absence affaiblit l'armée des Grecs, et ranima le courage des Troyens, qui sortirent de leurs murailles et livrèrent plusieurs combats, où ils furent presque toujours vainqueurs : ils portaient déjà la flamme sur les vaisseaux ennemis, lorsque Patrocle parut revêtu des armes d'Achille. Hector l'attaque et lui fait mordre la poussière : Achille, que n'avaient pu fléchir les prières des chefs de l'armée, revole au combat venger la mort de Patrocle par celle du général des Troyens, ordonne les funérailles de son ami, et livre pour une rançon au malheureux Priam le corps de son fils Hector.

Ces faits, arrivés dans l'espace d'un très petit nombre de jours *, étaient une suite de la colère d'Achille contre Agamemnon, et formaient, dans le cours du siège, un épisode qu'on pouvait en détacher aisément, et qu'Homère choisit pour le sujet de l'*Iliade:* en le traitant, il s'assujettit à l'ordre historique ; mais, pour donner plus d'éclat à son sujet, il supposa, suivant le système reçu de son temps, que, depuis le commencement de la guerre, les dieux s'étaient partagés entre les Grecs et les Troyens ; et, pour le rendre plus intéressant, il mit les personnes en action : artifice peut-être inconnu jusqu'à lui, qui a donné naissance au genre dramatique **, et qu'Homère employa dans l'*Odyssée* avec le même succès.

On trouve plus d'art et de savoir dans ce dernier poème. Dix ans s'étaient écoulés depuis qu'U-

---

* Du *Poème épique*, par Le Bosu, II.
** Plat. in *Theæt.* I, id. *de Rep.* II, 10, Aristot. *de Poet.* II, 4.

lysse avait quitté les rivages d'Ilium. D'injustes ravisseurs dissipaient ses biens ; ils voulaient contraindre son épouse désolée à contracter un second hymen, et à faire un choix qu'elle ne pouvait plus différer. C'est à ce moment que s'ouvre la scène de l'*Odyssée*. Télémaque, fils d'Ulysse, va, dans le continent de la Grèce, interroger Nestor et Ménélas sur le sort de son père. Pendant qu'il est à Lacédémone, Ulysse part de l'île de Calypso, et, après une navigation pénible, il est jeté par la tempête dans l'île des Phéaciens, voisine d'Ithaque. Dans un temps où le commerce n'avait pas encore rapproché les peuples, on s'assemblait autour d'un étranger pour entendre le récit de ses aventures. Ulysse, pressé de satisfaire une cour où l'ignorance et le goût du merveilleux régnaient à l'excès, lui raconte les prodiges qu'il a vus, l'attendrit par la peinture des maux qu'il a soufferts, et en obtient du secours pour retourner dans ses états : il arrive il se fait reconnaître à son fils, et prend avec lui des mesures efficaces pour se venger de leurs ennemis communs.

L'action de l'*Odyssée* ne dure que quarante jours [*] ; mais, à la faveur du plan qu'il a choisi, Homère a trouvé le secret de décrire toutes les circonstances du retour d'Ulysse, de rappeler plusieurs détails de la guerre de Troie, et de déployer les connaissances qu'il avait lui-même acquises dans ses voyages. Il paraît avoir composé cet ouvrage dans un âge

---

[*] *Mém. de l'Acad. des bell. lett.* t II.

avancé : on croit le reconnaître à la multiplicité des récits, ainsi qu'au caractère paisible des personnages, et à une certaine chaleur douce comme celle du soleil à son couchant *.

Quoique Homère se soit proposé sur-tout de plaire à son siècle, il résulte clairement de l'*Iliade* que les peuples sont toujours la victime de la division des chefs ; et de l'*Odyssée*, que la prudence jointe au courage triomphe tôt ou tard des plus grands obstacles.

L'*Iliade* et l'*Odyssée* étaient à peine connues dans la Grèce, lorsque Lycurgue parut en Ionie** : le génie du poète parla aussitôt au génie du législateur. Lycurgue découvrit des leçons de sagesse où le commun des hommes ne voyait que des fictions agréables*** : il copia les deux poèmes, et en enrichit sa patrie. De là ils passèrent chez tous les Grecs : on vit des acteurs connus sous le nom de rhapsodes ****, en détacher des fragments, et parcourir la Grèce, ravie de les entendre. Les uns chantaient la valeur de Diomède, les autres les adieux d'Andromaque, d'autres la mort de Patrocle, celle d'Hector, etc. *****.

La réputation d'Homère semblait s'accroître par la répartition des rôles ; mais le tissu de ses poèmes se détruisait insensiblement ; et, comme leurs par-

---

* Longin. *de Subl.* IX.
** Allat. *de Patr. Homer.* V.
*** Plut. in *Lyc.* I.
****Schol. *Pind.* in *Nem.* II, 1.
***** Ælian. *Var. Hist.* XIII, 14. Allat. *de Patr Homer* V.

ties trop séparées risquaient de ne pouvoir plus se réunir à leur tout, Solon défendit à plusieurs rhapsodes, lorsqu'ils seraient rassemblés, de prendre au hasard, dans les écrits d'Homère, des faits isolés, et leur prescrivit de suivre dans leurs récits l'ordre qu'avait observé l'auteur, de manière que l'un reprendrait où l'autre aurait fini *.

Ce règlement prévenait un danger, et en laissait subsister un autre encore plus pressant. Les poèmes d'Homère, livrés à l'enthousiasme et à l'ignorance de ceux qui les chantaient ou les interprétaient publiquement, s'altéraient tous les jours dans leur bouche : ils y faisaient des pertes considérables, et se chargeaient de vers étrangers à l'auteur. Pisistrate et Hipparque son fils ** entreprirent de rétablir le texte dans sa pureté : ils consultèrent des grammairiens habiles ; ils promirent des récompenses à ceux qui rapporteraient des fragments authentiques de l'*Iliade*, et de l'*Odyssée*; et, après un travail long et pénible, ils exposèrent ces deux magnifiques tableaux aux yeux des Grecs, également étonnés de la beauté des plans et de la richesse des détails. Hipparque ordonna de plus que les vers d'Homère seraient chantés à la fête des Panathénées, dans l'ordre fixé par la loi de Solon ***.

La postérité, qui ne peut mesurer la gloire des

---

* Diog. Laert. in *Solon*. I, 57.

** Cicer. *de Orat.*, I, 3, cap. 34. Pausan. VII, 26. Meurs. *in Pisist.* IX et XII. Allat. *de Patr. Homer.* V.

*** Plat. in *Hipparch*. Ælian. II *Var. Hist.* VIII, 2. Not Periz. *ibid.* in *Leocr.*

rois et des héros sur les actions, croit entendre de loin le bruit qu'ils ont fait dans le monde, et l'annonce avec plus d'éclat aux siècles suivants : mais la réputation d'un auteur dont les écrits subsistent est, à chaque génération, à chaque moment, comparée avec les titres qui l'ont établie, et sa gloire doit être le résultat des jugements successifs que les âges prononcent en sa faveur. Celle d'Homère s'est d'autant plus accrue, qu'on a mieux connu ses ouvrages, et qu'on s'est trouvé plus en état de les apprécier. Les Grecs n'ont jamais été aussi instruits qu'ils le sont aujourd'hui; jamais leur admiration pour lui ne fut si profonde : son nom est dans toutes les bouches, et son portrait devant tous les yeux : plusieurs villes se disputent l'honneur de lui avoir donné le jour [*]; d'autres lui ont consacré des temples [**]; les Argiens, qui l'invoquent dans leurs cérémonies saintes, envoient tous les ans, dans l'île de Chio, offrir un sacrifice en son honneur [***]. Ses vers retentissent dans toute la Grèce, et font l'ornement de ses brillantes fêtes. C'est là que la jeunesse trouve ses premières instructions [****]; qu'Eschyle [*****], Sophocle [******], Archiloque, Hérodote, Démosthène [*******], Platon [********] et les meilleurs

---

[*] Aul. Gell. III, Strab. II. XIV. Pausan. X, 24.

[**] Strab. *ibid.*

[***] *Certam. Homer. et Hesiod.*

[****] Eusth. in *Iliad. lib.* I id. in lib. II.

[*****] Athen. VIII, 8.

[******] Valcken. *diat. in Eurip. Hipp.* 92.

[*******] Long. *de Subl.* XIII ; Dionys. Halic. *epist. ad Pomp.* VI.

[********] Panæt. ap. Cicer. *Tuscul.* II, 1, cap. 32.

HOMÈRE.

auteurs ont puisé la plus grande partie des beautés qu'ils ont semées dans leurs écrits; que le sculpteur Phidias* et le peintre Euphranor** ont appris à représenter dignement le maître des dieux.

Quel est donc cet homme qui donne des leçons de politique aux législateurs; qui apprend aux philosophes et aux historiens l'art d'écrire, aux poètes et aux orateurs l'art d'émouvoir; qui fait germer tous les talents***, et dont la supériorité est tellement reconnue, qu'on n'est pas plus jaloux de lui que du soleil qui nous éclaire?

Je sais qu'Homère doit intéresser spécialement sa nation. Les principales maisons de la Grèce croient découvrir dans ses ouvrages les titres de leur origine, et les différents états, l'époque de leur grandeur. Souvent même son témoignage a suffi pour fixer les anciennes limites de deux peuples voisins****. Mais ce mérite, qui pouvait lui être commun avec quantité d'auteurs oubliés aujourd'hui, ne saurait produire l'enthousiasme qu'excitent ses poëmes; et il fallait bien d'autres ressorts pour obtenir parmi les Grecs l'empire de l'esprit.

Je ne suis qu'un Scythe, et l'harmonie des vers d'Homère, cette harmonie qui transporte les Grecs, échappe souvent à mes organes trop grossiers; mais je ne suis plus maître de mon admiration, quand

---

* Strab VIII. Plut. in Æmil. I. Val. Max. III, 7, *extern.* 4.
** Eustath. in *Iliad.* I.
*** Dionys. Halic. *de Compos. verb.* V, 16; Id., 187; Quint. *instit. orat.* X, 1.
**** Eustath. in *Homer.* II.

je le vois s'élever et planer, pour ainsi dire, sur l'univers; lançant de toutes parts ses regards embrasés; recueillant les feux et les couleurs dont les objets étincellent à sa vue; assistant au conseil des dieux; sondant les replis du cœur humain, et bientôt riche de ses découvertes, ivre des beautés de la nature, et ne pouvant plus supporter l'ardeur qui le dévore, la répandre avec profusion dans ses tableaux et dans ses expressions; mettre aux prises le ciel avec la terre, et les passions avec elles-mêmes; nous éblouir par ces traits de lumière qui n'appartiennent qu'au génie; nous entraîner par ces saillies de sentiment qui sont le vrai sublime, et toujours laisser dans notre âme une impression profonde qui semble l'étendre et l'agrandir. Car ce qui distingue sur-tout Homère, c'est de tout animer*, et de nous pénétrer sans cesse des mouvements qui l'agitent : c'est de tout subordonner à la passion principale, de la suivre dans ses fougues, dans ses écarts, dans ses inconséquences; de la porter jusqu'aux nues, et de la faire tomber, quand il le faut, par la force du sentiment et de la vertu, comme la flamme de l'Etna que le vent repousse au fond de l'abîme; c'est d'avoir saisi de grands caractères; d'avoir différencié la puissance, la bravoure, et les autres qualités de ses personnages, non par des descriptions froides et fastidieuses, mais par des coups de pinceau rapides et vigoureux, ou par des fictions neuves et semées presque au hasard dans ses ouvrages.

---

* Aristot, *de Rhet.*, III, 3, cap. II.

HOMÈRE. 339

Je monte avec lui dans les cieux; je reconnais Vénus tout entière à cette ceinture d'où s'échappent sans cesse les feux de l'amour, les désirs impatients, les graces séduisantes, et les charmes inexprimables du langage et des yeux *; je reconnais Pallas et ses fureurs à cette égide où sont suspendues la terreur, la discorde, la violence, et la tête épouvantable de l'horrible Gorgone ** : Jupiter et Neptune sont les plus puissants des dieux; mais il faut à Neptune un trident pour secouer la terre ***, à Jupiter un clin-d'œil pour ébranler l'olympe ****. Je descends sur la terre : Achille, Ajax et Diomède sont les plus redoutables des Grecs; mais Diomède se retire à l'aspect de l'armée troyenne *****; Ajax ne cède qu'après l'avoir repoussée plusieurs fois ******; Achille se montre, et elle disparaît *******.

Ces différences ne sont pas rapprochées dans les livres sacrés des Grecs; car c'est ainsi qu'on peut nommer l'*Iliade* et l'*Odyssée*. Le poète avait posé solidement ses modèles : il en détachait au besoin les nuances qui servaient à les distinguer, et les avait présentes à l'esprit, lors même qu'il donnait à ses caractères des variations momentanées; parce qu'en effet l'art seul prête aux caractères une constante unité, et que la nature n'en produit point qui

---

* Homer. *Iliad*. XIV, v 215
** Id. *ibid*, V, v. 738
*** Id. *Odyss*. IV, v. 506.
**** Id. *Iliad*. I, v. 530
***** Id. *ibid*. V, v. 605.
****** Id. *ibid* XI, 565
******* Id *ibid* XVIII, v. 228

ne se démente jamais dans les différentes circonstances de la vie.

Platon ne trouvait point assez de dignité dans la douleur d'Achille ni dans celle de Priam, lorsque le premier se roule dans la poussière après la mort de Patrocle, lorsque le second hasarde une démarche humiliante pour obtenir le corps de son fils[*]. Mais quelle étrange dignité que celle qui étouffe le sentiment! Pour moi, je loue Homère d'avoir, comme la nature, placé la faiblesse à côté de la force et l'abîme à côté de l'élévation; je le loue encore plus de m'avoir montré le meilleur des pères dans le plus puissant des rois, et le plus tendre des amis dans le plus fougueux des héros.

J'ai vu blâmer les discours outrageants que le poète fait tenir à ses héros, soit dans leurs assemblées, soit au milieu des combats : alors j'ai jeté les yeux sur les enfants, qui tiennent de plus près à la nature que nous; sur le peuple qui est toujours enfant; sur les sauvages qui sont toujours peuple; et j'ai observé que chez eux tous, avant que de s'exprimer par des effets, la colère s'annonce par l'ostentation, par l'insolence et l'outrage.

J'ai vu reprocher à Homère d'avoir peint dans leur simplicité les mœurs des temps qui l'avaient précédé : j'ai ri de la critique, et j'ai gardé le silence.

Mais quand on lui fait un crime d'avoir dégradé les dieux, je me contente de rapporter la réponse

---

[*] Plat. *de rep.* III.

que me fit un jour un Athénien éclairé : Homère, me disait-il, suivant le système poétique de son temps*, avait prêté nos faiblesses aux dieux. Aristophane les a depuis jouées sur notre théâtre**, et nos pères ont applaudi à cette licence : les plus anciens théologiens ont dit que les hommes et les dieux avaient une commune origine***; et Pindare, presque de nos jours, a tenu le même langage****. On n'a donc jamais pensé que ces dieux pussent remplir l'idée que nous avons de la divinité; et en effet, la vraie philosophie admet au-dessus d'eux un être suprême qui leur a confié sa puissance. Les gens instruits l'adorent en secret; les autres adressent leurs vœux et quelquefois leurs plaintes, à ceux qui le représentent; et la plupart des poètes sont comme les sujets du roi de Perse, qui se prosternent devant le souverain, et se déchaînent contre ses ministres.

Que ceux qui peuvent résister aux beautés d'Homère s'appesantissent sur ses défauts : car pourquoi le dissimuler? il se repose souvent, et quelquefois il sommeille; mais son repos est comme celui de l'aigle, qui, après avoir parcouru dans les airs ses vastes domaines, tombe, accablé de fatigue, sur une haute montagne; et son sommeil ressemble à celui de Jupiter, qui, suivant Homère lui-même, se réveille en lançant le tonnerre*****.

BARTHELEMY, *Voyage d'Anacharsis*, Introduction.

* Aristot., *de Poet* II, 25
** Aristoph., in *Nub.*, v. 617; in *Plut.*, v. 1120; in *Ran.*, etc.
*** Hesiod., *Theogon.*, v 126, etc. Aristoph., in *Av.*, v 700.
**** Pind., in *Nem.* VI, v. 1; Schol., *ibid*
***** Homer., *Iliad.* XV, v. 377.

HORACE (QUINTUS-HORATIUS-FLACCUS) était de Venuse, et, comme il le dit lui-même, fils d'un affranchi : il naquit l'an du monde 3940 et de Rome 688.

Son père, quoique simple affranchi, et d'une fortune très médiocre, prit un soin particulier de son éducation. Des officiers riches et instruits se contentaient d'envoyer leurs enfants chez un maître qui apprenait à lire, à écrire et à compter. Le père d'Horace, qui reconnut en son fils un fond d'esprit capable des plus grandes choses, eut le courage de le mener lui-même à Rome, pour lui donner une éducation telle que les chevaliers et les sénateurs la donnaient à leurs enfants. A voir la manière dont le jeune Horace était vêtu, et les esclaves qui le suivaient, on l'eût pris, dit-il lui-même, pour un riche héritier d'une longue suite d'aïeux opulents; et cependant son père n'avait pour tout bien qu'une petite terre : peut-être excédait-il en ce point; mais qui oserait le condamner? Il ne craignit point de se ruiner, ni lui ni son fils, en employant tout son revenu à le faire bien instruire, comptant qu'une bonne éducation était le meilleur patrimoine qu'il pût lui laisser. Il fit plus; et prenant la peine de le garder lui-même, il lui servait de gouverneur, et l'accompagnait chez tous ses maîtres.

On est charmé de voir le respect et la vive reconnaissance qu'Horace fit paraître pendant toute sa vie pour un tel père. « Par ses soins, dit-il, il m'a
« conservé la pureté qui est le premier fondement
« de la vertu; et il m'a garanti, non seulement de
« toute action déshonnête, mais encore de tout re-

« proche et tout soupçon. » Que les jeunes gens pèsent bien ces paroles, et qu'ils se souviennent que c'est un païen qui pense et qui parle de la sorte.

Le père d'Horace, quoique sans lettres et sans érudition, n'était pas moins utile à son fils que les maîtres les plus habiles qu'il pouvait entendre. Il le formait en particulier, l'instruisait familièrement, et s'appliquait à lui inspirer de l'horreur pour les vices, en les lui rendant sensibles par des exemples. S'il voulait le détourner de quelque mauvaise action : « Pourrais-tu, lui disait-il, douter si l'action dont je veux t'éloigner est contraire à la vertu et à tes véritables intérêts, pendant qu'un tel qui l'a faite, s'est absolument décrié? que cet autre, par ses débauches, a ruiné son bien et sa santé ? » (et c'était ici que venait le coup de satire). S'il voulait au contraire, le porter à faire quelque bonne action, il lui citait quelqu'un qui l'avait faite avec succès, et il choisissait toujours les principaux d'entre les sénateurs et les plus gens de bien.

Cette manière d'instruire les jeunes gens a son utilité, pourvu qu'elle ne dégénère point en médisance et en satire. Les exemples font bien plus d'impression sur l'esprit, que tous les discours et toutes les moralités. C'est aussi de cette sorte que Déméa instruit son fils dans les *Adelphes* de Térence. « Je « n'oublie rien, je l'accoutume peu à peu à la vertu; « enfin je l'oblige à regarder comme dans un mi- « roir, dans la vie des autres, et à apprendre par « leur exemple à faire le bien et à fuir le mal. »

Si l'on en croit Horace, c'est à ces instructions

paternelles, reçues avec attention et docilité, qu'il était redevable de se voir exempt des grands défauts. Mais c'est aussi à ces mêmes leçons qu'il attribue, soit par plaisanterie, ou autrement, le goût satirique qui lui resta toute sa vie.

Il ne pouvait se lasser d'admirer son bonheur d'avoir eu un tel père, et il en parle avec une reconnaissance qu'on ne peut assez estimer : « Jamais je « n'aurai honte d'un si bon père tant que je saurai « penser. Jamais je ne suivrai l'exemple de la plu- « part des gens qui, pour excuser la bassesse de leur « naissance, ont soin d'observer que s'ils n'ont pas « eu des pères illustres, cela ne vient point de leur « choix. Je parle et pense bien autrement. Car si « la nature permettait de recommencer notre vie « depuis un certain nombre d'années, et qu'elle « nous donnât la liberté de choisir les pères de qui « nous voudrions naître, je laisserais chacun choisir « au gré de sa vanité : mais pour moi, content de « ceux que j'ai, je n'en irais point prendre au milieu « des faisceaux, ni sur les sièges curules. »

Il faut avouer qu'il y a bien de la bassesse d'esprit à rougir de celle de sa naissance. On a remarqué sans doute que la plupart des illustres écrivains que j'ai cités jusqu'ici, étaient d'une condition obscure, et que beaucoup même avaient été esclaves. Est-il jamais tombé dans l'esprit d'aucun homme sensé d'en faire pour cela moins de cas? La noblesse, les richesses, les grandes places, peuvent-elles entrer en comparaison avec les talents de l'esprit, et sont-elles toujours une preuve du mérite?

Quand Horace fut arrivé à l'âge d'environ dix-neuf ans (an m. 3959), son père l'envoya étudier à Athènes : car il ne le laissa aller et ne le voulut perdre de vue que quand il fut en âge de se conduire lui-même et de se préserver de la corruption qui régnait alors. Il avait été instruit à Rome, dans l'étude des belles-lettres, et s'y était formé le goût principalement par la lecture d'Homère. Il passa à des connaissances plus élevées dans la Grèce et s'attacha à l'étude de la philosophie : il paraît que cette étude lui plaisait beaucoup, et il regretta fort de quitter plus tôt qu'il n'aurait souhaité un séjour si agréable. Brutus passant par Athènes pour aller en Macédoine, emmena avec lui plusieurs jeunes gens, au nombre desquels était Horace. Il le fit tribun des soldats. Horace avait demeuré à Athènes quatre ou cinq ans.

Un an après se donna la bataille de Philippes, où notre jeune poète, qui n'était pas né pour les armes, ne fit pas preuve aussi de bravoure, ayant pris la fuite et abandonné son bouclier, comme il l'avoue lui-même.

Horace à son retour ne fut pas long-temps sans être connu de Mécène. Ce fut le bon Virgile, car c'est ainsi qu'il l'appelle, *Optimus Virgilius*, qui le premier parla à son patron de ce mérite naissant. Varius ensuite vint à l'appui et le seconda. Horace fut mandé. Quand il parut devant Mécène, le respect pour un seigneur si puissant et la timidité qui lui était naturelle, lui lièrent si bien la langue, qu'il ne parla que fort peu, et à paroles entrecoupées.

Mécène lui répondit en peu de mots, comme c'est la coutume des grands, après quoi Horace se retira. Neuf mois se passèrent sans qu'il entendît parler de rien, et sans que de son côté il se donnât aucun mouvement. On aurait pu croire que Mécène, peu content de ce premier abord, qui n'avait pas, ce semble, montré un homme fort spirituel, ne songeait plus à Horace. Quand cet espace fut écoulé, il le rappela et le mit au nombre de ses amis; ce sont les termes d'Horace; et depuis ce temps-là il fut admis à une intime familiarité.

Nos usages ne souffriraient pas qu'un homme de lettres, à peine connu encore, se dit ami d'un aussi grand seigneur qu'était Mécène. Il y avait chez les anciens plus de simplicité, mais en même temps plus de noblesse et de grandeur. La langue latine, qui était née dans le sein de la liberté, n'avait rien de servile, et n'admettait aucun de ces compliments dont la nôtre est pleine : *Jubes esse in amicorum numero.*

Mais ce que j'admire ici, c'est le généreux procédé de Virgile. Il connaissait le mérite du jeune poète : il lui voyait un génie propre à réussir à la cour, comme l'évènement le fit bien voir. Il pouvait craindre de se donner en sa personne un rival dangereux qui, partageant d'abord avec lui la faveur de leur commun protecteur, pourrait bien ensuite le supplanter entièrement. Virgile n'eut aucune de ces pensées, qui ne conviennent qu'à une âme basse, et qu'il aurait crues, avec raison, injurieuses à son ami, et encore plus à Mécène : car il n'en était pas

de la maison de ce favori comme de celles de la plupart des grands seigneurs et des ministres, où chacun ne songe qu'à ses propres intérêts, où le mérite des autres fait ombrage, où tout se conduit par cabale et par de sourdes menées, où la bonne foi et l'honneur sont peu connus, et où souvent les plus noirs desseins sont cachés sous les dehors de l'amitié la plus affectueuse. « Ce n'est pas ainsi, di-
« sait Horace à un homme qui lui promettait, pour
« peu qu'il voulût lui donner d'accès auprès de Mé-
« cène, qu'il le mettrait en état de supplanter bien-
« tôt tous les autres : ce n'est pas ainsi que l'on vit
« chez Mécène. Il n'y a jamais eu de maison plus
« intègre que la sienne, ni plus éloignée de toute
« cabale et de toute intrigue. Là, un plus riche ou
« un plus savant ne fait ni tort ni ombrage aux
« autres, chacun a sa place et en est content. »

Mécène, dès le commencement, rendit d'utiles services à Horace, auprès du prince contre lequel il avait porté les armes dans l'armée de Brutus. Il obtint son pardon, et lui fit restituer ses revenus qui avaient été confisqués. Depuis ce temps-là Horace commença à entrer dans la familiarité de Mécène et à être admis dans sa confidence et dans ses plaisirs. Il l'accompagna dans le voyage qu'il fit à Brunduse, comme il paraît par la satire V^e du Ier livre.

La réputation et le crédit d'Horace augmentaient tous les jours par les pièces de poésie qu'il publiait, tant sur les victoires d'Auguste, que sur des évènements particuliers et sur d'autres matières différentes, soit odes, ou satires, ou épîtres.

Le poëte Quintilius Varus, parent de Virgile, étant mort, Horace tâcha de consoler son ami par l'ode XXIV du livre I.

Quand Virgile lui-même partit pour la Grèce, dans le dessein d'employer le repos qu'il y allait chercher pour revoir son *Énéide*, et y mettre la dernière main, Horace composa, à l'occasion de ce voyage, une ode pleine de vœux, qui, malheureusement ne furent pas exaucés: c'est la troisième du premier livre.

On peut juger de la tendre amitié de Mécène pour Horace, par ce peu de mots qu'il écrivit à Auguste, dans son testament : « Je vous conjure de « vous souvenir d'Horace comme de moi-même. » Auguste lui offrit la charge de secrétaire du cabinet, et écrivit pour cet effet à Mécène de cette manière : « Jusque ici je n'ai eu besoin de personne « pour écrire mes lettres à mes amis; mais aujour- « d'hui que je me vois accablé d'affaires et infirme, « je souhaite que vous m'ameniez notre Horace : il « passera de votre table à la mienne; et il m'aidera « à faire mes lettres. » Horace, qui aimait fort sa liberté, ne crut pas devoir accepter une offre si honorable, mais qui l'aurait fort gêné, et s'excusa sur ses infirmités vraies ou supposées. Le prince ne fut nullement choqué du refus qu'Horace fit de cette charge, et n'en fut pas moins de ses amis. Quelque temps après, il lui écrivit en ces termes : « Usez- « en à mon égard avec liberté, comme si vous étiez « mon commensal ; cette qualité vous en donne le « droit. Vous savez bien que je voulais que vous vé-

« cussiez avec moi de cette manière, si votre santé
« l'eût permis. »

Combien de réflexions ce récit nous fournirait sur la bonté d'Auguste, sur la franchise d'Horace, sur la douceur du commerce qui régnait alors dans la société, sur la différence des mœurs anciennes avec les nôtres? Un secrétaire du cabinet à table avec un empereur! un poète qui refuse cet honneur, sans que l'empereur s'en trouve offensé!

Horace ne se plaisait qu'à ses maisons de campagne, soit dans le pays de Sabine, soit à Tivoli, où, libre de soins et d'inquiétudes, il goûtait, dans une agréable retraite, toute la douceur du repos, unique objet de ses vœux. La cour, qui plaît tant aux ambitieux, n'était pour lui qu'un exil et une prison. Il ne comptait vivre et respirer que quand il retournait à sa chère campagne, où il se trouvait plus heureux que tous les rois de la terre.

Il mourut âgé de cinquante-sept ans, sous le consulat de C. Marcius Censorius, et de C. Asinius Gallus, après avoir nommé Auguste son héritier devant des témoins, la violence de son mal ne lui ayant pas donné le temps de signer son testament. Il fut enterré à l'extrémité des Esquilies, joignant le tombeau de Mécène, qui était mort la même année, peu de temps avant lui. Il avait toujours souhaité de ne lui pas survivre, et semblait même s'y être engagé par un serment.

Rollin, *Histoire ancienne.*

JUGEMENTS.

I.

Je dirais volontiers d'Horace, ce que Quintilien a dit de Cicéron : « Ille se profecisse sciat, cui Ho-« ratius valde placebit. » On y apprend non seulement à bien parler, mais à bien penser; à juger sainement de ce qui doit plaire ou déplaire dans ceux avec qui nous vivons; à avoir le sentiment vif et délicat sur les caractères, sur les bienséances et les devoirs de la vie civile, et a fait connaître ce qui peut former l'honnête homme, l'homme aimable dans le commerce de la société.

Toutes les vertus du style s'y réunissent en même temps : une justesse d'expression qui égale celle des pensées; un art à présenter des images toujours gracieuses et toujours traitées avec cette sobriété qui sait s'arrêter où il faut et faire succéder de nouvelles beautés qui semblent suivre naturellement les premières, et charmer l'esprit par leur variété, sans le fatiguer par leur multitude ou par leur confusion ; un choix dans les épithètes qui ne sont jamais oisives, et qui ajoutent toujours ou plus de force ou plus de grace aux termes qu'elles accompagnent; une perfection dans les narrations, dont l'élégance et l'ornement ne diminuent point la simplicité et la rapidité. Enfin, on trouve en lui un maître toujours aimable, qui, comme il le dit lui-même, enseigne le vrai en riant, et dont le savant badinage semble jouer autour du cœur (c'est l'expression de Perse) pour y faire entrer plus agréablement les préceptes. Mais en voilà trop sur le caractère de cet auteur : il faudrait être Horace lui-même, pour en faire dignement le portrait; et l'on profitera plus à le lire qu'à l'entendre louer.

D'AGUESSEAU, *IVe Instruction.*

II.

Quoiqu'Horace n'ait point écrit de poëme sur la philosophie, il en a tant répandu dans ses odes et dans ses épîtres, qu'on ne peut le passer sous le silence. Qui mieux que lui, pour me servir de l'expression pittoresque de Montaigne, *sut presser la sentence au pied nombreux de la poésie?* Ceux qui ont paru croire que le goût rendait le talent timide auraient dû se détromper en lisant Horace.

La justesse et l'audace se réunissent dans son expression; et quand l'oreille est remplie de son rhythme harmonieux, l'imagination ébranlée par ses figures hardies, la raison, en décomposant les beautés de ce poëte, prouve qu'elle en a toujours suivi les écarts et gouverné le délire; mais l'esprit, que fatigue aisément la poésie lyrique, se repose avec plus d'intérêt encore sur la philosophie consolante qui respire dans ses belles épîtres.

Elles instruisent tous les états; elles hâtent l'expérience de tous les âges; elles apprennent au jeune homme, au vieillard, à jouir sagement de la vie, à se consoler de la mort, à réunir la volupté avec la décence, la raison avec la gaieté. L'homme de lettres y trouve les préceptes du goût; l'homme de bien, ceux de la vertu. Elles font rire l'habitant de la ville des travers qu'il a sous les yeux; elles retracent au solitaire le charme de sa retraite : dans la joie et dans la douleur, dans l'indigence et dans les richesses, elles donnent des plaisirs ou des leçons : elles tiennent lieu d'un ami; et quand on a le bonheur d'en posséder un, elles font mieux sentir le charme de l'amitié.

DE FONTANES, *Disc. prélim. de la trad. de l'Essai sur l'homme.*

III.

Horace est le seul des lyriques latins qui soit parvenu jusqu'à nous : mais ce qui peut nous consoler de la perte des autres, c'est le jugement de Quintilien, qui assure qu'ils ne méritaient pas d'être lus. Il fait au contraire le plus grand éloge d'Horace, et cet éloge a été confirmé dans tous les temps et chez tous les peuples. Horace semble réunir en lui Anacréon et Pindare; mais il ajoute à tous les deux. Il a l'enthousiasme et l'élévation du poète thébain; il n'est pas moins riche que lui en figures et en images; mais ses écarts sont un peu moins brusques; sa marche est un peu moins vague; sa diction a bien plus de nuances et de douceur. Pindare, qui chante toujours les mêmes sujets, n'a qu'un ton, toujours le même; Horace les a tous; tous lui semblent naturels, et il a la perfection de tous. Qu'il prenne sa lyre; que, saisi de l'esprit poétique, il soit transporté dans le conseil des dieux ou sur les ruines de

Troie, sur la cime des Alpes ou près de Glycère, sa voix se monte toujours au sujet qui l'inspire. Il est majestueux dans l'Olympe, et charmant près d'une maîtresse. Il ne lui en coûte pas plus pour peindre avec des traits sublimes l'âme de Caton et de Régulus, que pour peindre avec des traits enchanteurs les caresses de Lycimnie et les coquetteries de Pyrrha. Aussi franchement voluptueux qu'Anacréon, aussi fidèle apôtre du plaisir, il a les graces de ce lyrique grec avec beaucoup plus d'esprit et de philosophie, comme il a l'imagination de Pindare avec plus de morale et de pensées. Si l'on fait attention à la sagesse de ses idées, à la précision de son style, à l'harmonie de ses vers, à la variété de ses sujets; si l'on se souvient que ce même homme a fait des satires pleines de finesse, de raison et de gaieté, des épîtres qui contiennent les meilleures leçons de la société civile, en vers qui se gravent d'eux-mêmes dans la mémoire; un *Art poétique*, qui est le code éternel du bon goût : on conviendra qu'Horace est un des meilleurs esprits que la nature ait pris plaisir à former.

J'ai hasardé la traduction de quelques odes d'Horace, non pas assurément que je le croie facile à traduire; mais Horace a beaucoup d'esprit proprement dit, et l'esprit est de toutes les langues. Voyons-le d'abord dans le genre héroïque; j'ai choisi l'*Ode à la Fortune*. On pourra la comparer à celle de Rousseau, et l'on verra qu'une ode française ressemble très peu à une ode latine[*]. Le sujet de celle-ci était

[*] J'avertis que j'ai rejoint l'ode, *O diva gratum quæ regis Antium*, avec

fort simple. On parlait d'une descente en Angleterre, qu'Auguste devait conduire lui-même, et qui n'eut pas lieu; on parlait en même temps d'une guerre contre les Parthes. Le poète invoque la Fortune, et lui recommande Auguste et les Romains. Mais il commence par se réconcilier avec les dieux, qu'en sa qualité d'épicurien il avait fort négligés. Il s'étend ensuite sur les attributs de la Fortune, et finit, après l'avoir invoquée, par déplorer les guerres civiles et la corruption des mœurs. Tel est le plan de cette ode. J'ai risqué, en la traduisant, de changer plusieurs fois le rhythme, pour rendre mieux la variété des tons, et suppléer, quand les phrases demandaient une certaine étendue, à la facilité qu'avaient les Grecs et les Latins d'enjamber d'une strophe à l'autre:

D'Épicure élève profane,
Je refusais au dieux des vœux et de l'encens.
Je suivais les égarements
Des sages insensés qu'aujourd'hui je condamne.
Je reconnais des dieux : c'en est fait, je me rends.

J'ai vu le maître du tonnerre,
Qui, la foudre à la main, se montrait à la terre;
J'ai vu dans un ciel pur voler l'éclair brillant,
Et les voûtes éternelles
S'embraser des étincelles
Que lançait Jupiter de son char foudroyant.

la précédente, *Parcus deorum cultor et infrequens*, qui me paraît en être le commencement, et en avoir été détachée fort mal à propos : il y a même des éditions où elles sont réunies.

Le Styx en a mugi dans sa source profonde :
Du Ténare trois fois les portes ont tremblé.
Des hauteurs de l'Olympe aux fondements du monde,
    L'Atlas a chancelé.

    Oui, des puissances immortelles
Dictent à l'univers d'irrévocables lois.
La Fortune, agitant ses inconstantes ailes,
Plane d'un vol bruyant sur la tête des rois.
Au destin des états son caprice préside :
Elle seule dispense ou la gloire ou l'affront,
Enlève un diadème, et d'un essor rapide
    Le porte sur un autre front.

Déesse d'Antium, ô déesse fatale !
Fortune ! à ton pouvoir qui ne se soumet pas ?
    Tu couvres la pourpre royale
    Des crêpes affreux du trépas.

    Fortune ! ô redoutable reine !
Tu places les humains au trône ou sur l'écueil :
Tu trompes le bonheur, l'espérance et l'orgueil :
Et l'on voit se changer, à ta voix souveraine,
La faiblesse en puissance, et le triomphe en deuil.

Le pauvre te demande une moisson féconde,
Et l'avide marchand, sur les gouffres de l'onde
    Rapportant son trésor,
Présente à la Fortune, arbitre des orages,
    Ses timides hommages,
Et te demande un vent qui le conduise au port.
Le Scythe vagabond, le Dace sanguinaire,
Et le guerrier latin, conquérant de la terre,
    Craint tes funestes coups.

De l'Orient soumis, les tyrans invisibles,
   A tes autels terribles,
L'encensoir à la main, fléchissent les genoux.
Tu peux (et c'est l'effroi dont leur âme est troublée),
Heurtant de leur grandeur la colonne ébranlée,
   Frapper ces demi-dieux ;
Et, soulevant contre eux la révolte et la guerre,
   Cacher dans la poussière
Le trône où leur orgueil crut s'approcher des cieux.
    La nécessité cruelle
    Toujours marche à ton côté,
    De son sceptre détesté
    Frappant la race mortelle.
    Cette fille de l'enfer
    Porte dans sa main sanglante
    Une tenaille brûlante,
    Du plomb, des coins et du fer.
L'Espérance te suit, compagne plus propice ;
Et la Fidélité, déesse protectrice,
   Au Ciel tendant les bras,
Un voile sur le front, accompagne tes pas,
   Lorsqu'annonçant les alarmes,
   Sous un vêtement de deuil,
   Tu viens occuper le seuil
   D'un palais rempli de larmes,
   D'où s'éloigne avec effroi,
   Et le vulgaire perfide,
   Et la courtisane avide,
   Et ces convives sans foi
   Qui, dans un temps favorable,
Du mortel tout-puissant par le sort adopté,
   Venaient environner la table,
Et s'enivraient du vin de sa prospérité.

Je t'implore à mon tour, déesse redoutée!
Auguste va descendre à cette île indomptée
      Qui borne l'univers*;
Tandis que nos guerriers vont affronter encore
      Ces peuples de l'Aurore,
Qui seuls ont repoussé notre joug et nos fers.

Ah! Rome vers les cieux lève des mains coupables.
Ils ne sont point lavés, ces forfaits exécrables
      Qu'ont vu les immortels.
Elles saignent encor, nos honteuses blessures;
      La Fraude et les Parjures,
L'Inceste et l'Homicide entourent les autels.

N'importe, c'est à toi, Fortune, à nous absoudre.
Porte aux antres brûlants où se forge la foudre,
      Nos glaives émoussés.
Dans le sang odieux des guerriers d'Assyrie
      Il faut que Rome expie
Les flots de sang romain qu'elle-même a versés!

Quelques idées de cette ode sont empruntées d'une ode de Pindare, où il invoque la Fortune : c'est la douzième des *Olympiques*.

Fille de Jupiter, Fortune impérieuse,
Les conseils, les combats, les querelles des rois,
La course des vaisseaux sur la mer orageuse,
      Tout reconnaît tes lois.

Le Ciel mit sur nos yeux le sceau de l'ignorance.
De nos obscurs destins nous portons le fardeau,
De revers en succès traînés par l'Espérance
      Jusqu'au bord du tombeau.

---

* L'Angleterre, que les Romains regardaient comme une extrémité de l'univers.

Le bonheur nous séduit; le malheur nous accable.
Mais nul ne peut percer la nuit de l'avenir;
Tel qui se plaint aux dieux de son sort déplorable
    Demain va les bénir, etc.

On peut se convaincre, en lisant cette ode, de ce que j'ai dit ci-dessus du poète lyrique des Romains, qu'il semblait écouter et suivre une inspiration momentanée, et peindre tout ce qui se présente devant lui. On a vu tout le chemin qu'a fait Horace : on l'a vu monter dans les cieux, descendre dans les enfers, voler avec la Fortune autour des trônes et sur les mers. Tout-à-coup il se la représente sous un appareil formidable, et il peint l'affreuse Nécessité; il lui donne ensuite un cortège plus doux, l'Espérance et la Fidélité; il l'habille de deuil dans le palais d'un grand disgracié : il trace rapidement les festins du bonheur et la fuite des convives infidèles. Enfin il arrive à son but, qui est de recommander Auguste, et sa course est finie.

Voici maintenant deux odes galantes. Toutes deux sont fort courtes; dans toutes deux il y a un mélange de douceurs et de reproches, de louange et de satire, qui a toujours été l'âme de cette espèce de commerce et le fond des conversations amoureuses, c'est tout comme aujourd hui. Voilà bien des raisons qui peuvent faire excuser une traduction médiocre :

    Si le Ciel t'avait punie
    De l'oubli de tes serments,
    S'il te rendait moins jolie
    Quand tu trompes tes amants,

Je croirais ton doux langage,
J'aimerais ton doux lien :
Hélas! il te sied trop bien
D'être parjure et volage.
Viens-tu de trahir ta foi,
Tu n'en es que plus piquante,
Plus belle et plus séduisante;
Les cœurs volent après toi.
Par le mensonge embellie,
Ta bouche a plus de fraîcheur.
Après une perfidie,
Tes yeux ont plus de douceur.
Si, par l'ombre de ta mère,
Si, par tous les dieux du ciel,
Tu jures d'être sincère,
Les dieux restent sans colère
A ce serment criminel;
Vénus en rit la première :
Et cet enfant si cruel,
Qui sur la pierre sanglante
Aiguise la flèche ardente
Que sur nous tu vas lancer,
Rit du mal qu'il te voit faire,
Et t'instruit encore à plaire
Pour te mieux récompenser.
Combien de vœux on t'adresse!
C'est pour toi que la jeunesse
Semble croître et se former.
Combien d'encens on t'apporte!
Combien d'amants à ta porte
Jurent de ne plus t'aimer !
Le vieillard qui t'envisage
Craint que son fils ne s'engage

En un piége si charmant,
Et l'épouse la plus belle
Croit son époux infidèle;
S'il te regarde un moment.

A PYRRHA.

Pyrrha, quel est l'amant enivré de tendresse,
Qui, sur un lit de rose, étendu près de toi,
T'admire, te sourit, te parle, te caresse,
Et jure qu'à jamais il vivra sous ta loi?
      Quelle grotte fraîche et tranquille
      Est le voluptueux asyle
Où ce jeune imprudent, comblé de tes faveurs,
Te couvre de parfums, de baisers et de fleurs?
C'est pour lui qu'à présent Pyrrha veut être belle;
Que ton goût délicat relève élégamment
      Ta simplicité naturelle,
Et fait naître une grace à chaque mouvement.
Pour lui ta main légère assemble à l'aventure
      Une flottante chevelure
      Qu'elle attache négligemment.
Hélas! s'il prévoyait les pleurs qu'il doit répandre!
Crédule, il s'abandonne à l'amour, au bonheur.
Dans ce calme perfide, il est loin de s'attendre
      A l'orage affreux du malheur.
L'orage n'est pas loin : il va bientôt apprendre
Que l'aimable Pyrrha qu'il possède aujourd'hui,
      Que Pyrrha si belle et si tendre
      N'était pas pour long-temps à lui.
Qu'alors il pleurera son fatal esclavage!
Insensé qui se fie à ton premier accueil!
      Pour moi le temps m'a rendu sage;
J'ai regagné le port, et j'observe de l'œil

Ceux qui vont, comme moi, se briser à l'écueil
  Que j'ai connu par mon naufrage.

Il faut voir ce qu'est Horace jusque dans un simple billet, où il s'agit d'un souper chez sa maîtresse : son imagination riante l'y conduit en bonne compagnie :

O reine de Paphos, de Gnide et de Cythère !
Viens, quitte ces beaux lieux, quitte-les pour Glycère.
Sa demeure est plus belle, et son encens plus doux.
Mène avec toi l'enfant qui nous commande à tous,
Qui règne sur le monde, et même sur sa mère,
  Mercure, ennemi des jaloux,
  Les Graces en robe flottante,
Les Nymphes à l'envi se pressant sur tes pas,
Et la Jeunesse enfin, divinité charmante,
  Qui sans toi ne le serait pas.

Quelle flexibilité d'esprit et de style ne faut-il pas pour passer de ces images gracieuses au ton de l'ode *Justum et tenacem*, dont le début, si fier et si imposant, a été souvent cité comme un modèle du style sublime !

  Le juste est inébranlable,
  Et sur la base immuable
    Des vertus et du devoir,
    Il verra, sans s'émouvoir,
Un tyran furieux lui montrant le supplice,
Un peuple soulevé lui dictant l'injustice,
Le bras de Jupiter tout prêt à foudroyer :
  Le ciel tonne, la mer gronde,
  Sur lui les débris du monde
  Tomberont sans l'effrayer.

Il y a dans Horace environ une trentaine d'odes galantes ou amoureuses qui prouvent toutes combien cet écrivain avait l'esprit fin et délicat. Ce sont la plupart des chefs-d'œuvre finis par la main des graces. Personne ne lui en avait donné le modèle. Ce n'est point là la manière d'Anacréon : le fond de ces petites pièces est également piquant dans toutes les langues, et chez tous les peuples où règnent la galanterie et la politesse. Elles sont même beaucoup plus agréables pour nous que les odes héroïques du même auteur, dont le fond nous est souvent trop étranger, et dont la marche hardie et rapide ne peut guère être suivie dans notre langue, qui procède avec plus de timidité, et veut toujours de la méthode et des liaisons. Peut-être serions-nous un peu étourdis de la course vagabonde du poëte, et trouverions-nous qu'il y a dans cette espèce d'ouvrage trop pour l'imagination, et pas assez pour l'esprit. Sous ce point de vue, chaque peuple a son goût analogue à son caractère et à son langage; et il est sûr que nos odes, n'étant pas faites pour être chantées, ne doivent pas ressembler aux odes grecques et latines. La plupart, au contraire, sont des discours en vers, à peu près aussi suivis, aussi bien liés qu'ils le seraient en prose. Je ne dis pas qu'il faille nous en blâmer absolument; mais ne seraient-elles pas susceptibles d'un peu plus d'enthousiasme et de rapidité qu'on en remarque, même dans nos plus belles? C'est ce qu'il sera temps d'examiner quand il sera question des lyriques modernes.

Quintilien dit, en propres termes, que la satire

« appartient tout entière aux Romains : » *Satira quidem tota nostra est*. Sans doute il veut dire seulement qu'en ce genre ils n'ont rien emprunté des Grecs ; car il ne pouvait pas ignorer qu'Hipponax et Archiloque ne s'étaient rendus que trop fameux par leurs satires, qui pouvaient plutôt s'appeler de véritables libelles, si l'on en juge par les effets horribles qui en résultaient, et par la punition de leurs auteurs. Hipponax fut chassé de son pays, et Archiloque fut poignardé. Ce dernier avait si cruellement diffamé Lycambe, qui lui avait refusé sa fille, que le malheureux se donna la mort. Archiloque fut l'inventeur du vers ïambe, dont les Grecs et les Latins se servirent dans leurs pièces de théâtre. Mais dans ses mains ce fut, dit Horace, l'*arme de la rage*. Le lyrique latin avoue qu'il s'est approprié cette mesure de vers dans quelques-unes de ses odes ; mais il ajoute avec raison qu'il est bien loin d'en avoir fait un si détestable usage. Ses satires, ainsi que celles de Juvénal et de Perse, sont écrites en vers hexamètres. Ainsi, l'assertion de Quintilien se trouve suffisamment justifiée, puisque les satiriques latins n'imitèrent les Grecs ni dans la forme des vers, ni dans le genre des sujets.

La satire, suivant les critiques les plus éclairés, est un mot originairement latin. Il n'a rien de commun avec le nom que portent dans la fable ces êtres monstrueux qu'elle représente entièrement velus et avec des pieds de chèvre. Il vient du mot *satura*, qui, dans les auteurs de la plus ancienne latinité, signifiait un mélange de toutes sortes de sujets. Dans la suite on l'appliqua plus particulièrement aux ouvrages qui avaient pour objet la raillerie et la plaisanterie*. Enfin Ennius et Lucilius déterminèrent la nature de ce genre d'écrire, et l'on ne donna plus le nom de satires qu'aux poésies dont le sujet était la censure des mœurs ; Lucilius sur-tout s'y rendit très célèbre; et quoiqu'il eût écrit du temps des Scipions, il avait encore dans le siècle d'Auguste des partisans si zélés, qu'on murmura beaucoup contre Horace, qui, en louant le sel de ses écrits et sa courageuse hardiesse à démasquer le vice, avait comparé son style incorrect, diffus et inégal, à un fleuve qui roule beaucoup de fange avec quelques parcelles d'or. Quintilien lui-même trouve ce jugement d'Horace trop sévère. Il nous est impossible de savoir au juste à qui l'on doit s'en rapporter : il ne nous reste que quelques vers de Lucilius.

Heureusement nous sommes à portée de confirmer l'opinion de ce même Quintilien sur Horace qui selon lui, est infiniment plus pur et plus châtié que Lucilius, et a excellé sur-tout dans la connaissance de l'homme.

>   Horace, l'ami du bon sens,
>   Philosophe sans verbiage,
>   Et poète sans fade encens,

a dit Gresset ; et il est vrai qu'on ne peut ni railler plus finement, ni louer avec plus de délicatesse.

---

* Voyez t. II, p. 169 de notre *Répertoire*. H. P.

Sa morale est à la fois douce et pure; elle n'a rien d'outré, rien de fastueux, rien de farouche. Nul poète n'a mieux connu le langage qui convient à la raison : il ne prêche pas la vérité, il la fait sentir; il ne commande pas la sagesse, il la fait aimer. Il connaît les dangers du rôle de censeur, et il trouve en lui-même de quoi les éviter tous. Vous ne pouvez l'accuser de morgue; car en peignant les travers d'autrui, il commence par avouer les siens, et s'exécute lui-même de la meilleure grâce du monde; vous ne pouvez vous plaindre qu'il prêche, car il converse toujours avec vous. Il a trop de gaieté pour être taxé d'humeur ni de misanthropie. Enfin, le plus grand inconvénient de la morale, c'est l'ennui, et il a tout ce qu'il faut pour y échapper : une variété de tons inépuisable, des épisodes de toute espèce, des dialogues, des fictions, des apologues, des peintures de caractères, et l'usage le plus adroit de cette forme dramatique, toujours si heureuse partout où elle peut entrer, et dont, à son exemple, Voltaire, parmi les modernes, a le mieux senti tous les avantages. C'est à lui qu'il appartenait de bien apprécier Horace; c'est à lui qu'il sied bien de dire, dans cette charmante épître, l'un des meilleures ouvrages de sa vieillesse :

Jouissons, écrivons, vivons, mon cher Horace,
. . . .
Sur le bord du tombeau je mettrai tous mes soins
A suivre les leçons de ta philosophie.
A mépriser la mort en savourant la vie,

A lire tes écrits pleins de grace et de sens,
Comme on boit d'un vin vieux qui rajeunit les sens.
Avec toi l'on apprend à souffrir l'indigence,
A jouir sagement d'une honnête opulence,
A vivre avec soi-même, à servir ses amis,
A se moquer un peu de ses sots ennemis,
A sortir d'une vie ou triste ou fortunée
En rendant grace aux dieux de nous l'avoir donnée.

Voilà le meilleur résumé de la lecture des satires et des épîtres d'Horace*; car on peut joindre ensemble ces deux ouvrages, qui ont, à beaucoup d'égards, le même caractère, si ce n'est que les épîtres, avec moins de force dans la pensée, ont cette aisance et ce naturel qui est du genre épistolaire. Mais le résultat est le même; c'est que l'auteur est le plus aimable des poètes moralistes, et par cela même le plus utile, parce que ses préceptes, dont la vérité est à la portée de tous les esprits, dont l'application est de tous les moments,

* M. P. Lebrun, dans une pièce de vers couronnée en 1817 par l'Académie française (*le Bonheur que procure l'étude dans toutes les situations de la vie*), a heureusement exprimé quelques-unes des maximes favorites de la philosophie d'Horace:

> Horace.... que ne peut une douce lecture !
> Horace me disait : « Restons dans la nature.
> « N'allons pas hors de nous chercher de vains plaisirs,
> « Et dans un cercle étroit resserrer nos désirs.
> « L'or vaut-il en effet la fatigue qu'il cause ?
> « On vit si peu de temps et de si peu de chose.
> « D'un fardeau qui peut nuire à quoi bon se charger !
> « Il n'est pour les mortels que deux biens sans danger,
> « L'un est le nécessaire et l'autre la sagesse. »

H. P.

renfermés dans des vers pleins de précision et de facilité, vous accoutument à faire sur vous le même travail, le même examen qu'il fait sur lui, et qui a pour but, non pas de vous mener à une perfection dont l'homme est bien rarement capable, mais de vous apprendre à devenir chaque jour meilleur, et pour vous-même et pour les autres.

M. Dussaulx, de l'académie des inscriptions, à qui nous devons la meilleure traduction en prose qu'on ait encore faite de Juvénal, a mis à la tête de son ouvrage un très beau parallèle de ce satirique et d'Horace, son devancier. Je vais le rapporter en entier, quoiqu'un peu étendu : il est trop bien écrit pour paraître long. Mais, en rendant justice au talent de l'écrivain, je me permettrai quelques observations en faveur d'Horace, qu'il me semble avoir traité un peu rigoureusement, en même temps qu'il montre pour Juvénal un peu de cette prédilection si excusable dans un traducteur qui s'est pénétré comme il le devait du mérite de son original.

« Comme on a coutume, pour déprimer Juvé-
« nal, de le comparer avec Horace, je vais essayer
« de faire sentir que, ces deux poètes ayant en
« quelque sorte partagé le vaste champ de la sa-
« tire, l'un n'en saisit que l'enjouement, l'autre la
« gravité; et chacun d'eux, fidèle au but qu'il se
« proposait, a fourni sa carrière avec autant de
« succès, quoiqu'ils aient employé des moyens
« contraires. Cette manière de les envisager, plus
« morale peut-être que littéraire, n'en est pas moins

« capable de les montrer par le côté le plus inté-
« ressant. Voyons dans quelles circonstances l'un
« et l'autre peignirent les mœurs, et ce qui consti-
« tue la différence de leurs caractères...... Avec au-
« tant de sagacité, plus de goût, mais beaucoup
« moins d'énergie que Juvénal, Horace semble
« avoir eu plus d'envie de plaire que de corriger. Il
« est vrai que la sanglante révolution qui venait
« d'étouffer les derniers soupirs de la liberté ro-
« maine n'avait pas encore eu le temps d'avilir
« absolument les âmes : il est vrai que les mœurs
« n'étaient pas aussi dépravées qu'elles le furent
« après Tibère, Caligula et Néron. Le cruel mais
« politique Octave semait de fleurs les routes qu'il
« se frayait sourdement vers le despotisme. Les
« beaux-arts de la Grèce, transplantés autour du
« Capitole, fleurissaient sous ses auspices : le sou-
« venir des discordes civiles faisait adorer l'auteur
« de ce calme nouveau. On se félicitait de n'avoir
« plus à craindre de se trouver à son réveil inscrit
« sur les tables de proscription; et le Romain en
« tutelle oubliait, à l'ombre des lauriers de ses an-
« cêtres, dans les amphithéâtres et dans le Cirque,
« ces droits de citoyen dont ses pères avaient été
« si jaloux pendant plus de huit siècles. Jamais la
« tyrannie n'eut des prémices plus séduisantes :
« l'illusion était générale; ou si quelqu'un était
« tenté de demander au petit neveu de César de
« quel droit il s'érigeait en maître, un regard de
« l'usurpateur le réduisait au silence. Horace, aussi
« courtisan qu'il avait été mauvais soldat, Horace,

« éclairé par son propre intérêt, et se sentant in-
« capable de remplir avec distinction les devoirs
« pénibles d'un vrai républicain, sentit jusqu'où
« pouvaient l'élever sans efforts la finesse, les
« graces et la mesure de son esprit, qualités peu
« considérées jusqu'alors chez un peuple turbu-
« lent, et qui n'avait médité que des conquêtes.
« Ainsi la politesse, l'éclat et la fatale sécurité de
« ce règne léthargique n'avaient rien d'odieux
« pour un homme dont presque toute la morale
« n'était qu'un calcul de voluptés, et dont les dif-
« férents écrits ne formaient qu'un long traité de
« l'art de jouir du présent, sans égard aux mal-
« heurs qui menaçaient la postérité. Indifférent
« sur l'avenir, et n'osant rappeler la mémoire du
« passé, il ne songeait qu'à se garantir de tout ce
« qui pouvait affecter tristement son esprit et
« troubler les charmes d'une vie dont il avait ha-
« bilement arrangé le système. Estimé de l'empe-
» reur, cher à Virgile, accueilli des grands et
« partageant leurs délices, il n'affecta point de
« regretter l'austérité de l'ancien gouvernement :
« c'eût été mal répondre aux vues d'Auguste et de
« Mécène, qui s'étaient déclarés ses protecteurs.
« Le premier, dit-on, feignit de vouloir abdiquer
« le second l'en détourna. Il fit bien pour le prince
« et pour lui-même. Que seraient-ils devenus tous
« deux au milieu d'un peuple libre, l'un avec son
« caractère artificieux, et n'ayant plus de satellites,
« l'autre avec sa vaine urbanité? Dès lors il fallut
« se taire ou parler en esclave. Mais Horace, bien

« sûr que les races futures, enchantées de sa poé-
« sie, affranchiraient son nom, vit qu'il pouvait
« impunément être le flatteur et le complice d'un
« homme qui régnait sans obstacles. Aussi les
« éloges qu'il distribuait étaient-ils uniquement
« relatifs à l'état présent des choses et au crédit
« actuel des personnes dont il ambitionnait le suf-
« frage. On ne trouve en aucun endroit de ses écrits,
« ni le nom d'Ovide, flétri par sa disgrace, ni celui
« de Cicéron, que *Rome encore libre*, dit Juvénal,
« avait appelé le dieu tutélaire, le père de la pa-
« trie. Mais il n'a point oublié de chanter les fa-
« voris de la fortune; ceux-là n'avaient rien à
« craindre de sa muse : plus enjouée que mordante,
« elle ne s'égayait qu'aux dépens de cette partie
« subalterne de la société, dont il n'attendait ni
« célébrité ni plaisirs. Nul ne connut mieux que
« lui le pouvoir de la louange : nul ne sut l'apprê-
« ter plus adroitement, ni gagner avec plus d'art
« la bienveillance des premiers de l'empire ; et
« c'est par-là sur-tout que son livre est devenu
« cher aux courtisans. Avouons-le cependant : tout
« homme qui pense ne peut s'empêcher d'en faire
« ses délices. Le client de Mécène joignait des
« qualités éminentes et solides à des talents agréa-
« bles. Non moins philosophe que poète, il dictait
« avec une égale aisance les préceptes de la vie
« et ceux des arts. Comme il aimait mieux capi-
« tuler que de combattre, comme il attachait peu
« d'importance à ses leçons, et qu'il ne tenait à ses
« principes qu'autant qu'ils favorisaient ses incli-

« nations épicuriennes, ce Protée compta pour
« amis et pour admirateurs ceux même dont il
« critiquait les opinions ou la conduite.

« Juvénal commença sa carrière où l'autre avait
« fini la sienne, c'est-à-dire qu'il fit pour les mœurs
« et pour la liberté ce qu'Horace avait fait pour la
« décence et le bon goût. Celui-ci venait d'apprendre
« à supporter le joug d'un maître, et de préparer l'a-
« pothéose des tyrans. Juvénal ne cessa de réclamer
« contre un pouvoir usurpé, de rappeler aux Ro-
« mains les beaux jours de leur indépendance. Le
« caractère de ce dernier fut la force et la verve :
« son but, de consterner les vicieux et d'abolir le
« vice presque légitimé. Courageuse mais inutile en-
« treprise! Il écrivait dans un siècle détestable, où
« les lois de la nature étaient impunément violées,
« où l'amour de la patrie était absolument éteint
« dans le cœur de presque tous ses concitoyens; de
« sorte que cette race, abrutie par la servitude, par
« le luxe, et par tous les crimes qu'il a coutume de
« traîner à sa suite, méritait plutôt des bourreaux
« qu'un censeur. Cependant l'empire, ébranlé jusque
« dans ses fondements, allait bientôt s'écrouler sur
« lui-même. Le caractère romain était tellement
« dégradé, que personne n'osait proférer le mot de
« liberté. Chacun n'était sensible qu'à son propre
« malheur, et ne le conjurait souvent que par la dé-
« lation. Parents, amis, tout, jusqu'aux êtres ina-
« nimés, devenait suspect. Il n'était pas permis de
« pleurer les proscrits : on punissait les larmes. Fi-
« nissons, car, excepté quelques instants de relâche,

« l'histoire de ces temps déplorables n'est qu'une
« liste de perfidies, d'empoisonnements et d'assassi-
« nats. Dans ces conjonctures, Juvénal méprise
« l'arme légère du ridicule, si familière à son devan-
« cier. Il saisit le glaive de la satire, et court du
« trône à la taverne, frappant indistinctement qui-
« conque s'est éloigné du sentier de la vertu. Ce n'est
« pas, comme Horace, un poète souple et muni de
« cette indifférence faussement appelée philosophi-
« que, qui s'amuse à reprendre quelques travers de
« peu de conséquence, et dont le style, *voisin du*
« *langage ordinaire*, coule au gré d'un instinct vo-
« luptueux. C'est un auteur incorruptible, c'est un
« poète bouillant qui s'élève quelquefois avec son
« sujet jusqu'au ton de la tragédie. Austère et tou-
« jours conséquent aux mêmes principes, chez lui
« tout est grave, tout est imposant; ou s'il rit, son
« rire est encore plus formidable que sa colère. Il
« ne s'agit partout que du vice et de la vertu, de
« la servitude et de la liberté, de la folie et de la
« sagesse. Il eut le courage de sacrifier à la vérité tant
« de bienséances équivoques et tant d'égards politi-
« ques, si chers à ceux dont toute la morale ne con-
« siste qu'en apparences. Ne dissimulons point qu'il
« a mérité de justes reproches, non pas pour avoir
« dénoncé de grands noms déshonorés, mais pour
« avoir alarmé la pudeur; aussi n'ai-je pas dessein
« de l'en justifier. J'observerai seulement qu'Horace,
« tant vanté pour sa délicatesse, est encore plus
« licencieux, et qu'il a le malheur de rendre le vice
« aimable; au lieu qu'en révélant des horreurs dont

« frémit la nature, on voit qu'il entrait dans le plan
« de Juvénal de montrer à quel point l'homme peut
« s'abrutir quand il n'a plus d'autre guide que la
« mollesse et la cupidité. Sans ces taches, qui sont du
« siècle, et non de l'auteur, on ne trouverait rien à
« reprendre dans ses écrits : l'esprit qui les dicta ne
« respire que l'amour du bien public : s'il reprend
« les ridicules, ce n'est qu'autant qu'ils tiennent au
« vice ou qu'ils y mènent. Quand il sévit, quand il
« immole, on n'est jamais tenté de plaindre ses vic-
« times, tant elles sont odieuses et difformes. Je sais
« qu'on l'accuse encore d'avoir été trop avare de
« louanges; mais quand on connaît le cœur humain,
« quand on ne veut ni se faire illusion à soi-même
« ni tromper les autres, en peut-on donner beau-
« coup? Il a peu loué : le malheur des temps l'en
« dispensait. Ce qu'il pouvait faire de plus humain
« était de compatir à la servitude involontaire de
« quelques hommes secrètement vertueux, mais
« emportés par le torrent. Au reste il était trop gé-
« néreux pour flatter des tyrans et pour mendier
« les suffrages de leurs esclaves. Les éloges ne sont
« donnés le plus souvent qu'en échange : il méprisait
« ce trafic. Il aimait trop sincèrement les hommes
« pour les flatter; mais ce qui pouvait leur nuire
« l'indignait; et nous devons à cette noble passion
« la plus belle moitié de son ouvrage, je veux dire
« la plus sentencieuse et la plus généralement inté-
« ressante en tous temps, en tous lieux. Après avoir
« combattu les vices reconnus pour tels, il comprit
« qu'il fallait encore remonter à la source du mal,

« et dissiper le prestige des fausses vertus. Car il faut,
« dit Montaigne, *ôter le masque aussi bien des choses*
« *que des personnes* : de là ces satires, ou plutôt ces
« belles harangues contre nos vains préjugés, plus
« forts et bien autrement accrédités que la saine
» raison.

« Il est aisé maintenant de sentir pourquoi Ho-
« race a plus de partisans que Juvénal. On sait que
« depuis long-temps la vertu sans alliage n'a plus
« de cours; que ceux qui la professent dans toute
« sa pureté ont toujours plus d'adversaires que de
« disciples, et qu'ils révoltent plus souvent qu'ils ne
« persuadent. Supposé que les riches, presque tou-
« jours insatiables, fussent sans pudeur et sans hu-
« manité, quand il s'agit de devenir encore plus
« riches; supposé que l'or, au lieu de circuler éga-
« lement dans tous les membres de l'état et d'y por-
« ter la vie, ne servît plus qu'à fomenter le luxe
« insolent des parvenus : quel serait, je vous prie,
« le sort de deux orateurs, dont l'un plaiderait la
« cause du superflu, et l'autre celle du nécessaire?
« Il est évident que le premier triompherait auprès
« de nos Crésus; mais le second n'ayant pour amis
« que les infortunés, je tremblerais pour lui. Le grand
« talent d'un écrivain chez les peuples arrivés à ce dé-
« clin des mœurs qu'on appelle l'exquise politesse, est
« moins de dire la vérité que ce qui plaît aux hommes
« puissants. Si ces réflexions sont justes, on m'accor-
« dera que les ambitieux, les hommes sensuels et
« ceux qui flottent au gré de l'opinion, n'ont que
« trop d'intérêt à préférer à l'âpre censure de Juvénal,

« la douceur et l'urbanité d'un poète indulgent, qui,
« non content d'embellir les objets de leurs goûts
« et d'excuser leurs caprices, sait encore autoriser
« leurs faiblesses par son exemple. Souvent, dit
« Horace, je fais, au préjudice de mon bonheur,
« ce que ma propre raison désavoue. Il convient en-
« core qu'il n'avait pas la force de résister à l'attrait
« du moment, et que ses principes variaient selon
« les circonstances. Il faut l'entendre exalter tour
« à tour et la modération de l'âme, et son activité
« dans la poursuite des honneurs ; tantôt vanter la
« souplesse d'Aristipe, tantôt l'inflexibilité de Caton ;
« et, comme si le cœur pouvait suffire en même
« temps aux affections les plus contraires, approu-
« ver dans le même ouvrage et la modestie qui se
« cache, et la vanité qui brûle de se produire au
« grand jour. S'il est vrai que l'humanité s'affaiblit
« et s'altère à mesure qu'elle se polit, le plus grand
« nombre doit aujourd'hui donner la préférence à
« celui qui sait le mieux amuser l'esprit et flatter
« l'indolence du cœur, sans paraître toutefois dé-
« roger aux qualités essentielles qui constituent
« l'homme de bien. C'est principalement à ces titres
« qu'Horace ne peut jamais cesser d'être d'âge en
« âge le confident et l'ami d'une postérité que de
« nouveaux arts, et par conséquent des besoins
« nouveaux, éloigneront de plus en plus de la sim-
« plicité naturelle. Mais l'homme libre, s'il en est
« encore, celui qui s'est bien persuadé que le vrai
« bonheur ne consiste que dans nous-mêmes, qu'ex-
« cepté les relations de devoirs, de bienveillance et

« d'humanité, toutes les autres sont chimériques et
« pernicieuses; celui qui s'est fait des principes cons-
« tants, qui ne connaît qu'une chose à désirer, le
« bien; qu'une chose à fuir, le mal; et qui se dé-
« vouerait plutôt à l'opprobre, à la mort, que de
« trahir sa conscience, dont le témoignage lui suffit;
« celui-là, n'en doutez pas, préférera sans hésiter
« la rigueur d'une morale invariable à tous les pal-
« liatifs d'un auteur complaisant. Ainsi Juvénal se-
« rait le premier des satiriques, si la vertu était le
« premier besoin des hommes; *mais*, comme il le
« dit lui-même, *on vante la probité tandis qu'elle se
« morfond*.

« Je conclus de ces considérations qu'Horace
« écrivit en courtisan adroit, Juvénal en citoyen
« zélé; que l'un ne laisse rien à désirer à un esprit
« délicat et voluptueux, et que l'autre satisfait plei-
« nement une âme forte et rigide. »

Voilà sans doute un morceau d'une éloquence austère et digne d'un traducteur de Juvénal. Mais est-il
bien réfléchi? Horace mérite-t-il tous les reproches
qu'on lui fait, et Juvénal tous les éloges qu'on lui
donne. Enfin, les motifs de la préférence assez généralement accordée au premier sont-ils en effet
ceux que l'on nous présente ici? C'est ce que je vais
me permettre d'examiner, sans autre intérêt que
celui de la vérité, qui doit, aux yeux d'un littérateur philosophe, tel que celui qui a écrit ce morceau, l'emporter sur tout autre considération; et,
comme il ne s'est fait aucun scrupule de réfuter,
dans un autre endroit de son discours, l'opinion d'un

de ses confrères sur Juvénal, j'espère qu'il ne trouvera pas mauvais que je combatte la sienne. Dussé-je me tromper, une discussion de cette nature, avec un homme du mérite de M. Dussault, ne peut qu'être honorable pour moi, et intéressante pour tous les amateurs des lettres.

D'abord nos deux auteurs sont-ils suffisamment caractérisés par cette première phrase, qui sert de fondement à tout le reste du parallèle : « L'un n'a « saisi que l'enjouement de la satire, l'autre que la « gravité? » J'avoue qu'Horace est très enjoué : c'est chez lui tout à la fois un don de la nature et un principe de goût. C'est d'après un de ses vers, cité par tout, que s'est établie cette maxime qui n'est pas contestée, que souvent le ridicule, même dans les sujets les plus importants, a plus de force et d'efficacité que la véhémence. Des exemples sans nombre pourraient le prouver; mais il n'y en a point de plus frappant que celui qu'a donné Montesquieu. L'auteur de *l'Esprit des Lois* savait autre chose que plaisanter, et c'est pourtant avec la seule arme du ridicule qu'il a attaqué l'inquisition. Croira-t-on pour cela qu'il en sentît moins toute l'horreur? On en peut juger par celle qu'il inspire pour le monstre qu'il terrasse en riant. Mais quel rire! C'est bien le cas d'appliquer ici ce mot heureux que M. Dussault loue avec tant de raison dans Juvénal : « Quand Dieu regarde les méchants, il en rit « et les déteste. » C'est qu'en effet il y a un rire mêlé de mépris et d'indignation, qui exprime le sentiment le plus amer que l'excès du vice et du crime puisse inspirer à l'homme de bien. Ce n'est pas là, il est vrai, le rire d'Horace; mais aussi ce n'est pas l'inquisition qu'il combat. M. Dussaulx convient lui-même qu'à l'époque où Horace écrivait, les mœurs étaient beaucoup moins dépravées, moins scandaleuses, moins atroces qu'elles ne le devinrent depuis Tibère jusqu'à Domitien. Il aurait pu ajouter, à la louange d'Auguste, que les sages lois de ce prince contribuèrent à rétablir une sorte de décence, et à réprimer une partie des désordres qu'avaient entraînés les guerres civiles. Mais il semble que M. Dussaulx ne veuille pas rendre plus de justice à Auguste qu'au poète dont il fut le bienfaiteur; et c'est encore à mon gré un petit tort que j'oserai lui reprocher.

Horace a donc très bien fait d'être enjoué dans ses satires, non-seulement parce que les traits de la plaisanterie sont à craindre pour le vice, mais parce que c'est un agrément de plus dans ce genre d'écrire, et que, pour instruire et corriger il faut être lu. Mais n'a-t-il été qu'enjoué? Ne sait-il pas donner souvent à la raison et à la vérité le sérieux qui leur est propre? N'a-t-il pas assez de goût pour savoir que la satire demande et comporte tous les tons; qu'en tous genres il faut en avoir plus d'un, et qu'un poète moraliste ne doit pas toujours rire? Est-il plaisant lorsqu'il met dans la bouche d'Ofellus un si bel éloge de la tempérance et de la frugalité, opposées à ce luxe de la table qu'il reproche aux Romains de son temps? Peut-on mieux marquer le juste milieu qui sépare l'avarice de l'économie, et la sordide épargne de la sage simplicité? Peut-on mettre dans un jour plus intéressant les avantages d'une vie saine et active, si propre à faire aimer les mets les plus vulgaires et la nourriture la plus modeste? Est-il plaisant dans la satire sur la noblesse, où il parle d'une manière si touchante de l'éducation qu'il a reçue de son père l'affranchi, et du tendre souvenir qu'il conserve de ce père respectable? N'est-ce pas d'après lui qu'on a fait ce vers de *Mérope?*

Je n'aurais point aux dieux demandé d'autre père.

Je pourrais citer cent autres endroits remplis de cette excellente raison, de ce grand sens qui nous ramène à ses écrits : on y verrait qu'il sait fort bien se passer du mérite de la plaisanterie, comme il sait ailleurs s'en servir à propos. Mais je m'en rapporte à M. Dussaulx lui-même, qui dit plus bas : « Tout homme qui pense ne peut s'empêcher « d'en faire ses délices. Le client de Mécène joignait « des qualités éminentes et solides à des talents « agréables. Non moins philosophe que poète, il « dictait avec une égale aisance les préceptes de la « vie et ceux des arts. » Je n'ai rien à ajouter à cet éloge si juste et si complet. Mais ce portrait est-il celui d'un écrivain qui *n'a saisi que l'enjouement de la satire?* Ce n'est point à moi de concilier M. Dussaulx avec lui-même. Il me suffit de me servir d'une de ses phrases pour réfuter l'autre, et je suis trop heureux de le combattre avec ses propres armes.

Mais d'un autre côté, est-il vrai que Juvénal *n'ait*

saisi que la gravité du genre satirique? Il en a sans doute; mais si j'osais hasarder mon opinion contre celle de son élégant traducteur, qui doit, je l'avoue, être d'un grand poids, je croirais que les caractères dominants de ce poëte sont plutôt l'humeur, la colère et l'indignation. Ce sont là du moins les mouvements qui se manifestent le plus souvent dans ses écrits. Il dit lui-même que *l'indignation a fait ses vers*, et l'on n'en peut douter en le lisant. Cette disposition naturelle s'était encore fortifiée par l'habitude de ces déclamations scolastiques qui avaient occupé sa jeunesse, et qui ont fait dire à Boileau avec tant de vérité :

Juvénal, élevé dans les cris de l'école,
Poussa jusqu'à l'excès sa mordante hyperbole.

C'est là qu'il s'était accoutumé à ce style violent et emporté qui nuit très certainement à la meilleure cause, en conduisant à l'exagération. Son traducteur en est convenu : il reconnaît que *son zèle est quelquefois excessif*. Il n'en faudrait pas d'autre témoignage que son épouvantable satire contre les femmes, que Boileau n'aurait pas dû imiter, d'abord parce qu'un grand écrivain doit se garder d'un sujet qui, comme tous les lieux communs, en prouvant trop ne prouve rien : ensuite parce qu'en attaquant indistinctement une des deux moitiés du genre humain, il faudrait songer combien la récrimination serait facile; et si une femme qui aurait le talent des vers ne ferait pas tout aussi aisément contre les hommes une satire qui ne prouverait pas plus

que celle qu'on a faite contre les femmes; enfin, parce que la justice, qui est de règle en toute occasion, exigerait qu'en disant le mal on dît aussi le bien qui le balance, et qu'on n'allât pas envelopper ridiculement tout un sexe dans la même condamnation. Boileau, du moins, pousse la complaisance jusqu'à dire, qu'*il en est jusqu'à trois* qu'il pourrait excepter. Juvénal n'est pas si modéré : il n'en excepte aucune. Il en suppose une qui ait toutes les qualités : « Eh bien! dit-il, elle sera in-
« supportable par son orgueil, et mettra son mari
« au désespoir sept fois par jour. » Quoi donc! est-ce ainsi que l'on instruit, que l'on reprend, que l'on corrige? Est-ce là *la gravité* de la satire, dont le but doit être si moral? et doit-elle n'être qu'un jeu d'esprit et une déclamation de rhéteur? Je me rappelle à ce propos un mot très sensé d'une femme devant qui un jeune homme parlait de tout le sexe avec un ton de dénigrement qu'il croyait philosophique : « Ce jeune homme, dit-elle, ne se
« souvient-il pas qu'au moins il a eu une mère? »

« Horace semble avoir eu plus d'envie de plaire
« que de corriger. » D'abord tout poète, tout écrivain doit, jusqu'à un certain point, désirer de plaire; car ce n'est qu'en plaisant qu'il peut être utile. Ce fut certainement le but principal d'Horace dans ses odes, dans ses épîtres; et l'on peut y joindre l'envie de s'amuser, quand on connaît son goût pour la poésie et la tournure de son caractère. Mais dans ses satires, sa composition me paraît plus sévère, plus morale, et suffisamment adaptée

au genre. Cette distinction, qui est réelle, est ici d'autant plus importante, que M. Dussaulx, pour juger Horace comme poète satirique, ne cite jamais que ses épîtres, quoique, pour être conséquent, il ne fallut citer que ses satires.

« Eclairé par son propre intérêt, et se jugeant
« incapable de remplir avec distinction les devoirs
« pénibles d'un vrai républicain, il sentit jusqu'où
« pouvait l'élever sans effort la finesse, les graces
« et la culture de son esprit, qualités peu considé-
« rées jusqu'alors chez un peuple turbulent, qui
« n'avait médité que des conquêtes. »

Ces suppositions sont peut-être plus raffinées que solides. Il est probable que, même sous le gouvernement républicain, le caractère doux et modéré d'Horace, son goût pour les lettres, pour le loisir et l'indépendance, l'auraient écarté des emplois publics, puisque sa faveur même auprès d'Auguste ne l'engagea pas à les rechercher. Mais rien ne nous prouve que, dans le cas où il en eût été chargé, il s'en fût mal acquitté. Il avait de la probité et de l'esprit : pourquoi n'aurait-il pas été capable de faire ce que fit Othon, qui, plongé dans toutes les débauches imaginables (ce qui est fort au-delà d'Horace), fut dans son gouvernement de Portugal, de l'aveu de tous les historiens, un modèle de sagesse et d'intégrité? Mais, dans tout état de cause, cela n'était point nécessaire au bonheur d'Horace ni à sa considération; car il n'est pas vrai que les talents de l'esprit en eussent si peu chez les Romains avant Auguste. Térence avait vécu dans la société la plus intime avec Scipion et Lelius, les deux hommes les plus considérables de leur temps; et l'on peut croire qu'Horace n'aurait pas été moins bien traité par les principaux citoyens de la république.

« La politesse, l'éclat et la fatale sécurité de ce « règne léthargique n'avaient rien d'odieux pour un « homme dont presque toute la morale n'était « qu'un calcul de voluptés, et dont les différents « écrits ne formaient qu'un long traité de l'art de « jouir du présent, sans égard aux malheurs qui « menaçaient la postérité.... Il n'affecta point de re-« gretter *l'austérité* de l'ancien gouvernement.... il « vit qu'il pouvait être impunément le flatteur *et* « *le complice* d'un homme qui régnait sans obs-« tacle. »

J'ai peine à concevoir quels reproches on prétend faire ici à Horace. Veut-on dire que, s'il avait été un vrai républicain, *la politesse et l'éclat* du règne d'Auguste l'auraient indigné? Mais pourquoi veut-on qu'il ait pensé autrement que tout le reste des Romains? C'est M. Dussaulx lui-même qui vient de nous dire, vingt lignes plus haut, ces propres paroles : « Le souvenir des discordes civiles faisait « *adorer* l'auteur de ce calme nouveau... *L'illusion* « *était générale.* » En quoi donc Horace est-il répréhensible d'avoir partagé les sentiments de tous ses concitoyens? Pourquoi voudrait-on qu'il eût été seul républicain, quand il n'y avait plus de république? Il ne reste qu'une seule réponse possible , c'est de soutenir que tout le monde avait tort, et qu'il fallait abhorrer le pouvoir d'Auguste. Mais cette dernière réponse nous obligera seulement à répéter ce qui depuis long-temps est démontré, que les Romains ne pouvaient ni ne devaient avoir une autre façon de penser. Que peut signifier la *fatale sécurité de ce règne léthargique*, et cette *austérité de l'ancien gouvernement*, que l'on voudrait qu'Horace eût *regrettée?* Certes, il y avait long-temps qu'il n'était plus question d'*austérité* ni du *gouvernement ancien*. C'est cinquante ans auparavant, c'est dans le temps des guerres de Marius et de Sylla, que l'on pouvait encore *regretter* quelque chose. Mais, après cinq ou six guerres civiles, toutes plus sanglantes les unes que les autres, *la sécurité* du règne d'Auguste était-elle *fatale* ou *salutaire?* Il n'y a pas de milieu : ou il faut convenir que les Romains eurent raison de se trouver très heureux sous le gouvernement d'Auguste, ou il faut prouver que Rome pouvait encore être libre. Mais M. Dussault sait aussi bien que moi que ce n'est plus une question. S'il existe dans l'histoire un résultat bien avoué, bien reconnu, c'est qu'il était moralement et politiquement impossible qu'une république riche et corrompue, qui envoyait des armées puissantes dans les trois parties du monde, sans aucun pouvoir coactif capable d'en imposer aux généraux qui les commandaient, ne fût pas à la merci du premier ambitieux qui voudrait régner. Marius et Sylla l'avaient déjà fait : Pompée, au retour de la guerre de Mithridate, pouvait être le maître de Rome; et c'est pour ne l'avoir pas voulu qu'il devint l'idole du sénat. César et Antoine avaient régné. M. Dussault nous dit lui-même que tous les défenseurs de la liberté avaient péri, que tous les Romains étaient enchantés de respirer enfin sous une autorité tranquille. Que deviennent donc les reproches qu'il adresse au poète? Pourquoi l'appelle-t-il *esclave* et *flatteur?* Quand tout le monde est content du gouvernement; quand il est bien avéré que Rome, ne pouvant plus se passer d'un maître, n'a rien à désirer que d'en avoir un bon; quand elle l'a trouvé, celui qui prend sa part du bonheur général, comme tous les autres, est-il *un esclave*, ou seulement un homme raisonnable? et celui qui loue son bienfaiteur, n'est-il qu'*un flatteur*, ou bien un homme reconnaissant?

Ces louanges, d'ailleurs, étaient-elles dénuées de fondement? M. Dussault, dans ses notes, traite Auguste avec beaucoup de mépris : ce n'est pas ainsi qu'en parlent les historiens. Il avait de l'esprit, des talents et du caractère : c'en est assez pour rendre sa haute fortune concevable. Il manqua de courage dans plusieurs occasions, mais il en montra dans beaucoup d'autres; ce qui prouve seulement que la bravoure n'était pas chez lui une qualité naturelle, mais une affaire de raisonnement et de calcul, et qu'il ne s'exposait que quand il le croyait nécessaire. A l'égard de son règne, il semble consacré par le suffrage de tous les siècles. Il faut sans doute détester Octave, mais il faut estimer Auguste. Il y a eu véritablement deux hommes en lui, que, parmi les modernes, l'on n'a pas toujours assez distingués; et il ne faut pas que l'un de ces deux hommes nous rende injustes envers l'autre. M. Dussault dit que son caractère a été *dévoilé* depuis que les philosophes ont écrit l'histoire. Il suffisait de la lire dans les anciens pour avoir une idée très juste de ce caractère, qui n'a jamais été une énigme. Aucun d'eux n'a reproché aux écrivains de son temps les éloges qu'Auguste en a reçus, et c'est une injustice du nôtre de faire un crime à Horace et à Virgile d'avoir célébré un règne qui fit pendant quarante ans le bonheur de Rome, et qui valut à Auguste, après sa mort, l'hommage le moins équivoque de tous, les regrets et les larmes de tout l'empire. On veut toujours confondre ce règne avec les proscriptions d'Octave. On peut contester les louanges, mais jusqu'ici l'on n'a pas, ce me semble, démenti les regrets; et, quand les peuples pleurent un souverain, il faut les en croire. Songeons que c'est un principe très dangereux de refuser justice à celui qui fait le bien après avoir fait le mal. Soit remords, soit politique, en un mot, quel qu'en soit le motif, il est de l'intérêt général de n'ôter jamais aux hommes l'espérance d'effacer leurs fautes en devenant meilleurs. Je crois avoir assez prouvé qu'Horace ne devait ni regretter le passé ni se plaindre du présent. On l'accuse de n'avoir pas pensé à *l'avenir*. Assurément, c'est l'attaquer de toutes les manières. Mais sous quel point de vue veut-on que cet *avenir* l'ait occupé? Il pouvait craindre (ce qui est arrivé) que des tyrans ne succédassent à un bon maître. Mais cette crainte peut exister en tout temps dans un gouvernement absolu ; et en supposant que la liberté républicaine eût été rétablie un moment, comme elle pouvait l'être par l'abdication d'Auguste, on devait avoir une autre crainte ; c'était que cette liberté ne fût bientôt troublée par de nouvelles guerres civiles. L'une ou l'autre de ces inquiétudes doit être l'objet des hommes d'état, de ceux qui peuvent influer sur la chose publique ; mais aucune de ces considérations ne peut déterminer le ton ni le genre de la satire, et peut-être M. Dussault a-t-il voulu remonter un peu trop haut pour tracer les devoirs du satirique et les différents caractères des deux poètes qu'il a comparés.

Ce qu'il dit d'Horace, qu'il sentit jusqu'où ses talents pouvaient *l'élever* sous un empereur, pourraient le faire regarder comme un politique ambitieux. Il est pourtant vrai que jamais homme ne fut plus éloigné ni de l'ambition ni de la cupidité. Il refusa la place de secrétaire d'Auguste, place qui pouvait flatter la vanité et éveiller l'espérance ; et sa fortune et ses vœux furent toujours au-dessous des offres de Mécène. On sait que c'est à deux hommes de lettres, Virgile et Varius, qu'il dut la protection et l'amitié des favoris d'Auguste ; ce ne sont pas là les recommandations d'un intrigant.

Est-il juste de dire que *toute sa morale n'était qu'un calcul de voluptés, et ses écrits un traité de l'art de jouir ?* On peut aimer et chanter le plaisir, et avoir une autre morale que le calcul des jouissances. La sienne aurait-elle été appelée celle de tous les honnêtes gens, si elle n'avait pas eu un autre caractère? Il était épicurien, il est vrai, mais dans le vrai sens de ce mot : les gens instruits savent combien l'on s'en est éloigné dans l'acception vulgaire. Horace, fidèle à la véritable doctrine d'Épicure, fut toujours loin des excès : on voit par ses écrits, où il se peint avec tant de naïveté, qu'il n'était sujet ni à la débauche grossière, ni à l'ivresse, ni à la crapule, ni aux folles profusions; qu'il n'avait de luxe d'aucune espèce; que tous ses goûts étaient modérés. Il recommande sans cesse cette modération dans les désirs, cette précieuse médiocrité, la mère du bonheur et de la sagesse; mais ce qu'il établit comme le fondement de tout, c'est d'avoir la conscience pure, et, pour me servir de ses expressions, *de ne pâlir d'aucune faute, nullâ pallescere culpâ.* Il veut que l'on s'accoutume à se commander à soi-même, à réprimer les penchants déréglés, les passions violentes; que l'on travaille continuellement à corriger ses défauts, et qu'on pardonne à ceux d'autrui. Indulgence pour les autres, et sévérité pour soi, voilà les deux grands pivots de sa morale. Y en a-t-il de meilleure? Nul écrivain n'a parlé avec plus d'intérêt des douceurs de la retraite, des attraits et des devoirs de l'amitié, des charmes d'une vie champêtre et paisible, et de cet amour de la campagne qui se mêle si naturellement à celui des beaux arts. Tel est l'épicuréisme d'Horace, et s'il avait beaucoup de vrais sectateurs, je crois que la société y gagnerait.

M. Dussault reconnaît que *nul homme ne sut apprêter plus adroitement la louange;* mais on peut ajouter qu'il n'a loué que tout ce qu'il y avait de plus estimé dans l'empire, Agrippa, Pollion, Métellus, Quintilius Varus. Son commerce épistolaire avec Mécène respire à la fois l'enjouement le plus aimable et la plus douce sensibilité. C'est parmi les anciens celui qui a le mieux saisi ce ton de familiarité noble et décente, qui a servi de modèle à Voltaire, et que bien peu d'hommes peuvent atteindre, parce qu'il faut, pour en avoir la juste mesure, infiniment d'esprit, de grace et de délicatesse. On conçoit aisément, en lisant Horace, qu'il ait été si cher à ses amis, et qu'Auguste, entre autres, l'ait aimé avec tendresse. Mécène, en mourant, le recommandait à ce prince en peu de mots; mais ils sont remarquables : *Souvenez - vous d'Horace comme de moi même.* Auguste ne lui sut pas mauvais gré du refus qu'il avait fait d'être son secrétaire. Il se contente d'en plaisanter avec lui dans une de ses lettres : « J'ai parlé de vous devant votre ami « Septimius : il vous dira quel souvenir j'en con- « serve; car, quoiqu'il vous ait plu de faire avec moi « le fier et le renchéri, je ne vous en veux pas pour « cela. » Une autre fois il lui écrit : « Ne doutez pas « de tous vos droits sur moi. Usez-en comme si « vous viviez dans ma maison. Vous ne pouvez « mieux faire; vous savez que c'est mon intention, « et que je veux vous voir toutes les fois que votre « santé vous le permettra. » Je citerai encore une autre lettre; car il est curieux de voir comment le maître du monde écrivait au fils d'un affranchi : « Sachez que je suis très piqué contre vous de ce

« que, dans la plupart de vos écrits, ce n'est pas
« avec moi que vous vous entretenez de préférence.
« Avez-vous peur de vous faire tort dans la posté-
« rité, en lui apprenant que vous avez été mon ami? »
Horace fut sensible à ce reproche obligeant; et lui
adressa cette belle épître, la première du second
livre : *Cùm tot sustineas*, etc.

Tant de caresses, tant de séductions ne tournè-
rent point la tête du poète philosophe, et ne l'empêchèrent point de passer la plus grande partie de
sa vie, soit à Tivoli, dont le nom est devenu si célèbre, soit à sa petite terre du pays des Sabins. Il
faut l'entendre badiner avec Mécène sur l'opinion
qu'on a de son grand crédit, sur la persuasion où
l'on est que Mécène s'entretient avec lui des secrets
de l'état, « tandis que le plus souvent, dit-il, nous
« parlons de la pluie et du beau temps. » Il lui pro-
mit une fois, en partant pour la campagne, de n'y
être que cinq jours; il y resta un mois, et finit par
lui écrire qu'il ne reviendrait à Rome qu'au printemps; et sa lettre est datée du mois d'août. « Que
« voulez-vous? lui dit-il. Je ne suis pas malade, il
« est vrai; mais je crains de le devenir. Il faut me
« prendre comme je suis. Quand vous m'avez en-
« richi, vous m'avez laissé ma liberté : j'en profite. »
On a beaucoup répété qu'Horace était *un courtisan:* il est sûr qu'il en avait la politesse et les graces,
mais on voit qu'il n'en eut ni l'activité, ni l'inquiétude, ni même la complaisance.

Après avoir refusé beaucoup à Horace, M. Dussault n'accorde-t-il pas un peu trop à Juvénal? « Il

« ne cessa de réclamer contre un pouvoir usurpé,
« de rappeler aux Romains les beaux jours de
« leur indépendance. » Je viens de relire toutes
ses satires; j'avoue que je n'ai vu nulle part qu'il
réclamât contre le pouvoir arbitraire; ni qu'il revendiquât les droits de la liberté républicaine. Je
sais qu'il fit une satire contre Domitien, et qu'il
peint en traits énergiques l'effroi qu'inspirait ce
monstre et la lâcheté de ses courtisans. Mais Domitien n'était plus; mais tout ce qu'il dit est personnel au tyran; mais il n'y a pas un mot qui tende
à combattre en aucune manière le pouvoir impérial; et, puisqu'il faut tout dire, ce même Domitien,
qu'il déchire après sa mort, il l'avait loué pendant
sa vie. Il l'appelle le seul protecteur, le seul guide
qui reste aux arts et aux lettres. Je veux qu'il ait
été trompé par cette apparence de faveur accordée
aux gens de lettres, qui fut un des premiers traits
de l'hypocrisie particulière à Domitien, comme
Lucain fut séduit par les trompeuses prémices du
règne de Néron; mais Lucain, dans sa *Pharsale*,
n'en élève pas moins un cri continuel et terrible
contre la tyrannie. C'est lui qui *réclame* bien formellement *contre le pouvoir usurpé*, qui s'indigne
que les Romains portent un joug que la lâcheté de
leurs ancêtres a forgé, qui répète sans cesse le mot
de liberté, qui crie aux armes contre les tyrans,
qui implore la guerre civile comme préférable cent
fois à la servitude. Voilà parler en républicain, en
Romain. Aussi Lucain fut conséquent : sa conduite
et sa destinée furent telles qu'on devait l'attendre

d'un homme qui écrit de ce style sous Néron. Il conspira contre lui avec Pison, et finit, à vingt-sept ans, par s'ouvrir les veines. Je ne reproche point à Juvénal d'avoir eu moins de courage, et d'être mort dans son lit; mais je ne lui donnerai pas non plus des louanges qu'il ne mérite point. Je ne trouve chez lui qu'un seul endroit qui exprime quelques regrets pour la liberté : c'est dans sa première satire, lorsqu'il se fait dire : « As-tu un génie égal à « ta matière ? Es-tu comme tes devanciers, prêt à « tout écrire avec cette franchise animée dont je « n'ose dire le nom? » Ce nom, qu'il n'ose prononcer, est évidemment celui de liberté. Mais ce regret, comme on voit, est enveloppé et timide : il semble même ne porter que sur la liberté des écrits; enfin c'est le seul de cette espèce qu'on remarque chez lui. Cette satire fut écrite, comme presque toutes les autres, sous Trajan; plusieurs le furent sous Adrien; une seule fut composée sous Domitien, celle où il eut le malheur de le louer. La date de ses écrits peut donc infirmer à un certain point ce que dit son traducteur des temps où il écrivait, pour justifier l'excès d'amertume et d'emportement qui est le même dans toutes ses satires. Quoi ! Juvénal, après avoir vécu sous Domitien, a vu tout le règne de Trajan, l'un des plus beaux que l'histoire ait tracés; il a vu tour à tour régner un monstre et un grand homme, et ce contraste si frappant, ce contraste que Tacite nous a si bien fait sentir, Juvénal ne l'a pas senti ! C'est après Domitien et sous Trajan qu'il n'a que des satires à faire.

qu'il ne trouve pas une vertu à louer, pas un mot d'éloge pour le modèle des princes, lui qui avait loué Domitien? Il ne profite pas de cette réunion de circonstances, si heureuse pour un écrivain sensible, qui sait combien les tableaux de la vertu font ressortir ceux du vice; combien ces peintures contrastées se prêtent l'une à l'autre de force et de pouvoir; combien ces différentes nuances donnent au style d'intérêt, de charme et de variété! Et c'est là, pour conclure, un des vices essentiels de ses ouvrages, une monotonie qui fatigue et qui révolte. La satire même ne doit pas être une invective continuelle, et l'on ne peut nous faire croire, ni que l'homme sage doive être toujours en colère, ni que la colère ait toujours raison. Qu'est-ce qu'un écrivain qui ne sort pas de fureur, qui ne voit dans la nature que des monstres, qui ne peint que des objets hideux, qui semble s'appesantir avec complaisance sur les peintures les plus dégoûtantes, qui m'épouvante toujours et ne me console jamais, qui ne me permet pas de me reposer un moment sur un sentiment doux? Joignez à ce défaut capital la dureté pénible de sa diction, son langage étrange, ses métaphores accumulées et bizarres, ses vers gonflés d'épithètes scientifiques, hérissés de mots grecs; et, lorsque tant de causes se réunissent pour en rendre la lecture si difficile, faut-il donc chercher dans la corruption humaine et dans la dépravation de notre siècle les motifs de la préférence que l'on donne à un poète tel qu'Horace, dont la lecture est si agréable? Est-il bien sûr que Juvénal soit parmi nous si formidable pour la conscience des méchants? Les mœurs qu'il attaque sont en grande partie si différentes des nôtres, il peint le plus souvent des excès si monstrueux, et qui, par notre constitution sociale, nous sont si étrangers*, qu'un homme très vicieux parmi nous pourrait, en lisant Juvénal, se croire un fort honnête homme. N'est-il donc pas plus simple de penser que, s'il est peu lu, c'est qu'il a peu d'attraits pour le lecteur ; c'est qu'il a peint beaucoup moins les travers, les faiblesses, les défauts et les vices communs a l'humanité en géneral, qu'un genre de perversité particulier à un peuple parvenu au dernier degré d'avilissement, de crapule et de dépravation, dans un climat corrupteur, sous un gouvernement détestable, et avec la dangereuse facilité d'abuser en tout sens de tout ce que mettaient à sa discrétion les trois parties du monde connu? Il faut se souvenir que les degrés de corruption tiennent non seulement à l'immoralité, mais aux moyens : si nous ne sommes ni ne pouvons être aussi dépravés que les Romains, c'est que nous ne sommes pas les maîtres du monde.

Toutes ces considérations nous autorisent à ne point admettre la conclusion par laquelle M. Dussault termine son parallèle : que si Juvénal a peu de partisans, c'est « qu'il professe la vertu sans al-
« liage et dans toute sa pureté, et que les ambi-
« tieux et les hommes sensuels ont intérêt à lui
« préférer un poète indulgent, qui embellit les ob-

---

* Ceci était écrit en 1787.

« jets de leurs goûts, excuse leurs caprices, et au-
« torise leurs faiblesses par son exemple. » Il y a
ici une espèce de sophisme que j'ai déjà indiqué,
et qui pourrait sans doute, contre l'intention de
l'auteur, faire prendre le change à des lecteurs
inattentifs. M. Dussault peint ici dans Horace, non
pas le poète satirique, mais l'auteur d'odes galantes
et voluptueuses, et de quelques épîtres badines. Ce
n'est pas là montrer les objets sous leur véritable
point de vue. Ce n'est pas quand Horace invite à
souper Glycère et Lydie, ou plaisante avec ses amis,
qu'il faut le comparer à Juvénal. Celui-ci même,
tout Juvénal qu'il était, probablement n'écrivait
pas à sa maîtresse, s'il en avait une, du ton dont il
écrivait ses satires : il lui aurait fait peur. M. Dussault
sait bien que chaque genre a son style. Il faut donc
nous montrer, dans les satires d'Horace, cette *indulgence pour les caprices et pour les faiblesses*; il
faut nous faire voir les objets des passions *embellis*,
la morale mêlée d'*alliage*, et ce n'est pas ce que j'y
ai vu. Que serait-ce donc si nous jugions Juvénal,
qu'on nous donne ici pour un philosophe si austère, non par ses satires, mais par ce que ses amis
disaient de lui? Martial, son ami le plus intime, lui
écrit d'Espagne ces propres mots : « Tandis que,
« couvert d'une robe trempée de sueur, tu te fati-
« gues à parcourir les antichambres des grands,
« je vis en bon paysan dans ma patrie. » Est-ce là cet
homme si étranger au monde? Nous venons de
voir qu'Horace le fuyait quelquefois, et voilà Juvénal qui le recherche. On ne l'aurait pas cru; c'est

que, pour bien juger, pour saisir des résultats sûrs, il ne faut pas s'en tenir à des aperçus vagues, il faut considérer les choses sous toutes leurs faces, lire tout et entendre tout le monde.

Je conclus que les beautés semées dans les écrits de Juvénal, et qui, malgré tous ses défauts, lui ont fait une juste réputation, sont de nature à être goûtées, sur-tout par les gens de lettres, seuls capables de dévorer les difficultés de cette lecture. Il a des morceaux d'une grande énergie : il est souvent déclamateur, mais quelquefois éloquent ; il est souvent outré, mais quelquefois peintre. Ses vers sur la Pitié, justement loués par M. Dussault, sont d'autant plus remarquables, que ce sont les seuls où il ait employé des teintes douces. La satire sur la Noblesse est fort belle ; c'est à mon gré la mieux faite, et Boileau en a beaucoup profité. Celle du Turbot, fameuse par la teinture admirable des courtisans de Domitien, a un mérite particulier : c'est la seule où l'auteur se soit déridé. Celle qui roule sur les Vœux offre des endroits frappants ; mais en total c'est un lieu commun appuyé sur un sophisme. Il n'est pas vrai qu'on ne doive pas désirer une longue vie, ni de grands talents, ni de grandes places, parce que toutes ces choses ont fini quelquefois par être funestes à ceux qui les ont obtenues. Il n'y a qu'à répondre que beaucoup d'hommes ont eu les mêmes avantages, sans éprouver les mêmes malheurs, et l'argument tombe de lui-même : c'est comme si l'on soutenait qu'il ne faut pas désirer d'avoir des enfants, parce que c'est souvent une source de chagrins. Pour répondre à ce raisonnement, il n'y aurait qu'à montrer les parents que leurs enfants rendent heureux, et dire : Pourquoi ne serais-je pas du nombre ? De plus, il est faux qu'un père ne doive pas souhaiter à son fils les talents de Cicéron, parce qu'il a péri sous le glaive des proscriptions ; et quel homme, pour peu qu'il ait quelque amour de la vertu et de la véritable gloire, croira qu'une aussi belle carrière que celle de Cicéron soit payée trop cher par une mort violente, arrivée à l'âge de soixante-cinq ans ? Qui refuserait à ce prix d'être l'homme le plus éloquent de son siècle, et peut-être de tous les siècles, d'être élevé par son seul mérite à la première place du premier empire du monde, d'être trente ans l'oracle de Rome, enfin d'être le sauveur et le père de sa patrie ? S'il était vrai que le fer d'un assassin qui frappe une tête blanchie par les années pût en effet ôter leur prix à de si hautes destinées, il faudrait croire que tout ce qu'il y a parmi les hommes de vraiment grand, de vraiment désirable, n'est qu'une chimère et une illusion.

Au fond, cette satire si vantée se réduit donc à prouver que les plus précieux avantages que l'homme puisse désirer sont mêlés d'inconvénients et de dangers ; et c'est une vérité si triviale, qu'il ne fallait pas en faire la base d'un ouvrage sérieux.

Horace ne tombe point dans ce défaut, qui n'est jamais celui des bons esprits ; et, sans vouloir revenir sur l'énumération de ses différentes qualités, je crois, à ne le considérer même que comme satirique, lui rendre, ainsi qu'à Juvénal, une exacte justice, en disant que l'un est fait pour être admiré quelquefois, et l'autre pour être toujours relu[*].

La Harpe, *Cours de Littérature*.

HUME (David), philosophe et historien anglais, né en 1711 à Édimbourg, d'une famille noble, mais peu riche, eut dès son jeune âge un goût prononcé pour l'étude de la littérature, qui fut par la suite sa passion dominante et la source de sa fortune comme de sa célébrité. D'abord destiné au barreau, il abandonna bientôt cette carrière pour se livrer tout entier à la culture des lettres; et la modicité de sa fortune l'obligeant à une stricte économie, il vint en France, où il était plus facile de vivre avec peu d'argent que dans sa patrie.

S'étant fixé à la Flèche en Anjou, c'est là qu'il composa son *Traité de la nature humaine*, ouvrage où il cherche à ébranler les fondements de toutes les croyances, et à saper les bases de toutes les religions. Il revint à Londres, en 1737, pour faire im-

---

[*] On peut consulter sur Horace ses nombreux traducteurs et commentateurs Dacier, Sanadon, Batteux, Binet et en dernier lieu MM. Campenon et Despretz qui l'ont reproduit en prose; La Motte, Lefranc de Pompignan, le marquis de La Fare, le duc de Nivernais, Lebrun, Chénier, le chevalier de Boufflers, etc. qui en ont donné des imitations partielles en vers; MM. Vanderbourg, Daru, de Wailly, Léon Halevy qui en ont, également en vers, publié des traductions complètes. M. Campenon a mis en tête de sa traduction en prose un excellent *Essai sur la vie et les ouvrages d'Horace*. Ce morceau, qui se distingue par la grace et l'élégance ordinaires à l'auteur, est plein du souvenir d'Horace, dont les ouvrages en ont fourni les principaux traits.

H. Patin

primer ce livre qu'il n'avait écrit que par un vain désir de célébrité. « Jamais, dit-il dans l'histoire de « sa propre vie, jamais début littéraire ne fut plus « malheureux ; l'ouvrage mourut en naissant, sans « même obtenir l'honneur d'exciter un signe de « mécontentement parmi les dévots. » Il se trompe ou voulait tromper le public en avançant cette assertion. Son livre fut réfuté, avec beaucoup d'habileté dans la *Revue des ouvrages du monde savant*, journal périodique qui paraissait alors en Angleterre, et un critique Anglais attribue cette réfutation au savant Warburton.

Hume ne fut point rebuté par l'issue de cette première tentative, il publia à Édimbourg en 1742 la première partie de ses *Essais, moraux politiques et littéraires*. Ce livre fut accueilli assez favorablement. « L'auteur y a renfermé la matière d'un grand « ouvrage dans de petits traités pleins d'idées neu- « ves et d'aperçus intéressants, dit M. Walcknaer. « C'est dans ces essais, et dans ceux qu'il publia « peu après, que Hume eut la gloire de poser les « bases de l'économie politique ; et les principes « qui se trouvent épars, ou simplement indiqués « dans ce qu'il a écrit sur le commerce, sur l'intérêt « de l'argent, sur les causes des progrès des arts et « métiers, et dans ses discours politiques, réunis « depuis, développés, en un ensemble régulier, ont « donné naissance au bel ouvrage de son ami et « compatriote Adam Smith, *sur la Richesse des na-* « *tions.* »

Forcé de sacrifier son indépendance au besoin

d'exister, Hume occupa pendant quelque temps l'emploi de précepteur, auprès du marquis d'Annaldail, et fut ensuite secrétaire du général Saint-Clair, qu'il accompagna dans l'expédition du port de l'Orient. Il se mit sur les rangs en 1746 pour obtenir la chaire de philosophie morale à Édimbourg; mais le clergé écossais avait été trop choqué de ses principes pour que cette chaire lui fût accordée. Il passa alors à Turin, avec le général Saint-Clair, refondit son premier ouvrage, pendant son séjour dans cette ville, et le publia sous le titre de *Recherches sur l'Entendement humain*. Quoique cette seconde tentative n'eût pas été plus heureuse que la première, l'auteur ne se laissa point décourager. Il donna en 1751 une seconde partie de ses Essais, et l'année suivante ses *Recherches sur les Principes de la morale :* si l'on ajoute à ces ouvrages *l'Histoire naturelle de la Religion,* ses *Dialogues sur la Religion,* et son *Essai sur le Suicide et sur l'Immortalité de l'âme,* on complètera la liste des écrits philosophiques de Hume.

Ayant été nommé en 1752 bibliothécaire de la faculté des avocats à Édimbourg, la facilité de pouvoir faire usage d'une grande bibliothèque, lui suggéra l'idée d'écrire l'*Histoire d'Angleterre*. Cet ouvrage, qui fut l'occupation du reste de sa vie, n'eut point de succès dans sa nouveauté et essuya de nombreuses et violentes critiques, mais il finit par devenir classique, et l'auteur obtint enfin cette célébrité dont il était si jaloux.

Devenu riche et indépendant par le produit de

ses ouvrages et une forte pension qui lui fut accordée, il avait résolu de ne plus quitter l'Écosse, sa patrie, lorsque lord Herfort l'engagea en 1763 à l'accompagner en qualité de secrétaire de son ambassade à la cour de France. Il y consentit, et fut très favorablement accueilli à Paris, où sa réputation l'avait précédée. C'est là qu'il se lia avec J.-J. Rousseau, qu'il emmena trois ans après à Londres, et auquel il rendit d'abord tous les services qui étaient en son pouvoir : il lui avait même obtenu une pension du roi d'Angleterre; mais J.-J. Rousseau, ayant soupçonné Hume de ne l'avoir attiré en Angleterre que pour nuire à sa réputation et le dégrader par ses bienfaits, refusa la pension qui lui était offerte. Hume crut devoir publier *l'Exposé succinct de la contestation qui s'est élevée entre M. Hume et M. Rousseau*, et le public fut inondé de brochures relatives à cette querelle. Sur ces entrefaites on publia dans les journaux anglais une lettre supposée du roi de Prusse, où la manie de Rousseau de se croire persécuté du monde entier, était tournée en ridicule. Cet écrit était, dit-on, d'Horace Walpole, mais Jean-Jacques l'ayant attribué à Hume, le considéra dès-lors comme un homme affreux et lui écrivit cette lettre curieuse, datée de Wootton, le 10 juillet 1766, où l'on reconnaît l'empreinte de toutes les bizarreries de son âme. Hume y répondit en homme offensé, et, poussa l'animosité jusqu'à publier sa correspondance avec Jean-Jacques, en y joignant un commentaire propre à faire ressortir l'ingratitude de ce dernier à son égard. On a avec raison reproché à Hume d'avoir ainsi trahi le secret d'une correspondance particulière, et de s'être ôté tout le mérite d'un bienfaiteur en publiant ses bienfaits.

Nommé sous-secrétaire d'état en 1767, il renonça aux affaires publiques en 1769, pour se livrer à une vie douce et indépendante que lui permettait alors l'état de sa fortune. Il se retira à Édimbourg, où il mourut le 26 août 1776, à l'âge de soixante-cinq ans.

Peu de temps avant sa mort, Hume écrivit une notice sur sa propre vie, où il n'hésite point à dire tout le bien qu'il pensait de lui-même. « On y voit,
« dit l'abbé de Feller, une morgue insultante con-
« tre les critiques de ses ouvrages, un étalage pué-
« rile des suffrages qu'il a emportés, et enfin de ces
« petits détails personnels qu'une âme tant soit peu
« forte ne se permet jamais.

« Hume est un des écrivains incrédules des plus
« dangereux, continue le même critique; il attaque
« rarement de front. Sa métaphysique subtile tend
« à saper la religion. Il affecte beaucoup de calme
« et d'impartialité, mais on s'aperçoit que son sang-
« froid cache beaucoup de malice; il étend les nua-
« ges de son septicisme sur l'existence de Dieu, le
« libre arbitre, l'immortalité de l'âme, et il justifie
« le suicide. La vertu, selon lui, ne consiste que
« dans l'approbation générale; et, fort de cette dé-
« couverte, il donne ce nom à l'éloquence, au goût
« et même à la force. »

Leland a consacré six lettres de son *Examen des*

déistes à exposer et à confondre les diverses erreurs de Hume. Thom Edward Ritelsie a donné en anglais un *Essai sur la vie et les écrits de David Hume*, 1807, in-8°. La *Vie de Hume* écrite par lui-même a été traduite en français par Suard, 1777, in-12. Nous avons aussi la traduction de son *Histoire d'Angleterre*, 18 vol. in-12. Le rév. G. Berkeley-Mitchell a donné une édition de l'original anglais, dans laquelle il a retranché tout ce qui était contraire à la religion chrétienne, 1816, 8 vol. in-8°.

MORCEAUX CHOISIS.

I. Lady Jeanne Gray.

Cette excellente personne descendait du côté paternel et du côté maternel, de la race royale d'Angleterre.

Elle avait été élevée avec soin dans les principes de la religion réformée. Sa vertu et sa sagesse la rendaient un éclatant modèle pour son sexe; mais sa destinée était de paraître peu de moments sur le théâtre de la vie; car au printemps de son âge elle périt, victime de la cruelle ambition du duc de Northumberland qui lui fit épouser son fils, lord Guilford Dudley, et la porta au trône d'Angleterre en opposition aux droits de Marie et d'Élisabeth. A l'époque de son mariage, elle n'avait guère que dix-huit ans, et son mari était aussi fort jeune. C'était un âge bien tendre pour résister aux vues intéressées des hommes perfides et ambitieux, qui, au lieu de les exposer au danger, auraient dû être les protecteurs de leur innocence et de leur jeunesse.

Cette jeune personne si extraordinaire, outre le solide mérite de la piété et de la vertu, possédait le plus aimable caractère et les talents les plus accomplis. Comme elle était du même âge que le roi Édouard VI, elle avait reçu la même éducation : elle paraissait même avoir plus de facilité pour apprendre toutes les parties de la littérature classique. Elle connaissait les langues grecque et latine, ainsi que plusieurs langues modernes; elle avait consacré beaucoup de temps à l'étude des sciences, et elle montrait une profonde indifférence pour les autres occupations et les amusements ordinaires de son sexe et de son rang. Roger Ascham, tuteur d'Élisabeth, étant venu un jour lui rendre visite, la trouva occupée à lire Platon, tandis que les autres personnes de sa famille s'amusaient à chasser dans le parc; et, comme il était surpris de la singularité de son choix, elle lui dit qu'elle goûtait plus de plaisir dans la lecture de cet auteur, que les autres n'en pouvaient trouver dans leur exercice. Son cœur, plein d'ardeur pour la littérature et les études sérieuses, rempli de tendresse pour son mari qui méritait son affection, ne s'était jamais ouvert aux séduisantes promesses de l'ambition, et la nouvelle de son élévation au trône fut bien loin de lui être agréable. Elle refusa même d'accepter la couronne; elle défendit la légitimité du droit des deux princesses; elle exprima ses craintes sur les conséquences inévitables d'une entreprise si périlleuse. pour ne pas dire si criminelle, et demanda qu'on la laissât vivre dans la condition privée où elle était née. Vaincue enfin par les prières, plutôt que par les raisons de son père, de son beau-père et sur-tout de son mari, elle se soumit à leur volonté, et leur fit le sacrifice de ses sentiments personnels. Mais son élévation ne dura pas long-temps. La nation se déclara pour la reine Marie, et lady Gray, après avoir connu pendant dix jours le vain éclat de la couronne, rentra dans la vie privée avec beaucoup plus de satisfaction qu'elle n'en avait éprouvé quand on lui avait offert le trône.

La reine Marie, qui semble avoir été incapable de clémence ou de générosité, résolut d'écarter toutes les personnes dont elle aurait à craindre le moindre danger. En conséquence lady Gray fut avertie de se préparer à la mort, sentence à laquelle elle s'attendait, et dont l'innocence de sa vie et les malheurs qu'elle avait éprouvés lui rendirent la nouvelle favorable. La reine, poussée par le zèle du fanatisme, sous prétexte d'une tendre compassion pour l'âme de sa prisonnière, lui envoya des prêtres qui la tourmentèrent par de continuelles discussions : on lui laissa même un délai de trois jours, dans l'espoir que pendant ce temps elle se laisserait persuader d'obtenir son salut éternel par une facile conversion. Lady Gray eut, dans ces tristes circonstances, la présence d'esprit, non seulement de défendre sa religion par de solides arguments, mais encore d'écrire à sa sœur une lettre en grec, dans laquelle, en lui envoyant une copie de l'Écriture dans cette langue, elle l'exhortait à montrer en toute occasion la même persévérance et la même fermeté. Le jour de son exécution, lord Guilford, son mari, lui fit demander la permission de la voir; mais elle refusa d'y consentir, et lui répondit que la tendresse de leurs adieux ébranlerait leur courage, et les priverait de la fermeté que leur fin prochaine exigeait. Leur séparation, disait-elle, ne durerait pas long-temps : ils iraient bientôt se rejoindre dans un lieu où leurs cœurs seraient unis pour toujours; où la mort, les chagrins et les malheurs ne pourraient désormais les atteindre, ou troubler leur éternelle félicité.

On avait résolu d'exécuter lady Gray et lord Guilford ensemble, sur le même échafaud à Tower-hill; mais le conseil, craignant la compassion du peuple pour leur jeunesse, leur beauté, leur innocence et leur noble origine, changea ses ordres, et commanda d'exécuter Jeanne Gray dans l'enceinte de la tour. Elle vit conduire son mari à la mort, et après lui avoir donné de sa fenêtre quelque signe d'affection, elle attendit paisiblement l'heure marquée pour subir à son tour le même sort. Elle vit même ramener dans un char son corps séparé de la tête, et elle fut plus raffermie par les nouvelles qu'elle reçut de la constance qu'il avait montrée à ses derniers moments, qu'elle n'avait été ébranlée par un si touchant et si douloureux spectacle. Sir John Gage, gouverneur de la tour, lui demanda en la conduisant au lieu de l'exécution quelque léger présent qu'il pût conserver comme un éternel souvenir

Elle lui remit ses tablettes, où, à la vue du corps sanglant de son mari, elle venait d'écrire trois sentences, l'une en grec, l'autre en latin, et la troisième en anglais. Le sens était que « la justice humaine se déclarait contre le corps de son mari, mais que la compassion divine serait favorable à son âme : que pour elle, si sa faute méritait une punition, du moins sa jeunesse et son imprudence seraient dignes d'excuse, et qu'elle espérait que Dieu et la postérité lui pardonneraient. » Sur l'échafaud, elle adressa aux assistants un discours où la douceur de son caractère lui faisait prendre sur elle-même tout le blâme de sa conduite, sans proférer une seule plainte contre la sévérité avec laquelle on l'avait traitée. Elle dit que son crime était, non d'avoir usurpé la couronne, mais de ne l'avoir pas refusée avec assez de fermeté ; qu'elle avait été égarée moins par son ambition que par sa déférence pour ses parents, auxquels elle avait appris à obéir avec respect, qu'elle recevrait volontiers la mort, comme la seule satisfaction qu'elle pût offrir pour son crime envers l'état ; que, quoique l'infraction dont elle était coupable envers les lois eût été forcée, elle montrerait par sa soumission volontaire à leur sentence qu'elle désirait expier la désobéissance où l'avait conduite un excès de piété filiale ; qu'elle avait mérité justement sa punition pour s'être rendue l'instrument, quoique l'instrument involontaire, de l'ambition des autres ; et qu'elle espérait que l'histoire de sa vie pourrait du moins être utile, en prouvant que l'innocence n'excuse pas de grandes fautes, quand elles peuvent, de quelque manière que ce soit, attenter à la sûreté de l'état. Après avoir prononcé ces mots, elle se fit déshabiller par ses femmes, et d'un air calme et serein se soumit à l'exécuteur.

Histoire d'Angleterre.

II. Jacques, comte de Derby, au commissaire général Ireton, en réponse à la sommation faite au comte de rendre l'île de Man.

Monsieur, j'ai reçu votre lettre avec indignation, et c'est avec mépris que je vous envoie ma réponse. Certes je ne puis me défendre de quelque surprise en cherchant sur quels motifs vous avez conçu l'espoir que je deviendrai comme vous traître à mon souverain, puisque vous ne pouvez ignorer le zèle dont j'ai fait preuve toute ma vie au service de Sa Majesté, et les principes de loyauté dont je ne me suis jamais départi. Je méprise vos propositions, je dédaigne vos faveurs, j'abhorre votre trahison; et bien loin de remettre cette île en vos mains, je suis prêt à la défendre aussi long-temps qu'il sera en mon pouvoir, et, je l'espère, jusqu'au jour de votre ruine. Recevez ceci comme ma réponse finale, et renoncez désormais à toute sollicitation; car si vous m'importunez encore de quelque message de cette nature, je brûlerai vos dépêches, et je ferai pendre votre émissaire. Telle est l'immuable résolution et telle sera, n'en doutez pas, la conduite de celui qui regarde comme son titre le plus glorieux l'honneur d'être le fidèle et dévoué sujet de Sa Majesté.

Ibid.

III. Bacon et Galilée.

L'orgueil et l'honneur de la littérature dans cette île, sous le règne de Jacques Ier, ce fut lord Bacon. Il composa la plupart de ses ouvrages en latin, quoiqu'il ne connût ni l'élégance de cet idiome, ni celle de sa langue naturelle. Si nous considérons les divers talents qu'il déploya comme orateur public, administrateur, bel esprit, courtisan, homme du monde, auteur et philosophe, il mérite sans doute une grande admiration. Si nous le considérons simplement comme auteur et philosophe (le seul point de vue sous lequel nous l'observions à présent), quoique fort estimable, il est pourtant inférieur à son contemporain Galilée, peut-être même à Kepler. Bacon indiqua de loin la route à la vraie philosophie: Galilée l'indiqua aux autres, et y fit lui-même des progrès importants. L'Anglais ignorait la géométrie: le Florentin ranima cette science, y excella, et fut le premier qui sut l'appliquer avec l'expérience à la philosophie naturelle. L'un rejetait, avec le dédain le plus injurieux, le système de Copernic; l'autre le fortifia par de nouvelles preuves, tirées de la raison et des sens. Le style de Bacon est roide et tendu: son esprit quoique parfois brillant, souvent aussi est peu naturel et recherché; et il semble avoir fourni le modèle de ces comparaisons à longue queue, de ces interminables allégories, qui distinguent si éminemment les auteurs anglais. Galilée est un écrivain facile et agréable, quoique un peu prolixe. Mais l'Italie n'étant pas réunie sous un seul gouvernement, et rassasiée peut-être de cette gloire littéraire dont elle a joui dans les âges reculés et dans les temps modernes, a trop négligé la gloire qu'elle avait obtenue en donnant le jour à un si grand homme. L'esprit national qui domine chez les Anglais, et qui fait sur-tout leur bonheur, est cause qu'ils prodiguent à tous leurs écrivains distingués, et à Bacon parmi les autres, des éloges et des hommages qui peuvent souvent paraître suspects d'aveuglement et d'exagération.

Ibid.

IV. L'Avare.

Un avare, étant mort et dûment enterré, vint aux bords du Styx; et voulut passer dans la barque avec les autres âmes. Caron lui demande son salaire, et est surpris de le voir, plutôt que de payer, se jeter dans le fleuve, et nager jusqu'à l'autre bord, malgré toutes les clameurs et la résistance qu'on lui oppose. Tout l'enfer était en rumeur, et chacun des juges méditait quelque supplice proportionné à un crime dont les conséquences pouvaient être si funestes aux revenus infernaux. L'enchaînera-t-on sur un rocher avec Prométhée? ou tremblera-t-il sans cesse au bord d'un précipice avec les Danaïdes? ou aidera-t-il Sisyphe à rouler son rocher? Non, dit Minos, rien de tout cela; il faut inventer quelque châtiment plus sévère: qu'on le renvoie sur la terre pour voir l'usage que ses héritiers font de ses richesses.

HYMNE. L'hymne sacrée, dans sa sublimité, est l'expression solennelle de l'enthousiasme de tout un peuple, le concert et l'accord d'une multitude d'âmes qui s'élèvent à Dieu, soit en admiration des merveilles de la nature, soit en adoration des prodiges de la grace, soit dans un transport unanime de reconnaissance et d'amour, ou dans un mouvement de crainte, d'étonnement et de respect.

Ainsi, dans l'hymne, tout doit être en sentiments et en images. L'élévation en est le caractère; car toutes les pensées, toutes les relations en sont de l'homme au Créateur, et ce n'est pas en disant de l'Être suprême, comme dans l'hymne attribuée à Orphée, « qu'à son aspect les plus hautes mon-
« tagnes tremblent, et que les mers frissonnent
« dans leurs profonds abîmes; » ce n'est pas non plus en lui disant, comme dans l'hymne attribuée à Cléanthe : « Vous voulez les biens et les maux
« dans les conseils de votre loi; » ce n'est pas, dis-je, ainsi qu'on louera l'Éternel; car il ne résulte de ce galimatias oriental, ni une haute idée de sa puissance, ni une haute idée de sa justice. La goutte d'eau de l'Océan, le grain de sable des montagnes, ne sont rien en parlant de celui qui d'un souffle a créé les mondes ; et dire de lui qu'*il a voulu les biens et les maux selon les conseils de sa loi*, c'est le louer comme un flatteur peut louer un tyran [*].

---

[*] Ces critiques me paraissent bien sévères. Les passages que blâme Marmontel parlent il est vrai bien imparfaitement de la divinité, mais d'une manière proportionnée à la faiblesse de notre intelligence. Le premier offre des images qu'on rencontre souvent dans les saintes Écritures, le second une pensée susceptible d'un sens meilleur que ne le veut Marmontel. N'est-ce pas

Le sublime n'est pas dispensé d'être raisonnable, et le vrai sublime est celui qui est à la fois si simple et si frappant, qu'il saisit tout d'un coup et sans peine tous les esprits. Tel doit être celui de l'hymne; car l'hymne est faite pour la multitude, et en même-temps qu'elle doit être religieuse, elle doit être morale; or elle sera l'un et l'autre, si elle donne de l'Être suprême l'idée qu'on en doit avoir pour l'adorer avec crainte et avec amour; si, en louant les saints, elle est la leçon la plus touchante des vertus qu'ils ont pratiquées; si, en célébrant les mystères, elle y fait voir autant de motifs d'espérance et de reconnaissance que d'objets de culte et de foi.

Les anciennes hymnes de l'Église ont le mérite de la simplicité, mais n'ont que celui-là. Il faut en excepter quelques proses qui ont une beauté réelle, comme le *Dies iræ* et le *Veni, sancte Spiritus*.

Les nouvelles hymnes donnent, pour la plupart, dans l'excès contraire à la simplicité : elles sont brillantées, ornées jusqu'au luxe, pleines d'imagination, dénuées de sentiment, et, en deux mots, élégantes et froides. Les auteurs pensaient à Horace en les composant; c'eût été à David, et sur-tout à Moïse, qu'il eût fallu penser.

La fameuse hymne de Santeuil : *Stupete, gentes*, est un amas d'antithèses qui ne répandent ni chaleur ni lumière, et le compliment à la Vierge,

> Intrare sanctum quid pavebas,
> Facta Dei priùs ipsa templum?

même un des enseignements du christianisme, que Dieu distribue les biens et les maux selon les vues de sa providence?   H P.

est spirituel, mais déplacé : ni l'enthousiasme ni la piété n'ont de cet esprit-là.

Lorsque l'hymne n'est pas sublime, elle doit être onctueuse et touchante : elle doit prendre tour-à-tour le caractère de Bossuet dans ses *Élévations d'une âme à Dieu*, ou celui de Fénelon et de François de Sales dans leurs œuvres mystiques.

Marmontel, *Éléments de Littérature*.

HYPERBOLE. Elle ne doit être sensible que pour celui qui écoute, et jamais pour celui qui parle ; et c'est dans ce sens-là que Quintilien a dit qu'elle devait être *extrà fidem, non extrà modum* : toutes les fois que l'expression dit plus qu'on ne doit penser naturellement, elle est fausse ; elle est juste toutes les fois qu'elle n'excède pas l'idée qu'on a ou qu'on peut avoir. C'est dans cette vérité relative que consiste la précision de l'hyperbole même ; car il n'y a point d'exception à cette règle, que chacun doit parler d'après sa pensée, et peindre les choses comme il les voit. Celui qui soupirait de voir Louis XIV trop à l'étroit dans le Louvre, et qui disait pour sa raison :

> Une si grande majesté
> A trop peu de toute la terre,

le pensait-il ? pouvait-il le penser ? C'est la pierre de touche de l'hyperbole.

C'est une maxime bien vraie en fait de goût, qu'*on affaiblit toujours ce qu'on exagère* : mais *exagérer*, dans ce sens-là, veut dire aller au-delà non de la vérité absolue, mais de la vérité relative. Celui qui exprime une chose comme il la sent n'exagère point, il rend fidèlement son sentiment ou sa pensée. L'objet qu'il peint n'a pas tous les charmes qu'il lui attribue; le malheur dont il est accablé n'est pas aussi grand qu'il se l'imagine; le danger qui menace son ami, sa maîtresse, ce qu'il a de plus cher, n'est ni aussi terrible ni aussi pressant qu'il le croit : mais ce n'est pas d'après la réalité même, c'est d'après son imagination qu'il les peint; et pour en juger d'après lui et comme lui, on se met à sa place. Ainsi, dans l'excès de la passion, l'hyperbole la plus insensée est elle-même l'expression de la nature et de la vérité.

MARMONTEL, *Éléments de Littérature*.

IDYLLE. Lorsque Despréaux a peint l'idylle comme une bergère en habit de fête, il l'a parfaitement définie telle que nous la concevons. Une simplicité élégante en fait le caractère; et c'est par cette élégance, ennoblie, qu'elle se distingue de l'églogue.

Chaque genre de poésie a son hypothèse distincte; et c'est ce qui en fait la différence. Or l'hypothèse de l'églogue et celle de l'idylle ne sont pas la même.

Dans des temps et parmi des peuples où l'excessive inégalité des conditions et des fortunes n'avait pas mis encore entre les hommes cette différence inhumaine à laquelle il est impossible de réfléchir sans s'attrister ; dans des climats sur-tout où la beauté du ciel, la fertilité de la terre faisaient de la campagne le plus délicieux séjour; où, d'un côté, l'heureuse ignorance des besoins du luxe, et de l'autre la facilité à vivre dans l'aisance avec peu de peine et de soin, rapprochaient si fort l'état des bergers de celui des rois, que l'un touchait à l'autre ; l'églogue et l'idylle n'avaient pas deux hypothèses différentes, et ne devaient pas avoir deux noms.

Est venu le temps où dans la poésie champêtre il a fallu non-seulement distinguer l'idylle de l'églogue, mais l'une et l'autre du genre villageois.

Les vices et les ridicules du peuple de la ville transmis au peuple des campagnes, les astuces de l'intérêt, les sottises de l'amour-propre et de la vanité, les intrigues de la galanterie, les duperies réciproques, et dans tout cela, les mœurs paysannes combinées avec les mœurs bourgeoises, font le comique de Dancourt : rien ne ressemble moins à l'innocence et à la simplicité pastorale ; et les modèles de ce comique, on les rencontre à chaque pas dans les environs de Paris.

Mais pour trouver le sujet d'une églogue, il faut aller plus loin; encore sont-ils rares partout : et quant aux sujets de l'idylle, il n'en existe qu'en idée. Celles des idylles de Gessner qui ont quelque vérité sont de simples églogues : celles qui ont le plus de noblesse et d'élégance n'ont de modèle dans aucun pays.

Dans les idylles de madame Deshoulières, la

scène est au village; mais la femme sensible et tendre qui parle aux fleurs, aux ruisseaux, aux moutons, n'est pas une de nos bergères : c'est la maîtresse du château.

L'idylle ne peut donc être prise que dans le système fabuleux ou romanesque. Ce sont les bergers de Tempé, ou des bords du Lignon, que l'on y met en scène; c'est le langage de l'Aminte, ou du Pastor Fido, que parlent ces bergers; et dans ce système, l'idylle a son merveilleux comme l'épopée; car elle est d'un temps où non-seulement les rois, mais les dieux mêmes, daignaient vivre avec les bergers :

Habitârunt Dî quoque sylvas,
Dardaniusque Paris.

C'est ainsi que l'idylle, comme nous l'entendons, sans cesser d'être simple, doit être noble et élégante.

Telle, aimable en son air, mais humble dans son style,
Doit éclater sans pompe une élégante idylle.

Elle ne mêle point des diamants à sa parure, mais elle a un chapeau de fleurs. (*Voyez* églogue.)

En peinture, Teniers a fait des scènes paysannes; Berghem, des églogues; le Poussin, des idylles : et pour exceller dans ce genre, il ne manquait à celui-ci que de peindre les paysages comme les Breugle et le Lorrain.

Marmontel, *Éléments de Littérature*.

ILLUSION. Dans les arts d'imitation, la vérité n'est rien, la vraisemblance est tout; et non-seulement on ne leur demande pas la réalité, mais on ne veut pas même que la feinte en soit l'exacte ressemblance.

Dans la tragédie, on a très bien observé que l'illusion n'est pas complète; 1° elle ne peut pas l'être; 2° elle ne doit pas l'être. Elle ne peut pas l'être, parce qu'il est impossible de faire pleinement abstraction du lieu réel de la représentation théâtrale et de ses irrégularités. On a beau avoir l'imagination préoccupée, les yeux avertissent qu'on est à Paris, tandis que la scène est à Rome : et la preuve qu'on n'oublie jamais l'acteur dans le personnage qu'il représente, c'est que dans l'instant même où l'on est le plus ému, on s'écrie : « Ah! que c'est bien « joué! » On sait donc que ce n'est qu'un jeu : on n'applaudirait point Auguste, c'est donc Brisard qu'on applaudit.

Mais quand, par une ressemblance parfaite, il serait possible de faire une pleine illusion, l'art devrait l'éviter, comme la sculpture l'évite en ne colorant pas le marbre, de peur de le rendre effrayant.

Il y a tel spectacle dont l'illusion tempérée est agréable, et dont l'illusion pleine serait révoltante ou péniblement douloureuse. Combien de personnes soutiennent le meurtre de Camille ou de Zaïre, et les convulsions d'Inès empoisonnée, qui n'auraient pas la force de soutenir la vue d'une querelle sanglante, ou d'une simple agonie ? Il est donc hors de doute que le plaisir du spectacle tragique tient à cette réflexion tacite et confuse, qui nous avertit que ce n'est qu'une feinte, et qui par là modère l'impression de la terreur et de la pitié.

Je sais bien que l'échafaud est la tragédie de la populace, et que des nations entières se sont amusées de combats de gladiateurs; mais cet exercice de la sensibilité serait trop violent pour des âmes qu'une société douce et voluptueuse amollit, et qui demandent des plaisirs délicats comme leurs organes.

Ce ne sera que lorsque l'habitude de ces plaisirs en aura émoussé le goût, et que les âmes seront blasées, qu'on sera obligé d'employer, comme des liqueurs fortes, des moyens violents de réveiller en elles une sensibilité presque éteinte; et c'est peut-être ainsi que, par la continuité des jouissances et la satiété qui les suit, un peuple poli se déprave et retourne à la barbarie.

Quoi qu'il en soit, il y a deux choses à distinguer dans l'imitation tragique, la vérité absolue de l'exemple, et la ressemblance imparfaite de l'imitation. Orosmane, dans la fureur de sa jalousie, tue Zaïre, et l'instant d'après se tue lui-même de désespoir : voilà l'illusion qui ne doit pas être complète. Un amour jaloux et furieux peut rendre féroce et barbare un homme naturellement bon, sensible et généreux : voilà la vérité, dont rien ne nous détrompe, et dont l'impression nous reste, lors même que l'illusion a cessé.

Dans le comique, rien ne répugne à une pleine illusion, et l'impression du ridicule n'a pas besoin d'être tempérée comme celle du pathétique. Mais si dans le comique même l'illusion était complète, le spectateur, croyant voir la nature, oublierait l'art, et serait privé, par la force de l'illusion, de l'un des plaisirs du spectacle. Ceci est commun à tous les genres.

Le plaisir d'être ému de crainte et de pitié sur les malheurs de ses semblables, le plaisir de rire aux dépens des faiblesses et des ridicules d'autrui, ne sont pas les seuls que nous cause la scène : celui de voir à quel degré de force et de vérité peuvent aller le génie et l'art, celui d'admirer dans le tableau la supériorité de la peinture sur le modèle, serait perdu, si l'illusion était complète : et voilà pourquoi, dans l'imitation même en récit, les accessoires qui altèrent la vérité, comme la mesure des vers et le mélange du merveilleux, rendent l'illusion plus douce; car nous aurions bien moins de plaisir à prendre un beau poème pour une histoire, qu'à nous souvenir confusément que c'est une création du génie.

Pour mieux m'entendre, imaginez une perspective si parfaitement peinte, que de loin elle vous semble être réellement ou un morceau d'architecture, ou un paysage éloigné : tout l'agrément de l'art sera perdu pour vous dans ce moment, et vous n'en jouirez que lorsqu'en approchant vous vous apercevrez que le pinceau vous en impose. Il en est de même de toute espèce d'admiration : on veut jouir en même temps et de la nature et de l'art ; on veut donc bien s'apercevoir que l'art se mêle avec la nature. Dans le comique même, il ne faut donc pas croire que la vérité de l'imitation en soit le mérite exclusif, et que le meilleur peintre de la nature soit le plus fidèle copiste : car si l'imitation était une parfaite ressemblance, il faudrait l'altérer exprès en quelque chose, afin de laisser à l'âme le sentiment confus de son erreur, et le plaisir secret de voir avec quelle adresse on la trompe. Il est pourtant vrai qu'on a plus à craindre de s'éloigner de la nature, que d'en approcher de trop près ; mais entre la servitude et la licence, il y a une liberté sage, et cette liberté consiste à se permettre de choisir et d'embellir en imitant : c'est ce qu'a fait Molière, aussi bien que Racine. Ni *le Misanthrope*, ni *l'Avare*, ni *le Tartufe*, ne sont de serviles copies : dans les détails comme dans l'ensemble, dans les caractères comme dans l'intrigue, ce sont des compositions plus achevées qu'on n'en peut voir dans la nature : la perfection y décèle l'art, et l'on perdrait à ne pas l'y voir : pour en jouir, il faut qu'on l'aperçoive.

Mais jusqu'à quel point cette imitation peut-elle être embellie, sans que l'altération nuise à la vraisemblance et détruise l'illusion ? Cela tient beaucoup à l'opinion, à l'habitude, à l'idée que l'on a des possibles ; et la règle doit varier selon les lieux et les temps. La vérité même n'est pas toujours vraisemblable ; et à moins qu'elle ne soit très connue, elle n'est point admise si la vraisemblance n'y est pas. Dans les choses communes, il est aisé de conserver la vraisemblance ; mais dans l'extraordinaire et le merveilleux, c'est une des plus grandes difficultés de l'art. (*Voyez* VRAISEMBLANCE.)

Quelle est cependant cette demi-illusion, cette erreur continue et sans cesse mêlée d'une réflexion qui la dément, cette façon d'être trompé et de ne l'être pas ? C'est quelque chose de si étrange en apparence et de si subtil en effet, qu'on est tenté de le prendre pour un être de raison ; et pourtant rien de plus réel. Chacun de nous n'a qu'à se souvenir qu'il lui est arrivé bien souvent de dire, en même temps qu'il pleurait ou qu'il frémissait à *Mérope :* « Ah ! que cela est beau ! » ce n'était pas la vérité qui était belle ; car il n'est pas beau qu'une femme aille tuer un jeune homme, ni qu'une mère reconnaisse son fils au moment de le poignarder. C'était donc bien de l'imitation que l'on parlait ; et pour cela, il fallait se dire à soi-même, « c'est un mensonge ; » et tout en le disant, on pleurait et on frémissait.

Pour expliquer ce phénomène, on a dit que l'illusion et la réflexion n'étaient pas simultanées, mais alternatives dans l'âme ; subtilité gratuite ; car sans ces oscillations continuelles et rapides de l'erreur à la vérité, leur mélange actuel s'explique, et l'on va voir qu'il est dans la nature.

L'âme est susceptible à la fois de diverses impressions: par exemple, lorsqu'on entend une belle musique, et qu'en regardant une jolie femme on boit d'un vin délicieux, ces trois plaisirs sont distinctement et simultanément goûtés. Ils se nuisent pourtant l'un à l'autre ; et moins les impressions simultanées sont analogues, moins le sentiment en est vif : en sorte que si elles sont contraires, le partage de la sensibilité entre elles est quelquefois si inégal, que l'une effleure à peine l'âme, tandis que l'autre s'en saisit et la pénètre profondément.

En vous promenant à la campagne, qu'un objet vous frappe et vous plonge dans la méditation, tous les autres objets que vous apercevrez passeront successivement devant vos yeux sans vous distraire. Vous les aurez vus cependant, et chacun d'eux aura laissé sa trace dans votre souvenir. Que sera-t-il donc arrivé? qu'à chaque instant l'âme aura eu deux pensées, l'une fixe et profonde, l'autre légère et fugitive. Au contraire, je vous suppose plus légèrement occupée : l'idée qui vous suit ne laisse pas d'être continue et toujours présente; mais l'impression accidentelle de nouveaux objets est d'autant plus vive à son tour, que la première est moins profonde.

C'est ainsi qu'au spectacle deux pensées sont présentes à l'âme. L'une est que vous êtes venu voir représenter une fable, que le lieu réel de l'action est une salle de spectacle, que tous ceux qui vous environnent viennent s'amuser comme vous, que les personnages que vous voyez sont des comédiens, que les colonnes du palais qu'on vous représente sont des coulisses peintes, que ces scènes touchantes ou terribles que vous applaudissez sont un poème composé à plaisir: tout cela est la vérité. L'autre pensée est l'illusion : savoir, que ce palais est celui de Mérope, que la femme que vous voyez si affligée est Mérope elle-même, que les paroles que vous entendez sont l'expression de sa douleur. Or, de ces deux pensées, il faut que la derniere soit la dominante; et par conséquent le soin commun du poète, de l'acteur, du décorateur, doit être de fortifier l'impression des vraisemblances et d'affaiblir celle des réalités. Pour cela, le moyen le plus sûr, comme le plus facile, serait de copier fidèlement et servilement la nature; et c'est là tout ce qu'on a su faire quand le goût n'était pas formé. Mais je l'ai dit souvent, je le répète encore : la nature a mille détails qui seraient vrais, qui rendraient même l'imitation plus vraisemblable, et qu'il faut pourtant éloigner, parce qu'ils manquent d'agrément, ou d'intérêt, ou de décence, et que nous cherchons au théâtre et dans l'imitation poétique en général une nature exquise, curieuse et intéressante.

Le secret du génie n'est donc pas d'asservir, mais d'animer son imitation : car plus l'illusion est vive et forte, plus elle agit sur l'âme, et par conséquent moins elle laisse de liberté à la réflexion et de prise à la vérité. Quelle impression peuvent faire de légères invraisemblances sur des esprits émus, troublés d'étonnement et de terreur ? N'avons-nous pas vu de nos jours Phèdre expirante, au milieu d'une foule de petits maîtres ? N'avons-nous pas vu Mérope, le poignard à la main, fendre la presse de nos jeunes seigneurs, pour percer le cœur de son fils ? et Mérope nous faisait frémir, et Phèdre nous arrachait des larmes.

C'est sur ces exemples que se fondent ceux qui se moquent des bienséances et des vraisemblances théâtrales : mais si, dans ces moments de trouble et de terreur, l'âme trop occupée du grand intérêt de la scène, ne fait aucune attention à ces irrégularités, il y a des moments plus tranquilles, où le bon sens en est blessé : la réflexion reprend alors tout son empire, la vérité détruit l'illusion : or l'illusion, une fois détruite, ne se reproduit pas l'instant d'après avec la même force; et il n'y a nulle comparaison entre un spectacle où elle est soutenue, et un spectacle où à chaque instant on est trompé et détrompé.

L'illusion, comme je l'ai dit, n'a pas besoin d'être complète. On ne doit donc pas s'inquiéter des invraisemblances forcées, et l'on peut se permettre celles qui contribuent à donner au spectacle plus d'intérêt ou d'agrément.

Mais quoi qu'on fasse pour en imposer, il est rare que l'illusion soit trop forte : on fait donc bien d'être sévère sur ce qui intéresse la vraisemblance, et de n'accorder à l'art que des licences heureuses d'où résulte quelque beauté.

Il faut se figurer qu'il y a sans cesse, dans l'imitation théâtrale, un combat entre la vérité et le mensonge : des deux impressions, affaiblir celle qui doit céder, fortifier celle que l'on veut qui domine, voilà le point où se réunissent toutes les règles de l'art par rapport à la vraisemblance, dont l'illusion est l'effet.

Quant aux moyens qu'on doit exclure, il en est qui rendent l'imitation trop effrayante et horriblement vraie, comme lorsque sous l'habit de l'acteur qui doit paraître se tuer, on cache une vessie pleine de sang, et que le sang inonde le théâtre; il en est qui rendent grossièrement et bassement une nature dégoûtante, comme lorsqu'on produit sur la scène l'ivrognerie et la débauche ; il en est qui sont pris dans un naturel insipide et trivial, dont l'unique mérite est une plate vérité, comme lorsqu'on représente ce qui se passe communément parmi le peuple. Tout cela doit être interdit à l'imitation poétique, dont le but est de plaire, non pas seulement à la multitude, mais aux esprits les plus cultivés et aux âmes les plus sensibles : succès qu'elle ne peut avoir qu'autant qu'elle est décente, ingénieuse, exquise, digne, en un mot, qu'une raison perfectionnée et un sentiment délicat en chérissent l'illusion.

MARMONTEL, *Eléments de Littérature*.

IMAGE. D'après Longin, on a compris sous le nom d'image tout ce qu'en poésie on appelle descriptions et tableaux. Mais en parlant du coloris du style, on attache à ce mot une idée beaucoup plus précise, et par image on entend cette espèce de métaphore qui, pour donner de la couleur à la pensée, et rendre un objet sensible s'il ne l'est pas, ou plus sensible s'il ne l'est pas assez, le peint sous des traits qui ne sont pas les siens, mais ceux d'un objet analogue.

La mort de Laocoon, dans l'*Énéide*, est un tableau; la peinture des serpents qui viennent l'étouffer est une description ; *Laocoon ardens* est une image.

Il est bien vrai que toute description n'est pas

une peinture : l'anatomiste, le mécanicien décrivent et ne peignent pas, et c'est en faisant cette distinction que Boileau a dit très injustement : Virgile « peint, et le Tasse décrit. » Mais nous parlons ici des descriptions animées par la poésie ou par l'éloquence. Or, dans ce sens, la description diffère du tableau, en ce que le tableau n'a qu'un moment et qu'un lieu fixe. Ainsi la description peut-être une suite de tableaux ; le tableau peut être un composé d'images ; l'image elle-même peut former un tableau. Mais l'image est le voile matériel d'une idée, au lieu que la description et le tableau ne sont, le plus souvent, que le miroir de l'objet même.

Toute image est une métaphore ; mais toute métaphore n'est pas une image. Il y a des translations de mots qui ne présentent leur nouvel objet que tel qu'il est en lui-même, comme par exemple la clef d'une voûte, le pied d'une montagne, au lieu que l'expression qui fait image peint avec les couleurs de son premier objet la nouvelle idée à laquelle on l'attache, comme dans cette sentence d'Iphicrate : « Une armée de cerfs conduite par un lion est plus « à craindre qu'une armée de lions conduite par un « cerf ; » et dans cette réponse d'Agésilas, à qui l'on demandait pourquoi Lacédémone n'avait point de murailles : « Voilà (en montrant ses soldats) les « murailles de Lacédémone. »

L'image suppose une ressemblance, renferme une comparaison, et de la justesse de la comparaison dépend la clarté, la transparence de l'image. Mais la comparaison est sous-entendue, indiquée ou développée. On dit d'un homme en colère : *il rugit;* on dit de même : *c'est un lion;* on dit encore : *tel qu'un lion altéré de sang*, etc. *Il rugit* suppose la comparaison; *c'est un lion*, l'indique; *tel qu'un lion*, la développe.

On demandera peut-être : Quelle ressemblance peut-il y avoir entre une idée métaphysique ou un sentiment moral et un objet matériel?

1° Une ressemblance d'effet dans leur manière d'agir sur l'âme. Si par exemple le génie d'un homme ou son éloquence débrouille, dans mon entendement, le chaos de mes pensées, en dissipe l'obscurité, les rend distinctes et sensibles à mon imagination, m'en fait apercevoir et saisir les rapports, je me rappelle l'effet que le soleil, en se levant, produit sur le tableau de la nature; je trouve qu'ils font éclore, l'un à mes yeux, l'autre à mon esprit, une foule d'objets nouveaux, et je dis de ce génie créateur et fécond qu'il est lumineux, comme je le dis du soleil. Lorsque je goûte de l'absinthe, la sensation d'amertume que mon âme en reçoit lui déplaît et lui donne pour la même boisson, une répugnance presque invincible; s'il arrive donc que le regret d'un bien que j'ai perdu me cause une sensation affligeante et pénible, et une forte répugnance pour ce qui peut me rappeler le souvenir de mon malheur, je dis de ce regret qu'il est amer, et l'analogie de l'expression avec le sentiment est fondée sur la ressemblance des affections de l'âme. L'effet naturel des passions est en nous bien souvent le même que celui des impressions des objets du dehors : l'amour, la colère, le désir violent font sur le sang l'effet d'une chaleur ardente; la frayeur, celui d'un grand froid. De là toutes ces métaphores de *brûler de colère, d'impatience, et d'amour; d'être glacé d'effroi, de frissonner de crainte*. Voilà ce que j'entends par la ressemblance d'effet. C'est sous ce rapport que me semble aussi juste qu'ingénieuse la réponse de Marius, à qui l'on reprochait d'avoir, dans la guerre des Cimbres, donné le droit de bourgeoisie à Rome à mille étrangers qui s'étaient distingués : « Les lois, lui disait-on, défendent pa-«reille chose, » Il répondit que le bruit des armes l'avait empêché d'entendre ce que disaient les lois.

2° Une ressemblance de mouvement. On vient de voir que la première analogie des images porte sur le caractère des sensations. Celle-ci porte sur leur durée et leur succession plus lente ou plus rapide. Si nous observons d'abord une analogie naturelle entre la progression de lieu, et la progression de temps, entre l'étendue successive et l'étendue permanente, l'une peut donc être l'image de l'autre, et le lieu nous peindra le temps. Un sourd et muet de naissance, pour exprimer le passé, montrait l'espace qui était derrière lui, et l'espace qui était devant pour exprimer l'avenir. Nous les désignons à peu près de même : *Les temps reculés : J'avance en âge. Les années s'écoulent*. Quoi de plus clair et de plus justes que cette image dont se sert Montagne, pour dire qu'il s'occupe agréablement du passé, sans s'inquiéter de l'avenir? *Les ans peuvent m'entraîner, mais à reculons*. Cette analogie est dans la nature, parce que les objets se succèdent pour moi dans l'espace comme dans la durée, et que ma pensée opère de même pour les concevoir dans leur ordre, soit qu'ils existent ensemble en divers lieux, ou soit que, dans un même lieu, ils existent en divers temps.

Il y a de plus une correspondance naturelle entre la vitesse ou la lenteur des mouvements du corps, et la vitesse ou la lenteur des mouvements de l'âme; et en cela le physique et le moral, l'intellectuel et le sensible ont une parfaite analogie entre eux, et par conséquent un rapport naturellement établi entre les idées et les images. (*Voyez* ANALOGIE.)

Mais souvent la facilité d'apercevoir une idée sous une image est un effet de l'habitude et suppose une convention. De là vient que toutes les images ne peuvent ni ne doivent être transplantées d'une langue dans une autre langue, et lorsqu'on dit qu'une image ne saurait se traduire, ce n'est pas tant la disette des mots qui s'y oppose, que le défaut d'exercice dans la liaison de deux idées. Toute image tirée des coutumes étrangères n'est reçue parmi nous que par adoption, et si les esprits n'y sont pas habitués, le rapport en sera difficile à saisir. *Hospitalier* exprime une idée claire en français comme en latin, dans son acception primitive. On dit : *Les dieux hospitaliers, un peuple hospitalier;* mais cette idée ne nous est pas assez familière pour se présenter d'abord, à propos d'un arbre qui donne asyle aux voyageurs : ainsi l'*umbram hospitalem* d'Horace, traduit à la lettre par un *ombrage hospi-*

talier *, ne serait pas entendu sans le secours de la réflexion.

Il arrive aussi que, dans une langue, l'opinion attache du ridicule ou de la bassesse à des images qui, dans une autre langue, n'ont rien que de noble et de décent. La métaphore de ces deux beaux vers de Corneille :

> Sur les noires couleurs d'un si triste tableau
> Il faut passer l'éponge, ou tirer le rideau,

n'aurait pas été soutenable chez les Romains, où l'*éponge* était un mot sale.

« Que les araignées fassent désormais leur toile « sur nos lances et sur nos boucliers, » disaient les Grecs dans un chœur de tragédie. Cette image ne serait plus soufferte dans la poésie héroïque.

Les anciens se donnaient une licence que notre langue n'admet pas : dès qu'un même objet faisait sur les sens deux impressions simultanées, ils attribuaient indistinctement l'une à l'autre. Par exemple, ils disaient à leur choix : un *ombrage frais* ou une *fraîcheur sombre*, *frigus opacum*. Ils disaient : *trepidus horror*, une tremblante horreur. Ils disaient d'une forêt, qu'elle était obscurcie d'une *noire frayeur*, au lieu de dire qu'elle était *effrayante par son obscurité profonde*, *caligantem nigrâ formidine lucum* ; c'était prendre la cause pour l'effet. Nous sommes plus difficiles, et ce qui pour eux était une élégance serait pour nous un contre-sens.

* Apparemment que cette expression était alors moins employée qu'elle ne l'a été depuis. Elle est aujourd'hui vulgaire, et sur-le-champ entendue de tout le monde.   H. P.

Nous n'avons pas laissé d'imiter quelquefois cette hardiesse. Racine a dit :

De ses jeunes erreurs désormais revenu.

Les anciens attribuaient aussi l'action même à ce qui n'en était que le sujet passif. Ils disaient : le trait fuit de la main : *telum manu fugit*, et nous disons comme eux : *Le coup part, la parole m'échappe, le trait lui échappe de la main.*

Telle image est claire, comme expression simple, qui s'obscurcit dès qu'on veut l'étendre. *S'enivrer de louanges* est une façon de parler familière; *s'enivrer* est pris là pour un terme primitif; celui qui l'entend ne soupçonne pas qu'on lui présente la louange comme une liqueur ou comme un parfum. Mais si vous suivez l'image, et que vous disiez : *Un roi s'enivre des louanges que lui versent les flatteurs*, ou *que les flatteurs lui font respirer*, vous éprouverez que celui qui a reçu *s'enivrer de louange* sans difficulté, sera étonné d'entendre *verser la louange, respirer la louange*, et qu'il aura besoin de réflexion pour sentir que l'un est la suite de l'autre. La difficulté ou la lenteur de la conception vient alors de ce que le terme moyen est sous-entendu : *verser* et *s'enivrer* annoncent une liqueur; dans *respirer* et *s'enivrer* c'est une vapeur qu'on suppose. Que la liqueur ou la vapeur soit expressément énoncée, l'analogie des termes devient claire et frappante par le lien qui les unit. *Un roi s'enivre du poison de la louange que lui versent les flatteurs; un roi s'enivre du parfum de la louange que les flatteurs lui font respirer :* tout cela n'est-il pas naturel et sensible?

> Ce nectar que l'on sert au maître du tonnerre,
> Et dont nous enivrons tous les dieux de la terre,
>   C'est la louange, Iris.
>   (La Fontaine.)

Démosthène a employé le terme moyen, lorsqu'il a dit d'Eschine : « Il vomit contre moi la vieille lie « de ses noirceurs; » mais il s'en est dispensé, en disant de Philippe : « Il boit sans peine les affronts. » Aujourd'hui, *boire les affronts* et *vomir des injures* sont des images reçues dans les langues modernes, et familières dans la nôtre.

Les langues, à les analyser avec soin, ne sont presque toutes qu'un recueil d'images que l'habitude a mises au rang des dénominations primitives, et que l'on emploie sans s'en apercevoir. « Quem « (usum) necessitas genuit, inopiâ coactâ et an-« gustiis; post autem delectatio jucunditasque cele-« bravit. » (Cicer.) Il y en a de si hardies, que les poètes n'oseraient les risquer si elles n'étaient pas reçues. Les philosophes en usent eux-mêmes comme de termes abstraits : *perception, réflexion, attention, induction*, tout cela est pris de la matière. On dit *suspendre, précipiter son jugement, balancer les opinions, les recueillir*, etc.; on dit que *l'âme s'élève*, que *les idées s'étendent*, que *le génie étincelle*, que *Dieu vole sur les ailes des vents*, qu'il *habite en lui-même,* que *son souffle anime la matière*, que *sa voix commande au néant*. Tout cela est familier non seulement à la philosophie la plus exacte, mais à la théologie la plus austère. Ainsi, à l'exception de quelques termes abstraits, le plus souvent confus et vagues, tous les signes de nos idées sont empruntés des objets sensibles. Il n'y a donc, pour l'emploi des images usitées, d'autres ménagements à garder que les convenances du style.

Il est des images qu'il faut laisser au peuple ; il en est qu'il faut réserver au langage héroïque ; il en est de communes à tous les styles et à tous les tons. Mais c'est au goût, formé par l'usage, à distinguer ces nuances.

Quant au choix des images rarement employées, ou nouvellement introduites dans une langue, il faut y apporter beaucoup plus de circonspection et de sévérité. Que les images reçues ne soient point exactes ; que l'on dise de l'esprit, qu'*il est solide* ; de la pensée, qu'*elle est hardie*, de l'attention, qu'*elle est profonde* ; celui qui emploie ces images n'en garantit pas la justesse, et si on lui demande pourquoi il attribue la solidité à ce qu'il appelle un *souffle* (*spiritus*), la hardiesse à l'action de *penser* (*cogitare*), la profondeur à la direction du mouvement (*tendere ad*), car tel est le sens primitif d'esprit, de pensée et d'attention, il n'a qu'un mot à répondre : *Cela est reçu ; je parle ma langue.*

Mais s'il emploie de nouvelles images, on a droit d'exiger de lui qu'elles soient justes, claires, sensibles et d'accord avec elles-mêmes. C'est à quoi les écrivains, même les plus attentifs, ont manqué plus d'une fois.

Je viens de lire, dans Brumoy, que la comédie grecque, dans son troisième âge, *cessa d'être une mégère, et devint....* quoi? *un miroir.* Quelle analogie y a-t-il entre un miroir et une mégère?

Il y a des images qui, sans être précisément fausses, n'ont pas cette vérité sensible qui doit nous saisir au premier coup d'œil. Vous représentez-vous un jour vaste par le silence : *dies per silentium vastus ?* Il est vrai que, le jour des funérailles de Germanicus, Rome dut être changée en une vaste solitude, par le silence qui régnait dans ses murs; mais après avoir développé la pensée de Tacite, on ne saisit point encore son image.

La Fontaine semble l'avoir prise de Tacite :

Craignez le fond des bois et leur vaste silence.

Mais ici l'image est claire et juste : on se transporte au milieu d'une solitude immense, où le silence règne au loin; et *silence vaste*, qui paraît hardi, est beaucoup plus sensible que *silence profond*, qui est devenu si familier.

Tacite lui-même a dit ailleurs : *silentium vastum ;* et Lucain après lui :

Cæsar, sollicito per vasta silentia gressu,
Vix famulis audenda parat.

Traduisez *Tibi rident æquora ponti* de Lucrèce : *la mer prend une face riante*, est une façon de parler très claire en elle-même, et qui cependant ne peint rien. La mer est paisible, mais elle ne rit point; et dans aucune langue *rident* ne peut se traduire.

à moins que l'on ne change l'image *. Il n'en est pas de même de la suivante :

> Tibi Dedala tellus
> Submittit flores.

Distinguons cependant une image confuse d'une image vague. Celle-ci peut être claire, quoique indéfinie : l'*étendue*, l'*élévation*, la *profondeur*, sont des termes vagues, mais clairs : il faut même bien se garder de déterminer certaines expressions dont le vague fait toute la force. *Omnia pontus erat, tout n'était qu'un Océan*, dit Ovide en parlant du déluge : *tout était Dieu, excepté Dieu même*, dit Bossuet en parlant des siècles d'idolâtrie ; *je ne vois le tout de rien*, dit Montaigne ; et Lucrèce, pour exprimer la grandeur du système d'Épicure :

> ..... Extrà
> Processit longè flammantia mœnia mundi,
> Atque omne immensum peragravit mente animoque.
>
> Du monde il a franchi la barrière enflammée,
> Et son âme a d'un vol parcouru l'infini.

N'oublions pas cet effrayant tableau que fait le P. La Rue du pécheur après sa mort : « Environné « de l'éternité, et n'ayant que son péché entre son

---

* Pourquoi cette image ne pourrait-elle pas se transporter en français ? Boileau a bien fait *rire* un verre de vin (*Lutrin*, ch. III) :

> Elle voit le barbier qui, d'une main légère,
> Tient un verre de vin, qui *rit* dans la fougère.

H. P.

« Dieu et lui. » N'oublions pas non plus cette réponse d'un moine de la Trappe, à qui l'on demandait ce qu'il avait fait là depuis quarante ans qu'il y était. « Cogitavi dies antiquos, et annos æternos « in mente habui. » C'est le vague et l'immensité de ces images qui en fait la force et la sublimité.

Pour s'assurer de la justesse et de la clarté d'une image en elle-même, il faut se demander en écrivant : Que fais-je de mon idée ? une colonne ? un fleuve ? une plante ? L'image ne doit rien présenter qui ne convienne à la plante, à la colonne, au fleuve, etc. La règle est simple, sûre et facile; rien n'est plus commun cependant que de la voir négliger, et surtout par les commençants qui n'ont pas fait de leur langue une étude philosophique.

L'analogie de l'image avec l'idée exige encore plus d'attention que la justesse de l'image en elle-même, comme étant plus difficile à saisir. J'ai dit que toute image suppose une ressemblance, ainsi que toute comparaison; mais la comparaison développe les rapports, l'image ne fait que les indiquer : il faut donc que l'image soit au moins aussi juste que la comparaison peut l'être; quelquefois même la justesse n'y suffit pas, si le rapport est trop éloigné, ou s'il n'est pas assez connu. Les Grecs appelaient le poète Alcée *la queue du lion*, pour exprimer que c'était lui qui les animait aux combats; et quoique, dans le même sens et par la même allusion, nous disions *se battre les flancs*, la queue du lion ne réveillerait pas en nous la même idée. Mais *que le bouclier fût la coupe de Mars*, cette image de la discipline est intelligible pour nous. L'image qui ne s'applique pas exactement à l'idée qu'elle enveloppe l'obscurcit au lieu de la rendre sensible : il faut que le voile ne fasse aucun pli, ou que du moins, pour parler le langage des peintres, le nu soit bien ressenti sous la draperie.

Après la justesse et la clarté de l'image, je place la vivacité. L'effet que l'on se propose étant d'affecter l'imagination, les traits qui l'affectent le plus doivent avoir la préférence.

Tous les sens contribuent proportionnellement au langage figuré. Nous disons le *coloris des idées*, la *voix des remords*, la *dureté de l'âme*, la *douceur du caractère*, l'*odeur de la bonne renommée*. Mais les objets de la vue, plus clairs, plus vifs et plus distincts, ont l'avantage de se graver plus avant dans la mémoire, et de se retracer plus facilement. La vue est par excellence le sens de l'imagination ; et les objets qui se communiquent à l'âme par l'entremise des yeux vont s'y peindre comme dans un miroir : aussi la vue est-elle celui de tous les sens qui enrichit le plus le langage poétique. Après la vue, c'est le toucher ; après le toucher c'est l'ouïe ; après l'ouïe, vient le goût ; et l'odorat, le plus faible de tous, fournit à peine une image entre mille. Parmi les objets du même sens, il en est de plus vifs, de plus frappants, de plus favorables à la peinture ; mais le choix en est au-dessus des règles : c'est au sentiment seul à le déterminer.

Observons seulement que de tous les sens le seul dont les dégoûts soient insoutenables à la pensée, c'est l'odorat, et que la réminiscence d'un objet fétide est la seule qui nous répugne invinciblement. Nous supportons

> Un horrible mélange
> D'os et de chairs meurtris et traînés dans la fange;

nous ne supportons pas

> De montagnes de morts privés d'honneurs suprêmes,
> Que la nature force à se venger eux-mêmes.
> Et dont les troncs pourris exhalent dans les vents
> De quoi faire la guerre au reste des vivants.

C'est peu que l'image soit une expression juste, il faut encore qu'elle soit une expression naturelle, c'est-à-dire qu'elle paraisse avoir dû se présenter d'elle-même à celui qui l'emploie. Les peintres nous donnent un exemple de la propriété des images : ils couronnent les naïades de perles et de corail; les bergères, de fleurs; les ménades, de pampre; Uranie, d'étoiles, etc.

Les productions, les accidents, les phénomènes de la nature diffèrent suivant les climats. Il n'est pas vraisemblable que deux amants qui n'ont jamais dû voir des palmiers en tirent l'image de leur union. Il ne convient qu'au peuple du Levant, ou à des esprits versés dans la poésie orientale, d'exprimer le rapport des deux extrêmes par l'image du cèdre et de l'hysope.

L'habitant d'un climat pluvieux compare la vue de ce qu'il aime à la vue d'un ciel sans nuages; l'habitant d'un climat brûlant la compare à la rosée.

IMAGE.

A la Chine, un empereur qui fait la joie et le bonheur de son peuple est semblable au vent du midi. Voyez combien sont opposées l'une à l'autre les idées que présente l'image d'un fleuve débordé, à un berger des bords du Nil, et à un berger des bords de la Loire. Il en est de même de toutes les images locales ; et l'on ne doit les transplanter qu'avec beaucoup de précaution.

Les images sont aussi plus ou moins familières, suivant les mœurs, les opinions, les usages, les conditions, etc. Un peuple guerrier, un peuple pasteur, un peuple matelot, ont chacun leurs images habituelles : ils les tirent des objets qui les occupent, qui les affectent, qui les intéressent le plus. Un chasseur amoureux se compare au cerf qu'il a blessé :

Portant partout le trait dont je suis déchiré.

Un berger dans la même situation se compare aux fleurs exposées à un vent brûlant qui les consume :

..... Floribus austrum
Perditus immisi.
(Virg.)

C'est ce qu'on doit observer avec un soin particulier dans la poésie dramatique. *Britannicus* ne doit pas être écrit comme *Athalie*, ni *Polyeucte* comme *Cinna*. Aussi les bons poètes n'ont-ils pas manqué de prendre la couleur des lieux et des temps, soit de propos délibéré, soit par sentiment et par goût, l'imagination remplie de leur sujet, l'esprit imbu de la lecture des auteurs qui devaient leur donner le ton. On reconnaît les prophètes dans *Athalie*, Tacite dans *Britannicus*, Sénèque dans *Cinna*, et dans *Polyeucte* tout ce que le dogme et la morale de l'Évangile ont de sublime et de touchant.

C'est un heureux choix d'images inusitées parmi nous, mais rendues naturelles par ces convenances, qui fait la magie du style de *Mahomet* et *d'Alzire*, et qui manque peut-être à celui de *Bajazet*. Croirait-on que les harangues des sauvages de l'Amérique fussent du même style que le rôle de *Zamore* ? en voici un exemple frappant : On propose à l'une de ces nations de changer de demeure ; le chef des sauvages répond : « Cette terre nous a nourris, l'on « veut que nous l'abandonnions ! Qu'on la fasse « creuser, on trouvera dans son sein les ossements « de nos pères. Faut-il donc que les ossements de « nos pères se lèvent pour nous suivre dans une « terre étrangère ? » Virgile a dit de ceux qui se donnent la mort :

..... Lucemque perosi
Projecêre animas.

Ils ont fui la lumière et rejeté leur âme.

Les sauvages disent en se dévouant à la guerre : « Je « jette mon corps loin de moi. »

On a long-temps attribué les figures du style oriental au climat ; mais on a trouvé des images aussi hardies dans les poésies des Islandais, dans celles des anciens Écossais, et dans les harangues des sauvages du Canada, que dans les écrits des Persans et

IMAGE.

des Arabes. Moins les peuples sont civilisés, plus leur langage est figuré, sensible. C'est à mesure qu'ils s'éloignent de la nature, et non pas à mesure qu'ils s'éloignent du soleil, que leurs idées se dépouillent de cette écorce dont elles étaient revêtues, comme pour tomber sous les sens.

Il y a des phénomènes dans la nature, des opérations dans les arts, qui, quoique présents à tous les hommes, ne frappent vivement que les yeux des philosophes ou des artistes. Ces idées, d'abord réservées au langage des arts et des sciences, ne doivent passer dans le style oratoire ou poétique qu'à mesure que la lumière des sciences et des arts se répand dans la société. Le ressort de la montre, la boussole, le télescope, le prisme, etc., fournissent aujourd'hui au langage familier des images aussi naturelles, aussi peu recherchées que celles du miroir et de la balance. Mais il ne faut hasarder ces translations nouvelles qu'avec la certitude que les deux termes soient bien connus, et que le rapport en soit juste et sensible.

Le poète lui seul, comme poète, peut employer les images de tous les temps, de tous les lieux, de toutes les situations de la vie. De là vient que les morceaux épiques ou lyriques, dans lesquels le poète parle lui-même en qualité d'homme inspiré, sont les plus abondants, les plus variés en images. Il a cependant lui-même des ménagements à garder.

1° Les objets d'où il emprunte ses métaphores doivent être présents aux esprits cultivés.

2° S'il adopte un système, comme il y est souvent obligé, celui, par exemple, de la théologie ou celui de la mythologie, celui d'Épicure ou celui de Newton, il se borne lui-même dans le choix des images, et s'interdit tout ce qui n'est pas analogue au système qu'il a suivi.

Quoique le Dante ait voulu figurer l'Hélicon, par Uranie, et par le chœur des muses, ce n'est pas dans un sujet comme celui du purgatoire qu'il est décent de les invoquer.

3° Les images que l'on emploie doivent être du ton général de la chose, élevés dans le noble, simples dans le familier, sublimes dans l'enthousiasme.

Si cette règle a des exceptions, elles regardent plus la comparaison que l'image : car l'image n'a pas le temps de peindre et d'ennoblir, comme fait la comparaison. Il faut plus d'un mot pour rendre noble et belle la ressemblance de l'irrésolution d'Énée avec le mouvement de la lumière, réfléchie par la surface de l'eau dont un vase est rempli :

Atque animum nunc hùc celerem, nunc dividit illùc,
In partesque rapit varias, perque omnia versat.
Sicut aquæ tremulum labris ubi lumen ahenis,
Sole repercussum, aut radiantis imagine lunæ
Omnia pervolitat latè loca : jamque sub auras
Erigitur, summique ferit laquearia tecti.

(Virg. *Æneid.* VIII, 22 *.)

* Voltaire a fort heureusement imité cette comparaison dans *la Henriade* :

Telle on voit du soleil la lumière éclatante
Briser ses traits de feu dans l'onde transparente ;
Et, se rompant encor, par des chemins divers
De ce cristal mouvant repasser dans les airs.

F.

IMAGE. 443

4° Si le poète adopte un personnage, un caractère son langage est assujetti aux mêmes convenances que le style dramatique : il ne doit se servir alors, pour peindre ses sentiments et ses idées, que des images qui sont présentes au personnage qu'il a pris.

5° Les images sont d'autant plus frappantes que les objets en sont plus familiers ; et, comme on écrit sur-tout pour son pays, le style poétique doit avoir naturellement une couleur natale. Cette réflexion a fait dire à un homme de goût, qu'il serait à souhaiter pour la poésie française que Paris fût un port de mer. C'est de toutes ces relations, observées avec soin, que résulte l'art d'employer les images et de les placer à propos.

Mais une règle plus délicate et plus difficile à prescrire, c'est l'économie et la sobriété dans la distribution des images. Si l'objet de l'idée est de ceux que l'imagination saisit et retrace aisément et sans confusion, il n'a besoin pour la frapper que de son expression naturelle; et le coloris étranger de l'image n'est plus que de la décoration : mais si l'objet, quoique sensible par lui-même, ne se présente à l'imagination que faiblement, confusément, successivement, ou avec peine, l'image qui le peint avec force, avec éclat, ramassé comme en seul point, cette image vive et lumineuse éclaire et soulage l'esprit autant qu'elle embellit le style. C'est ce qui rend si admirable cette sentence de Bacon : « Celui qui a épousé « une femme, et qui a mis des enfants au jour, a « donné des otages à la fortune. »

On conçoit sans peine les inquiétudes et les soucis dont l'ambitieux est agité, mais combien l'idée en est plus sensible, quand on les voit voltiger sous des lambris dorés et dans les plis des rideaux de pourpre !

> Non enim gazæ, neque consularis
> Summovet lictor miseros tumultus
> Mentis, et curas laqueata circùm
> Tecta volantes.
> (Horat. *Carm.* II, 16.)*

La Fontaine dit en parlant du veuvage :

On fait un peu de bruit, et puis on se console.

Mais il ajoute :

Sur les ailes du temps la tristesse s'envole ;
Le temps ramène les plaisirs.

Et je n'ai pas besoin de faire sentir ici quel agrément l'idée reçoit de l'image.

Le choc de deux masses d'air qui se repoussent dans l'atmosphère est sensible par ses effets ; mais cet objet vague et confus n'affecte pas l'imagination comme la lutte des aquilons et du vent du midi, *præcipitem Africum decertantem aquilonibus.* Cette image est frappante au premier coup d'œil ; l'esprit la saisit et l'embrasse. Sénèque a critiqué le *luctantes ventos* de Virgile : « Ce qui est enfermé, dit-il,

---

* Non, Grosphus, non jamais les faisceaux du licteur,
  Et tout l'éclat de la richesse,
  N'ont éloigné l'essaim rongeur
Des soucis dévorants, qui voltigent sans cesse
Sous les lambris dorés, séjour de la grandeur.
Trad. de De Wailly.

« n'est pas du vent; ce qui est du vent n'est pas en-
« fermé : » comme si on ne concevait pas bien nette-
ment l'effort que fait l'air comprimé pour s'échapper
et pour s'étendre; et cet effort pouvait-il être plus
sensiblement exprimé?

Quelle collection d'idées réunies et rendues sensibles dans ce demi-vers de Lucain, qui peint la
douleur errante et muette!

Erravit sine voce dolor.

et dans cette image de Rome accablée sous le poids
de sa grandeur!

Nec se Roma ferens.

et dans ce tableau de Sénèque, « Non miror si quando
« impetum capit (Deus) spectandi magnos viros
« colluctantes cum aliquâ calamitate. » Dieu se plaît
à éprouver les grands hommes par des calamités.
Cette idée serait belle encore, exprimée tout simplement ; mais quelle force ne lui donne pas l'image
dont elle est revêtue! Les grands hommes et les
calamités sont aux prises ; et le spectateur du combat, c'est Dieu.

Quand l'image donne à l'objet le caractère de
beauté qu'il doit avoir, qu'elle le pare, sans le cacher, avec goût et avec décence, elle convient à
tous les styles et s'accorde avec tous les tons. Mais
pour peu que le langage figuré s'éloigne de ces règles, il refroidit le pathétique, il énerve l'éloquence,
il ôte au sentiment sa simplicité touchante, aux
graces leur ingénuité. Les images sont des fleurs

qui, pour être semées avec goût, demandent une main délicate et légère. Cicéron a dit que le style oratoire en devait être comme étoilé : « Translatum, « quod maximè tanquam stellis quibusdam notat et « illuminat orationem. (*De Orat.*) »

La poésie elle-même perd souvent à préférer le coloris de l'image au coloris de l'objet; et l'abbé Du Bos me semble s'être mépris dans ce qu'il appelle la poésie du style, lorsqu'il l'a fait consister dans une suite continuelle d'images qui se succèdent rapidement. C'est le mélange du style simple avec le style figuré qui fait le charme de la poésie. Celui-ci serait tendu et fatigant, s'il était continu : c'est le défaut du style oriental.

En général, toutes les fois que la nature est belle et touchante en elle-même, c'est dommage de la voiler. Il faut animer ce qui manque de vie et de mouvement; il faut rendre sensible ce qui serait confus et vague; il faut colorer, embellir ce qui n'a pas assez de couleur et d'éclat; mais il ne faut rien prodiguer, et se souvenir que dans un tableau il y a des ombres et des demi-teintes : si toutes les touches en étaient brillantes, il n'aurait plus aucun effet.

Ce n'est pas assez que l'idée ait besoin d'être embellie, il faut qu'elle mérite de l'être. Une pensée triviale, revêtue d'une image pompeuse ou brillante, est ce qu'on appelle du *Phébus* : on croit voir une physionomie basse et commune ornée de fleurs et de diamants. Cela revient à ce premier principe, que l'image n'est faite que pour rendre l'idée sensible.

Si l'idée ne mérite pas d'être sentie, ce n'est pas la peine de la colorer.

En observant ces deux règles, savoir, de ne jamais revêtir l'idée que pour l'embellir, et de ne jamais embellir que ce qui en mérite le soin, on évitera la profusion des images, on ne les emploiera qu'à propos : c'est là ce qui fait la beauté du style de Racine et de La Fontaine : il est riche et n'est point chargé : c'est l'abondance du génie que le goût ménage et répand.

La continuation de la même image est une affectation que l'on doit éviter, sur-tout dans le dramatique, où les personnages sont trop émus pour penser à suivre une allégorie. C'était le goût du siècle de Corneille, et lui-même il s'en est ressenti.

En changeant d'idée, on peut immédiatement passer d'une image à une autre : mais le retour du figuré au simple est indispensable si l'on s'étend sur la même idée : sans quoi l'on serait obligé de soutenir la première image, ce qui dégénère en affectation ; ou de présenter le même objet sous deux images différentes, espèce d'inconséquence qui choque le bon sens et le goût.

Il y a des idées qui veulent être relevées ; il y en a qui veulent que l'image les abaisse au ton du style familier. Ce grand art n'a point de règles, et ne saurait se raisonner. Entendez Lucrèce parlant de superstition ; comme l'image qu'il emploie agrandit son idée !

Humana ante oculos fœdè cùm vita jaceret.

In terris, oppressa gravi sub religione,
Quæ caput à cœli regionibus ostendebat *.

Voyez des idées aussi grandes présentées avec toute leur force sous les traits les plus ingénus : « C'est le « déjeûner d'un petit ver que le cœur et la vie d'un « grand empereur, » dit Montagne; et en parlant de la guerre : « Ce furieux monstre à tant de bras, à tant « de têtes, c'est toujours l'homme faible, calami- « teux et misérable; c'est une fourmilière émue. « L'homme est bien insensé! dit-il encore, il ne sau- « rait forger un ciron, et il forge des dieux par dou- « zaine. » Avec quelle simplicité La Fontaine a peint une mort tranquille !

On sortait de la vie ainsi que d'un banquet,
Remerciant son hôte et faisant son paquet **.

Ce qui rend cette familiarité frappante, c'est l'élévation d'âme qu'elle annonce : car il faut planer au-dessus des grands objets pour les voir au rang des petites choses; et c'est en général sur la situation de l'âme de celui qui parle que le poëte doit se régler pour élever ou abaisser l'image.

Dans tous les mouvements impétueux, comme

* Long-temps un monstre affreux qui, du milieu des nues
   Tenait sur l'univers ses ailes étendues
La superstition, usurpant des autels,
De sa chaîne sacrée accabla les mortels.
                            Trad. de HÉNAULT.
** Cette comparaison est empruntée de Lucrèce et d'Horace qui tous deux l'ont employée.
                            H. P.

l'enthousiasme, la passion, etc., le style s'enfle de lui-même; il se tempère ou s'affaiblit, quand l'âme s'appaise ou s'épuise : ainsi, toutes les fois que la beauté du sentiment est dans le calme, l'image est d'autant plus belle qu'elle est plus simple et plus familière. Les exemples de cette simplicité précieuse sont rares chez les modernes; ils sont communs chez les anciens : je ne peux trop inviter les jeunes poètes à s'en nourrir l'esprit et l'âme.

Dans l'éloquence, les images ne doivent jamais être forcées : il faut, dit Cicéron, qu'elles semblent s'être présentées d'elles-mêmes : il porte la sévérité jusqu'à blâmer *la voûte des cieux*, qui est aujourd'hui une expression commune: « Verecunda debet « esse translatio, ut deducta esse in alienum locum, « non irruisse, videatur. (*De Orat.*)

Quant à l'abus des images qu'on appelle *jeux de mots*; cet abus consiste dans la fausseté des rapports.

Les rapports du figuré au figuré ne sont que des relations d'une image à une image, sans que ni l'une ni l'autre soit donnée pour l'objet réel. C'est ainsi que l'on compare les chaînes de l'amour avec celles de l'ambition; et que l'on dit que celles-ci sont plus pesantes et moins fragiles. Alors ce sont les idées mêmes que l'on compare sous des noms étrangers.

Mais c'est abuser des termes que d'établir une ressemblance réelle du figuré au simple : l'image n'est qu'une comparaison dans le sens de celui qui l'emploie; c'est la donner pour l'objet même, que de lui attribuer les mêmes rapports qu'à l'objet, comme dans ces vers :

Brûlé de plus de feu que je n'en allumai.
(RACINE.)

Elle fuit, mais en Parthe! en me perçant le cœur.
(CORNEILLE.)

De la fiction à la réalité les rapports sont pris à la lettre, et non pas de la métaphore à la réalité. Par exemple, après avoir changé Syrinx en roseau, le poète en peut faire une flûte; mais quoiqu'il appelle des lis et des roses les couleurs d'une bergère, il n'en fera pas un bouquet. Pourquoi cela? C'est que la métamorphose de Syrinx est donnée pour un fait dont le poète est persuadé; au lieu que les lis et les roses ne sont qu'une comparaison dans l'esprit du même poète. C'est pour n'avoir pas fait cette distinction, si facile, que tant de poètes ont donné dans des jeux de mots, l'un des vices les plus opposés au naturel, qui fait le charme du style poétique.

IMAGINATION. On appelle ainsi cette faculté de l'âme qui rend les objets présents à la pensée. Elle suppose dans l'entendement une appréhension vive et forte, et la facilité la plus prompte à reproduire ce qu'il a reçu. Quand l'imagination ne fait que retracer les objets qui ont frappé les sens, elle ne diffère de la mémoire que par la vivacité des couleurs. Quand de l'assemblage des traits que la mémoire a recueillis l'imagination compose elle-même des tableaux dont l'ensemble n'a point de modèle dans la nature, elle devient créatrice; et c'est alors qu'elle appartient au génie.

Il est peu d'hommes en qui la réminiscence des objets sensibles ne devienne, par la réflexion, par la contention de l'esprit, assez vive, assez détaillée pour servir de modèle à la poésie. Les enfants mêmes ont la faculté de se faire une image frappante non seulement de ce qu'ils ont vu, mais de ce qu'ils ont ouï dire d'intéressant, de pathétique. Tous les hommes passionnés se peignent avec chaleur les objets relatifs au sentiment qui les occupe. La méditation dans le poète peut opérer les mêmes effets : c'est elle qui couve les idées et les dispose à la fécondité, et quand il peint faiblement, vaguement, confusément c'est le plus souvent pour n'avoir pas donné à son objet toute l'attention qu'il exige.

Vous avez à peindre un vaisseau battu par la tempête et sur le point de faire naufrage. D'abord ce tableau ne se présente à votre pensée que dans un lointain qui l'efface; mais voulez-vous qu'il vous soit plus présent? parcourez des yeux de l'esprit les parties qui le composent; dans l'air, dans les eaux, dans le vaisseau même, voyez ce qui doit se passer. Dans l'air, des vents mutinés qui se combattent, des nuages qui éclipsent le jour, qui se choquent qui se confondent, et qui de leurs flancs sillonnés d'éclairs vomissent la foudre avec un bruit horrible. Dans les eaux, les vagues écumantes qui s'élèvent jusqu'aux nues, des lames polies comme des glaces qui réfléchissent les feux du ciel, des montagnes d'eau suspendues sur les abimes où le vaisseau paraît sengloutir, et d'où il s'élance sur la cime des flots. Vers la terre, des roches aigus où la mer va se briser en mugissant et qui présentent aux yeux des nochers les débris récents d'un naufrage, augure effrayant de leur sort. Dans le vaisseau, les entennes qui fléchissent sous l'effort des voiles, les mâts qui crient et se rompent; les flancs mêmes du vaisseau qui gémissent, battus par les vagues, et menacent de s'entr'ouvrir; un pilote éperdu, dont l'art épuisé succombe et fait place au désespoir; des matelots accablés d'un travail inutile, et qui, suspendus aux cordages, demandent au ciel, avec des cris lamentables, de seconder leurs derniers efforts; un héros qui les encourage, et qui tâche de leur inspirer la confiance qu'il n'a plus. Voulez-vous rendre ce tableau plus touchant et plus terrible encore? Supposez dans le vaisseau un père avec son fils unique, des époux, des amants qui s'adorent, qui s'embrassent; qui se disent : « Nous allons périr ». Il dépend de vous de faire de ce vaisseau le théâtre des passions, et de mouvoir avec cette machine tous les ressorts les plus puissants de la terreur et de la pitié. Pour cela, il n'est pas besoin d'une imagination bien féconde; il suffit de réfléchir aux circonstances d'une tempête, pour y trouver ce que je viens d'y voir. Il en est de même de tous les tableaux dont les objets tombent sous les sens : plus on y réfléchit, plus ils se développent. Il est vrai qu'il faut avoir le talent de rapprocher les circonstances et de rassembler des détails qui sont épars dans le souvenir : mais dans la contention de l'esprit la mémoire rapporte, comme d'elle-même, ces matériaux qu'elle a recueillis, et chacun peut se convaincre, s'il veut s'en donner la peine, que l'imagination, dans le physique, est un talent qu'on a sans le savoir.

On confond souvent avec l'imagination un don plus précieux encore, celui de s'oublier soi-même; de se mettre à la place du personnage que l'on veut peindre; d'en revêtir le caractère; d'en prendre les inclinations, les intérêts, les sentiments; de le faire agir comme il agirait, et de s'exprimer sous son nom comme il s'exprimerait lui-même. Ce talent de disposer de soi diffère autant de l'imagination que les affections intimes de l'âme diffèrent de l'impression faite sur les sens. Il veut être cultivé par le commerce des hommes, par l'étude de la nature et des modèles de l'art : c'est l'exercice de toute la vie; encore n'est-ce point assez. Il suppose de plus une sensibilité, une souplesse, une activité dans l'âme, que la nature seule peut donner. Il n'est pas besoin, comme on le croit, d'avoir éprouvé les passions pour les rendre; mais il faut avoir dans le cœur ce principe d'activité qui en est le germe, comme il est celui du génie. Aussi, entre mille poëtes qui savent peindre ce qui frappe les yeux, à peine s'en trouve-t-il un qui sache développer ce qui se passe au fond de l'âme. La plupart connaissent assez la nature pour avoir imaginé, comme Racine, de faire exiger d'Oreste, par Hermione, qu'il immolât Pyrrhus à l'autel ; mais quel autre qu'un homme de génie aurait conçu ce retour si naturel et si sublime ?

> Pourquoi l'assassiner ? qu'a-t-il fait ? à quel titre ?
> Qui te l'a dit ?
>
> (*Androm.* act. V, sc. 3.)

Les alarmes de Mérope sur le sort d'Égisthe, sa douleur, son désespoir à la nouvelle de sa mort, la révolution qui se fait en elle en le reconnaissant, sont des mouvements que la nature indique à tout le monde ; mais ce retour si vrai, si pathétique,

> Barbare, il te reste une mère.
> Je serais mère encor sans toi, sans ta fureur.
>
> (Act. III, sc. 4.)

Cet égarement où l'excès du péril étouffe la crainte dans l'âme d'une mère éperdue :

> Eh bien ! cet étranger, c'est mon fils, c'est mon sang.
>
> (*Ibid.* sc. 5.)

Ces traits, dis-je, ne se présentent qu'à un poète qui est devenu Mérope par la force de l'illusion. Il en est de même du *Qu'il mourût* du vieil Horace, et de tous ces mouvements sublimes dans leur simplicité, qui semblent, quand ils sont placés, être venus s'offrir d'eux-mêmes. Lorsque le vieux Priam, aux pieds d'Achille, dit en se comparant à Pélée : « Combien suis-je plus malheureux que lui ! Après « tant de calamités, la fortune impérieuse m'a réduit « à oser ce que jamais mortel n'osa avant moi : elle « m'a réduit à baiser la main homicide, et teinte

« encore du sang de mes enfants. » On se persuade que, dans la même situation, on lui eût fait tenir le même langage; mais cela ne paraît si simple que parce qu'on y voit la nature, et pour la peindre avec cette vérité, il faut l'avoir, non pas sous les yeux, non pas dans l'idée, mais au fond de l'âme.

Ce sentiment, dans son plus haut degré de chaleur, n'est autre chose que l'enthousiasme, et si on appelle *ivresse*, *délire* ou *fureur* la persuasion que l'on n'est plus soi-même, mais celui que l'on fait agir; que l'on est plus où l'on est, mais présent à ce qu'on veut peindre; l'enthousiasme est tout cela. Mais on se tromperait si, sur la foi de Cicéron, l'on attendait tout des seules forces de la nature et du souffle divin dont il suppose que les poètes sont animés : « Poetam naturâ ipsâ valere, et mentes vi-
« ribus excitari, et quasi divino quodam spiritu af-
« flari. »

Il faut avoir profondément sondé le cœur humain, pour en saisir avec précision les mouvements variés et rapides, pour devenir soi-même, dans la vérité de la nature, Mérope, Hermione, Priam, et tour à tour chacun des personnages que l'on fait parler et agir. Ce que Platon appelle *manie* suppose donc beaucoup de sagesse, et je doute que Locke et Pascal fussent plus philosophes que Racine et Molière.

Castelvetro définit la poésie pathétique « Trova-
« mento e esercitamento della persona ingeniosa,
« e non della furiosa ». Non, sans doute, l'enthousiasme n'est pas une fureur vague et aveugle; mais c'est la passion du moment, dans sa vérité, sa cha-

leur naturelle : c'est la vengeance, si l'on fait parler Atrée ; l'amour, si l'on fait parler Ariane ; la douleur et l'indignation, si l'on fait parler Philoctète. Il arrive souvent que l'imagination du poète est frappée, et que son cœur n'est pas ému. Alors il peint vivement tous les signes de la passion, mais il n'en a point le langage. Le Tasse, après la mort de Clorinde, avait Tancrède devant les yeux ; aussi l'a-t-il peint comme d'après nature :

> Pallido, freddo, muto, e quasi privo
> Di movimento, al marmo gli occhi affisse ;
> Al fin spargendo un lagrimoso rivo,
> In un languido ahimè proruppe.

Mais pour le faire parler, ce n'était pas assez de le voir, il fallait être un autre lui-même, et c'est pour n'avoir pas été dans cette pleine illusion, qu'il lui a fait tenir un langage peu naturel.

Virgile au contraire avait en même temps et l'imagination frappée et l'âme remplie de son objet, et l'une et l'autre profondément émues, lorsqu'il a peint et fait parler Didon dans ces beaux vers :

> Talia dicentem jamdudùm aversa tuetur,
> Hùc illùc volvens oculos ; totumque pererrat
> Luminibus tacitis, et sic accensa profatur :
> Nec tibi diva parens, generis nec Dardanus autor,
> Perfide, etc*.
> (*Æneid.* IV, 362.)

---

* Tandis qu'il parle, Didon le regarde avec indignation, roule ses yeux de tous côtés, le parcourt tout entier d'un sombre regard, et, furieuse, elle éclate en ces mots : « Toi, le fils d'une déesse, toi le sang de Dardanus ! Non, traître. »

L'homme du monde qui pouvait le mieux parler de l'enthousiasme, M. de Voltaire nous dit que l'enthousiasme raisonnable est le partage des grands poètes. Mais comment l'enthousiasme peut-il être gouverné par le raisonnement? Voici sa réponse : « Un poète dessine d'abord l'ordonnance de son ta-
« bleau; la raison alors tient le crayon. Mais veut-il
« animer ses personnages et leur donner le caractère
« des passions? alors l'imagination s'échauffe, l'enthou-
« siasme agit : c'est un coursier qui s'emporte dans
« la carrière, mais sa carrière est régulièrement
« tracée. » Il le compare au grand Condé, qui méditait avec sagesse et combattait avec fureur.

MARMONTEL, *Éléments de Littérature*.

IMBERT (BARTHÉLEMI), né à Nîmes en 1747, annonça de bonne heure de brillantes dispositions pour la poésie, et débuta à vingt ans par le *Jugement de Paris*, poème qui fut très favorablement accueilli et qui fit concevoir de grandes espérances du talent de l'auteur; mais les espérances ne furent point réalisées par les ouvrages qu'il donna ensuite. Entraîné par le monde et ses plaisirs, il négligea de perfectionner son talent, d'étendre son instruction; et, préférant de petits triomphes de société à des succès plus lents mais plus durables, il travailla avec une rapidité qui ne lui permettait pas de soigner ses productions. Les principales sont un recueil de *Fables* et de *Contes*, deux *Comédies* et une *Tragédie*. « Serons-nous accusés d'être trop sévères, dit

« l'auteur des *Trois Siècles*, si nous remarquons
« que, dans certaines de ses *Fables*, le naturel n'est
« pas toujours aussi bien saisi qu'il pourrait l'être;
« que ce qu'on appelle les mœurs dans les animaux,
« n'est pas d'accord avec les idées que nous en avons;
« que la moralité vient quelquefois trop brusque-
« ment, et n'est ni aussi juste ni aussi saillante que
« le récit le promettait; et que parmi ses *Historiettes*,
« il y en a plusieurs dont la trivialité du sujet n'est
« ni rachetée par la nouveauté des tours ni par l'a-
« grément du style. »

Une censure non moins méritée est celle qui regarde la licence qui règne tant dans ces *Contes* ou *Historiettes* que dans d'autres poésies de l'auteur. Il a rédigé, pendant quelques années, la partie littéraire du *Mercure* et celle du *Journal encyclopédique*. Sa plume s'est exercée aussi sur des matières de gouvernement et de politique.

Imbert mourut à Paris, le 23 août 1790, sans avoir obtenu d'autre titre littéraire que celui d'académicien de Nîmes.

JUGEMENT.

Le poème intitulé *le Jugement de Pâris* fut le coup d'essai d'Imbert, et le seul ouvrage de lui où il ait montré quelque talent. Le fond ne valait pas mieux que celui de *Narcisse*, et la versification n'était pas, à beaucoup près, du même goût ni de la même force; mais il y avait de l'agrément et de la facilité, et même quelques morceaux de poésie. Au reste, il faut observer qu'en général le vers à cinq pieds est le plus facile de notre langue; il permet l'enjambement, se prête à toutes les suspensions de phrase et au mélange des tons. Nous y avons vu réussir jusqu'à un certain point des écrivains qui n'ont jamais pu soutenir le vers héroïque. Imbert essaya tout, et ne soutint rien. Il fit des tragédies, des comédies, des romans, des contes en vers et en prose. Tout est oublié depuis long-temps comme son poëme, qui, n'ayant aucun intérêt, a été entraîné dans le naufrage général. Je ne sais si l'on joue encore quelquefois son *Jaloux sans amour*, la seule de ses pièces qui ne soit pas morte en naissant. Il suffit qu'un acteur aimé affectionne un rôle pour faire reprendre aujourd'hui un très mauvais drame, sur-tout quand l'auteur est mort, et l'on sait trop d'ailleurs que depuis le bouleversement général produit par la révolution de 1789, il n'y a plus dans les arts ni dans les lettres de jugement public. Ce qui est certain, c'est que ce *Jaloux sans amour*, prôné dans les journaux que dirigeait l'auteur, n'est autre chose, pour l'intrigue, que le *Préjugé à la mode* très gauchement retourné, et que les vers et le dialogue sont bien le plus maussade jargon et le plus insipide entortillage qui puisse attester les derniers progrès du mauvais goût *.

La Harpe, *Cours de Littérature.*

* Le caprice des acteurs a maintenu jusqu'à notre temps cette pièce au courant du répertoire. On l'a jouée assez souvent ces derniers années.

H. P.

IMITATION. Imiter un écrivain, un orateur, un poète, ce n'est pas le traduire, le copier servilement; c'est dans le sens le plus étroit, se pénétrer de sa pensée, et la rendre avec liberté : c'est dans le sens le plus étendu, former son esprit, son langage, ses habitudes de concevoir, d'imaginer, de composer, sur un modèle avec lequel on se sent quelque analogie; étudier ses tours, ses images, ses mouvements, son harmonie; et après s'être frappé l'imagination, enrichi la mémoire, rempli l'âme de ses beautés, s'essayer dans le même genre; prendre non ses défauts, ses négligences, s'il en a, mais ce qu'il y a de beau, de grand, d'exquis dans le caractère de son génie et de son style; tâcher, si l'on est orateur, d'approcher de l'heureuse abondance, de la dignité, de l'élégance, de l'harmonie de Cicéron, de son adresse insinuante; s'exercer à jeter, comme lui, les filets de la persuasion sur l'auditoire ou sur les juges; ou s'essayer à remuer la massue de Démosthène,

> Ingentis quatiat Demosthenis arma.
> (PETRON.)

à manier le raisonnement et la controverse avec la vigueur et le poids de sa dialectique entraînante; à mouvoir les ressorts d'un pathétique austère et grave; et à lancer, comme lui, le rocher d'Ajax dans les mouvements d'indignation. S'il est poète, il examinera comment Virgile est devenu l'Homère de son siècle; Racine, le Virgile et en même temps l'Euripide du sien (Je dis le *Virgile*, par le charme des vers, autant que l'a permis sa langue, et l'*Euripide*, en traitant les sujets de ce tragique si touchant, et en les traitant mieux que lui). Il examinera comment Molière et La Fontaine ont passé de si loin les auteurs qu'ils ont imités, et par quelle supériorité de génie, s'élevant au-dessus de tout ce qui les a devancés, ils se sont rendus peut-être inimitables à tout ce qui devait les suivre.

S'il est historien, il se consultera pour imiter ou la plénitude de Thucydide, ou l'élégance de Xénophon, ou la majesté de Tite-Live, ou l'énergie et la profondeur de Tacite.

Les élèves de Raphaël et des Caraches n'en ont pas été les copistes; mais dans leurs tableaux, on reconnaît le génie de leur école, la touche, le dessein, la couleur de leur maître, sa manière de composer.

Ce qui fait des imitateurs un troupeau d'esclaves, *servum pecus*, c'est l'inertie de leur esprit, et cette basse timidité qui ne sait qu'obéir et suivre. De tous les caractères, le plus essentiel à celui qui prend pour modèle un homme de génie, c'est la hardiesse du génie : et comment ressembler à celui qui ose, si on n'ose pas comme lui ?

Celui-là seul est digne d'imiter les grands modèles, que l'esprit d'autrui ravit hors de lui-même, comme, l'a si bien dit Longin, en comparant l'imitateur à la prêtresse d'Apollon :«Ces grandes beautés
« que nous remarquons dans les ouvrages des an-
« ciens, sont, dit-il, comme autant de sources sa-
« crées, d'où s'élèvent des vapeurs heureuses qui se

« répandent dans l'âme de leurs imitateurs; si bien
« que, dans ce moment, ils sont comme ravis et
« emportés de l'enthousiasme d'autrui. » Mais, pour
exemple, quel est l'imitateur qu'il donne à Homère?
Platon. N'avait-il donc pas lu Virgile? Le même auteur nous trace une belle méthode d'imitation, et
la voici : « Comment est-ce qu'Homère aurait dit
« cela? Qu'aurait fait Platon, Démosthène, ou Thu-
« cydide même (s'il est question d'histoire), pour
« écrire ceci en style sublime; car ces grands hom-
« mes, poursuit Longin, que nous nous proposons
« d'imiter, se présentant de la sorte à notre imagi-
« nation, nous servent comme de flambeaux, et
« nous élèvent l'âme presque aussi haut que l'idée
« que nous avons conçue de leur génie, sur-tout
« si nous nous imprimons bien ceci en nous-mêmes.
« Que penseraient Homère ou Démosthène de ce que
« je dis, s'ils m'écoutaient? Quel jugement feraient-
« ils de moi? En effet, nous ne croirons pas avoir
« un médiocre prix à disputer, si nous pouvons nous
« figurer que nous allons sérieusement rendre compte
« de nos écrits devant un si célèbre tribunal, et sur
« un théâtre où nous avons de tels héros pour juges
« et pour témoins. »

Voilà certainement, en littérature, la plus belle
de toutes les leçons; elle le serait en morale.

« Mais un motif encore plus puissant pour nous
« exciter, c'est de songer, ajoute-t-il, au jugement
« que toute la postérité fera de nos écrits. »

En ceci, je prends la liberté de n'être pas de l'avis
de Longin : car l'idée que nous avons de la postérité

et de ses jugements est une idée vague et confuse ; au lieu que celle de tel homme de génie et de goût est distincte, claire et frappante. Il nous est donc mille fois plus facile de répondre en nous-mêmes à cette question : « Que dirait de moi Homère ou « Démosthène ? » qu'à celle-ci : « Que dira de moi « la postérité ? »

« En se proposant un modèle, dit Cicéron par la « bouche d'Antoine ; le jeune orateur doit s'attacher « à ce qu'il y a d'excellent, et s'exercer ensuite à lui « ressembler en cela le plus qu'il lui sera possible. » « Tùm accedat exercitatio quâ illum quem antè « delegerit imitando effingat. » « J'ai vu souvent, « ajoute-t-il, des imitateurs copier ce qu'il y avait « de plus facile, et même ce qu'il y avait de défec- « tueux, de vicieux dans leur modèle. Ils commen- « cent par choisir mal ; et si leur modèle, quoique « mauvais, a quelque bonne qualité, ils la laissent, « et ne prennent de lui que ses défauts. » « Qui au- « tem ità faciet ut oportet, primùm vigilet necesse « est in deligendo ; deindè, quem probavit, in eo « quæ maximè excellent, ea diligentissimè perse- « quatur. » (*De Orat.*)

Nos anciens régents avaient tous ces préceptes devant les yeux, et ils appelaient imiter, appliquer à Judas cette apostrophe de Cicéron à Marc-Antoine : *O audaciam immanem !* ou faire l'exorde d'un sermon de celui du même orateur : *Quo usque tandem abutere ?* en y substituant *divinâ patientiâ*. Rien de plus indécent et de plus puéril que de pareilles translations.

Imiter, ce n'est pas accommoder ainsi à un autre sujet un morceau pris et copié avec des changements de mots; c'est quelquefois, comme je l'ai dit, traduire librement d'une langue à un autre; c'est s'emparer d'un ouvrage ancien, et le reproduire, ou sous la même forme avec de nouvelles beautés, ou sous une forme nouvelle; c'est faire passer dans un nouvel ouvrage des beautés étrangères, anciennes ou modernes, et dont on enrichit sa langue; c'est, dans sa langue même recueillir, d'un ouvrage obscur et oublié, des pensées heureuses, mais indignement mises en œuvre par l'inventeur, et les placer, les assortir, les exprimer comme elles devraient l'être; c'est même exprimer en beaux vers ce qu'un historien, un philosophe, un orateur a dit en prose.

Au sortir de la barbarie on commença par vouloir imiter : rien de plus naturel; mais on fit comme les harpies : *Contactuque omnia fœdant.* On déshonora les beaux modèles, on en prit souvent de mauvais. Sénèque le tragique eut plus de copistes que Sophocle et Euripide; et ces copistes, sans rendre ses beautés, exagérèrent ses défauts.

Croirait-on que ces vers d'une de nos anciennes farces pieuses :

> Père éternel, quelle vergogne!
> Vous dormez là comme un ivrogne.

fussent une imitation? Voici le texte qu'on a souillé, en le traduisant avec tant de grossièreté et de bassesse. « Excitatus est, tanquam dormiens, Dominus, tam- « quam potens, crapulatus a vino. » (Psalm. LXXVII.)

IMITATION.

Dans le siècle du goût, l'art d'imiter fut l'art d'embellir ses modèles. C'est ainsi que Corneille a imité Sénèque dans la scène d'Auguste avec Cinna ; c'est ainsi que Racine, dans *Britannicus* et *Athalie* a imité Tacite et les prophètes.

M. de Voltaire, dans *la Mort de César*, a fait d'une ébauche grossière* de Shakspeare une statue digne de Michel-Ange. Molière a su tirer des perles précieuses du fumier des plus mauvais comiques. Fléchier a fait d'un mauvais exorde de Lingendes le frontispice incomparable de l'oraison funèbre de Turenne. Corneille a rendu immortelles trois pièces espagnoles qu'on aurait ignorées, lorsqu'il en a tiré *le Cid*, *Héraclius* et *le Menteur*.

Le plus habile des imitateurs, c'est Virgile. Il a pris, dans le poème des *Argonautes*, d'Apollonius de Rhodes, l'idée de l'épisode de Didon, même avec assez de détails. Le complot de Minerve et de Junon sollicitant le secours de Vénus, et celle-ci obtenant de l'Amour qu'il blesse Médée et Jason ; le feu dont Médée brûle en secret ; son entretien avec Chalciope sa sœur ; l'agitation de son âme dans le silence de la nuit ; le combat qu'elle éprouve entre la honte de trahir son père et le désir de sauver Jason ; tout cela, dis-je, est évidemment l'esquisse d'après laquelle Virgile a peint le plus beau tableau qui nous

---

* Il peut y avoir dans le *Jules César* quelque rudesse, quelque grossièreté. Mais ce n'est pas toutefois *une ébauche grossière*. Il convenait à Voltaire de chercher en le parodiant dans sa traduction à en donner cette idée. Mais la critique ne doit point adopter ces opinions partielles et passionnées. Nous avons déjà eu plus d'une occasion de relever plusieurs injustices semblables de Marmontel et de La Harpe envers le tragique anglais. H. PATIN.

reste de l'antiquité. Mais on va voir par un exemple combien, en imitant, il a surpassé son modèle. Voici la version littérale du texte d'Appollonius : « La nuit
« couvrait la terre de son ombre, et en pleine mer
« les nochers étaient occupés, sur leurs navires, à
« observer les étoiles d'Hélice et d'Orion. Les voya-
« geurs et les gardiens des portes étaient endormis.
« La douleur même de quelques mères, qui avaient
« perdu leurs enfants, était suspendue par le som-
« meil. On n'entendait, dans la ville, ni le cri des
« chiens, ni le murmure et le bruit des hommes. Le
« silence régnait au milieu des ténèbres. Médée elle
« seule ne connut point les douceurs de cette nuit
« tranquille, tant son âme était agitée des inquié-
« tudes que lui causait Jason. »

Voici à présent le texte de Virgile (*Æn.* IV, 522) :

Nox erat; et placidum carpebant fessa soporem
Corpora per terras; sylvæque et sæva quierant
Æquora : cùm medio volvuntur sidera lapsu,
Cùm tacet omnis ager; pecudes, pictæque volucres,
Quæque lacus latè liquidos, quæque aspera dumis
Rura tenent, somno positæ sub nocte silenti,
Lenibant curas, et corda oblita laborum.
At non infelix animi Phænissa; neque unquam
Solvitur in somnos, oculisve aut pectore noctem
Accipit: ingeminant curæ, rursusque resurgens
Sævit amor, magnoque irarum fluctuat æstu.

On voit ici non seulement la supériorité du talent, la vie et l'âme répandues dans une poésie harmonieuse et du coloris le plus pur, mais singulièrement encore la supériorité du goût. Dans la peinture du poète grec, il y a des détails inutiles, il y en a de contraires à l'effet du tableau. Les observations des pilotes, dans le silence de la nuit, portent elles-mêmes le caractère de la vigilance et de l'inquiétude, et ne contrastent point avec le trouble de Médée : l'image d'une mère qui a perdu ses enfants est faite pour distraire de celle d'une amante ; elle en affaiblit l'intérêt, et le poète, en la lui opposant, est allé contre son dessein, au lieu que, dans le tableau de Virgile, tout est réduit à l'unité. C'est la nature entière dans le calme et dans le sommeil, tandis que la malheureuse Didon veille seule et se livre en proie à tous les tourments de l'amour. Enfin, dans le poète grec, le cri des chiens, le sommeil des portiers sont des détails minutieux et indignes de l'épopée, au lieu que, dans Virgile, tout est noble et peint à grands traits : huit vers embrassent la nature.

On a cité avec raison comme une imitation heureuse l'usage que Silius Italicus a fait d'un trait de Cicéron. L'orateur, dans l'un de ses plaidoyers, ayant parlé un peu trop avantageusement de lui-même, il s'éleva une clameur ; alors s'interrompant pour répondre à cette huée : « Nihil me clamor ille com-
« movet (dit-il), sed consolatur, cùm indicat esse
« quosdam cives imperitos, sed non multos. Nun-
« quàm, mihi credite, populus romanus, hic qui
« silet, consulem me fecisset, si vestro clamore per-
« turbatum iri arbitraretur. »

Dans le poème de Silius, le dictateur Fabius tient à peu près le même langage à ceux qui, dans son camp, murmurent de sa lenteur, et rien au monde n'est mieux placé :

> Fervida si nobis corda abruptumque putassent
> Ingenium Patres, et si clamoribus, inquit,
> Turbari facilem mentem; non ultima rerum
> Et deplorati mandassent Martis habenas.

Mais si l'on a donné, avec raison, tant de liberté à l'imitation, afin d'encourager et de faciliter, s'il est permis de le dire, la circulation des richesses littéraires et des productions de l'esprit humain, de siècle en siècle et d'une langue à l'autre, ou d'un genre de littérature à un genre tout différent (*voyez* PLAGIAT), il y a pourtant une loi de restriction indispensable dans ce commerce, c'est de ne jamais emprunter d'un auteur dans la même langue, à moins de faire mieux que lui; car le public, pour pardonner l'usurpation, veut y gagner, et pour lui le larcin doit être un accroissement de richesses. Ainsi, quand même Ésope, Phèdre, Pilpai, auraient été contemporains de La Fontaine, ses compatriotes, ses voisins, on aurait applaudi au vol qu'il aurait fait des sujets de leurs fables; et, plût au ciel que La Motte lui-même et une foule de fabulistes très inférieurs à La Motte fussent venus avant La Fontaine, et qu'il eût trouvé leurs sujets dignes d'être mis en œuvre par lui! Mais ce qui n'est pas permis de même, c'est de dire plus mal ce qu'un autre a mieux dit. Par exemple, après ces vers de La Fontaine, si naturels, si naïfs, si plaisants :

> Quel esprit ne bat la campagne?

IMITATION.

Qui ne fait châteaux en Espagne?
Pichrocole, Pyrrhus, la laitière, enfin tous,
Autant les sages que les fous,
Chacun songe en veillant, il n'est rien de plus doux.
Une flatteuse erreur emporte alors nos âmes :
Tout le bien du monde est à nous,
Tous les honneurs, toutes les femmes.
Quand je suis seul, je fais au plus brave un défi ;
Je m'écarte, je vais détrôner le sofi :
On m'élit roi, mon peuple m'aime ;
Les diadèmes vont sur ma tête pleuvant.
Quelque accident fait-il que je rentre en moi-même ?
Je suis Gros-Jean comme devant.

Après ces vers, Fontenelle n'aurait pas dû dire, quoiqu'il méprisât le naïf :

Souvent en s'attachant à des fantômes vains,
Notre raison séduite avec plaisir s'égare :
Elle-même jouit des plaisirs qu'elle a feint ;
Et cette illusion pour quelque temps répare
Le défaut des vrais biens que la nature avare
N'a pas accordés aux humains.

Le bel esprit doit s'abstenir surtout de lutter contre le génie [*].

MARMONTEL, *Éléments de Littérature.*

---

[*] M. Villemain a prononcé en 1812, à la distribution des prix du concours général des collèges royaux de Paris, un discours latin où il donnait les règles et les exemples de l'imitation. Nous avons eu occasion, t. V, p. 335 de notre *Répertoire*, de citer un des passages les plus remarquables de ce discours. C'est un portrait de Bossuet. M. Villemain, dans l'ouvrage que nous rappelons, recommandait sur-tout l'imitation des anciens comme la plus sûre, la plus libre, la plus féconde. H. PATIN.

INSINUATION. Tour d'éloquence qui consiste à présenter à l'auditoire, au lieu de l'objet qu'on se propose, et pour lequel on sait qu'il a de la répugnance ou de l'éloignement, un autre objet qui l'intéresse, et qui, par ses rapports avec l'objet dont il s'agit, dispose d'abord les esprits à ne pas en être blessés, et les amène insensiblement à le voir d'un œil favorable. Cicéron recommande cette méthode toutes les fois que celui qui est en cause, ou la cause elle-même, présente un aspect odieux : « Insinua-
« tione utendum est cùm animus auditoris intensus
« est. *Et il indique les moyens d'user d'insinuation :*
« Si causæ turpitudo contrahit offensionem ; aut pro
« eo homine in quo offenditur, alium hominem qui
« diligitur interponi oportet ; aut pro re in quâ
« offenditur, aliam rem quæ probatur ; aut pro re
« hominem, aut pro homine rem ; ut, ab eo quod
« odit, ad id quod diligit auditoris animus traduca-
« tur. » Par exemple, il s'agit d'un fils dont l'imprudence et la témérité ont besoin d'indulgence, et dont la défense directe révolterait les juges : on parle des vertus et des services de son père, et on le peint accablé de douleur de l'égarement de son fils. Il s'agit d'une action odieuse et punissable qu'un homme de mérite a commise dans quelque malheureux moment : on commence par rappeler les actions louables qui ont honoré le reste de sa vie, et l'on demande comment il est possible qu'un caractère honnête, un heureux naturel se soit tout-à-coup démenti ? « Deindè, cùm jam mitior factus
« erit auditor, ingredi pedetentim in defensionem,

« et dicere ea quæ indignantur adversarii, tibi quo-
« que indigna videri : deinde, cùm lenieris eum
« qui audiet, demonstrare nihil eorum ad te per-
« tinere. »

Ce n'est pas seulement dans l'exorde de ses harangues que Cicéron emploie cet artifice; il y revient
quand il s'agit d'émouvoir, de gagner les juges : et
on le voit dans ses péroraisons tantôt se présenter
lui-même à la place de l'accusé (*Pro Sextio*, *Pro
Plancio*); tantôt faire parler l'accusé à sa place (*Pro
Milone*), tantôt introduire à la place de l'accusé ses
parents, ses amis, sa femme, ses enfants (*Pro Flacco*,
Pro Cœlio, *Pro Murená*), ou quelque personne sacrée, comme la vestale dans la péroraison du plaidoyer pour Fontéius ; tantôt appeler à son secours
le peuple, les chevaliers, les centurions, les soldats,
dont l'accusé a mérité l'estime, comme dans la péroraison du plaidoyer pour Milon, où il épuise toutes
les ressources de l'éloquence pathétique. (*Voyez*
PÉRORAISON.)

Le discours de Phénix à Achille pour l'adoucir,
au neuvième livre de l'*Iliade*, est rempli d'insinuation : sa propre histoire, les leçons de Pélée, lorsqu'il lui confia son fils, l'aventure de Méléagre,
l'allégorie des prières, sont autant de détours pour
arriver au même but.

L'insinuation s'emploie de même à rejeter sur
l'adversaire ce que la cause a d'odieux, et à détourner
d'une partie à l'autre l'indignation de l'auditoire.
Mais il faut y mettre, dit le même orateur, beaucoup de prudence et d'adresse, faire semblant de

ne vouloir que se justifier soi-même, et n'attaquer qu'avec beaucoup de précaution ceux à qui l'auditoire paraît s'intéresser : « Negare te quidquam de
« adversariis esse dicturum : ut ne me apertè lædas
« eos qui diliguntur, et tamen id obscurè faciens,
« quoad possis, alienes ab eis auditorum volun-
« tatem. »

On voit par là que les raffinements de l'art de nuire ne sont pas nouveaux ; et dans les oraisons de Cicéron, nos gens de cour pourraient eux-mêmes en trouver des exemples dont ils seraient jaloux. Mais il n'y en a pas un, dont le plus insinuant des orateurs, qui approche de celui que nous en a donné Racine, dans la scène de Narcisse avec Néron, au quatrième acte de Britannicus.

MARMONTEL, Éléments de Littérature.

INTÉRÊT. Affection de l'âme qui lui est chère et qui l'attache à son objet. Dans un récit, dans une peinture, dans une scène, dans un ouvrage d'esprit en général, c'est l'attrait de l'émotion qu'il nous cause, ou le plaisir que nous éprouvons à en être émus de curiosité, d'inquiétude, de crainte, de pitié, d'admiration, etc.

J'ai déjà distingué ailleurs l'intérêt de l'art et celui de la chose.

L'art nous attache ou par le plaisir de nous trouver nous-mêmes assez éclairés, assez sensibles pour en saisir les finesses, pour en admirer les beautés, ou par le plaisir de voir dans nos semblables ces talents, cette âme, ce génie, ce don de plaire, d'émouvoir, d'instruire, de persuader, etc. Ce plaisir augmente à mesure que l'art présente plus de difficultés et suppose plus de talents. Mais il s'affaiblirait bientôt, s'il n'était pas soutenu par l'intérêt de la chose; et tout seul il est trop léger pour valoir la peine qu'il donne. Le poète aura donc soin de choisir des sujets qui, par leur agrément ou leur utilité, soient dignes d'exercer son génie; sans quoi l'abus du talent changerait en un froid dédain ce premier mouvement de surprise et d'admiration que la difficulté vaincue aurait causé.

L'intérêt de la chose n'est pas moins relatif à l'amour de nous-mêmes que l'intérêt de l'art. Soit que la poésie, par exemple, prenne pour objets des êtres comme nous, doués d'intelligence et de sentiment, ou des êtres sans vie et sans âme, c'est toujours par une relation qui nous est personnelle que ce sentiment nous saisit. Il est seulement plus ou moins vif, selon que le rapport qu'il suppose de l'objet à nous est plus ou moins direct et sensible.

Le rapport des objets avec nous-mêmes est de ressemblance ou d'influence: de ressemblance, par les qualités qui les rapprochent de notre condition; d'influence, par l'idée du bien ou du mal qui peut nous en arriver, et d'où naît le désir ou la crainte. J'ai fait voir, en parlant des mouvements du style et des moyens de l'animer, comme la poésie nous met partout en société avec nos semblables, en attribuant à tout ce qui peut avoir quelque apparence de sensibilité une âme pareille à la nôtre. Il n'est donc pas difficile de concevoir par quelle ressemblance deux jeunes arbrisseaux qui étendent leurs branches pour les entrelacer, deux ruisseaux qui, par mille détours, cherchent la pente qui les rapproche, participent à l'intérêt que nous inspirent deux amants. Qu'on se demande à soi-même d'où naît le plaisir délicat et vif que nous fait le tableau de la belle saison, lorsque la terre est en amour, comme disent si bien les laboureurs ; que l'on se demande d'où naît l'impression de mélancolie que fait sur nous l'image de l'automne, lorsque les forêts et les champs se dépouillent, et que la nature semble dépérir de vieillesse ; on trouvera que le printemps nous invite à des noces universelles, et l'automne à des funérailles, et que nous y assistons à peu près comme à celles de nos pareils.

Lorsque la peinture d'un paysage riant et paisible vous cause une douce émotion, une rêverie agréable, consultez-vous, et vous trouverez que, dans ce moment, vous vous supposez assis au pied de ce hêtre, au bord de ce ruisseau, sur cette herbe tendre et fleurie, au milieu de ces troupeaux, qui, de retour le soir au village, vous donneront un lait délicieux. Si ce n'est pas vous, c'est un de vos semblables que vous croyez voir dans cet état fortuné ; mais son bonheur est si près de vous, qu'il dépend de vous d'en jouir : et cette pensée est pour vous ce qu'est pour l'avare la vue de son or, l'équivalent de la jouissance. Mais à ce tableau que vous présente la nature, le poëte sait qu'il manque quelque chose. Il place une bergère au bord du ruisseau ; il la fait jeune et jolie, ni trop négligée, de peur de blesser votre délicatesse, ni trop parée, de peur de détruire votre illusion. Il lui donne un air simple et naïf, car il sait que vous demandez un cœur facile à séduire; il lui donne une voix touchante, organe d'une âme sensible; et il la peint se mirant dans l'eau et mêlant des fleurs à ses cheveux, comme pour vous annoncer qu'elle a ce désir de plaire qui suppose le besoin d'aimer. S'il veut rendre le tableau plus piquant, il placera loin d'elle un bocage sombre, où vous croirez qu'il est facile de l'attirer. Il feindra même qu'un berger l'y appelle : vous le verrez entre les arbres, le feu du désir dans les yeux, et un mouvement confus de jalousie se mêlera, si elle sourit, au sentiment qu'elle vous inspire.

Je suppose au contraire que le poète veuille vous causer une sombre mélancolie, c'est un désert qu'il vous peindra. Le bruit d'un torrent qui se précipite sur des rochers, et qui va dormir dans des gouffres, trouble seul dans ce lieu sauvage le silence de la nature. Vous y voyez des chênes brisés par la foudre, mais que la hache a respectés; des montagnes couronnées de frimats terminent l'horizon; de tous les oiseaux, l'aigle seul ose y déposer les fruits de ses amours. Il vole, tenant dans ses griffes un tendre agneau enlevé à sa mère, et dont le bêlement timide se fait entendre dans les airs : cependant l'aigle aux ailes étendues arrive joyeux de sa proie, et la présente à ses petits. Plus bas la louve allaite les siens; et dans les yeux de cette bête féroce l'amour maternel se peint avec douceur. Ces deux actions, toutes simples, concourent avec l'image du lieu à exciter dans l'âme cette crainte que les enfants aiment si fort à éprouver, et dont l'homme, qui est toujours enfant par le cœur, ne dédaigne pas de jouir encore.

Le désir d'être auprès de la bergère vous attachait au premier tableau; le plaisir secret de n'être pas au bord de ce torrent, au pied de ces rochers, parmi ces animaux terribles, vous attache au second : car il n'est pas moins doux de contempler les maux dont on est exempt, que de voir les biens dont on peut jouir.

Dans l'un et l'autre de ces tableaux, on voit la nature intéressante; mais lequel des deux est celui de la belle nature ? C'est ce qui n'importe guère au poète : car la beauté poétique n'est autre chose que l'intérêt; et pour lui la belle nature est celle dont l'imitation nous émeut comme nous voulons être émus. Et dans quel autre sens dirait-on que ce désert est un beau désert; que ce paysage est un beau paysage ? Lorsqu'on lit dans Homère que le prêtre d'Apollon, à qui les Grecs avaient refusé de rendre sa fille, « s'en allait, en silence, le long du rivage « de la mer, dont les flots faisaient un grand bruit : » à la sensation que fait le vague de cette peinture, chacun s'écrie : Cela est beau ! Et certainement on ne veut pas dire que ce rivage est un beau rivage, que cette mer est une belle mer; car si l'on écarte l'image de ce père affligé qui *s'en allait en silence*, le reste du tableau n'est plus rien. Il est donc vrai qu'en poésie rien n'est beau que par les rapports des détails avec l'ensemble, et de l'ensemble avec nous-mêmes.

D'où vient que la nature, embellie dans la réalité, devient si souvent insipide à l'imagination? d'où vient que la nature inculte et brute nous enchante dans l'imitation; et nous déplaît dans la réalité? Que l'on représente, soit en peinture, soit en poésie, ce palais dont vous admirez la symétrie et la magnificence; il ne vous cause aucune émotion : qu'on vous retrace les ruines d'un vieil édifice, vous êtes saisi d'un sentiment confus que vous chérissez, sans même en démêler la cause. Pourquoi cela? pourquoi? c'est que l'un de ces tableaux est pathétique, et que l'autre ne l'est pas; que celui-ci ne réveille en vous aucune idée qui vous émeuve, et que celui-là tient à des choses qui vous donnent à réfléchir. Des générations qui ont disparu de la terre, les ravages du temps auquel rien n'échappe, les monuments de l'orgueil qu'il a ruinés, la vieillesse, la destruction, tout cela vous ramène à vous-même. On ne lit pas sans émotion la réponse de Marius à l'envoyé du gouverneur de Libye : « Tu diras à Sextilius que tu « as vu Marius, fugitif, assis sur les ruines de Carthage. » Je demandais à un voyageur qui avait parcouru cette Grèce, encore célèbre par les débris de ses monuments, je lui demandais, dis-je, si ces lieux étaient fréquentés : « Nous n'y avons trouvé, me dit-il, que « le temps qui démolissait en silence. » Cette réponse me saisit.

Examinez tout ce qu'on appelle tableaux pathétiques dans la nature, il semble qu'on y lise la même inscription qui fut gravée sur une pyramide élevée en mémoire d'une éruption du Vésuve : *Posteri, posteri, vestra res agitur.* C'est à ce grand caractère qu'on distingue ce qui porte avec soi un intérêt universel et durable.

> Quæque olim jubeant natos meminisse parentes.
> (Ovid.)

En général, la nature qui ne dit rien à l'âme, qui n'y excite aucun sentiment, ou qui la rebute et la révolte par des impressions qu'elle fuit, va contre l'intention du poète, et doit être bannie de la poésie. Celle au contraire dont nous sommes émus, comme il veut que nous le soyons et comme nous aimons à l'être, est celle qu'il doit imiter. Si donc il veut inspirer la crainte ou le désir, l'envie ou la pitié, la joie ou la mélancolie, qu'il interroge son âme : il est certain que pour se bien conduire il n'a qu'à se bien consulter.

Cette règle est encore plus sûre dans le moral que dans le physique : car celui-ci ne peut agir sur l'âme que par des rapports éloignés et qui ne sont pas également sensibles pour tous les esprits; au lieu que dans le moral l'âme agit immédiatement sur l'âme : rien n'est si près de l'homme que l'homme même.

Qu'un poète décrive un incendie, l'image des flammes et des débris nous affectera plus ou moins, selon que nous avons l'imagination plus ou moins vive, et le plus grand nombre même sera infailliblement ému. Mais qu'il nous présente simplement sur un balcon de la maison qui brûle, une mère tenant son enfant dans ses bras, et luttant contre la nature, pour se résoudre à le jeter, plutôt que de le voir consumé avec elle par les flammes qui l'environnent; qu'il la présente mesurant tour à tour, avec des yeux égarés, l'effrayante hauteur de la chute, et le peu d'espace, plus effrayant encore, qui la sépare des feux dévorants ; tantôt élevant son enfant vers le ciel avec les regards de l'ardente prière ; tantôt prenant avec violence la résolution de le laisser tomber, et le retenant tout-à-coup avec le cri du désespoir et des entrailles maternelles ; alors le pressant dans son sein et le baignant de ses larmes, et dans l'instant même se refusant à ses innocentes caresses qui lui déchirent le cœur : ah ! qui ne sent l'effet que ce tableau doit faire, s'il est peint avec vérité !

Combien de peintures physiques dans l'*Iliade !* en est-il une seule dont l'impression soit aussi générale que celle des adieux d'Hector et d'Andromaque, et de la scène de Priam aux pieds d'Achille, demandant le corps de son fils ?

Il arrive quelquefois au théâtre qu'un bon mot détruit l'effet d'un tableau pathétique ; et le penchant de certains esprits, de la plus vile espèce, à tourner tout en ridicule, est ce qui éloigne le plus nos poètes de cette simplicité sublime, si difficile à saisir, et si facile à parodier. Mais il faut avoir le courage d'écrire pour les âmes sensibles, sans nul égard pour cette malignité froide et basse qui cherche à rire où la nature invite à pleurer.

Lorsque pour la première fois on exposa sur la

scène le tableau des enfants d'Inès aux genoux d'Alphonse, deux mauvais plaisants auraient suffi pour en détruire l'illusion. Un prince, qui connaissait la légèreté de l'esprit français, avait même conseillé à La Motte de retrancher cette belle scène; La Motte osa ne pas l'en croire. Il avait peint ce que la nature a de plus tendre et de plus touchant; et toutes les fois qu'on n'aura que les parodistes à craindre, il faut avoir, comme lui, le courage de les braver.

Il en est des objets qui élèvent l'âme comme de ceux qui l'attendrissent. La générosité, la constance, le mépris de l'infortune, de la douleur et de la mort; le dévouement de soi-même au bien de la patrie, à l'amour ou à l'amitié; tous les sentiments courageux, toutes les vertus héroïques produisent sur nous des effets infaillibles. Mais vouloir que la poésie n'imite que de ces beautés, c'est vouloir que la peinture n'emploie que les couleurs de l'arc-en-ciel. Que les partisans de la belle nature nous disent donc si Racine et Corneille ont mal fait de peindre Narcisse et Félix, Mathan, et Cléopâtre dans *Rodogune?* Il peut y avoir quelques beautés naturelles dans Cléopâtre, dont le caractère a de la force et de la hauteur; mais dans l'indigne politique et la dureté de Félix, dans la perfidie et la scélératesse de Mathan, dans la fourberie, la noirceur et la bassesse de Narcisse, où trouver la belle nature? Il faut renoncer à cette idée, et nous réduire à l'intention du poète: règle unique, règle universelle, et qui ramène tout au but de l'intérêt *.

* Ceci est une très bonne réponse à la critique que La Harpe a faite de

Mais l'intérêt le plus vif, le plus attachant, le plus fort, est celui de l'action dramatique. (*Voyez* ACTION, INTRIGUE, PATHÉTIQUE, UNITÉ, TRAGÉDIE.)

MARMONTEL, *Éléments de Littérature.*

Polyeucte, de *Pompée*, de *Nicomède* et autres pièces de Corneille, où ce grand homme a peint avec liberté la nature humaine dans sa variété, les basses et viles passions comme les plus nobles. *Voyez* dans notre *Répertoire* t. IX, p. 150.   H. P.

NOTE A. (Page 280.)

SUR LES DIVERSES RÉVOLUTIONS QU'A SUBIES LA MANIÈRE D'ÉCRIRE L'HISTOIRE.

Quand les hommes imaginèrent de suppléer par des monuments à l'incertitude des traditions, l'histoire prit naissance; mais les devoirs de l'historien se bornaient d'abord à bien peu de chose. De simples annales, destinées à conserver la mémoire du fait, du temps, du lieu, des personnages, c'était là toute leur tâche. Tels furent chez les Grecs, au rapport de Cicéron, Phérécyde, Hellanicus, Acusilas, et beaucoup d'autres; tels furent, chez les Romains, Caton, Fabius Pictor et Pison; tels furent, dans les temps modernes, tous les faiseurs de chroniques. Ils étaient bien loin de vouloir plaire en instruisant, et peut-être bien loin de vouloir instruire; ils ne se proposaient que d'aider la mémoire, et de guider la tradition, plutôt que de la remplacer. Mais, après la longue enfance des sociétés, arriva, par une marche toute naturelle, l'âge de la civilisation et de la politesse. On crut voir dans l'histoire un moyen certain de plaire, en présentant à la fois une instruction solide. Des orateurs, que des raisons particulières éloignaient de la tribune et du barreau, racontèrent les actions dignes de mémoire : ils le firent en orateurs. L'histoire ne fut plus, comme dans ses premiers commencements, une suite de dates et de noms propres, une simple nomenclature; elle devint une scène vivante, où chacun parut avec son caractère, ses vices et ses vertus; les évènements ne furent plus seulement indiqués, ils furent racontés, développés, exposés aux yeux du lecteur; on les suivit avec intérêt dans des récits vifs, animés, dramatiques; on devint, selon l'expression du poète,

> Contemporains de tous les âges,
> Et citoyens de tous les lieux.

On eut des Hérodote, des Thucydide, des Xénophon, des Salluste, des Tite-Live et des Tacite. Mais déjà avait paru parmi eux, un historien qui devait faire révolution dans la manière d'écrire l'histoire. Polybe, en racontant les guerres Puniques, ne s'attacha pas seulement à retracer les faits avec exactitude, il voulut en développer les causes. Guidé par cette idée philosophique, que la plupart des évènements de ce monde ne sont pas le fruit du hasard, mais le résultat presque inévitable de la force des choses; qu'ils arrivent le plus souvent, parce qu'ils doivent arriver; il chercha à faire voir que la chute de Carthage et l'agrandissement de Rome était des conséquences nécessaires de la constitution des deux républiques; il le prouva par le tableau comparé de leur gouvernement, de leur puissance, de leurs ressources. Cette manière d'envisager l'histoire ne fut pas perdue pour les modernes. Les anciens n'avaient guère fait que l'histoire des hommes; ils entreprirent de faire aussi l'histoire des choses. L'histoire d'un peuple ne fut donc plus seulement celle de ses maîtres, de ses ministres, de ses généraux, de ses grands hommes; elle devint encore celle de ses institutions, de ses mœurs, de ses idées. Bientôt le domaine de l'histoire s'agrandit encore Elle ne se borna plus aux annales d'une

NOTE.

seule nation; elle embrassa, d'un coup d'œil hardi, toutes les nations connues; elle les rapprocha, les compara dans des tableaux généraux, et à travers la multitude des évènements, la multiplicité des intérêts, elle suivit la marche lente de l'esprit humain, les progrès successifs des lumières et de la civilisation, quelquefois même le développement d'une idée particulière. Dès lors elle présenta une instruction plus vaste et plus solide; elle devint plus austère, plus grande; mais peut-être aussi devint-elle moins attachante; peut-être, en s'occupant des grandes masses, perdit-elle quelque chose de cet intérêt qui s'attache aux individus.

H. PATIN, *Thèse de Littérature.*

FIN DU QUINZIÈME VOLUME.

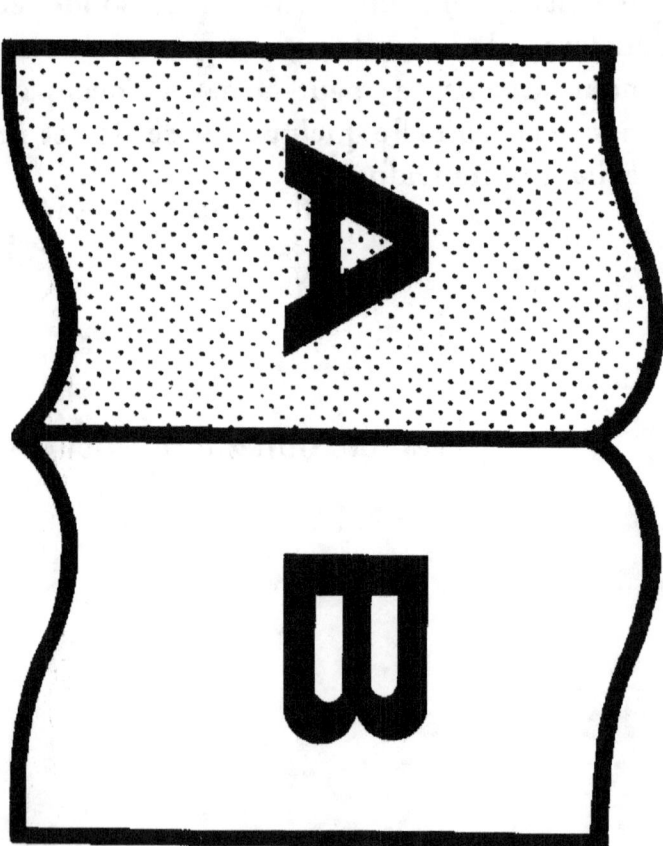

Contraste insuffisant
NF Z 43-120-14

www.ingramcontent.com/pod-product-compliance
Lightning Source LLC
Chambersburg PA
CBHW060237230426

43664CB00011B/1678